Marlies Krainz-Dürr
Wie kommt Lernen in die Schule?

Band 20 der Reihe
Studien zur Bildungsforschung & Bildungspolitik
herausgegeben von Herbert Altrichter und Michael Schratz

ISSN 1022-2324

Marlies Krainz-Dürr

Wie kommt Lernen in die Schule?

Zur Lernfähigkeit der Schule als Organisation

STUDIENVerlag
Innsbruck-Wien

Gedruckt mit Unterstützung durch das Bundesministerium für Wissenschaft und Verkehr in Wien, durch die Universität Klagenfurt und durch das Institut für Forschung und Fortbildung (IFF) in Klagenfurt

Die Deutsche Bibliothek - CIP-Einheitsaufnahme

Krainz-Dürr, Marlies:
Wie kommt Lernen in die Schule? : zur Lernfähigkeit der Schule als Organisation / Marlies Krainz-Dürr. - Innsbruck ; Wien : Studien-Verl., 1999
 (Studien zur Bildungsforschung & Bildungspolitik ; Bd. 20)
 ISBN 3-7065-1294-7

© 1999 by StudienVerlag Ges.m.b.H., Amraser Straße 118,
A-6010 Innsbruck

Satz und Umschlag: Bernhard Klammer

Alle Rechte vorbehalten. Kein Teil des Werkes darf in irgendeiner Form (Druck, Fotokopie, Mikrofilm oder in einem anderen Verfahren) ohne schriftliche Genehmigung des Verlages reproduziert oder unter Verwendung elektronischer Systeme verarbeitet, vervielfältigt oder verbreitet werden.

Gedruckt auf umweltfreundlichem, chlor- und säurefreiem Papier.

Inhaltsverzeichnis

Einführung   9
Was heißt „lernen" für Schulen?   10
Zum Aufbau des Buches   11

TEIL I
DIE BESONDERE ORGANISATIONSGESTALT DER SCHULE   15

1.   Schule als Organisation   18
1.1   Organisationsdiagnose   19
1.2   Schule als besondere Organisation   22
1.3   Schule als „lernende Organisation"   26
1.4   Wissensmanagement   33
Exkurs: „Lernende Schulen" – Warum gerade jetzt?   36

TEIL II
FALLSTUDIEN   41

FALL 1
„... es ist ein bißchen gelenkt worden ..."
Schulentwicklung an einer Hauptschule mit fremdsprachlichem Schwerpunkt   47

FALL 2
„Unterwegs, aber noch nicht organisiert ..."
Entwicklungsprozesse in einem ländlichen Realgymnasium   87

FALL 3
„... keine Lösungen gebracht, aber Probleme sichtbar gemacht!"
Schulentwicklung an einer allgemeinbildenden höheren Schule. Ein Beratungsprojekt   149

TEIL III
Lernszenarien 213

1. **„Der Anstoß des Steines": Ausgangslage für Veränderungen** 216

1.1 Zum Verhältnis von Schule und Umwelt 216
1.1.1 Wer reagiert worauf? 218
1.1.2 Wahrnehmungsmuster von „Irritierungen" 221

1.2 Akteure und Entwicklungsmotoren 226
1.2.1 Die Rolle des Kollegiums 227
1.2.2 Die Rolle der Schulleitung 231
1.2.3 Die Rolle der Schulaufsicht 236
1.2.4 „Grenzgänge" – Die Rolle der Beratung 239

1.3 Veränderungen beginnen – Anfänge setzen 246
1.3.1 Eine Initiative der Schulaufsicht: Fall 1 248
1.3.2 Initiativen von der Basis: Fall 2 250
1.3.3 Eine Fortbildungsinitiative: Fall 3 252

1.4 Konzepte, Ziele, Zukunftsträume:
Visionen als Ausgangspunkt 254
1.4.1 Visionen: Ideologie und Wertigkeit 254
1.4.2 Visionen als Antriebe 256
1.4.3 Visionen als Medien 258

2. **„Entwicklungspotentiale ohne Potenz": Widersprüche und Dilemmata** 259

2.1 Engagement versus Professionalität 260
2.1.1 LehrerInnen als unvollendete Professionelle 260
2.1.2 Engagement als Leitbild 264

2.2. Einzelkünstlertum versus Teamarbeit 266
2.2.1 Kooperationshemmnisse 267
2.2.2 Gruppen- und Teambildung in Kollegien 269

2.3 Direkte versus indirekte Kommunikation 273
2.3.1 Konferenzgestaltung 274

2.3.2	Vor- und Nachteile direkter Kommunikation	277
2.3.3	Von den Schwierigkeiten indirekter Kommunikation	280
2.3.4	Zusammenarbeit in den Gremien der Schulpartnerschaft	282
2.4	Eigensinn versus Steuerung	283
2.4.1	Steuerung als Management von Schnittstellen	284
2.4.2	Schule leiten in Veränderungsprozessen	286
2.5	Individuelle Fortbildung versus Personalentwicklung	289
2.5.1	Fortbildung als individuelle Aufgabe und Anforderung	289
2.5.2	Personalentwicklung als Ziel	291
2.5.3	Exkurs: zur inneren Logik von Personalentwicklung	294
2.6	Bewahren versus Veränderung	296
2.6.1	Wechsel und Dauer als Wertorientierung von Personen	297
2.6.2	Traditions- bzw. Innovationsorientierung als Merkmal von Schulen	301
2.7	Zweckrationalität versus Rationalität der Spiele	303
2.7.1	„Routinespiele" und „Innovationsspiele"	305
2.7.2	Wie Spielregeln „verhandelt" werden: Ein Beispiel	306

3. Wie Schulen lernen: Ein Streifzug — 311

3.1	Verschiedene Arten von Lernen	312
3.1.1	Lernen als „Technik"	313
3.1.2	Lernen als „reflexiver Prozeß"	316
3.1.3	Was ist Organisationslernen?	320
3.2	Lernen gelingt, wenn ...	324
3.2.1	... Rahmenbedingungen stützen und fördern	324
3.2.2	... Netzwerke persönlicher Kontakte vorhanden sind	329
3.2.3	... Lösungen vor Ort entwickelt werden können	330
3.2.4	... Eigenzeiten des Lernens beachtet werden	332
3.2.5	... Kommunikations- und Reflexionszeiten organisiert werden	336
3.2.6	... Leitungsfunktionen übernommen werden	339

**Was macht es Schulen so schwer zu lernen?
10 THESEN** 342

Ausblick 348

Literaturverzeichnis 350

Zur Autorin 360

Einführung

Wenn man einen Begriff wählen müßte, der den Zeitgeist der ausgehenden Neunzigerjahre am treffendsten beschreibt, so käme der Begriff „Lernen" bestimmt in die engere Wahl. Lernen ist heute nicht mehr auf die Zeit der Kindheit und Jugend beschränkt, es ist zu einer „lebensbegleitenden" Aktivität geworden, und niemand kann heute mehr von sich behaupten, „ausgelernt" zu haben. Alte Denkmodelle werden auf den Kopf gestellt, was Hänschen gelernt hat, kann Hans nicht mehr brauchen, und das „Verlernen" ist eine ebenso wichtige Tätigkeit wie „Lernen" geworden. Der Lernbegriff erlebt eine ungeahnte Konjunktur, nahezu jede Veränderung oder Anpassung wird so bezeichnet, und daß nicht nur Individuen sondern auch Unternehmen und Organisationen „lernen" können, scheint heute eine selbstverständliche Tatsache. Die „lernende Organisation" ist auch im Schulbereich zum Entwicklungsziel und Hoffnungskonzept geworden. *„Schulen müssen ein Selbstverständnis als 'lernende Organisationen' gewinnen"*, meint z.B. der Erziehungswissenschaftler *Posch* (1996, 190) in einem Aufsatz, der sich mit Bedingungen für Innovationen an Schulen beschäftigt. Für den Schulentwicklungsexperten *Rolff* muß vordringlichst *„die Lernfähigkeit der Schule selbst hergestellt werden"* (1994, 95) und der Berater *Stroath* möchte sie gar als *„... lern- und adaptionsfähige Organismen höherer Ordnung"* (1996, 58) betrachtet wissen. Es gibt kaum eine Veröffentlichung über Schulentwicklung der letzten Jahre, die nicht von solchen oder ähnlich lautenden Grundvorstellungen ausgeht (vgl. etwa *Marx/van Ojen* 1993, *Horster/Buchen* 1993, *Schratz* 1996 a und b, *Posch* 1996).

In der Tat ist die Vorstellung von Schulen, die in der Lage sind, sich im Wechselspiel mit den Bedürfnissen, Wünschen und Interessen aller Beteiligten als Organisation ständig weiterzuentwickeln, durchaus attraktiv. Das sind jedoch Postulate, die nicht in Schulen selbst aufgestellt werden, sondern zum einen aus den Wissenschaften kommen, die sich mit Schule und Schulentwicklung beschäftigen, zum anderen von den obersten Stellen der Schulbehörden. Die Praxis zeigt, daß die Wege von der Aufrichtung dieser Ziele bis zu ihrer (auch nur annähernden) Verwirklichung im Schulbereich recht lang sein können. Mißverständnisse, Widerstände, mangelnde Einsichten und Ratlosigkeit über die Durchführung erschweren die erhofften Erfolge.

Dies trifft nun nicht nur auf den Schulbereich zu. Selbst Apologeten der Idee der „lernenden Organisation" gestehen ein, daß die Umsetzung oft „*... einfacher gesagt als getan*" ist (*Pedler/Burgoyne/Boydell* 1994, 12). Vielleicht ist der Gedanke der „lernenden Organisation" aber auch „*... noch gar nicht richtig verstanden worden?*", überlegt etwa *Burgheim* im Harvard Business Manager (1996, 53), um schließlich zu fragen, ob mangelnde Erfolge daran liegen, daß falsche Wege verfolgt oder richtige Wege nur falsch genutzt werden.

Wenn man versucht, das Konzept auf den Schulbereich zu beziehen, so ist zweierlei zu überlegen: Zum einen kommt die Vorstellung der „lernenden Organisation" aus der Wirtschaft, d.h. einem System, dem das „Selbstlernen als Prozeß" über Rückmeldungen über den Markt nie ganz fremd war. Zum anderen handelt es sich bei Schulen um Organisationen eines ganz eigenen Typs, was noch näher auszuführen sein wird. Man kann also davon ausgehen, daß eine Übertragung in jedem Fall Schwierigkeiten bereitet. Freilich gibt es inzwischen genügend Beispiele, wie versucht wird, das Vokabular der Wirtschaft auf Schulen anzuwenden. Die Schule wird so zum Dienstleistungsbetrieb, Schüler werden zu Kunden (vgl. etwa *Friedrich* 1993), die gesetzlich vorgeschriebene Schulpflicht als Grundlage dieser „Kundenbeziehung" wird vernachlässigt und so getan, als hätte z.B. ein nach außen kommuniziertes „Schulprofil" die Konsequenz, daß die „Kunden" Marktverhalten an den Tag legen könnten.

Nun sind dies freilich „Sprachspiele", die manchmal mehr Fragen aufwerfen als beantworten. Da mittlerweile, wie im zweiten Teil dieser Arbeit beispielhaft ausgeführt wird, Schulen sich jedoch tatsächlich in Entwicklungsprozesse hineinbegeben und dazu auch von außen Unterstützung nützen, ist die Klärung dieser Fragen sowohl von theoretischem, wie auch im Anwendungsfall von praktischem Interesse.

Was heißt „lernen" für Schulen?

Es ist also zunächst zu fragen, was „lernen" im Zusammenhang von Organisation überhaupt bedeuten kann. Wenn normalerweise das Referenzsystem von Lernen das Individuum ist, was heißt dann „kollektives Lernen" bzw. „Organisationslernen"? Oder noch konkreter: Was heißt es für Schulen, eine „lernende Organisation" werden zu sollen? Schulen sind per Definition Einrichtungen, in denen Lernen stattfindet, die Lernen organisieren. Wie kann eine Schule sich mit der scheinbaren Tautologie zurechtfinden, eine „lernende Organisation" zu sein, sozusagen eine „lernende Organisation zur Organisation von Lernen"? Kommen hier zwei verschiedene Begriffe von Lernen zusammen? Welches Verhältnis haben diese beiden zueinander? Ergänzen, behindern, widersprechen sie einander?

Und weiter: Wenn Lernen Wandlung und Veränderung bedeutet – wieviel Veränderung „verträgt" eine Organisation im allgemeinen und eine Schule im besonderen? Haben nicht Schulen aufgrund ihrer organisationsgeschichtlichen Herkunft und ihrer funktionalen Bedeutung für den Staat die „Pflicht", eher Beharrungsvermögen zu zeigen als Veränderungsfreude?

Es gibt zahlreiche Indizien dafür, daß das Beharrungsvermögen von Schulen größer ist als ihre Veränderungsbereitschaft. Welche Gründe könnte es dafür geben? Gibt es Momente in der inneren Dynamik des Schulbetriebs, die eher dafür sprechen, Veränderungen skeptisch zu begegnen? Riskieren Schulen nicht ihre notwendige Stabilität, wenn sie sich einem Veränderungspostulat aussetzten? Sind die zu beobachtenden Abwehrmanöver und die eher zögerlichen Schritte einiger Schulen in die Richtung von Selbstverständnisdebatten nicht vielmehr ein Schutz vor dem Auftauchen allzu großer Widersprüche? Man könnte nämlich auch sagen, daß Schulen – bei näherer Betrachtung – wie alle sozialen Systeme ohnehin ständig in Bewegung sind. Sie verarbeiten fortlaufend interne Systemzustände und unterschiedliche im System angelegte Anforderungen. Und diese Anforderungen scheinen für das System Schule besonders widersprüchlich: Schule soll erziehen *und* ausbilden, soll fordern *und* fördern, selektieren *und* integrieren, soll für die Zukunft vorbereiten *und* Traditionen weitergeben, sich an die Umwelt anpassen *und* dem Zeitgeist widerstehen usw. Alle diese Anforderungen gleichzeitig erfüllen zu sollen, verlangt von den Mitgliedern des Systems eine hohe Rollenflexibilität und Anpassungsbereitschaft. Es scheint daher nicht verwunderlich, daß zusätzliche Zumutungen eher abgewehrt und die Rahmenbedingungen stabil gehalten werden.

Zum Aufbau des Buches

Die vorliegende Arbeit geht von der Hypothese aus, daß Schulen aufgrund ihrer besonderen Eigenart Schwierigkeiten haben, „lernende Organisationen" zu werden. In drei Fallbeispielen werden Entwicklungsprozesse an Schulen dokumentiert. Der Schwerpunkt des Interesses liegt dabei auf der Frage, welche Auswirkungen Neuerungen auf das

Schulganze haben und wieweit sie genutzt werden, um ein „Lernen" für die Gesamtorganisation zu ermöglichen. Breiten Raum nimmt dabei die Darstellung jener Vorgänge ein, die seit kurzem auch im Schulbereich unter dem Titel „Mikropolitik" diskutiert werden (vgl. *Altrichter/ Posch* 1996). Diese „mikropolitische Betrachtungsweise" sieht Schulen als Spannungsfeld, in dem verschiedene Handelnde unterschiedliche und zum Teil einander widersprechende Interessen verfolgen. Die daraus entstehenden Interaktionen, Prozesse, manchmal auch Konflikte erzeugen eine jeweils spezifische Kultur des Lehrens und Lernens. Das auf diese Weise aufgespannte Kräftefeld reagiert sensibel auf kleinste Erschütterungen. Jede Veränderung stört eingespielte Routinen und läßt Machtfragen in den Vordergrund treten.

Die Arbeit gliedert sich in drei Teile:
Teil 1 versucht als Einleitung, das Besondere der Schule als Organisation näher zu spezifizieren sowie den Begriff „lernende Organisation" zu klären. Weiters wird die Frage diskutiert, warum der Begriff gerade jetzt im Schulbereich Hochkonjunktur zu haben scheint.

Teil 2 besteht aus drei Fallstudien, die jeweils unterschiedliche Entwicklungsprozesse an Schulen nachzeichnen. Der phänomenologische Zugang zu den Fallbeispielen beleuchtet, wie unterschiedlich Schulen auf Veränderungen reagieren, welche Impulse als Entwicklungschancen wahrgenommen werden und welche Widerstände auftreten.

<u>Fall 1</u>: In der ersten Studie geht es um ein von der Schulaufsicht eingeführtes Modell zur Einrichtung eines fremdsprachlichen Schwerpunkts an einer Hauptschule im ländlichen Raum. Die Arbeit untersucht Anstöße und Motive für die Einführung des Schulversuchs, damit auftretende Chancen aber auch Widerstände und Probleme sowie die Auswirkungen auf das Schulganze. Es wird dabei die Frage gestellt, ob bzw. wieweit die Rolle der strukturellen Änderungen in einem Teilbereich für die anderen Fächer und das Gesamtgefüge der Schule mitgedacht und kommuniziert wurde, oder ob es beim Versuch geblieben ist, ein schwerpunktbildendes Fach bloß zu „addieren". Die Studie enthält darüber hinaus die Beschreibung eines Veränderungsprozesses außerhalb des offiziellen Schulversuchs, die als „Fall im Fall" zu dokumentieren versucht, unter welchen Rahmenbedingungen Innovationen, die tief in die Lernkultur einer Schule eingreifen, erfolgreich sein und ein Umdenken auf breiter Basis bewirken können.

Fall 2 : Die zweite Studie schildert Entwicklungsprozesse an einer allgemeinbildenden höheren Schule, die zunächst von einer Gruppe von LehrerInnen ausgehen. Auch hier liegt der Schwerpunkt der Betrachtung auf den Motiven und Anlässen, Problemen, Widerständen und Erfolgen, und auch hier wird die Frage gestellt, wieweit Veränderungen das Gesamtgefüge einer Schule betreffen und als Lernanlässe für die Organisation genutzt werden. Die Besonderheit dieser Schule ist, daß zur Unterstützung der Entwicklung externe Beratung in Anspruch genommen wurde und die Initiative von einer Gruppe von LehrerInnen ausging.

Fall 3: Das dritte Fallbeispiel beschreibt ein Schulberatungsprojekt an einer städtischen allgemeinbildenden Schule, das zunächst für ein Schuljahr konzipiert war. Die Darstellung versucht wichtige Elemente des Prozesses nachzuzeichnen und zu analysieren, wieweit es gelungen ist, einen Lernprozeß innerhalb der Schule auf möglichst breiter Basis in Gang zu bringen.

Teil 3 der Arbeit benutzt die Fallstudien als empirische Grundlage für theoretische Überlegungen. In dieser abschließenden Analyse sollen einerseits grundsätzliche Dilemmata aufgezeigt werden, die es Schulen schwermachen, in einen die Gesamtorganisation betreffenden Lern- und Entwicklungsprozeß einzutreten, und andererseits jene Bedingungen dargestellt werden, die in den beschriebenen Beispielen „lernen" ermöglichten.

TEIL I

DIE BESONDERE ORGANISATIONSGESTALT DER SCHULE

Die besondere Organisationsgestalt der Schule

In einem Seminar zu Fragen der „Organisationsentwicklung im Bildungswesen" verglich ein Teilnehmer die Schule mit einem sogenannten „Kippbild". Schule könne als Institution, Organisation, Rechtssystem, Sozialraum, Gemeinschaft, Lernort, soziales System, von ihrer Funktion für die Gesellschaft und vieles mehr verstanden werden. Je nachdem, welchen Standpunkt ein Betrachter gerade einnimmt, zeigt sie ein anderes Bild.

Die Einzelschule ist, was die Organisationsformen betrifft, relativ einfach strukturiert, sie ist jedoch eine hochkomplexe Organisation, wenn man die sozialen und emotionalen Aspekte betrachtet. Schon allein deshalb ist es unwahrscheinlich, Schulen mittels einer einzigen Theorie zureichend analysieren zu können. Wenn man Schulen aber nicht nur analysieren, sondern darüber hinaus auch noch verändern will, ist es nützlich, sich zunächst um eine möglichst vielgestaltige Betrachtungsweise des Gegenstandes zu bemühen. Dabei ist das Verständnis einer Organisation immer auch subjektiv geprägt, bei der Betrachtung sind wir darauf angewiesen, die vielschichtigen Informationen in irgendeiner Weise zu ordnen, um auf diese Weise die Komplexität zu reduzieren. Individuelle Wahrnehmungsfilter – sogenannte „subjektive Landkarten" – dienen zur ersten Orientierung. Es scheint nun in besonderem Maße schwierig, sich dem Bereich Schule „voraussetzungslos" zu nähern. Mit schulischer Organisation hat jeder im Laufe seines Lebens Erfahrungen gemacht, jede bringt eine individuelle Schulgeschichte mit, die den Blick prägt. Mehr noch: in schulischen Angelegenheiten können sich alle gewissermaßen als Expertin oder Experte fühlen. Auf die Organisation Schule kann – wenn man so will – kein Blick von außen geworfen werden, jeder Beobachter/jede Beobachterin war einmal – und das meist für eine ziemlich lange Zeit – „internes" Mitglied dieser Organisation. Diese Nähe führt zu einem grundsätzlichen Dilemma, das folgendes Beispiel kurz illustrieren soll.

In einem Fortbildungslehrgang für BeraterInnen im Bildungsbereich wurde folgende Aufgabe gestellt: Die TeilnehmerInnen sollten mögliche Schulszenarien skizzieren, die verschiedene Wertorientierungen widerspiegelten und eine mögliche Entwicklungsrichtung von Schulen anzeigten. Eine Gruppe wählte sich das Modell einer sogenannten „innovativen Schule", d.h. einer Schule, die auf neue Herausforderungen mit immer neuen Antworten reagierte. Der Hinweis der Seminarleitung, doch von einer „grünen Wiese" auszugehen und zu überlegen, wie eine Schule aussehen würde, wenn man ganz neu anfangen könne, wurde willig angenommen. Die Aufgabenstellung erschien leicht, da die meisten TeilnehmerInnen sich schon lange in Schulprojekten mit „Neuer Lernkultur", offenen Curricula, Organisationsentwicklungsfragen und ähnlichem beschäftigten. Zur Verblüffung der Gruppe wollte die Arbeit jedoch nicht recht gelingen. Jede Vision, jeder Neuansatz ging von einem gewohnten Bild der Schule aus, ja, es erschien gänzlich unmöglich, sich dem Gegenstand ohne Vorannahmen zu nähern und den Ballast an Tradition abzuwerfen. Schließlich landete die Gruppe mit ihren Überlegungen im Mittelalter und stellte in der Plenumspräsentation zur allgemeinen Verblüffung eine Versammlung mittelalterlicher Mönche dar, die über die neuen Herausforderungen des Buchdrucks meditierten.

Die dargestellte Szene löste unter den übrigen SeminarteilnehmerInnen heftige Verwunderung aus. War es Zufall, daß eine Gruppe, die mit dem Titel „Innovation" angetreten war, sich plötzlich in der Zeitenwende – einer Zeit also, in der mit der Schulpflicht die Schule im heutigen Sinne erst „erfunden" wurde – wiederfand?

In der Darstellung (und nicht nur in dieser) wurde jedenfalls eines deutlich: daß es nämlich im Nachdenken über Schule Erkenntnisbarrieren gibt, denen nicht leicht ausgewichen werden kann. Die Schule ist im Laufe der Geschichte zu einer Institution geworden, die unser Denken wesentlich geprägt hat, und zwar nicht durch die Inhalte, die sie vermittelt, sondern vor allem durch die Gestalt, die sie angenommen hat. In der Schule ist so etwas wie „geronnene Geschichte" aufgehoben, in ihr kulminiert ein Zivilisations- oder Sozialisationsprozeß. *„Die Schule – als Institution – erzieht"* (*Bernfeld*, 1973, 28) – Bernfelds berühmter, schon 1925 formulierter Satz, bezeichnet diesen lange Zeit wenig beachteten Bereich der Pädagogik. Die Schule wirkt durch ihre organisatorische Verfaßtheit und nicht durch Lehr- und Erziehungsprogramme. Damit lenkt *Bernfeld* die Aufmerksamkeit auf die Tiefenstruktur der Schule, auf die Botschaften, die mit der Organisationsform – unbemerkt – mittransportiert werden (und die nicht selten im Widerspruch zum offiziellen Bildungsauftrag stehen!). Die Beeinflussung wird von den Mitgliedern der Institution jedoch kaum wahrgenommen, ein Denken außerhalb der vorgegebenen Strukturen ist nur schwer möglich. Ja, die Phantasie scheint nicht einmal mehr auszureichen, sich eine Einrichtung, die Kinder und Jugendliche unterrichten und erziehen soll, nicht als „Schule" in dem uns vertrauten Sinne vorzustellen.

Es gibt verschiedenen Möglichkeiten zu versuchen, diese „Organisationsblindheit" zu überwinden und einen unvoreingenommeneren Blick auf schulische Phänomene zu gewinnen. Die Auseinandersetzung mit der eigenen (Organisations-)Geschichte kann z.b. helfen, „blinde Flecken" aufzuhellen, der Vergleich mit anderen Kulturen den Außenblick schärfen.[1] Eine andere Möglichkeit, schulische Phänomene zu verstehen, ist der Versuch, die Perspektive der Beobachtung immer wieder zu wechseln, gleichsam immer wieder neue „Brillen" auzusetzen.

Ich möchte im folgenden einige „Brillen" und „Perspektiven" anbieten, um von verschiedenen Standpunkten aus einen Blick auf die Schule zu werfen. Es sollen dabei jedoch Brillen gewählt werden, die LehrerInnen im schulischen Alltag nicht allzu häufig aufsetzen. Also nicht „psychosoziale" oder „standespolitische" Brillen, sondern solche, die verschiedene Facetten der Schule als Organisation ins Bild bringen können. Diese Vorgangsweise soll einen groben Rahmen abstecken, in den die folgenden Einzelfallstudien eingeordnet werden können.

1. Schule als Organisation

Wer heute von „Schule" spricht, der meint in der Regel nicht das Schulsystem, sondern die Einzelschule. Mit dem Scheitern der Reformbestrebungen der 70er Jahre und neuen Erkenntnissen der Schulqualitätsforschung (vgl. etwa *Rutter* 1979) verlagerte sich das Interesse von der Reform des Schulsystems hin zu einer Gestaltung der einzelnen Schule. Die schulpolitische Diskussion der 90er Jahre wird unter dem Titel „*Wende zur Einzelschule*" (vgl. *Rolff* 1993, 106) geführt. Die Schule wird dabei als eine besondere Organisation betrachtet, die mit Instrumenten der Organisationsentwicklung verändert werden kann. Dabei wird der Begriff „Organisation" auf sehr unterschiedliche Weise beschrieben, als rein zweckrationales Gebilde zur Erreichung eines be-

---

1   Es ist sicherlich kein Zufall, daß die radikalste Kritik der Schule von Autoren formuliert wird, die ihre (Denk-)Modelle in einem anderen Kulturkreis entwickelt haben (vgl. *Illich* 1973; *Freire* 1973).

stimmten Zieles ebenso, wie als Interaktionszusammenhang, in dem die Mitglieder innerhalb eines bestimmten gemeinsamen Rahmens jeweils eigene Interessen und Ziele verfolgen (vgl. dazu *Türk* 1989).

Organisationen können also auf sehr unterschiedliche Weise beschrieben und verstanden werden. Als erste Annäherung an die Schule soll zunächst die Erstellung eines „Organisationsprofils" versucht werden.

1.1 Organisationsdiagnose

In seinem Handbuch zur Organisationsdiagnose schlägt *Weisbord* vor, zur ersten Einordnung eine Reihe von Fragen an eine Organisation zu stellen, die sich auf bestimmte Dimensionen beziehen (1984). Es sind dies die Dimensionen *Ziele, Strukturen, Hilfsmittel und Arbeitsmethoden, Arbeitsbeziehungen, Anreize und Belohnungen* sowie die Dimension der *Führung*. Als weiterer wichtiger Aspekt kann das *Umfeld* betrachtet werden und die Art und Weise, wie die Organisation mit diesem kommuniziert. Dazu gehören Fragen nach den Grenzziehungen ebenso wie die nach dem sogenannt *Input/output Verhältnis,* d.h. dem Verhältnis zwischen der Energie, die der Organisation zufließt, und dem Produkt, das die Organisation hervorbringt.

Auf die Organisation Schule angewendet soll die Beantwortung dieser Fragestellungen zunächst einen Rahmen abstecken. Einige dieser Dimensionen werden unter anderen Perspektiven im dritten Teil der Arbeit nochmals aufgegriffen und anhand der konkreten Befunde aus den Fallstudien genauer untersucht. An dieser Stelle wird lediglich eine erste, kurze Einschätzung gegeben (vgl. dazu auch *Dalin* 1986 oder *Ullmann* 1994).

1. Dimension: Ziel-Zweck-Aufgabe

Auf den Bereich Schule angewendet sind die Fragen nach Zielsetzungen und Aufgaben nicht leicht zu beantworten. Die Zielsetzungen der Schule sind nicht nur heterogen sondern bei näherer Betrachtung äußerst widersprüchlich. Schule soll ausbilden *und* bilden, erziehen *und* Wissen vermitteln, den einzelnen umfassend fördern *und* selektieren, Unterschiede ausgleichen *und* gleichzeitig produzieren, auf Zukunft vorbereiten *und* Traditionen weitergeben. Dazu kommen immer neue Aufgaben, denen Schule sich stellen muß. Die Schule kann z.B. heute nicht mehr nur als ein „Lernort" definiert, sondern muß zunehmend auch als „Lebensraum" von Kindern begriffen werden (vgl. v. *Hentig,*

1993), was weit über die Aufgabe der bloßen „Aufbewahrung" hinausgeht.

Die Zielsetzungen von Schule können nicht ohne weiteres auf einen Nenner gebracht werden. Sie lassen einen breiten Interpretationsspielraum offen und fordern – je nach Schwerpunktsetzungen – unterschiedliche Handlungsweisen. Es ist daher schwer, gemeinsame Ziele für eine Schule oder auch nur eine Fachgruppe zu formulieren. Von der Zieldimension können jedoch durchaus Veränderungsimpulse für Schulen ausgehen. Bei der Neuformulierung von Lehrplänen soll z.B. in Zukunft ein bestimmter Bereich von Schulen selbst definiert werden müssen, was die Auseinandersetzung eines Kollegiums mit grundsätzlichen Zielvorstellungen für „ihre" Schule erzwingt.

2. Dimension: Organisationsstrukturen

Die Struktur der Einzelschule ist durch eine „flache Hierarchie" – ein Schulleiter/eine Schulleiterin steht einem weitgehend unstrukturierten Kollegium gegenüber – charakterisiert. Die einzelne Lehrkraft ist in der Erteilung von Unterricht in hohem Maße selbstverantwortlich, die einzelnen Schulklassen sind weitgehend voneinander unabhängige Einheiten. Strukturen, die Zusammenarbeit von LehrerInnen fördern, fehlen. Die Gliederung großer Schulen mit über hundert „MitarbeiterInnen" unterscheidet sich kaum von der kleinerer Schulen. Der Nachteil dieser „Strukturlosigkeit" ist, daß LehrerInnen innerhalb der Schule keine organisatorische „Heimat" in Abteilungen oder Gruppen haben und vieles in den informellen Raum verschoben wird.

3. Dimension: Hilfsmittel und Technologien

Unterricht ist nur begrenzt technologisierbar, das wichtigste Instrument für das Lernen von SchülerInnen ist – auch in offenen Unterrichtsformen – die Person des Lehrers/der Lehrerin.

4. Dimension: Arbeitsbeziehungen

LehrerInnen sind in einem dichten Kontakt mit SchülerInnen, Unterrichten ist vor allem Kommunikation und der Aufbau von Beziehung. Arbeitsbeziehungen mit KollegInnen erfolgen vor allem auf freiwilliger Basis, Anreize für Gruppen- bzw. Teambildungen fehlen. Es gibt kaum Zeiten oder Verfahren, in denen die Anliegen der Gesamtorganisation besprochen bzw. Konflikte geregelt werden können.

5. Dimension: Anreize und Belohnungen

Anreiz- und Belohnungssysteme in der Schule sind fast ausschließlich ideeller Natur. Die Entlohnung von LehrerInnen erfolgt nach dem Beamtenschema und ist von der tatsächlichen Arbeitsleistung unabhängig. Finanzielle Abgeltungen und Belohnungen für außerordentliche Leistungen stehen nur in einem sehr geringen Ausmaß zu Verfügung.

6. Dimension: Führung

Innerhalb einer Schule scheint es wichtig zu sein, daß alle LehrerInnen auf gleicher Ebene stehen und Unterschiede nicht sichtbar werden (vgl. dazu Kap. 1.2.1., Teil III). Die Dimension „Führung" gehört weitgehend in den „Tabubereich" einer Schule. Leitungsfunktionen werden nur zum Teil wahrgenommen, formelle Führung beschränkt sich oft vorwiegend auf den Bereich der Administration.

Aber nicht nur im Bereich Führung scheinen Grenzziehungen schwierig. Auch die Grenzen zwischen Umfeld und Schule sind meist recht diffus gezogen (gehören die Schulpartner „Eltern" zur Organisation Schule oder nicht? Gehören SchülerInnen dazu? Wo liegen die Systemgrenzen?). Personen aus dem Umfeld von Schule sind als Eltern oder ehemalige SchülerInnen in irgendeiner Weise „Betroffene". Die Kommunikation mit dem Umfeld ist jedoch kaum geregelt. Es gibt keine Mechanismen, die Rückmeldungen der Umwelt aufnehmen und verarbeiten können. Schulen sind als „Zwangsorganisationen" nur in begrenztem Ausmaß von ihren Umwelten (Markt, Eltern, SchülerInnen) abhängig. Schulen verfügen überdies kaum über klare Gesamtidentitäten, Zugehörigkeiten entstehen bestenfalls über „Subsysteme" wie Klassen oder Fächer. Die Beziehung zwischen diesen Systemen ist jedoch sehr schwach ausgeprägt.

Die beschriebenen Organisationsdimensionen stehen nicht unverbunden nebeneinander, sie stehen vielmehr untereinander in Wechselwirkung und bilden ein labiles Gleichgewicht. Die Analyse der verschiedenen Bereiche kann bestimmte Defizite einer Organisation fokussieren.

Im Bereich Schule zeigt sich, daß fast alle Dimensionen eher schwach ausgeprägt oder wie der Bereich „Ziele" problematisch sind. Für die Auffassung von Schule als Organisation bedeutet dies, daß sich die Einzelschule noch kaum als Organisation versteht. Organisationsentwicklung in diesem Bereich könnte also heißen, in Schulen zunächst ein

Organisationsbewußtsein zu schaffen. Schulentwicklung in diesem Sinne bedeutet dann, Einzelschulen dabei zu unterstützen, überhaupt erst zu Organisationen zu werden.

1.2 Schule als besondere Organisation

Dem Schulsystem liegt als Organisationsform die Verwaltungsbürokratie zugrunde. In der traditionellen Definition ist damit eine System hierarchisch einander übergeordneter Ämter mit jeweils bestimmten fest umrissenen Befugnissen gemeint, wobei die oberen Instanzen entscheiden, anordnen und kontrollieren, während die unteren überwiegend nur Anordnungen ausführen. Alle Arbeitsvorgänge orientieren sich an Regeln und Verfahrensvorschriften.

Schon vor der Diskussion über Dezentralisierung und Autonomisierung im Schulbereich war diese klassische Bürokratiedefinition für den Organisationstyp Schule allerdings nicht ausreichend. Bereits 1969 legt *Fürstenau* (2. Auflage 1972) seiner Analyse des Schulsystems ein alternatives Bürokratiemodell zugrunde. Dieses „human-relation-Modell" (vgl. dazu *Litwak* 1971) ist vor allem dort geeignet, wo es – wie in der Schule – wenig gleichförmige Aufgaben gibt, von den Handelnden soziales Geschick erwartet wird und viele Situationen gar nicht durch Gesetze geregelt werden können. *Fürstenau* betont allerdings, daß im schulischen Bereich beide Modelle einander gegenüberstehen, was häufig zu typischen strukturellen Konflikten innerhalb der Organisation führt.

Ein Beispiel: Ein wesentliches Moment von „Human-relation-Bürokratien" ist die Verlagerung von Entscheidungsfunktionen auf die untere hierarchische Ebene, was voraussetzt, daß die untere Ebene – in unserem Falle die LehrerInnen – nicht nur über professionelle Qualifikationen sondern auch über den entsprechenden Handlungsspielraum verfügen. Die Schulverwaltung habe – nach *Fürstenau* – die notwendigen organisatorischen Konsequenzen aus diesem Sachverhalt allerdings nicht gezogen, sodaß LehrerInnen mit starken Spannungen im Rahmen dieser strukturell erzeugten Antagonismen konfrontiert sind. Das „Human-relation-Modell" ist darüberhinaus durch einen Wandel der Funktion und Definition der Rolle von Vorgesetzten gekennzeichnet. Der Vorgesetzte habe nicht mehr die Aufgabe, die Arbeit zu kontrollieren oder Entscheidungen zu fällen, sondern zu beraten und die Arbeit z.B. von LehrerInnen zu unterstützen. Nur das „Personal" auf der untersten Ebene habe den vollen Überblick (vgl. ebd. 55 f.).

Wenn *Fürstenau* von der Schule als einem Dienstleistungsunternehmen spricht, das *„ ... aufgrund des schnellen kulturellen und gesellschaftlichen Wandels (sich) ständig für Neues offen halten* (muß)", von der *„ ... systematischen Beschaffung und Auswertung der benötigten Informationen"* aus der Umwelt und der Notwendigkeit von *„Evaluation"*, so wirken die Ausführungen und Analysen auch nach fast 30 Jahren erstaunlich modern (vgl. ebd. 65). Der einzige Punkt, in dem man dem Artikel sein Alter anmerkt, ist das ungebrochene Vertrauen in die Planbarkeit von Entwicklung und die Aufforderung an die Schulpolitik, durch klare Richtlinien tatsächlich „Politik" zu machen und sich nicht mit Verwaltung zu begnügen.

Eine andere Sichtweise auf die Organisationsform der Bürokratie wird von *Mintzberg* (1983) angeboten. Sein Konzept einer „professional bureaucracy"[2] eignet sich in besonderer Weise zur Beschreibung der Schule und soll im folgenden kurz erläutert werden (vgl. dazu auch *Litwak* 1971, sowie *Mintzberg* 1991).

Die Organisationsform der „professionellen Bürokratie" tritt immer dort auf, wo die Arbeit in besonderer Weise vom Sachverstand, der Expertise und Motivation der MitarbeiterInnen abhängt. Das Produkt bzw. die zentrale (Dienst-)Leistung wird direkt am Kunden (SchülerInnen, PatientInnen, StudentInnen, KlientInnen) erbracht und benötigt nur wenig Technologieeinsatz. Das „Produkt" ist meist vielgestaltig und realisiert sich vor allem über Beziehung. Ergebnis und Erfolgskriterien sind daher eher unbestimmt und Qualitätskontrolle kann nicht leicht standardisiert werden. Die Tätigkeiten der MitarbeiterInnen sind nur wenig von außen steuer- und kontrollierbar und daher sehr wesentlich von Eigenmotivation und Selbstkontrolle bzw. Selbstevaluation abhängig. Versuche von außen steuernd einzugreifen haben oft den Effekt, die Motivation der MitarbeiterInnen eher zu vermindern. Aus den genannten Gründen hat diese Organisationsform allerdings auch Schwierigkeiten mit inkompetenten MitarbeiterInnen umzugehen. Kontrolle und Regelungen in diesem Bereich greifen wenig.

---

2 Die Arbeitsgruppe „Organisationsentwicklung in Expertenorganisationen" des „Interuniversitären Instituts für interdisziplinäre Forschung und Fortbildung (IFF) unter der Leitung von *Grossmann, Krainer* und *Pellert,* der auch ich angehöre, hat diesen Begriff mit „Expertenorganisation" übersetzt, und bemüht sich um eine Theoriebildung in diesem Bereich. Vgl. dazu: *Grossmann,* R. (Hrsg.): Besser – billiger – mehr. Zur Reform der Expertenorganisationen Krankenhaus, Schule, Universität. Springer: Wien–New York 1997. iff texte Bd. 2

Diejenigen, die in der Organisation arbeiten, sind weitgehend autonom. Das Selbstverständnis der MitarbeiterInnen ist meist so beschaffen, daß sie sich eher ihrem Fach oder ihrer Profession verpflichtet fühlen als der jeweiligen Organisation, in der sie tätig sind. Die Organisation ist meist nur der Hintergrund zur Erfüllung der eigentlichen Aufgaben, ja oft stehen die „Experten" der Organisation sogar skeptisch gegenüber, von der sie bürokratische Einschränkungen befürchten. Die Tätigkeit des Organisierens wird nicht als Teil der Professionalität angesehen, oft werden diese Tätigkeiten nur als ermüdende zusätzliche Aufgaben erlebt. Dies hängt zum Teil auch davon ab, daß Organisationsarbeit weder ideell noch finanziell honoriert wird.

Die Struktur einer „professionellen Bürokratie" zeichnet sich durch eine flache Hierarchie aus und stützt sich auf eine sehr dünne Schicht des mittleren Managements. Macht ist einerseits auf der oberen Ebene der öffentlichen Verwaltung angesiedelt, die alle wesentlichen Entscheidungen von Budget bis Personal trifft, und auf der untersten Ebene, auf der – in ihren Bereichen – weitgehend autonome MitarbeiterInnen arbeiten. *Mintzberg* spricht in diesem Falle auch von einer „collegial organization" (ebd. 197). Verglichen mit Wirtschaftsorganisationen sind „kollegiale Organisationen" eher dezentral strukturiert und „loosely coupled" (*Weick* 1976). Die einzelnen Einheiten stehen lose verbunden nebeneinander, Kooperation und Zuammenarbeit der MitarbeiterInnen ist nicht sehr gefordert. Die Organisation kann aufgrund der hohen Autonomie des einzelnen als „bottom heavy" bezeichnet werden. Die Übernahme von Leitungsfunktionen ist demgegenüber schwierig. Steuerung muß eher in Form einer Kontextsteuerung als durch Kontrolle und Regelungen wahrgenommen werden. Meist gibt es für Leitungsfunktionen keine Ausbildung und nur wenig professionelles Verständnis.

Eine wesentliche Besonderheit von „professionellen Bürokratien" ist – nach *Mintzberg* – die große Unabhängigkeit von Umwelt und Klientel. Rückmeldungen von KlientInnen spielen eine eher untergeordnete Rolle. (*„Der Ermessensspielraum erlaubt den Professionals nicht nur das Ignorieren der Klientenbedürfnisse, sondern auch der Bedürfnisse der Organisation selbst. ... Andere verwechseln die Bedürfnisse ihres Klientels mit den Fertigkeiten ihrer Zunft"* (*Mintzberg* 1991, 198). Weiterentwicklungen der Organisation werden nicht von Impulsen der relevanten Außenwelten eingeleitet, sondern eher entlang einer fachspezifischen Expertisenentwicklung. Die Organisation weist darüberhinaus auch wenig Selbstreflexion über ihre Prozesse auf.

Als Beispiele für „professionelle Bürokratien" nennt *Mintzberg* (1991) Krankenhäuser, Universitäten, Sozialarbeitseinrichtungen und Schulen. Es sind Organisationen, die scheinbar „ ... *auf dem Kopf stehen*", „... *wo die Angestellten manchmal die Vorgesetzten zu dirigieren scheinen*" und „... *wo der einzige Ort der Welt* (ist), *wo man tun kann, als wäre man selbständig, aber regelmäßig ein Gehalt bezieht*" (ebd. 183). Wenn die MitarbeiterInnen dieses Organisationstyps gut sind, dann sind sie sehr gut, und wenn sie schlecht sind, „ ... *sind sie scheußlich*" (ebd.). Dazu kommt, daß „ ... *Professionals notorisch nicht dazu gewillt sind, etwa gegen die eigene Zunft vorzugehen und unverantwortliches Verhalten durch die Berufsorganisation zu tadeln*" (1991, 198).

Für Schulen scheint diese Beschreibung gut zu passen und einige Aspekte deutlich ins Bild zu setzen. Wenn Professionelle bzw. Experten ihre wesentlichen Bezugssysteme im Fach – also „außerhalb" der Organisation haben, so ist das Interesse sowohl an Kooperation über diese Fachgrenzen hinweg als auch an „Organisationsarbeit" eher gering. Die Darstellung unter dem Gesichtspunkt der „professionellen Bürokratie" macht auch deutlich, warum Veränderungen im schulischen Bereich so schwierig und zäh sind. In dieser Organisation hängen größere Innovationen immer vom kooperativen Verhalten der Mitglieder ab. Bestehende Programme können zwar von einzelnen verbessert werden, neue hingegen überschreiten im Regelfall die etablierten Spezialfächer und verlangen kollektives Vorgehen. Die Strukturen dieser Form der Organisation wurden zur Perfektionierung bestehender Programme in stabilen Umwelten gestaltet, sie sind keine „Problemlösestrukturen", um neue Programme für einen unvorhergesehenen Bedarf zu entwickeln. Das größte Problem – nach *Mintzberg* – sei, daß die „Professionals" dazu tendierten, neue Probleme in alte "Schubladen" zu stecken – „... *new problems are forced into old pigeonholes*" (1983, 209).

The fact is that ... innovative problem solving requires inductive reasoning – that is, the inference of new general concepts or programs from particular experiences. That kind of thinking is divergent – it breaks away from old routines or standards rather than perfecting existing ones. And that flies in the face of everything the professional bureaucracy is designed to do (1983, 210).

Wenn also Veränderungen für diesen Typ von Organisation ein Risiko beinhalten und gänzlich der Organisationsform zuwiderlaufen, wie kann dann Entwicklung passieren? *Mintzberg* äußert sich über das Veränderungspotential dieser Organisationen nüchtern:

> *Professional Bureaucracies ... tend to be conservative bodies, hesitant to change their well established way (...). In the Professional Bureaucracy, with operator autonomy and bottom up decision making, and in the professional association with its own democratic procedures, power for strategic changes is diffuse. Everybody, not just a few managers or professional representatives, must agree on the change. So change comes slowly and painfully, after much political intrigue and shrewed maneuvering by the professional and administrative entrepreneur (ebd. 210).*

Wie schwierig, langsam und „schmerzhaft" Veränderungen in der Organisation Schule vorangehen, soll nicht zuletzt diese Arbeit darstellen. Ob jedoch unter den Bedingungen einer sich immer rascher wandelnden Umwelt Veränderungen und Anpassungen mit dieser Organisationsform überhaupt geleistet werden können, bleibt fraglich. Zumindest *Mintzberg* gibt diesen Organisationsformen in „dynamischen Umwelten" jedenfalls wenig Chancen zu überleben: *„... dynamic conditions call for change – and that calls for another configuration"* (1983, 210).

1.3 Schule als „lernende Organisation"

Ob Schulen in ihrer gegenwärtigen Verfaßtheit nachhaltige Veränderungen einleiten können, bleibt also zunächst offen. Daß jedoch Innovationen in diesem Bereich vielfach als notwendig erachtet werden, das legen die in den letzen Jahren erschienenen Bücher über Schule oder die Titel der in jüngster Zeit stattgefundenen Symposien oder Tagungen[3] nahe. Dabei scheint die Richtung, in die die Veränderung gehen muß, vorgezeichnet. Die Einzelschule dürfe nicht nur Lernen für SchülerInnen organisieren, sondern müsse, meinen Erziehungswissenschaftler und Schulforscher, selbst zu einer „lernenden Organisation" werden.

---

3   Vgl. etwa die Symposien „Die Schule neu erfinden" (6.-9. März 1996, Heidelberg) oder „Schule setzt Segel" (Herbst 1995, Wien) oder „Zukunftswerkstatt Schule" (November 1996, Wien)

Im folgenden soll daher die Schule unter der Brille der „Lernenden Organisation" betrachtet werden. Es ist gewissermaßen eine „Zukunftsbrille", die aufgesetzt werden muß, denn kaum eine Schule kann schon heute von sich behaupten, eine „Lernende Organisation" zu sein. Es soll also untersucht werden, wie diese Organisationsform auf den schulischen Bereich bezogen aussehen könnte und welche Schritte von einzelnen Autoren auf dem Weg der Entwicklung vorgeschlagen werden.

Holly und *Southworth*, die als eine der ersten versucht haben, die Vorstellung der „Lernenden Organisation" auf die Schule zu übertragen, (1989; vgl. den knappen Überblick über die Geschichte der Idee in *Pedler* u.a. 1994, 12 ff). definieren die „lernende Schule" wie folgt:

Essentially, the Learning School is a place ... „designed for learning". ... They (erg. such schools) take trouble to make their philosophies explicit for themselves and to explain them to parents and pupils; the foundation of their work and cooperative life is an acceptance of shared values. Emphasis is laid on consultation, team work and participation, but without exeption, the most single factor in the success of these schools is the quality of leadership of the head. ... Indeed we would argue that the Learning School has five interrelated characteristics. In the Learning School:
- *the focus is on children and their learning;*
- *individual teachers are encouraged to be continuing learners themselves;*
- *the group of teachers (and sometimes others) who constitute the „staff" is encouraged to collaborate by learning with and from each other;*
- *the school (i.e. all those people who constitute the „school") learns its way forward. The school as an organization is a „learning system"*
- *the headteacher is the leading learner.*
(Holly/Southworth 1989, 3 f)

Lernen ist für die Autoren „tun" („*...it is, what everybody does in the Learning School*" (ebd. 4). SchülerInnen, einzelne LehrerInnen und -gruppen, die Schulleitung – alle „lernen" individuell oder mit und voneinander. Um aus diesem Lernen von Personen und Gruppen ein Lernen der Organisation zu machen, ist allerdings die vierte „Charakteristik" entscheidend. Was also „tun" Schulen, wenn sie lernen, und wie werden sie zu einem Lern*system*? *Holly* und *Southworth* durchforsten die diesbezügliche Literatur und listen eine Reihe von Bedingungen und konkreten Aktivitäten auf. Die einzelnen von ihnen angeführten Autoren setzen zwar unterschiedliche Schwerpunkte, unterscheiden sich aber kaum in den wesentlichen Aussagen. Die Antworten kreisen um folgende „Lernbereiche"(vgl. 1989, 12 ff):

– Personalentwicklung/Schulentwicklung:

   A major task is to be able to integrate individual and small group enterprise on behalf of the enterprise – the school.

– Umweltfeedback erheben und reagieren:

   The Learning School needs to listen to the messages emanating from both its immediate community and its wider environment. It needs to be both reactive and proactive. ... An organization that can adept and adopt ...
   The entire system learns as it obtains feedback from the environment and anticipates further change.
   Self evaluation

– Wissen nutzbar machen und verbreitern/Integration/Abstimmung:

   A good organization is flexible, uses integrated structures, monitors itsef (and its) organizational culture, develops strategic planning techniques and empowers its people ...
   Information needs to be communicated across the organization ...

– Entwicklung auf der individuellen Ebene, der Team- und der Organisationsebene:

   There is a need for both communications across the levels and orchestration of activities so that one level is not over-emphasized at the expense of the other

– Gemeinsame Ziele:

   There is an exchange relationship between personal and organizational (i.e. shared) goals ...

Damit sind im wesentlichen auch jene Bereiche genannt, die *Senge* (1990) als wichtige Bausteine einer lernenden Organisation ansieht. Der Autor nennt fünf sogenannte „Kerndisziplinen", die nicht nur unverzichtbare „Eckpfeiler" dieser Organisationsform darstellen, sondern auch nur im jeweiligen Wechselspiel aller Elemente Organisationslernen ermöglichen. Mit der Bezeichnung „Disziplin" ist dabei eine Theorie und Methodik gemeint, die gelernt und beherrscht werden muß, um sie in die Praxis umsetzen zu können. Es ist gewissermaßen ein „Entwicklungsweg", auf dem der einzelne bestimmte Fertigkeiten erwirbt, die für die gesamte Organisation nutzbar gemacht werden können.

Die Grundlage für das Lernen jeder Organisation und somit die erste der fünf Kerndisziplinen ist – nach *Senge* – „Personal Mastery". Das heißt soviel wie eine besondere „Meisterschaft" in einem bestimmten Bereich, die unter Einschluß der gesamten Persönlichkeit weiterentwickelt werden kann. Führungskräfte müssen also bestrebt sein, das Lernen und „Wachstum" des einzelnen zu fördern, denn *„ ... organizations learn only through individuals who learn* (ebd. 139). Dabei ist „mastery" noch mehr als bloßes berufliches Können. Es beinhaltet eine „persönliche Vision" , ein *„... commitment"* und *„... sense of mission"* (ebd. 8). Andere Autoren sehen diesen Bereich zwar nüchterner, sind sich aber in der Einschätzung der Bedeutung von „Personalentwicklung" durchaus einig (vgl. etwa *Rolff* 1994).

Mit dem Lernen von Individuen ist es allerdings nicht getan. Um eine Veränderung auf der Organisationsebene herbeizuführen, bedarf es zusätzlicher „Disziplinen". Ein weiterer entscheidender Schritt auf dem Weg zur lernenden Organisation ist – nach *Senge* – das Sichtbarmachen und Überprüfen tiefverwurzelter „mentaler Modelle". Damit sind all jene Annahmen, inneren Bilder und Verallgemeinerungen gemeint, die wesentlich darauf Einfluß nehmen, wie die Welt wahrgenommen und in der Folge Handlungen strukturiert werden. Es ist ein Unterschied, ob ein Lehrer nach dem mentalen Modell handelt: *„SchülerInnen wollen nichts lernen und trachten nur danach, die Lehrerin am Unterrichten zu hindern"*, oder ob das handlungsleitende Modell lautet: *„SchülerInnen sind von Natur aus neugierig und lernwillig, wenn man ihnen Interessantes bietet"*. Obwohl alle Beobachtungen nach bestimmten Vorannahmen gefiltert und interpretiert werden, sind „mentale Modelle" häufig nicht bewußt. Ein wesentlicher Lernschritt – auf der individuellen wie der organisatorischen Ebene – ist nun, diese handlungsleitenden Vorannahmen bewußt zu machen und ihre Funktionalität zu überprüfen. Das erfordert nicht nur ein *„ ... turning the mirror inwards"* (ebd. 9) sondern auch die Fähigkeit, *„lern-*

intensive" Gespräche zu führen, in denen alle Beteiligten nicht nur klar zum Audruck bringen, was sie selbst denken, sondern sich auch dem Denken von anderen öffnen. (Ein Beispiel, wie mit Hilfe der Technik des „Analysegesprächs" ein derartiges „lernintensives" Gespräch das Verständnis für unterschiedliche „mentale Muster" erzeugen und verhärtete Fronten in einem Konferenzzimmer auflösen konnte, findet sich in Kapitel 3.2.5. Teil III).

Neben dem Überprüfen mentaler Modelle ist für *Senge* eine gemeinsame Vision ein weiterer Eckpfeiler einer lernenden Organisation. Damit ist die Fähigkeit gemeint, gemeinsame „Zukunftsbilder" freizulegen, Energien zu bündeln und Engagement und „... *commitment*" (ebd. 9) zu erzeugen.

Obwohl Organisationen nur mittels Individuen lernen können, wird die zentrale Lerneinheit der Organisation von Gruppen und „Teams" gebildet. Diese Diziplin ist für *Senge* besonders entscheidend: „*This is where 'the rubber meets the road'*"(ebd. 10). Nur wenn Teams lernfähig sind, kann auch die Organisation lernen.

All diese genannten Disziplinen werden durch eine fünfte zusammengehalten: das Systemdenken. Sie ist die integrative Kraft, die die anderen verknüpft und zu einer ganzheitlichen Theorie und Praxis zusammenfügt (zur besonderen Bedeutung dieser Disziplin siehe auch *Wilke*, 1994, 179 ff). Sie verhindert, daß die einzelnen Disziplinen zu bloßen technischen „Spielereien" verkommen.

> *By enhancing each of the other disziplines, it continually reminds us that the whole can exceed the sum of its parts. (Senge 1990, 12)*

Erst durch „Systemdenken" eröffnen sich vielfältige Perspektiven, es gibt keinen Schuldigen mehr, der für alle Probleme verantwortlich ist, sondern die Mitglieder einer Organisation können erkennen, wie sie selbst durch ihre Handeln zu den Problemen beitragen.

> *A learning organization is a place where people are continually discovering how they create their reality*"(ebd. 13).

Und wenn die Mitglieder einer Organisation erkannt haben, daß sie selbst es sind, die die „Verhältnisse" schaffen, so können auch Wege der Veränderung gefunden und beschritten werden.

Die Idee der „lernenden Organisation" ist nun in gewisser Weise auch für die Entwicklung von Schulen zur Leitvorstellung geworden. Sie stand etwa Pate bei der Unterscheidung der drei Stadien von Schulentwicklung von *Rolff* (1993, genauer 1994), die als unterschiedliche Niveaus des Organisationslernens begriffen werden. Ziel ist die „Problemlöseschule", die das Organisationslernen und damit auch die Schulentwicklung selbst zum Lerngegenstand macht (*Rolff* 1993, 141). Von ähnlichen Vorstellungen ist auch die Unterscheidung in „bildungspolitisch taube", „– bewußte" und „– aktive Schulen" von *Posch* (1996, 174 f) geleitet. Die drei Modelle charakterisieren Schulen nach ihrer Fähigkeit, bei der Auseinandersetzung mit gesellschaftlichen Anforderungen selbst Leitperspektiven auszuarbeiten, in inhaltliche Schwerpunktprogramme umzusetzen und sich selbst Rechenschaft über den Erfolg abzulegen. Das Modell der „bildungspolitisch aktiven Schule" kommt mit der Betonung von gemeinsamen Wertvorstellungen, Austausch mit dem gesellschaftlichen Umfeld und der Organisation interner Kommunikation der Vorstellung einer „lernenden Schule" sehr nahe (vgl. dazu ausführlicher Kap. 3.1.3., Teil III).

Wie eine „lernende Schule" in der Praxis in ihrer organisatorischen Verfaßtheit aussehen könnte, beschreiben *Marx* und *van Ojen*. In Abgrenzung zur „segmentierten" und „kooperativ sich regulierenden" Schule setze die „lernende Organisation Schule" vor allem auf kleinere Einheiten und Teamarbeit:

Die Schule umfaßt zwei oder mehr organisatorische Einheiten, die strategisch im Verhältnis zur Schule als Ganzheit relativ autonom sind. Eine Einheit wird aus einer Gruppe von Lehrern gebildet, die als ganzes (oder ein Kern daraus) für den Unterricht bzw. für eine oder mehrere Schülergruppen („Targetgroups") verantwortlich ist. ... Unterrichtsmäßige und vewaltungsmäßige Strategien werden miteinander verbunden. Die Integration findet auf dem Niveau der relativ autonomen Einheiten statt. ... Die Einheiten haben dabei den Vorteil, daß sie relativ klein sind und eine überschaubare Umwelt haben. Die Schule als Ganzheit ist flexibel, weil eventuell neue Einheiten für neue Zielgruppen eingerichtet werden können. ... Die höchsten Managementorgane sind hauptsächlich unterstützend zugunsten der Einheiten tätig. Sie bilden eine „Metakultur" in bezug auf die Verschiedenheit der spezifischen Kulturen der Einheiten. ... Zwischen den Einheiten besteht keine starke Bindung ... Zusammenarbeit der Einheiten wird geregelt in Form von (relativ kurzfristigen) Kontrakten. (Marx/van Ojen 1992, 177).

Zu diesen Merkmalen kommen noch „ ... *umfangreiche Informatisierung*" und „... *konsequente Rückkoppelung (feedback) auf allen Niveaus*" (ebd.).

Die Vorteile dieser Organisationsform werden von den Autoren selbst benannt: Die Organisation sei dynamisch und könne „flexibel" reagieren, sie ermögliche Innovationen und sei „schülerorientiert". Mit ihren „Feedbackmechanismen" und den relativ autonom agierenden Einheiten habe sie viele Möglichkeiten, ihren Mitarbeitern Erfahrungen zu liefern, auch solche, die sie instandsetzen, gewisse Auffassungen auch wieder zu „verlernen".

In der Tat scheint die beschriebene Organisationsform rasch und flexibel auf die Umwelt reagieren zu können. Allerdings scheint diese Flexibilität vor allem auf der Ebene von Teams möglich zu sein. Es geht aus der Beschreibung nicht hervor, wie die Organisation in ihrer Gesamtheit Innovationen bzw. Entwicklungen einleiten kann, wenn die einzelnen Teams nur sehr lose gekoppelt sind. Das Element von Steuerung scheint gänzlich zu fehlen. Dem Management werden nur unterstützende Funktionen zugestanden. Die Funktion der Gestaltung und der notwendigen Vermittlung zwischen Teamkulturen (eventuell auch Teamegoismen) bleibt ausgeklammert. Es ist zwar von „umfangreicher Informatisierung" die Rede und von „konsequenter Rückkoppelung auf allen Niveaus", doch nicht davon, wie diese Rückkoppelungsprozesse aussehen und vor allem, wie und von wem sie gesteuert werden sollen.

Mißt man dieses Modell an den Vorstellungen von *Senge* oder *Holly* und *Southworth* so fehlt vor allem das Element der Führung. *Senge* etwa weist Führungskräften die entscheidende Rolle beim Aufbau einer „lernenden Organisation" zu (1990, 340). Auch *Holly* und *Southworth* sehen in der Qualität der Leitung einen essentiellen Faktor der „lernenden Schule": „ ... *the most single factor in the success of these schools is the quality of leadership of the head" (1989, 3)*. Dieses Element scheint auf dem Weg von der Theorie in die Praxis der Schule bzw. von dem Weg von der angelsächsischen Welt auf das europäische Festland verlorengegangen zu sein, jedenfalls scheint der Umgang mit Führungs- und Leitungsfunktionen in diesem Umfeld nicht unproblematisch (siehe dazu Kap. 1.2.1 sowie Kap. 2.4. Teil III).

Die meisten Beschreibungen von lernenden Schulen bleiben wie die zitierte in der Frage der Vernetzung und Rückkoppelung sehr allgemein. Dieser Bereich ist jedoch für das Lernen einer Organisation zentral. Es kann nicht nur darum gehen, eine Organisation in kleine – nur lose verbundene Einheiten – aufzulösen, die dann, weil ihre Umwelt überschaubar ist, leicht agieren und reagieren können, es geht vielmehr darum, intelligente Strukturen aufzubauen, die auch die „Unüberschaubarkeit" größerer Einheiten handhabbar machen. Es geht auch nicht nur um „lernen", sondern darum, Gelerntes in der Organisation zu pflegen, zu speichern und abrufbar zu halten.

1.4 Wissensmanagement

Wenn man die Konzepte der „lernenden Schule" näher betrachtet, so ist oft zu erkennen, daß das Hauptaugenmerk auf das Lernen von Individuen, Teams oder Führungskräften gelegt wird. Die Organisation selbst – ihre Strukturen und ihre Möglichkeiten – werden häufig ausgespart. Es wird – so scheint es – darauf vertraut, daß sich die Organisation schon ändern wird, wenn nur für möglichst viele MitarbeiterInnen Lernmöglichkeiten geschaffen werden. Lernen alleine löst jedoch Probleme noch nicht, das Gelernte muß auch angewendet, weitergegeben, schnell verfügbar gemacht, kombiniert und schließlich in Handlungen umgesetzt werden können. Die kritische Frage ist also: Wie verwandeln sich Daten aus der Umwelt, einer (Selbst-)Evaluation etc. in Informationen und in der Folge in gemeinschaftliches Wissen? Wie organisieren sie sich so, daß nicht nur Lernen möglich ist, sondern auch eine Wissensbasis für das gesamte Unternehmen entsteht?

Die meisten Unternehmen – behauptet *Boos* – haben bereits viel gelernt, allerdings „wüßten" sie es noch nicht (1996, 151). Die Anwendung, Nutzung und das Verständnis für die Ressource „Wissen" stehe noch sehr am Anfang. Mit „Wissen" werde in Unternehmen zumeist recht sorglos umgegangen, wichtige Prozesse würden nicht dokumentiert oder Projekte beendet, ohne die Erfahrungen ausgewertet zu haben etc.

Dabei ist „Lernen" ein typischer sich selbst organisierender Prozeß. Niemand kann zum Lernen gezwungen werden, ein Individuum nicht und auch keine Organisation. Ein noch so aufwendig gestalteter Prozeß der Datensammlung zur Ist-Analyse oder zur Selbstevaluation ist noch keine Garantie dafür, daß ein System tatsächlich lernt. Denn welche Impulse aufgenommen werden , *„ ... also nicht "auswendig" sondern "inwendig" gelernt werden, das „entscheidet" das System selbst. Damit ein Impuls der Außenwelt zu einer "In"formation im System wird, muß er sich im System formieren, d.h. anschließen und von dem bestehenden Wissen unterscheiden, was mittels eines Prozesses erfolgt, der für* *das jeweilige System charakteristisch ist*" (ebd. 154). Diese Betrachtungsweise verschiebt den Fokus der Aufmerksamkeit auf die internen Verhältnisse einer Organisation. Die zentrale Fragestellung ist, wie Organisationen Kontexte gestalten, damit aus Daten Informationen werden und diese im „kollektiven Wissen" einer Organisation gespeichert werden können.

Um diesem „kollektiven" Wissen einer Organisation auf die Spur zu kommen, schlägt *Wilke* vor, folgende Fragen zu stellen (1995, 52): Wo und in welcher Form wird dieses Wissen gespeichert? Wie, von wem und in welchen Situationen wird es abgerufen? Wie erwirbt, speichert, verwaltet und verändert die Organisation dieses Wissen? In Frage stehen also der Aufbau, die Verwendung und das „Management" des organisationalen Wissens.

Mit „gespeichertem Wissen" sind jedoch keine „Datensysteme" oder ähnliches gemeint, sondern Wissen, das in Verfahrensregelungen, Routinen, einer Organisationskultur, bestimmten Formen des Umgangs etc. enthalten ist. *Wilke* betont, daß die Wissensbasis einer Organisation – ähnlich wie die Regeln und Strukturen der Kommunikation – von den Personen zwar getrennt ist, aber nicht unabhängig von ihnen in Gang kommt. Eine wichtige Frage ist daher das Zusammenspiel von individuellem und organisationalem Wissen und der Zusammenhang der entsprechenden Lernprozesse.

Organisationen kommen zu ihrem Wissen, indem ein für die Organisation relevantes Wissen von Personen formuliert, aufgeschrieben und schließlich dieses symbolisch repräsentierte/kodierte Wissen in eine Wissensbank eingebracht wird, die in die Routineabläufe der Organisation eingebunden ist. ... Das Wissen wird so als abstrakt symbolisiertes Wissen unabhängig von den das Wissen Liefernden und kann als organisationales Wissen weitergegeben, geheimgehalten, verändert, sogar verkauft werden. Soweit nichts Besondere ... Interessant wird organisationales Wissen dadurch, daß es wie jedes symbolische System schon bei geringer Eigenkomplexität ein Eigenleben beginnt, indem es in reflexiven Schleifen zum Gegenstand organisationalen Wissens und anderer Formen des Handelns der Organisation wird. ... Wie soll das gehen? Der Kern der Idee kollektiven Wissens ist die Beobachtung, daß der Gehalt dieses Wissens nicht von den einzelnen Wissenspartikeln geprägt ist, welche in den Köpfen von Personen oder sonstwie dokumentiert vorhanden sind, sondern von den Relationen und Verknüpfungsmustern zwischen Wissenselementen. Die Verknüpfungen selbst konstituieren das eigenständige kollektive oder systemische Wissen der Organisation. (Wilke 1995, 53)

Die Intelligenz einer Organisation wird also wesentlich auch davon bestimmt, wie „intelligent" die Strukturen sind, die zur Verknüpfung einzelner Wissenselemente aufgebaut wurden. *Wilke* führt Beispiele an, wie „intelligente" Unternehmen elaborierte Verfahren entwickeln, um eine von Personen und Teams gewonnene Expertise in kollektive Intelligenz zu transformieren (vgl. dazu ebd. 57 ff). Dabei sind diese von ihm beschriebenen Organisationen keineswegs kleine überschaubare Einheiten. Im einen Fall ist es eine Beraterfirma mit über 1000 MitarbeiterInnen, die ein System entwickelt hat, das die bei einem Auftrag erzeugten Lernerfahrungen eines Teams oder einer Einzelperson jedem in der Firma zugänglich machen kann.

Wenn man versucht, die Idee des „intelligenten Unternehmens" auf die Schule zu übertragen, so kann man feststellen, daß auch in einem Unternehmen, dessen erklärte Aufgabe die Organisation von Lernprozessen ist, das Verständnis für die Ressource „Wissen" noch wenig ausgeprägt ist. Auch in Schulen wird mit Wissen recht sorglos umgegangen. Es gibt kaum Traditionen, die z.B. Projekterfahrungen in einer Schule systematisch auswerten, um sie neuen Projektteams zugänglich zu machen, nur in Ausnahmefällen werden „Fortbildungstage" dokumentiert oder einer Reflexion unterzogen, selbst Materialienpools oder der Austausch von Lernmaterialien sind eher die Ausnahme als die Regel. Es gibt in Schulen kaum Strukturen, die einen Wissenstransfer unter LehrerInnen fördern oder vorhandenes Wissen speichern helfen. Oft ist nicht einmal den eigenen KollegInnen bekannt, welche Initiativen oder Projekte an der Schule gerade laufen (vgl. zu den Folgen dieser mangelnden Kooperation *Krainer/Tietze* 1992, 32 f)

Auch in Projekten zur Schulentwicklung stehen der Aufbau intelligenter Strukturen zur Wissensspeicherung und -verknüpfung nicht an erster Stelle. Dem Leitbild der lernenden Organisation entsprechend werden Schulen zunächst eher angehalten, in Prozessen zur Ist-Analyse Daten aus der Umwelt zu erheben, in der Hoffnung, daß aus diesen Daten Felder für zukünftige Entwicklungen gleichsam generiert werden könnten. Wissen folgt jedoch keiner linearen Logik, und ein Input erzeugt nicht automatisch einen bestimmten Output (vgl. auch Kap. 1.1.2, Teil III). Wissen entsteht nicht aus „objektiven" Informationen, sondern ist immer eingebettet in subjektiven Annahmen, Stimmungen und Erfahrungen. Welche Daten als Informationen von der Organisation Schule aufgenommen werden und welche nicht, entscheiden nicht so sehr die „Qualität" der Daten sondern vielmehr die internen Verhältnisse und Verarbeitungsmuster. (vgl. dazu die Beispiele in den Fallstudien). Die Schulen also entscheiden und steuern selbst, ob und wieweit sie sich „irritieren" lassen wollen, auch dann, wenn sie sich in deklarierte Entwicklungs- und Lernprozesse begeben. Denn nicht immer müssen derartige Anläufe auch dazu führen, daß eine Schule sich tatsächlich weiterentwickelt. Manche Reaktionen sind Ausweichbewegungen oder verfolgen unterschwellig das Ziel, stehenbleiben und alles beim Alten lassen zu können (zur Problematik vgl. *Krainz-Dürr* u.a. 1997). Manchmal sind die Aktivitäten, die am Beginn von Entwicklungsprojekten stehen, so zahlreich, daß den Akteuren nach einiger Zeit der Atem ausgeht, oder nach einer euphorischen Aufbruchstimmung keine Kraft mehr für die „Mühen der Ebene" übrigzubleiben droht. Es geht also nicht nur darum, Lernprozesse in Schulen in Gang zu bringen, sondern vielmehr auch, diese abzusichern und in ein „Wissen" der Organisation zu verwandeln. Anders ausgedrückt, es geht um den Aufbau sogenannter „intelligenter Strukturen" an Schulen, die eine von den Personen unabhängige Wissensbasis aufbauen helfen, die laufend erweitert und verändert werden und auf die leicht zurückgegriffen werden kann. Dieser „Paradigmenwechsel" vom Leitbild der „lernenden" zur „wissenden Organisation" (vgl. *Quinn* 1995) muß im Schulbereich allerdings – so scheint es – erst vollzogen werden.

Exkurs: „Lernende Schulen" – Warum gerade jetzt?

Im folgenden Abschnitt soll ein kurzes Schlaglicht auf die Frage geworfen werden, warum die Vorstellung, daß Schulen lernen sollen, in den letzten Jahren eine derartige Verbreitung gefunden hat. Die Bedingungen, unter denen LehrerInnen an Schulen arbeiten, haben sich nicht erst in den letzten Jahren verändert, die Auswirkungen gesellschaftlicher Entwicklungen treten aber – so scheint es – erst jetzt in ein allgemeines Bewußtsein.

Die wesentlichen Aufgabenbereiche von Schule können mit den Begriffen Qualifikation, Selektion und Erziehung umschrieben werden (vgl. *Fend,* 1980). Orientiert man sich an diesen drei Funktionen, so läßt sich feststellen, daß in allen Bereichen gravierende Veränderungen vor sich gegangen sind. Auf der Ebene der Qualifikation verliert die Schule zur Zeit das Monopol der Informationsvermittlung. Mit der rasanten Entwicklung der Technologie werden Informationen leicht verfügbar. Computergestützte Lernprogramme und Internet ermöglichen einen Zugriff auf Daten, der bei weitem das übertrifft, was Schulen in der derzeitigen Form anbieten können. Auch im Bereich „Wissen" sind grundlegende Veränderungen zu beobachten. „Wissen" wächst (bzw. „verwest") derartig schnell, daß die Vermittlung sogenannter „sekundärer Qualifikationen" immer wichtiger wird. Zu diesen „Schlüsselqualifikationen" (vgl. *Beck,* 1993) gehören an erster Stelle „Lernfähigkeit" und „Lernbereitschaft", sowie „Teamfähigkeit" und „Handlungskompetenz". *Wilke* fügt als Anforderungsprofil an UnternehmensmitarbeiterInnen der Zukunft noch die Bereitschaft hinzu, einmal Erlerntes wieder zu vergessen, d.h. erworbenes Wissen zu revidieren (1995). Dazu kommen persönlichkeitsorientierte Kompetenzen wie:

> *... individuelle Qualifikationen, die sich mit dem Begriff der kontextuierten Identität umschreiben lassen. Damit ist gemeint, daß eine Person im Rahmen ihrer Tätigkeit für eine komplexe Organisation je nach relevantem Kontext in unterschiedliche Identitäten „morphiert" und trotz dieser wiederholten Metamorphosen für sich identisch bleibt. (Wilke, 1995, 68)*

Das sind Anforderungen, die schulische Strukturen derzeit kaum erfüllen oder erfüllen können. Schulische Strukturen sind auf Vereinzellung der SchülerInnen ausgerichtet und fördern Konkurrenz. Das System der schulischen Prüfung bevorzugt eine ganz bestimmte Form der Wissens und hemmt eher die Vermittlung komplexerer Inhalte, als daß sie sie fördert. Von *Förster* hat die Schule als eine Einrichtung zur *„... Trivialisierung des Nachwuchses"*(1985, 12) bezeichnet. Das Denken der Kinder wird „trivialisiert", d.h. einer einfachen Maschinenlogik angepaßt, Wissensinhalte werden in der Schule solange „zerlegt", bis Antworten im Sinne einer „ja/nein" Kategorie möglich sind. Daß ein Lernen, das sich auf die Vermittlung „trivialen" Wissens reduziert, heute nicht mehr ausreicht, versetzt Schulen gegenwärtig in Unruhe, da damit die Fundamente herkömmlichen schulischen Lernens zu wanken beginnen.

Ähnliche Veränderungen zeichnen sich auf der Ebene der Zuteilung von Berechtigungen ab. Eine der wesentlichsten Aufgaben der Institution Schule war zu jeder Zeit die Reproduktion der gesellschaftlichen Verhältnisse, wobei ständische Privilegien allmählich durch kontrollierbare Leistungen ersetzt wurden. Prüfungen und damit verbundene „Berechtigungen" waren anfangs noch kein konstitutiver Bestandteil von Lernen und Ausbildung, erst allmählich entwickelte sich ein normiertes Prüfungs- und Zensurensystem, das sich von oben nach unten, von höherer zu niederer Bildung vollzog. Ab dem Ende des 18. Jahrhunderts wurde für den Zugang zur Universität ein entsprechendes Abgangszeugnis (ab-itur) einer Latein oder Gelehrtenschule obligatorisch (vgl. *Kraul*, 1995), schließlich eröffnete die akademische Bildung die Aussicht auf ein späteres Staatsamt. Die SchülerInnen niederer Schulen blieben lange von einer normierten Zensur verschont. Da nach dem Abgang von diesen Schulen keine gesellschaftlichen Privilegien warteten, genügte eine „Entlassungsschein". Eine individuelle Differenzierung etwa durch Beurteilungen oder Noten bleib so lange unerheblich, so lange mit den Leistungen keine „Berechtigungen" verbunden waren. Erst seit den ersten Jahrzehnten des 20.Jahrhunderts erhielt auch das niedere Schulwesen einen Selektionscharakter.

Nebenbei bemerkt bewirkte die allmähliche Umwandlung des gesamten Schulwesens in ein Selektionsinstrument auch einen deutlichen Wandel der äußeren Lernorganisation der Schule. Berechtigungen, die Zeugnisse über kontrollierte Leistungen voraussetzen, verlangen eine gleichmäßige Schulbildung aller SchülerInnen eines Alters im Jahrgangsklassensystem und gliedern die Schulzeit entsprechend. Damit wird die innere Struktur der Schule aus dem Geiste der Prüfung geprägt, eine Prägung, die sich bis heute mancher Erneuerungen widersetzt.

Aber auch hier bahnen sich Veränderungen an. Die Schule übt zwar nach wie vor eine wesentliche Selektionsfunktion aus, doch die Berechtigungen, die Schulen heute vergeben, bedeuten nicht mehr automatisch einen bestimmten Rang in der Gesellschaft. Der Wert der Zuteilungen sinkt in dem Maße, in dem die Arbeitslosigkeit unter akademischen Berufen steigt und sich der Staat als Arbeitgeber für eben jene zurückzieht.

Im deutlichen Widerspruch zur Selektionsfunktion der Schule steht der letzte Aufgabenbereich: Die Vermittlung von Werten und Normen – Erziehung. Auch dieser Bereich bereitet Schulen zunehmend Schwierigkeiten. Die außerschulische Sozialisation durch Familie, Freizeit, Medien etc. hat einen so grundlegenden Wandel erfahren, daß Kinder und Jugendliche heute unter völlig anderen Bedingungen aufwachsen als noch vor einigen Jahrzehnten. Diese Veränderungen haben schwerwiegende Auswirkungen auf die Rollenanforderungen von LehrerInnen. Einerseits werden an Schulen immer mehr (und weitreichendere) Erziehungsaufgaben delegiert, andererseits gibt es immer weniger verbindliche Normen, an denen sich LehrerInnen orientieren können. Die Lebensumstände haben sich in den letzten Jahrzehnten derart verändert, daß man nicht mehr von einer einheitlichen Gesellschaft oder verbindlichen gesellschaftlichen Normen sprechen kann. Die Institutionsbindung an die Kirche ist zurückgegangen, traditionelle soziale Netze und Bindungen werden schwächer. Was immer heute veranstaltet wird, gilt nur für eine begrenzte „Gesellschaft". Regeln des Zusammenlebens sind nicht mehr vorgegeben, sondern müssen „ausgehandelt" werden (vgl. *Fend* 1995; *Posch* 1996). Was erlaubt ist und was nicht, ist in Familien nicht länger alleinige Entscheidung der Eltern, und die Forderung nach „Aushandelung" von Normen und Regeln wird von Kindern auch in die Schulen getragen. Schulen können dabei immer weniger auf gegebene Orientierungen zurückgreifen. *Postman* sieht aus diesem Grunde überhaupt das Ende der Erziehung gekommen (1995). Wenn es keine „großen" und überindividuellen Ziele („... *eine große Erzählung*") mehr gibt, verkommt Erziehung – so *Postman* – zur bloßen Technik und versinkt in Beliebigkeit. Große „Erzählungen", die die Welt nicht nur beschreiben, sondern ihr auch eine Bedeutung geben, sind aber heute in der westlichen Welt – leider oder Gott sei Dank – nicht mehr zu finden.

In allen traditionellen Aufgabenbereichen von Schule haben also Veränderungen stattgefunden, die nicht mehr länger negiert werden können, gleichzeitig sind diese Änderungen jedoch ambivalent besetzt. Es hat sowohl eine Abwertung der Funktionen als auch eine Aufwertung stattgefunden. Wissen veraltet zwar rasch, einmal Gelerntes wird schnell unbrauchbar, gleichzeitig aber wird Wissen als wesentlichste Ressource in Gegenwart und Zukunft angesehen. Die Berechtigungen, die Schulen vergeben, werden zwar immer weniger „wert" im Sinn einer Garantie auf gesellschaftliche Positionen, gleichzeitig jedoch nimmt die Bedeutung der Schule als „... *zentrale Instanz von Lebensplanung*" (vgl. *Fend* 1995, 87) zu. Sinnangebote aus dem sozialen Nahraum von Jugendlichen oder den Medien werden immer beliebiger, gleichzeitig aber steigt die Erfahrung der Notwendigkeit persönlicher Sinngebungen und die Anforderung an Schulen, bei der Orientierung zu helfen.

Auf all diese Veränderungen kann eine zentral verwaltete Schulpolitik keine Antworten mehr geben. Die einzelnen Schulen sehen sich daher zunehmend selbst veranlaßt, ihr Angebot an standortspezifische Besonderheiten anzupassen und aktiv auf gesellschaftliche Entwicklungen zu reagieren.

TEIL II

FALLSTUDIEN

Fallstudien

1. Forschungskontext

Den Ausgangspunkt für die theoretischen Überlegungen in der vorliegenden Arbeit bilden drei Fallstudien. Da es in der Regel nicht einfach ist, Schulen für Forschungszwecke zu gewinnen, soll im folgenden noch etwas über den Entstehungszusammenhang dieser Studien gesagt werden.

Fall 1: Das erste Fallbeispiel ist Teil einer vom „Bundesministerium für Unterricht und kulturelle Angelegenheiten" 1994 in Auftrag gegebenen Studie zur „Evaluation der Auswirkungen von Schulautonomie in Österreich". In dieser breit angelegten Untersuchung (vgl. *Bachmann* u.a. 1996) sollte erforscht werden, wie das Autonomiegesetz in den Schulen angenommen wurde, und welche Wirkungen es auf unterschiedlichen Ebenen des Bildungswesens – beabsichtigt oder unbeabsichtigt – erzeugt hat. In diesem Zusammenhang wurden auch – als Subprojekt – eine Reihe von Einzelfallstudien in Auftrag gegeben, um Prozesse an Schulen zu analysieren, die bereits konkrete Schritte in eine Richtung gemacht hatten, die man mit Schulentwicklung in Verbindung bringen kann. Die beschriebene Schule wurde vom Ministerium ausgewählt, die Rolle als Forschung im Auftrag der Schulbehörde muß bei dieser Fallstudie daher mitgedacht werden.

Fall 2: Der Schulleiter der im zweiten Fallbeispiel geschilderten Schule ist in der universitären Weiterbildung engagiert und hat daher die Idee, ein Forschungsprojekt über einen extern betreuten Schulentwicklungsprozeß an seiner Schule durchführen zu lassen, mit Interesse gefördert. Das wissenschaftliche Engagement des Schulleiters sicherten der Forschungsarbeit ein Maß an Unterstützung, wie es sonst kaum üblich ist.

Fall 3: Ausgangspunkt für die Forschungsarbeit in Fall 3 war eine öffentliche Ausschreibung der Abteilung „Schule und gesellschaftliches Lernen" des „Interuniversitären Instituts für interdisziplinäre Forschung und Fortbildung" (IFF) mit dem Titel „Schulentwicklung in der Praxis". In dieser Ausschreibung wurde einer Schule professionelle Unterstützung und Beratung in einem Entwicklungsprozeß durch ein Team des IFF angeboten. Seitens der Universität bestand dabei auch ein Forschungsinteresse, besonderes Augenmerk sollte daher auf die Evaluation und Dokumentation des Beratungsprozesses gelegt werden. Aus den Meldungen von insgesamt 11 Schulen wurde schließlich die beschriebene Schule ausgewählt.

Die Ausgangslage für die dritte Fallstudie unterscheidet sich insofern von den beiden übrigen, als in diesem Fall kein Blick von „außen" auf die Schule gerichtet werden kann. Die Autorin der Studie hat in dem Beratungsteam mitgearbeitet und ist somit selbst ein Teil des untersuchten (Beratungs)Systems. Die Studie beschreibt daher den Beratungsprozeß aus der Perspektive einer in die Entwicklung involvierten Beobachterin.

2. Zur Methode

Die ersten beiden der hier vorgestellten Fallstudien verstehen sich als qualitative Forschung. Die Datenbasis beruht auf einer Serie von offenen Interviews, die mit Lehrkräften, Eltern, Schülerinnen und Schülern, der Schulleitung, externen Beratern sowie Organen der Schulaufsicht der jeweils untersuchten Schulen durchgeführt wurden. Die Auswahl der Auskunftspersonen erfolgte zum einen unter dem Gesichtspunkt, möglichst alle relevanten Beteiligten am Entwicklungsprozeß der Schule zu befragen und zum anderen, ein möglichst breites Spektrum an Meinungen zu hören. Die Interviews bilden die Grundlage für die Darstellung und die vorläufige Qualifizierung der einzelnen Schulentwicklungsprozesse bis zum status quo. Sie dauerten in der Regel etwa eineinhalb Stunden (bis vereinzelt drei Stunden) und liegen in Tonbandtranskriptionen vor. Aus den Interviews wird in den Falldarstellungen zitiert, um bestimmte Aspekte des Gesamtgeschehens deutlich zu machen. Ergänzend zu den Interviews wurden schriftliche Dokumente (Zeitungsausschnitte, Festschriften, Jahresberichte, Protokolle etc.) herangezogen. Unterrichtsbeobachtungen, Eindrücke von Pausengesprächen und Gängen durch das Schulhaus, die in einem Forschungstagebuch festgehalten sind, runden das jeweilige Bild ab.

Die Auswertung der qualitativen Daten erfolgte nach bestimmten Kategorien, wobei sich die Analyse an drei Gesichtspunkten orientierte:

- an den expliziten, faktischen Informationen (Was wurde gesagt?)
- an den dahinterstehenden Interessen, Werthaltungen, Wünschen und Befürchtungen (Wer sagt etwas? Wie wird es gesagt?)
- an Fragestellungen, die sich aus der Verknüpfung und Interpretation impliziter Hinweise ergeben

Nach der Analyse der Texte wurde jeweils ein Zwischenbericht verfaßt und den befragten Auskunftspersonen an den untersuchten Schulen übermittelt. Daran schloß sich ein „Clearingverfahren". Alle befragten Personen hatten die Möglichkeit, die Studie zu lesen, Ungereimtheiten klarzustellen und Kommentare und Ergänzungen anzufügen. Wenn es unterschiedliche Sichtweisen gab, konnte dies in Einzelgesprächen geklärt bzw. festgehalten werden. Erst nach dem Rücklauf all dieser Hinweise wurde eine endgültige Fassung erstellt. Diese Endfassungen finden sich in Fall 1 in gekürzter, in Fall 2 in vollständiger Form in diesem Buch.

Für eine solche Vorgangsweise gab es mehrere Gründe. Einer war, daß es sich im ersten Fall – und daraus wurde niemandem gegenüber ein Hehl gemacht – um eine Auftragsforschung für das Ministerium handelte, von den Forschungsbeauftragten daher ein Forschungsbericht erwartet wurde. Es ging in dieser Hinsicht also darum, die angefertigten Falldarstellungen im Hinblick auf eine weitere Verwendung zu autorisieren. Ein weiterer Grund ist, daß qualitative Forschung auf der Basis von Interviews nur als Dialog zwischen ForscherInnen und Forschungsgegenstand in ständiger Rückkoppelung mit dem sozialen Feld erfolgen kann (und damit eben auch mit den befragten Personen). Kommunikation im Interpretationsprozeß ist unerläßlich, um die generierten Interpretationen hinsichtlich ihrer Plausibilität zu prüfen und um eingefahrene Annahmen und voreilige Schlußfolgerungen einer Diskussion und ständigen Reflexion zu unterziehen. Dies ist gleichzeitig ein Beitrag zur Erhöhung der Intersubjektivität der Ergebnisse (vgl. *Froschauer/Lueger* 1992)

An dieser Stelle ist etwas zur Validität der Ergebnisse zu bemerken. Man könnte hier z.B. einwenden, daß nach einem solchen Vorgehen die Ergebnisse nicht „objektiv" sein können, da die Untersuchten nicht nur Ergänzungen vornehmen und Kommentare anfügen, sondern vielleicht die Dinge auch so darstellen, wie sie sie eben sehen möchten. Dieser Einwand ließe sich noch dadurch verschärfen, daß man ihn auf die Forscherin ausweitet. Denn auch ForscherInnen sind keine „neutralen Geräte" zur Erhebung von Daten, sondern tragen „kognitiven Landkarten" mit sich, Werthaltungen fließen in Analysen mit ein, bewußte und unbewußte Selektionen werden vorgenommen, Schwerpunkte gesetzt usw. Darüber hinaus entsteht zum untersuchten Feld im Zuge der Forschungsarbeit eine emotionale Nähe, die zu gewissen Identitätsproblemen führen kann. Dieses Paradoxon, eine bestimmte Nähe und Distanz gleichzeitig zu haben, wurde durch Gespräche mit „kritischen Freunden" (Vgl. *Altrichter/Posch* 1994a) in der Gruppe des „Fallstudienteams" oder der BeraterkollegInnen begegnet. Die Besprechung der Arbeiten in diesen Gruppen wurde vom Bemühen bestimmt, eine Balance zwischen identifikatorischem „sich-Einlassen" und einer kritischen Distanz zu finden.

Zu den möglichen Einwänden, allfällige „Verzerrungen" betreffend, kommt noch ein weiterer Gesichtspunkt. Forschungsaktivitäten haben grundsätzlich für des erforschte Feld nicht nur den Charakter einer „Forschung", sondern auch einer Intervention, eines Eingriffs, einer Veränderung. Das erforschte Feld ist nachher nicht mehr dasselbe wie vorher. In den Sozialwissenschaften hat es daher zahlreiche (und allesamt vergebliche) methodologische Bemühungen gegeben, zu einer Art von Objektivität zu gelangen, die mögliche subjektive Ergebnisverfälschungen ausschließen. Solchen Bemühungen verdankt sich beispielsweise die Erfindung des „Einwegspiegels". Man mußte nun aber zur Kenntnis nehmen, daß eine eher „laborhafte", von naturwissenschaftlichen Prozeduren abgeleitete Art der Bearbeitung sozialer Fragestellungen nicht mehr möglich ist, wenn der Untersuchungsgegenstand nicht nur eine soziale Natur hat, in die man durch Forschung verändernd eingreift, sondern einfach zu groß ist, zu umfangreich, kompliziert usw. (Auf den vorliegenden Untersuchungsgegenstand bezogen hätte man sich z.B. überlegen müssen, wie man Schulen hinsichtlich der in ihnen stattfindenden Veränderungen, ihrer Bereitschaft zu bzw. Widerstände gegen Lernen in einem einwegspiegelanalogen Forschungsetting untersuchen kann.) Wissenschaftstheoretisch wurde daher – sozusagen aus der Not eine Tugend machend – ein paradigmatischer Wechsel der Perspektive und des Zugangs vollzogen. Die systematische Verwendung von Feedback in der Sozialforschung ist im Gefolge von Kurt Lewin als Paradigma der „Aktionsforschung" bekannt geworden (*Lippitt* 1984). Es geht nicht mehr um die Feststellung (die sich bei genauer Betrachtung ohnehin nur als „Konstruktion" erweist) einer „objektiven Wahrheit", sondern um ein in einem gemeinsamen Prozeß erzeugtes „Verfügungswissen", von dem die Untersuchten unmittelbar „etwas haben". In den beiden untersuchten Schulen zeigte sich dieser Aspekt des Eingriffs durch Forschung bereits zum Zeitpunkt der Interviews, es war zu beobachten, daß weiterführende Reflexionsprozesse ausgelöst wurden, es kam immer wieder zu Gesprächen, zu denen es ohne den Stimulus der Interviews nicht gekommen wäre. Besonders deutlich geschah dies im Zuge des „Clearingverfahrens", als mit der Rückspiegelung des Zwischenberichts an die Interviewten mit der Bitte um ergänzende Kommentare, weiterführende Klärungsprozesse in den Schulen noch stärker angeregt, ja fast „abverlangt" wurden.

Etwas anders stellen sich die Verhältnisse in Fall 3 dar. Diese Studie schildert und analysiert den Verlauf eines Schulentwicklungsprojekts, in das die Autorin selbst als Teil der Gruppe der BeraterInnen involviert war. Die Arbeit versteht sich als Aktionsforschung über den Beratungsprozeß. Die Datenbasis liefern Aufzeichnungen über die Planungs- und Ablaufsphasen, die in einem Forschungstagebuch festgehalten sind, Planungs- und Sitzungsprotokolle, zahlreiche Gespräche im Team der BeraterInnen zur Prozeßanalyse sowie Dokumentationen, die im Anschluß an die jeweiligen Blockveranstaltungen verfaßt (*Krainer/Krainz-Dürr* 1994, 1995; *Canaval* u.a. 1995) wurden. Die Ergebnisse der Analysen wurden laufend in den Beratungsprozeß selbst eingespeist und Rückmeldungen aus dem sozialen Feld eingeholt, sodaß in zusätzlichen Kommunikations- und Reflexionsschleifen Korrekturen vorgenommen werden konnten. Ergänzt werden diese Daten durch die Ergebnisse einer Evaluation, die etwa ein Jahr nach Abschluß des Projekts auf der Basis von qualitativen Interviews durchgeführt wurde (vgl. *Bell/Krainz-Dürr* 1996). Die im Rahmen dieser Untersuchung geführten Interviews sind in Tonbandaufnahmen und – transkriptionen zugänglich.

FALL 1

„... es ist ein bißchen gelenkt worden ..."

Schulentwicklung an einer Hauptschule mit fremdsprachlichem Schwerpunkt

Und durch diese Sprachbegabung des Inspektors und seine Motivationsfähigkeit – es ist ein bißchen gelenkt worden – hat er dann die Initiative ergriffen, und wir haben das Glück gehabt, Kollegen an der Schule zu haben, die dafür offen waren.

(aus einem Interview)

VORBEMERKUNG
„.. schlecht beraten, den Standortvorteil nicht zu nützen ..."
1. SCHULE UND UMFELD
    1.1   Das ländliche Einzugsgebiet
    1.2   Äußere Schulmerkmale
    1.3   Ein Blick ins Innere

„... es ist ein bißchen gelenkt worden!"
2. DER SCHULVERSUCH
    2.1   Modellbeschreibung
    2.2   Motive für die Einrichtung des Schulversuchs
    2.3   Die Einführung des Modells
    2.4   Konkurrenz mit der Nachbarschule
    2.5   „Entwicklungsmotoren"
    2.5.1 Die Rolle der Schulaufsicht
    2.5.2 Die Rolle des Schulleiters
    2.5.3 Die Rolle der ItalienischlehrerInnen
    2.6   Weiterentwicklung des Modells
    2.6.1 Stundenzahl und Aufnahmekriterien
    2.6.2 „Niveaugruppen"
    2.6.3 Partnerschulen und Intensivsprachwochen
    2.6.4 Evaluation des Schulversuchs
    2.7   Problemfelder
    2.7.1 Fehlen geeigneter Lehrbücher und Unterrichtsmaterialien
    2.7.2 Ungenügende Fortbildungsangebote
    2.7.3 Kürzungen im Pflichtstundenbereich
    2.7.4 Das Verhältnis Schwerpunkt- und Regelklassen

„... nicht direkt beteiligt, aber irgendwie involviert!"
3. AUSWIRKUNGEN DES SCHULVERSUCHS AUF DIE SCHULE
    3.1   Arbeitsmotivation und Identifikation der LehrerInnen
    3.2   Unterrichtsorganisation und Unterrichtsformen
    3.3   Kooperation und Kommunikation im Lehrkörper
    3.4   Einbeziehung der Eltern

„... wie eine Lawine!"
4. INNOVATIONEN AUSSERHALB DES SCHULVERSUCHS
    4.1   Die Einführung des integrativen Förderunterrichts

ZUSAMMENFASSUNG
DATENMATERIAL

Vorbemerkung

Visionen und Träume sind für die Weiterentwicklung von Schulen wichtige Antriebe. Im folgenden Fallbeispiel ist es zunächst ein sprachbegeisterter Lehrer, der – einen Elternwunsch aufgreifend – seinen SchülerInnen im Freigegenstand das Erlernen einer weiteren Fremdsprache ermöglicht. Als späterer Bezirksschulinspektor versucht er seine „Vision" des fremdsprachlichen interkulturellen Lernens auf die ehemalige Schule zu übertragen. Er findet Unterstützung beim Schulleiter und einigen – ebenfalls sprachbegeisterten – LehrerInnen. Mit dieser „Lobby" wird ein Schulversuch „Hauptschule mit fremdsprachlichem Schwerpunkt" begonnen. Das Fallbeispiel beschreibt den von der Schulaufsicht eingeleiteten Veränderungsprozeß der Schule. Der Forschungsschwerpunkt liegt dabei auf der Untersuchung der Motive und Anstöße für die Entwicklung, der damit auftretenden Chancen, aber auch der Widerstände und Probleme sowie der Auswirkungen auf das Schulganze. Die Darstellung geht zunächst historisch-chronologisch vor und wendet sich dann bestimmten (problematischen) Aspekten zu. Dabei erfolgt eine Konzentration auf folgende Fragestellungen:
– In welchen Stufen geht der Veränderungsprozeß vor sich? Was ist sein Ziel?
– Wer sind die Träger der Entwicklung? Welche Stellung haben diese Träger im oder gegenüber dem zu verändernden System?
– Welche Auswirkungen haben die Neuerungen auf das Schulganze? Welche auf das schulische Umfeld?
– Wie stark ist die Identifikation des Lehrkörpers mit dem Veränderungsprojekt?
– „Spaltet" der Veränderungsprozeß den Lehrkörper z.B. in mehr oder minder Betroffene? Wenn ja, was sind Reaktionen auf diese (mögliche) „Spaltung"?

Dies sind Fragestellungen, die in der Schule bisher nicht oder nicht in genügender Breite (im Sinne des „Mitdenkens" aller Involvierten) gestellt worden sind. Die Forschung hatte deshalb für das erforschte Feld selbst durchaus den Wert einer „Intervention von außen". Die Untersuchung stützt sich auf 12 Interviews, die mit LehrerInnen, Eltern, dem Schulinspektor und dem Schulleiter durchgeführt wurden. Die Auswahl der GesprächspartnerInnen (siehe Anhang) erfolgte unter dem Gesichtspunkt, einerseits möglichst alle relevanten Beteiligten an Entwicklungsprozessen der Schule zu befragen und andererseits ein großes Spektrum an Meinungen zu bekommen. Der Schulleiter ließ in der Auswahl der GesprächspartnerInnen völlig freie Hand und war bemüht, den Kontakt herzustellen bzw. ein Gespräch zu ermöglichen. Die Interviews – sie bilden für die Darstellung und die Qualifizierung des Prozesses bis zum status quo die Grundlage – dauerten jeweils etwa eineinhalb Stunden und liegen in Tonbandabschriften vor. Im folgenden wird aus diesen Interviews zitiert, um bestimmte Aspekte des Gesamtgeschehens deutlich zu machen. Ergänzend wurden schriftliche Dokumente (Zeitungsausschnitte, Beschreibung des Schulversuchs, Schülerzeitungen etc.) herangezogen. Unterrichtsbeobachtungen, Eindrücke von Pausengesprächen und Gängen durch das Schulhaus, die in einem Forschungstagebuch festgehalten sind, runden das Bild ab.

"... schlecht beraten, den Standortvorteil nicht zu nützen ..."

1. Schule und Umfeld

1.1 Das ländliche Einzugsgebiet

Die untersuchte Schule liegt in einer Marktgemeinde mit etwa 8500 Einwohnern, die in zum Teil weit verstreuten Ortsteilen wohnen. Die Gemeinde hat eine lange Tradition als Erholungs- und Badeort, das Gros der Gäste kommt aus Österreich, Deutschland und Italien. Das Leben im Ort ist geprägt durch die Lage im Dreiländereck an der Grenze zu Slowenien und Italien, wobei die traditionelle Ausrichtung eher nach Italien weist. Im Gemeindeamt und in der Kurverwaltung sind etliche Aufschriften und Plakate in deutscher und italienischer Sprache, auch im Ortsbild findet man italienischsprachige Hinweise.

Die nächsten größeren Städte sind etwa 20 Kilometer weit entfernt, trotz günstiger Verkehrsverbindungen weit genug, um bei Überlegung der Schulwahl eine Rolle zu spielen. Für die beiden örtlichen Hauptschulen gibt es keine Konkurrenz durch ein Gymnasium im Ort, viele Eltern überlegen sich gut, ob sie ihrem Kind den Schulweg in die städtischen Gymnasien zumuten wollen.

1.2 Äußere Schulmerkmale

Das Schulgebäude steht etwas außerhalb des Ortszentrums. Die äußere Fassade zeigt den eher schmucklosen Neubau der Sechzigerjahre, der mehrfach renovierte alte Teil aus der Vorkriegszeit ist gewissermaßen in den Zubau integriert. Das Gebäude beherbergt heute zwei Hauptschulen mit eigenen Direktionen, im Jahr 1971 wurde die Schule geteilt, die Hauptschule 2 (im folgenden HS2) mußte im Altbau verbleiben. Heute sei man darüber recht froh, meinte der Direktor, denn der alte Teil des Gebäudes habe einfach „mehr Atmosphäre".

In der HS2 unterrichten zur Zeit 26 LehrerInnen 215 SchülerInnen, das Verhältnis zwischen Mädchen und Knaben ist annähernd ausgewogen. Die durchschnittliche Klassengröße beträgt 24 SchülerInnen. Für die „Schwesternhauptschule" im selben Gebäude gelten ähnliche Zahlen. Die Direktoren der beiden Schulen setzen sich nach den gemeinsamen Einschreibungen zusammen und nehmen eine möglichst gleichmäßige Verteilung der SchülerInnen auf die beiden Hauptschulen vor. Ausdrückliche Wünsche nach der einen oder anderen Schule werden jedoch – so der Schulleiter – nach Möglichkeit immer berücksichtigt.

1.3 Ein Blick ins Innere

Der Unterricht in der HS2 beginnt um 7.25, die Busverbindungen machen einen so frühen Unterrichtsbeginn notwendig. Die meisten Kinder sind bereits um 7.00 in der Schule. Die Gänge sind auffallend sauber, an den Wänden hängen Bilder und Schülerarbeiten. Den Stiegenaufgang schmücken Symbole der drei Schulen aus Italien, Slowenien und Kroatien, mit denen die Hauptschule in partnerschaftlichem Austausch steht.

In der Mitte eines zentralen Ganges liegt die Direktion. Die stets offene Tür ist ein Signal. *„Zu mir kann immer jeder kommen"*, erläutert der Schulleiter. Er ist seit drei Jahren Direktor, vorher hat er 21 Jahre lang an der HS1 im selben Gebäude unterrichtet. Offenheit und Entgegenkommen kennzeichnen auch seine Haltung zu dem Forschungsvorhaben. Der Direktor ist bereits vom Bezirksschulinspektor informiert und bietet großzügig Unterstützung an.

"... es ist ein bißchen gelenkt worden!"

2. Der Schulversuch

2.1 Modellbeschreibung

Der Schulversuch „Hauptschule mit fremdsprachlichem Schwerpunkt" läuft seit dem Schuljahr 1990/91. Das Modell, das vom Bezirksschulinspektor ausgearbeitet wurde, sieht pro Jahrgang die Führung einer „Schwerpunktklasse" vor. In diesen Klassen wird Italienisch als Pflichtgegenstand im Ausmaß von drei Wochenstunden ab der 5. Schulstufe geführt. Um die Mehrbelastung der SchülerInnen in Grenzen zu halten und die Kosten zu minimieren, werden im Pflichtstundenbereich der übrigen Stunden Kürzungen vorgenommen. Diese Kürzungen betreffen die Fächer Leibesübungen (je eine Wochenstunde in der 5. und 6. Schulstufe), Biologie (eine Wochenstunde in der 5. Schulstufe), Geschichte (eine Wochenstunde in der 6. Schulstufe), Geographie (eine Wochenstunde in der 8. Schulstufe), Zeichnen und Werken (je eine Wochenstunde in der 7. Schulstufe) und Geometrisches Zeichnen (je eine halbe Wochenstunde in der 7. und 8. Schulstufe).

Während der Unterricht in Englisch, Deutsch und Mathematik in drei Leistungsgruppen erteilt wird, sieht das Modell für den Italienischunterricht keine Differenzierung in Leistungsstufen vor. Der Unterricht kann von den LehrerInnen parallel – in zwei heterogenen Gruppen – oder im Team geführt werden. Zur Vertiefung der sprachlichen Ausbildung wird in der 7. Schulstufe eine „Intensivsprachwoche" in Italien abgehalten. Ziel des Unterrichts ist neben dem Aufbau einer altersgemäßen, elementaren Kommunikationsfähigkeit in den wichtigsten Lebenssituationen in der zweiten Fremdsprache die Erziehung zu Toleranz und interkulturellem Verstehen. Dazu pflegt die Schule intensive Kontakte zu Partnerschulen in Italien (Feletto), Slowenien (Koper) und Kroatien (Labin). Einmal im Jahr findet ein Treffen von SchülerInnen der Partnerschulen statt, diese Veranstaltung wird abwechselnd von je einer der drei Schulen organisiert, wobei diese Schule in dem Jahr auch den „Wanderpokal" – eine Fahne mit den Symbolen der drei Partnerschulen – ausstellen darf.

Zur Aufnahme in eine Klasse mit fremdsprachlichem Schwerpunkt gibt es bestimmte Aufnahmekriterien. So soll die Deutschnote im Grundschulzeugnis wenigstens ein „Gut" betragen, fallweise wird auch die Beurteilung im Sachunterricht herangezogen.

2.2 Motive für die Einrichtung des Schulversuchs

Die Motive seien naheliegend, betonen alle InterviewpartnerInnen und geben Stichworte wie „Fremdenverkehrsort" – „Grenznähe" – „Alpe-Adria-Gedanke" – „Casino" – „viele Italiener kommen zum Einkaufen über die Grenze" und ähnliches. Auch der Name des Bezirksschulinspektors fällt sofort, ob man nun LehrerInnen, Eltern oder den Schulleiter nach den Gründen für die Einrichtung des Schulversuchs befragt. Er sei der „Vater des Projekts", habe sich Italienisch selbst beigebracht und als Lehrer an der HS2 den Freigegenstand eingeführt und unterrichtet. Darauf angesprochen versucht dieser seine Rolle etwas herunterzuspielen. Er betont, daß der eigentliche Anstoß von den Eltern ausgegangen wäre. Der Vorsitzende des Elternvereins sei in die HS2 gekommen und habe das Interesse der Elternschaft artikuliert:

> *Der Vorsitzende des Elternvereins meinte, daß es in einem Fremdenverkehrsort angebracht wäre, eine weitere Fremdsprache zu unterrichten. Außerdem müsse man auch die Grenznähe zu Italien auszunützen. (vBSI)*

Aufgrund der Elterninitiative wurde zunächst ein Freigegenstand Italienisch eingeführt. Es zeigte sich allerdings bald, daß etliche SchülerInnen – vor allem FahrschülerInnen – das zusätzliche Angebot am Nachmittag nur schwer nutzen konnten. Das führte schließlich zu Überlegungen, Italienisch als Pflichtgegenstand zu deklarieren und im Rahmen eines Schulversuchs am Vormittag zu unterrichten. „*Wir haben dann dieses Projekt ausgearbeitet*", erklärte der Bezirksschulinspektor, um auf eine Nachfrage hin zu korrigieren:

> *Eigentlich muß ich sagen „ich". Ich habe das ausgearbeitet, und nachdem ich in meine jetzige Funktion gekommen bin, habe ich*

mir die Hauptschule ausgesucht und dieser Schule das Projekt vorgestellt. (vBSI)

Die Wahl der HS2 war also nicht zufällig. Neben der besonderen Verbundenheit des Bezirksschulinspektors zu dieser Schule, gab es dort bereits eine Tradition des Italienischlernens im Freigegenstand, an die man anknüpfen konnte. Andere Motive für die Schwerpunktbildung – etwa sinkende Schülerzahlen oder der Versuch, die Pflichtschule wieder etwas attraktiver zu machen – werden als wichtige, aber nicht letztlich ausschlaggebende Gründe für die Einrichtung des Sprachenzweiges genannt.

2.3 Die Einführung des Modells

Die Idee, einen Schulversuch mit Fremdsprachenschwerpunkt einzurichten, wurde vom Bezirksschulinspektor zunächst dem damaligen Schulleiter der HS2 vorgetragen und schließlich in einer Konferenz präsentiert. Für die LehrerInnen kam die Initiative offensichtlich nicht überraschend:

Wir haben das schon gemerkt, daß die Tendenz dahin läuft, etwas in diese Richtung zu machen. Es haben sich ja schon Musikhauptschulen gebildet. Die Ursache war eigentlich im Hauptschulsterben gelegen, dem wollte man entgegenwirken. Und durch diese Sprachbegabung des Inspektors und seine Motivationsfähigkeit – es ist ein bißchen gelenkt worden – hat er dann die Initiative ergriffen, und wir haben das Glück gehabt, Kollegen an der Schule zu haben, die dafür offen waren. (vL1)

Die Reaktionen der LehrerInnen waren, darin sind sich alle InterviewpartnerInnen einig, durchwegs positiv. Es gab keinerlei Widerstände, nicht einmal Skepsis, die Stimmung war von anfang an „vorsichtig optimistisch" (vSL). „Vorsichtig" deshalb, weil die Kürzungen im Stundenausmaß der übrigen Fächer noch nicht geklärt waren, doch selbst die geplanten Stundenkürzungen in bestimmten Pflichtgegenständen verursachten keine Probleme. Die Schwerpunktbildung „Italienisch" war allen KollegInnen aufgrund der geographischen Lage unmittelbar einsichtig. Auf die Frage, warum denn die Idee so ohne Einwände akzeptiert worden sei, gibt ein Lehrer noch folgende Erklärung:

> *Das war einfach aus der Position der Sicherheit, dadurch, daß der Lehrkörper schon ein bißchen älter war. Es kann nichts passieren. Wir haben doch 4, 5 Überstunden und wenn die dann wegfallen, muß niemand weg. Es kommt eher jemand dazu, weil ja mehr Stunden entstehen. (vL1)*

Eine Italienischlehrerin allerdings sieht das etwas nüchterner:

> *Es hat deshalb keinen Widerstand gegeben, weil nur wir ItalienischlehrerInnen betroffen waren. ... die anderen haben ihre Gegenstände weitergeführt und eigentlich nichts zusätzlich tun müssen. (vL6)*

Trotzdem waren für die Einrichtung eines Schulversuchs an diesem Schulstandort nahezu ideale Bedingungen gegeben: Ein großes Bedürfnis seitens der Elternschaft nach einer besonderen Ausbildung in der Sprache des Nachbarlandes, ein Bezirksschulinspektor, der persönlich mit der Idee eng verbunden war, eine Tradition des Italienischlernens an der Schule, die auf ein Kontingent qualifizierter (und einsatzfreudiger!) SprachlehrerInnen zurückgreifen ließ und ein Lehrkörper, der konsolidiert genug schien, sich ohne Angst auf Neuerungen einlassen zu können. Hinzu kam noch ein Schulleiter, der als „*echtes Organisationstalent*" (vBSI) mit großer Innovationsbereitschaft beschrieben wird.

2.4 Konkurrenz mit der Nachbarschule

Die Einrichtung des Schulversuchs gelang jedoch nicht ohne Probleme. Widerstände kamen aus der Nachbarschule. In der im selben Gebäude untergebrachten HS1 regte sich sofort „*großer Unmut*" (vSL). Man befürchtete, daß die HS2 aufgrund des attraktiveren Angebotes einen größeren Schülerzulauf bekommen könnte. Da für den Schulversuch überdies bestimmte Aufnahmekriterien vorgesehen waren, befürchtete die Nachbarschule eine Abwanderung der „besseren" SchülerInnen in die HS2 und sah sich plötzlich zur „*bloßen Regelschule*" (vSL) degradiert. Direktorin und Lehrkörper der HS1 protestierten und meldeten ebenfalls ihr Interesse an einem Schulversuch „Italienisch als Pflichtgegenstand" an. Warum die Schule sich für ein identes Angebot entschied, und nicht versuchte, die Konkurrenzsituation durch die Bildung eines alternativen Schwerpunkts zu entschärfen, kann im Rahmen dieser Untersuchung nicht geklärt werden. Vermutlich beruhte die Entscheidung auf der Einschätzung, der Schwerpunktbildung mit Italienisch als zweiter Fremdsprache im Pflichtgegenstand nichts annähernd gleich Attraktives entgegenstellen zu können.

Nachdem das Interesse an dem Schulversuch bereits im ersten Jahr groß genug war, um zwei Schwerpunktklassen zu füllen, wurde in beiden Schulen ein Schulversuch mit Italienisch im Pflichtstundenbereich genehmigt. Das Bezirksschulamt zeigte sich großzügig, *„... weil es sich eben um Fremdsprachen gehandelt hat* (vBSI)." Seither läuft der Schulversuch an beiden Hauptschulen, und es hat noch nie Probleme gegeben, zwei Schwerpunktklassen pro Jahrgang zu füllen.

Von der anfänglichen Konkurrenzsituation scheint sich allerdings einiges erhalten zu haben. Obwohl für beide Schulen der Italienischunterricht pädagogisches Neuland war, ergab sich kaum eine Zusammenarbeit. Der Austausch von Erfahrungen und Materialien scheint mit räumlich weiter entfernt liegenden Schulen besser zu funktionieren, als mit den KollegInnen vor Ort:

Mit der anderen Schule ist das schwieriger. Da haben wir eigentlich wenig Kontakt. Das heißt, wir haben versucht zusammenzuarbeiten, aber irgendwo ist das Ganze steckengeblieben. (vL6)

Es gibt überhaupt keinen Austausch. Ich weiß nicht warum. Ich glaube, es ist ein bißchen ein Konkurrenzkampf. Wir haben ganz wenig Kontakt, obwohl wir in einem Gebäude untergebracht sind. Also, die machen nicht den Schritt her, und wir machen leider Gottes auch nicht den Schritt hin. Wir Lehrer treffen wirklich nur bei außerschulischen Veranstaltungen aufeinander. Innerhalb der Schule ist der Kontakt sehr eisig. (vL4)

2.5 „Entwicklungsmotoren"

Wer sind nun die Hauptträger der Veränderung an dieser Schule, wer treibt die Entwicklung voran? In Schulentwicklungsprozessen sind es im Idealfall drei Gruppen, die als relevante Träger des Prozesses angesehen werden können: eine Schulleitung, die Entwicklung „ermöglicht", LehrerInnen des Kollegiums, die die Entwicklung „tragen" und eine

Schulaufsicht als „förderndes Element" (vgl. *Horster/Buchen* 1993, 157 ff). *Horster* und *Buchen* unterscheiden dabei „bloße" Veränderungen oder „Anpassungen", die Schulen durchführen, von „Entwicklungen". Erst wenn ein Lehrkörper eine Innovation nutzt, um die Schule nach eigenen Vorstellungen und Bedürfnissen zu verändern, könne von einer „Entwicklung" gesprochen werden.

Im vorliegenden Fallbeispiel bleibt – wie noch zu zeigen sein wird – die Gruppe von LehrerInnen, die die Veränderung trägt, im Lehrkörper isoliert. Der Schulversuch ist also vorerst noch nicht zum Kristallisationspunkt einer von vielen getragenen Entwicklung geworden.

2.5.1 Die Rolle der Schulaufsicht

Sieht man von den Elternwünschen ab, die sich in informellen Gesprächen artikuliert haben, so entspricht die Einführung des Schulversuchs an der HS2 einer „top down" Vorgangsweise (vgl. *Staehle* 1985, 662). Die entscheidenden Impulse waren von der Schulaufsicht ausgegangen, der Schulleiter hatte die Idee aufgegriffen, die LehrerInnen zogen bereitwillig mit. Ganz stimmig ist diese Einschätzung im Fall der HS2 allerdings nicht. Der Bezirksschulinspektor war selbst lange Zeit Lehrer an der Schule und hatte im Bereich der zweiten Fremdsprache gearbeitet und Impulse gesetzt. Kinder in die Welt der Sprache des Grenznachbarn einzuführen, blieb auch nach der Beförderung zum Inspektor sein Traum. Auch in seinem neuen Amt machte er sich den Aufbau des Fremdsprachenschwerpunkts zum persönlichen Anliegen. Er ist mit dem Vorhaben identifiziert und auch an einer Weiterentwicklung des Modells interessiert. Er läßt der Schule genügend Freiheit und unterstützt dort, wo es notwendig ist. Die LehrerInnen haben das Gefühl, sich auf den Inspektor jederzeit verlassen zu können. Ein Lehrer gerät in der Erinnerung fast ins Schwärmen:

Der Inspektor hat bei der Einführung viele Freiheit gegeben. Man konnte selbständig etwas entwerfen. Man wurde nicht eingeengt durch unnotwendige bürokratische Maßnahmen. Es hat einfach geschehen können. Mit dem Wohlwollen. Und wenn oft einmal etwas nicht so „rund" war, dann ist es gemeinsam „gerundet" worden. (vL1)

Der Inspektor unterstützte und ließ genug Freiheit. Und er vergaß auch nicht, sich für eine leistungsgerechte Bezahlung der LehrerInnen einzusetzen. Diese Haltung der Schulaufsicht scheint nicht zuletzt ein Grund für die hohe Motivation der LehrerInnen, die den Schulversuch tragen.

2.5.2 Die Rolle des Schulleiters

Die Rolle des Direktors, in dessen Amtszeit der Schulversuch begann, wird in den Interviews immer wieder als die eines *„großen Organisators"* (vBSI/vL1) beschrieben. Er knüpfte Kontakte mit der Gemeinde, um Geldquellen zu erschließen, und sorgte dafür, daß sich die Schule in der Öffentlichkeit präsentieren konnte. Ein Lehrer beschreibt ihn als einen Menschen, der Konflikte nicht scheute, diese aber offen austragen konnte und auch nicht nachtragend war. Vor allem jedoch setzte er sich für „seine" LehrerInnen ein und förderte Aktivitäten:

> *Er hat immer gesagt, wenn alles schön ruhig ist, dann schläft alles. Es muß Leben sein, damit sich was entwickeln kann. (vL1)*

Der neue, seit nunmehr drei Jahren tätige Schulleiter wird als jemand beschrieben, der diesen Stil fortsetzt. *„Wenn´s was Neues zu machen gibt, ist er der erste"*, so beschreibt ihn eine Mutter (vE3) den Schwerpunkt Italienisch trägt er engagiert mit.

> *Also, der Herr Direktor, der unterstützt uns schon sehr. Er macht da voll mit. (vL6)*

In seinem Führungsverständnis setzt er auf Offenheit (Symbol die offene Türe zur Direktion), Konflikte versucht er durch Gespräche mit allen Beteiligten zu regeln. Auch er ist ein Motor für Innovationen, indem er Ideen aufgreift und den Boden für Neuerungen bereitet. So spielte er z.B. keine unbedeutende Rolle bei der Einführung des integrativen Förderunterrichts (vgl. Kap. 4).

2.5.3 Die Rolle der ItalienischlehrerInnen

Eigentliche Entwicklungsmotoren bei der Umsetzung des Schulversuchs sind naturgemäß die LehrerInnen. Im geschilderten Fallbeispiel ist es allerdings nicht die Mehrheit im Kollegium, sondern nur jene kleine Gruppe, die unmittelbar von der Einführung des Schwerpunktfaches betroffen ist. Diese LehrerInnen arbeiten mit großem persönlichen Einsatz und sind bemüht, das Modell laufend zu verbessern. Sie fühlen sich zwar von der Behörde und vom Schulleiter unterstützt, vermissen aber eine ähnliche Bereitschaft bei vielen KollegInnen. (Vgl. Kap. 3.3.). Die Motivation für ihren Einsatz schöpfen die LehrerInnen – so sagen sie – aus der Freude an der Arbeit mit den SchülerInnen:

> *Das ist ein Erfolgserlebnis, wenn SchülerInnen kommen und sagen, es ist fein, daß wir Italienisch gelernt haben. (vL4)*

2.6 Weiterentwicklung des Modells

2.6.1 Stundenzahl und Aufnahmekriterien

Im Laufe der Jahre wurde das Modell allmählich verändert und den Standortbedingungen angepaßt, wobei die Vorschläge vor allem von den LehrerInnen kamen, denn „*... die hatten Erfahrungswerte* (vBSI)." So wurde bereits nach dem ersten Pilotjahr die Stundenzahl von 2 auf 3 Wochenstunden erhöht, eine Stundenanzahl, mit der jedoch eine Lehrerin auch heute noch nicht ganz zufrieden ist, da der Wert eines Faches – so scheint es – auch an der Stundenzahl gemessen wird:

> *Also mit den drei Wochenstunden ist das schon ein bißchen wenig. Wenn wir genauso viel Stunden hätten, wie die Engländer, dann würde die Sprache in der Schule auch schon an Wert gewinnen. Viele Eltern denken, lern' lieber Englisch besser, weil Italienisch ist sicher nicht so schwer. ... Es kann ja gar nicht so viel zu lernen sein in drei Stunden. (vL4)*

Auch die Aufnahmekriterien in die Schwerpunktklasse wurden mit der Zeit etwas gelockert. Man drückt gelegentlich ein Auge zu, wenn Eltern ihr Kind unbedingt in die Italienischklasse geben wollen:

> *... und selbstverständlich haben wir dann auch Kinder genommen, bei denen vielleicht diese Aufnahmekriterien etwas gelockert wurden. Wenn jemand seinen Wunsch dezidiert deponiert, das zu lernen, dann wird er genommen. (vBSI)*

2.6.2 „Niveaugruppen"

Die vielleicht größte Abänderung zum ursprünglichen Modell stellt die Einführung von sogenannten „Niveaugruppen" dar. Der Schulversuch sah ursprünglich keine wie immer geartete Leistungsdifferenzierung im Fach Italienisch vor. Unterrichtet wurde in heterogenen Gruppen, die Teilung erfolgte alphabetisch, wobei eventuell noch darauf geachtet wurde, daß etwa gleich viele Buben und Mädchen in der jeweiligen Gruppe waren. Die Einführung von „Niveaugruppen" bedeutete nun eine Anpassung an die von Leistungsgruppen geprägte Lernkultur der Schule. Alternative Formen, mit der Heterogenität einer Klasse umzugehen, wie innere Differenzierung oder Unterrichten im Team, wurden nicht diskutiert.

Man ist dann draufgekommen, daß es doch größere Leistungsunterschiede innerhalb der Gruppen gibt. ... wir haben uns überlegt, sollen wir das in der Form weiterführen oder doch so etwas Ähnliches wie Leistungsgruppen einführen. Man hat sich für das zweite entschlossen. (vBSI)

Der Unterschied zwischen „Niveau-" und „Leistungsgruppen" erscheint für den Außenstehenden ein bloßes Sprachspiel. Als Unterscheidungskriterium führt der Schulleiter an, daß „Niveaugruppen" gesetzlich nicht vorgeschrieben und daher – anders als Leistungsgruppen – nur eine *„... interne Regelung"* (vSL) seien.

Die Einteilung in Niveaugruppen wird von den unterrichtenden LehrerInnen vorgenommen und dies läuft – wie es scheint – recht undramatisch ab. Die LehrerInnen machen am Schulanfang die Einteilung – *„... wir schauen uns schon die Deutschnoten an, ein bißchen wenigstens, ... aber es ist schwer, weil man ja nicht weiß, wie gut ist die Deutschnote wirklich"* (vL4) – und wenn sich im Laufe der Zeit herausstellt, daß eine Gruppe etwas besser oder etwas schlechter ist, dann können SchülerInnen, die nicht ganz in ihre Gruppe passen, fallweise wechseln.

Ob sie jetzt aus einer Klasse zwei „niveaugleiche" Gruppen machen *müssen* oder *können*, darin sind sich die befragten ItalienischlehrerInnen nicht ganz einig:

Ich würde das eher als ein Muß sehen, obwohl das nicht so streng durchgeführt wird. (vL4)

Wir können. Wir können das machen ... (vL6)

Einig sind sie sich darin, daß es jeweils nur ein paar SchülerInnen sind, die von einem Wechsel betroffen sind: *„Wenige auf jeden Fall, die man dann in eine andere Gruppe gibt, weil man sagt, dort passen sie besser hin"* (vL6). Die Lehrerin wundert sich auch, daß so wenig getauscht werden muß.

> *Wir haben sie (erg. die Anzahl der SchülerInnen) am Beginn der ersten Klasse einfach durch zwei dividiert und gar nicht auf die Noten geschaut. Und da hat sich herausgestellt, daß die eigentlich ganz gut zusammenpassen. Wir haben eigentlich gar nichts mehr wechseln brauchen. (vL6)*

Die Lehrerin vermutet allerdings, daß das nicht nur Zufall ist. Durch gegenseitiges Motivieren erreichen die SchülerInnen eben gemeinsam ein bestimmtes Niveau, wobei Schwächere von den Guten mitgezogen würden.

Durch die Erlaubnis zur Führung von „Niveaugruppen", hat sich allerdings etwas an der Bezahlung der im Schulversuch tätigen LehrerInnen geändert. Seit einem Schuljahr können sie ebenfalls eine Leistungsgruppenzulage beanspruchen.

2.6.3 Partnerschulen und Intensivsprachwochen

Das erklärte Ziel des Schulversuchs, einen Beitrag zu einer Erziehung zu Toleranz und interkulturellem Verstehen leisten zu wollen, führte dazu, daß die Schule von Anfang an enge Kontakte zu Schulen aus dem Ausland knüpfte. Die HS2 hat heute Partnerschulen in Italien (Feletto), Slowenien (Koper) und Kroatien (Labin), einmal im Jahr findet ein Treffen von SchülerInnen aus den drei Orten in jeweils einer der Partnerschulen statt. Gemeinsame Sport- und Kulturveranstaltungen erleichtern den Kontakt, während des zweitägigen Besuchs sind die SchülerInnen bei Gastfamilien untergebracht. Diese alljährlichen Treffen haben inzwischen Tradition, wobei auch hier ein gewisser Lernprozeß stattgefunden hat:

> *Am Beginn war es eigentlich nur unser Problem (d.h. der ItalienischlehrerInnen). Da waren wir ziemlich alleine. Wir sind*

einfach so ins kalte Wasser geschmissen worden. Wir haben sehr viel gelernt, und jetzt stehen wir anders da. Aber am Beginn muß ich sagen, da haben wir einige schlaflose Nächte gehabt. Wir sind zu zweit hinuntergefahren ... von den anderen Schulen waren der Direktor und mehrere Lehrer. Da war eine ganze Abordnung, und wir waren zu zweit. Dann sind wir natürlich zurückgekommen und haben gesagt, das geht nicht. Es hat sich dann gebessert. Unser Direktor ist dann auch mitgefahren. (vL6)

Neben regelmäßigen Kontakten zu den Partnerschulen werden in der 7. Schulstufe sogenannte Intensivsprachwochen in Italien durchgeführt. Diese Initiative soll im nächsten Schuljahr noch verstärkt werden. Während die Wochen bisher eher als Projektwochen mit Schwerpunkt Italienisch organisiert waren, und die LehrerInnen der HS2 das volle Programm gestalteten, sollen ab dem nächsten Jahr die SchülerInnen eine Woche lang bei Gastfamilien leben und den regulären Unterricht in Italien besuchen. Diese Änderung hat natürlich auch Konsequenzen für die eigene Schule. Die italienischen GastschülerInnen werden im Gegenzug nach Österreich kommen und ebenfalls eine Woche lang den Unterricht besuchen.

Als das in der Konferenz besprochen wurde, habe ich in einigen Gesichtern wirklich das Entsetzen gesehen, ah, die kommen jetzt alle zu uns, müssen wir da mehr arbeiten? (vL4)

Es wird in Zukunft also schwieriger sein, den Schwerpunkt der Schule ausschließlich als Angelegenheit der ItalienischlehrerInnen zu sehen. So sind alle gespannt, wie diese Wochen in Zukunft laufen werden. Die Eltern sind jedenfalls von der Änderung begeistert. „*Das ist wirklich sehr positiv!*" (vE2)

2.6.4 Evaluation des Schulversuchs

Wenn man unter Evaluation eine Bewertung und Beurteilung von pädagogischen Maßnahmen versteht, die Grundlagen für mögliche Veränderungen bzw. Weiterentwicklungen liefern sollen, so wurde der Schulversuch laufend evaluiert. Der Bezirksschulinspektor hielt engen Kontakt mit der Schule und führte häufig persönliche Gespräche mit den Unterrichtenden.

Er kommt immer wieder einmal vorbei und fragt nach. ... es gibt keine eigenen Sitzungen, aber er erkundigt sich immer, wie es funktioniert, und welche Probleme es gibt. Das ist ein ständiger Gedankenaustausch. (vL4)

Der Inspektor regte die LehrerInnen an, ihre Erfahrungen mit dem Schulversuch auch schriftlich zu dokumentieren. Diese Berichte bildeten neben den persönlichen Gesprächen die Grundlagen, das ursprüngliche Modell mehrfach abzuändern bzw. zu ergänzen. Die LehrerInnen fühlen sich in ihren Rückmeldungen ernst genommen und wissen, daß sie bei der Weiterentwicklung des Schulversuchs mitwirken können. *„Dadurch ist es immer besser geworden".* (vL4)

2.7 Problemfelder

2.7.1 Fehlen geeigneter Lehrbücher und Unterrichtsmaterialien

Eine anfängliche große Schwierigkeit bei der Umsetzung des Modells war das Fehlen geeigneter Lehrbücher oder Unterrichtsmaterialien. Im gesamten deutschen Sprachraum gibt es kein entsprechendes Italienischlehrbuch für die Altersstufe der 10-14-jährigen. Lehrmittel für den Unterricht mußten daher von den LehrerInnen zum Großteil selbst zusammengestellt werden. Vor allem in den Anfangsjahren wurden von den Betroffenen viel (Frei)Zeit und privates Geld in die Vorbereitung und Entwicklung von Materialien und Unterrichtsbehelfen investiert.

Wir haben aber sehr viel private Zeit aufgewendet und unser eigenes Geld für die Materialien, das hat uns niemand ersetzt. Und da haben uns, glaube ich, eher ein paar (erg. KollegInnen) belächelt, daß wir das machen. Und gefragt: Ja warum macht ihr denn das alles? (vL6)

Wir werden milde belächelt, daß wir unsere Freizeit auch noch zur Verfügung stellen.(vL4)

Die letzte Aussage spricht nicht nur von der Belastung der LehrerInnen, die den Schulversuch tragen, sondern weist auch darauf hin, daß sie sich dabei von den übrigen KollegInnen oft ziemlich alleine gelassen fühlen. (siehe dazu Kap. 3.3).

2.7.2 Ungenügende Fortbildungsangebote

Innerhalb der Schule, bestätigen die InterviewpartnerInnen, funktioniere der Austausch im Fach Italienisch sehr gut, die offiziellen Fortbildungsangebote in diesem Bereich seien aber nicht immer das, was man sich wünsche. Erfahrungen habe man nun selbst schon genug gemacht, was fehle, sei Unterstützung bei der Materialentwicklung. Initiativen in diese Richtung habe es schon gegeben, etwa eine „Materialienbörse" mit einer anderen Schule aus dem Bezirk. Gar so einfach scheinen derartige Veranstaltungen aber nicht zu sein. Wer sich etwa in der Arbeitsgemeinschaft hervortut, kommt leicht in den Geruch, „... *sich profilieren zu wollen*" (vL4), oder der Austausch wird als nicht ausgewogen erlebt:

> *Die meisten picken auf ihren Unterlagen und geben kein Blatt weiter, weil ja der andere vielleicht sehen könnte, was ich gemacht habe. Oder: ich gebe zehn Blätter und bekomme nur eines. Da werde ich mit der Zeit auch sagen, hoppala, irgend etwas ist da faul. (vL4)*

Eine Lehrerin der HS2 wäre durchaus bereit, bei derartigen Veranstaltungen im Sinne kollegialer Lehrerfortbildung (vgl. *Krainz-Dürr* 1994) als Referentin aufzutreten, *„wenn jemand fragen würde"* (vL6). Es wurde im Kreise der ItalienischlehrerInnen der Schule auch schon überlegt, *„ ... so etwas wie ein Übungsbuch zusammenzustellen, weil wir schon so viel Material selbst erarbeitet haben. Aber es fehlt einfach die Zeit im Moment."* (vL6)

2.7.3 Kürzungen im Pflichtstundenbereich

Offizielle Beschreibungen des Projekts nennen neben dem Fehlen geeigneter Unterrichtsmittel auch die notwendigen Kürzungen bei Pflichtstunden als mögliche Problembereiche des Schulversuchs. In der HS2 werden diese Kürzungen eventuell als Problem für den Stundenplangestalter, jedoch nicht als gravierendes Problem für den einzelnen Lehrer gesehen. *„Das nimmt man in Kauf, weil es wertvoll ist, daß Kinder*

Sprachen lernen" (vL5). "Man müsse eben Schwerpunkte setzen" (vL3)/ vL7), war die einhellige Antwort auf Fragen in diese Richtung.

> Na, ja man muß halt straffen, kürzen, Mut zur Lücke. Weil man bringt natürlich nicht den ganzen Stoff durch. Ist ja auch nicht notwendig. Man unterrichtet halt exemplarisch. (vL7)

> Naja, man muß das so sehen, daß es sicher sehr wertvoll ist, daß die Kinder eine zweite Fremdsprache lernen. Und insgesamt mit diesem Vorteil behaftet, nimmt man das dann auch in Kauf. Wenngleich man zwischendurch auch das eine oder andere Mal ein Wehklagen verspürt, weil man eben mit dem Stoff überhaupt nicht zu Rande kommt bzw. nur Schwerpunkte setzen kann. (vL5)

Die Stundenkürzungen verursachen gelegentliches "Wehklagen" und "Jammern" – "... *die Geographen jammern und sagen, also mit einer Wochenstunde, da kommt man nicht weit*" (vSL) – sind aber offensichtlich kein großes Problem. Da die LehrerInnen der HS2 in *"gesicherter Position"* (vL1) sind, muß sich niemand vor Kürzungen fürchten und um seine Existenz bangen. Und einige LehrerInnen finden überdies Wege, trotz Stundenkürzungen "ihrem" Gegenstand zu seinem Recht zu verhelfen:

> Wenn in der dritten Klasse eine Musikstunde wegkommen wird, dann werde ich versuchen, ... etwas über den Italienischunterricht wieder zurückzubekommen. Also das heißt, daß man halt auch in anderen Gegenständen ein bißchen über Musik spricht. (vL1)

2.7.4 Das Verhältnis Schwerpunkt- und Regelklassen

Von den zwei pro Jahrgang geführten Parallelklassen der HS2 wird jeweils eine als Schwerpunktklasse mit Italienisch geführt. Die andere Klasse – die b-Klasse – ist eine normale Hauptschulklasse mit Leistungsdifferenzierung. Da für die Schwerpunktklassen bestimmte Aufnahmekriterien gelten, sind diese *"im Schnitt leistungsstärker"* (vBSI). In diese Klassen werden vor allem SchülerInnen aufgenommen, die im Abgangszeugnis der Volksschule mindestens ein "Gut" im Fach Deutsch haben, was bedeutet, daß meist auch das *"Gesamtnotenbild"* besser ist. *"Die*

Besseren sitzen in der a-Klasse" (vSL). Der Bezirksschulinspektor sieht darin nicht unbedingt einen Nachteil, da die Klassen dadurch insgesamt *"homogener"* würden und das Unterrichten in den nicht leistungsdifferenzierten Stammklassen erleichtert werde.

Die Existenz zweier verschiedener Zweige in der Schule führt allerdings auch zu Konkurrenzen und Reibereien unter den SchülerInnen:

> *Das sind die Nebenwirkungen dieses Schwerpunkts. Das kann zu Stigmatisierungen führen. Und zwar, daß sich die b-Klassen zurückgesetzt fühlen ... infolge unbewußter oder unbedachter Äußerungen, die die Lehrer vielleicht gar nicht einmal so bös meinen. (vL1)*

Da a-Klassen insgesamt leistungsstärker sind (was von allen GesprächspartnerInnen bestätigt wird) seien sogar die Stundenkürzungen leichter zu verkraften. In den Schwerpunktklassen komme man schneller voran, weil *"... die Schüler doch irgendwie schneller aufnehmen"* (vL3), allerdings fühlten sich die a-KlassenschülerInnen *"... gegenüber b-Klassenschülern erhaben"* (vL7).

Die Existenz zweier "Züge" bringt aber auch noch andere Probleme mit sich. Nach der anfänglichen Begeisterung für das neue Fach sehen sich manche SchülerInnen durch die steigenden Anforderungen der Belastung nicht mehr gewachsen und versuchen wieder in die Regelklasse zu wechseln. So erzählt etwa eine Mutter, daß einige Kinder in der Klasse ihrer Tochter nicht mehr Italienisch lernen wollen, weil sie *"... mit 13 oder 14 Jahren ganz andere Dinge im Kopf haben, als die Schule"* (vE3). Das stellt die ItalienischlehrerInnen, die einen gewissen Standard halten wollen, natürlich vor Probleme, denn ein "nicht genügend" im Fach Italienisch hat eigentlich keine Konsequenzen. Wer etwa eine Nachprüfung im Fach Italienisch nicht besteht, muß eine Klasse nicht wiederholen. Er kann in die Regelklasse wechseln und normal aufsteigen. *"Manche spekulieren sogar mit Unterstützung der Eltern"* (vL4), meint eine Lehrerin resignierend.

> *... für viele Faule, ist das (erg. die Möglichkeit des Übertritts) natürlich ein Anreiz. Die denken sich, ... dann gehe ich eben in Zukunft in die andere Klasse. Das ist natürlich für uns sehr schwer. (vL4)*

Die Möglichkeit, sich gleichsam vom Italienischunterricht „abmelden" zu können, ohne Nachteile in Kauf nehmen zu müssen, verlangt von den LehrerInnen natürlich besondere Motivationsleistungen. *„Oft sind das einfach so Phasen, wo sie halt nicht mögen, da versucht man mitzuziehen"* (vL6). Ein Übertritt in eine Regelklasse kommt daher nur in Einzelfällen vor.

Was bedeutet nun das Vorhandensein der Klassen mit besonderem Schwerpunkt für das Prestige der in ihnen unterrichtenden LehrerInnen, gibt es LehrerInnen, die bevorzugt in „Schwerpunktklassen" bzw. „Regelklassen" eingesetzt werden? LehrerInnen und Schulleiter verneinen:

Nein, das wird gleichmäßig verteilt. Alle werden, ob jung ob alt, ob italienisch oder nichtitalienisch, gleichmäßig beschäftigt. ... Wir haben da ein System entwickelt, wo jeder in regelmäßiger Wiederkehr gleich bedient wird. (vSL)

Der Schwerpunkt macht also keinen Unterschied zwischen LehrerInnen, es ist auch nicht möglich, bevorzugt in bestimmten Klassen eingesetzt zu werden.

„ ... nicht direkt beteiligt, aber irgendwie involviert!"

3. Auswirkungen des Schulversuchs auf die Schule

Die untersuchte Schule hat mit der Einführung des Schulversuchs eine strukturelle Veränderung vorgenommen. Ihr Selbstbild wird dieser Veränderung jedoch insofern nicht gerecht, als sich die Schule zwar „Schule mit fremdsprachlichem Schwerpunkt" nennt, aber davon ausgeht, daß sich ein neuer Schwerpunkt einfach „dazuaddieren" läßt, ohne daß die Rolle dieser Neuerung für die anderen Fächer und das Gesamtgefüge mitgedacht wird. Im folgenden Abschnitt wird demgegenüber von der Annahme ausgegangen, daß eine Teilveränderung einen Einschnitt ins Gesamtgefüge bedeutet, der in Art und Ausmaß eigens zu thematisieren und zu bewältigen ist. Das „Schicksal" der Neuerung, seine Effektivität und Akzeptanz, hängt damit weniger von ihrer unmittelbaren Qualität „für sich" ab, als vielmehr von der überlegten, gesteuerten und fortlaufend beobachteten Einbettung ins Gesamte.

3.1 Arbeitsmotivation und Identifikation der LehrerInnen

„ Da war Freude da, ja Freude und der Reiz des Neuen", so beschreibt der ehemalige Klassenvorstand der ersten Schulversuchsklasse die Anfangszeit:

> *Die beiden Kolleginnen, die das hier als erstes gestartet haben, ... haben meiner Meinung nach vorbildlich zusammengearbeitet. Das hat uns dann mitmotiviert. (vL1)*

Diese Stimmung wurde allerdings – so scheint es – nicht von allen LehrerInnen in ähnlicher Weise erlebt. Andere InterviewpartnerInnen – auch die ItalienischlehrerInnen – können sich an keine „Aufbruchsstimmung" oder eine Veränderung in der Arbeitsmotivation erinnern.

Nein, einen Aufbruch oder das Gefühl – so, wir als Schule machen das jetzt – das habe ich nicht festgestellt. Also, es war wirklich so, daß das einfach unsere Sache (erg. die der Italienischfachlehrerlnnen) war. (vL6)

Ja, unsere Schule ist eine Schwerpunktschule, aber ihr Italiener habt das zu machen, ihr habt die Verantwortung ... Die Kollegen sagten, wir machen unsere Arbeit, und ihr macht eure. Also, das einzige, was die andern eben wissen, daß es Italienisch gibt und daß am Stempel draufsteht „Schule mit fremdsprachlichem Schwerpunkt. (vL4)

Sollten nach 5 Jahren Schulversuch die Anfänge schon gänzlich verblaßt sein? Hatte die Routine die Erinnerung daran verdrängt? Auf die Widersprüche in den Aussagen angesprochen, gestehen die Italienischlehrerlnnen sofort zu, daß jener anfangs zitierte Klassenvorstand der „Pilotklasse" eine Ausnahme gewesen sei. Er „*... arbeitete freiwillig mit und unterstützte uns, wo es ging*"(vL6) und er „*... fährt auch heute noch, wann immer möglich, nach Italien mit ... obwohl er auch nicht Italienisch kann*" (vL6).

Hier wird zum erstenmal angesprochen, daß die Schwerpunktbildung in der Fremdsprache nicht nur eine Motivation, sondern auch eine Barriere für Lehrerlnnen sein kann, zumal für jene, die die neue Fremdsprache nicht sprechen oder verstehen können. Was es bedeutet, wenn SchülerInnen etwas lernen, was Lehrerlnnen nicht beherrschen, wird vermutlich im Zusammenhang von Profil- und Schwerpunktbildungen zumeist unterschätzt. Eine Lehrerin erwähnte im informellen Gespräch nach dem Interview wie beiläufig, „*... daß SchülerInnen der a-Klassen* (das sind die Klassen mit Italienischunterricht) *es einen nicht spüren lassen, wenn man nicht Italienisch kann*" (FT). An dieser Aussage wird sichtbar, daß durch die Schwerpunktbildung nicht nur zwei unterschiedliche Klassenzüge entstehen, sondern auch unsichtbare (und unausgesprochene) Zuschreibungen und Grenzen zwischen SchülerInnen (und wohl auch zwischen Lehrerlnnen).

Daß gerade jener Lehrer, der wenig Scheu im Umgang mit diesen Unterschieden zeigt, Klassenvorstand der ersten Schwerpunktklasse wurde, scheint kein Zufall gewesen zu sein. Etliche InterviewpartnerInnen haben das Organisationstalent des „alten" Direktors gerühmt, der auch ein gutes Gespür für Menschen gehabt haben soll. „*Er hat immer geschaut, daß er die richtigen Leute an die richtige Stelle in der Schule setzt"* (vBSI). In diesem Fall scheint es ihm ein Anliegen gewesen zu sein, in der „Pilotklasse" einen Lehrer als Klassenvorstand einzusetzen, der nicht nur eine Klasse gut führen konnte, sondern sich auch dem neuen Schwerpunkt gegenüber aufgeschlossen und interessiert zeigte. Die These wird im Interview mit dem betreffenden Kollegen auch bestätigt. Nach anfänglichem Zögern räumt er ein : *„Ja, also der Direktor hat gesagt, ich soll das machen"*. (vL1)

Kann nun ein Schwerpunkt, der von den meisten KollegInnen offensichtlich als etwas erlebt wird, das sie nur sehr am Rande betrifft, etwas zur Identität der Schule beitragen? Eine Italienischlehrerin bezweifelt das:

> *Es gibt kein gemeinsames Motto, etwa so, bei uns ist Italienisch, und jetzt schauen wir, daß wir in den anderen Gegenständen Italien etwas in den Vordergrund stellen. (vL4)*

Wichtiger als die Konsolidierung im Inneren scheint die Signalwirkung nach außen. Den LehrerInnen ist wichtig, daß die Schule in der Öffentlichkeit „gut dasteht". In diesem Zusammenhang wird auch die Bedeutung des Schwerpunktes durchaus wahrgenommen. *„Macht`s nur, daß alle von unserer Schule nur das Beste denken. Das hören wir* (erg. die ItalienischlehrerInnen) *immer wieder"* (vL4). Der Ruf der Schule ist wichtig, Leistung scheint wesentlich. Es gibt offensichtlich ein starkes Wir-Gefühl an der Schule, das sich aber nicht unbedingt aus der Existenz eines besonderen Schwerpunkts ableitet. Hier habe sich aber – räumen die ItalienischlehrerInnen ein –, was die Identifikation mit dem Schwerpunkt betrifft, in den letzten Jahren eine kleine Veränderung angebahnt:

> *Vielleicht ist es jetzt sogar schon besser als in den ersten Jahren, das Bewußtsein aller nämlich, daß sie an einer Schule unterrichten, die eben einen Schwerpunkt hat, wo sie zwar nicht direkt beteiligt aber doch irgendwie involviert sind. (vL6)*

3.2 Unterrichtsorganisation und Unterrichtsformen

So wie die meisten LehrerInnen keine Veränderung der Motivation im Lehrkörper durch die Schwerpunktbildung feststellen konnten, so hat sich ihrer Meinung nach auch an den Unterrichtsformen nichts geändert. Italienisch sei eine Fremdsprache, wie andere auch, und brauche daher keine eigene Methodik, Ziel sei wie im Englischen der kommunikative Spracherwerb, und da finde der Unterricht schon längst in motivierender, abwechslungsreicher und lustbetonter Weise statt, meinen Bezirksschulinspektor und LehrerInnen.

Daß in der Modellbeschreibung des Schulversuchs durchaus bestimmte Veränderungen in der Unterrichtsorganisation und -methodik vorgesehen waren (heterogene Gruppen, Teamteaching), die neue Elemente in die Schule hätten bringen können, scheint nicht einmal den betroffenen SprachlehrerInnen bewußt:

Hat man am Anfang überlegt, statt der parallelen Gruppenführung bestimmte Formen des Teamteachings zu versuchen, wie das in der Modellbeschreibung vorgeschlagen wird?

In Italienisch?

Ja.

Es ist eigentlich nie darüber diskutiert worden. Da kann ich mich nicht erinnern. (vL6)

Teamteaching? Also Teamteaching in dem Fall, daß zwei Lehrer in die Klasse hineingehen, das nicht. (vL4)

Die Möglichkeiten, die der Schulversuch eröffnete, wurden also nur zu einem Teil genutzt. Es scheint, daß das neue Fach, was die Unterrichtsorganisation betrifft, sehr rasch an die an der Schule vorherrschende Lernkultur angepaßt wurde. Teamteachingmodelle wurden nicht diskutiert, und auch das Prinzip der Heterogenität erfuhr allmählich eine Aufweichung (vgl. Abschnitt 2.6.2). Die Vorgangsweise zeigt, daß LehrerInnen und Schulleiter bestrebt waren, die Neuerungen möglichst bruchlos in die bestehende Organisationskultur einzupassen. Auch der Bezirksschulinspektor scheint dieser Entwicklung nicht gegengesteuert zu haben. Offensichtlich gerieten jene Möglichkeiten, deren Verwirklichung eine Veränderung der bisher geübten Praxis an der Schule bedeutet hätte, bald in Vergessenheit. Dafür liegt der Grund allerdings vermutlich weniger in der Skepsis gegenüber diesen neuen Unterrichtsorganisationen als vielmehr darin, daß keine Vorbilder vorhanden waren, und die LehrerInnen auf sich alleine gestellt blieben. In dieser Situation ist es nicht verwunderlich, wenn auf bewährte und erprobte Formen und Routinen zurückgegriffen wird.

3.3 Kooperation und Kommunikation im Lehrkörper

Das Arbeits- und Gesprächsklima im Lehrkörper wird von allen Interviewten übereinstimmend als gut beschrieben. *"Wenn man etwas braucht, bekommt man jegliche Unterstützung"*, betonte eine Lehrerin, die erst seit einem Jahr an der Schule unterrichtet, um einschränkend hinzuzufügen, *"... aber man muß hingehen und fragen."* (vL2). *"Alle sind ausgesprochen nett, niemand ist arrogant, und es gibt keine Intrigenwirtschaft"* (vL4). *"Es funktioniert wunderbar"*, meint der Direktor, und das scheint nicht ohne Grund so zu sein. Bei der Teilung der Schule hätten sich diejenigen, die *"gut miteinander konnten"* (vBSI), in der einen Schule gesammelt. Das war der etwas ältere Teil des Lehrkörpers, somit war die Fluktuation eher gering, und der Lehrkörper konnte sich *"konsolidieren"* (vBSI). Dazu kam, daß der Schulleiter mit seinem vielzitierten *"Organisationstalent"* nicht nur dafür sorgte, daß die Schule *"die bestausgestattetste im Bezirk"* (vBSI) wurde, sondern auch in der *"Präsentation der Schule in der Öffentlichkeit sehr erfolgreich war"* (ebd.). Die HS2 erwarb einen guten Ruf als Schule, in der *"... verantwortungsbewußte LehrerInnen arbeiten, die die SchülerInnen fordern, aber auch die Menschlichkeit in den Vordergrund stellen"* (vSL), und es wurde die gemeinsame Philosophie der LehrerInnen – so scheint es – *"... diesen Ruf zu erhalten"* (vL2). Auch SchülerInnen (vgl: Schülerzeitung 1995, 10) und Eltern (vE2/vE3) sind sich dessen bewußt, und einige LehrerInnen der Schule schicken ihre eigenen Kinder in die HS2 (was wohl ein nicht unwesentliches Qualitätsmerkmal einer Schule ist).

Die LehrerInnen präsentieren sich als ein eingespieltes Team, viele genannten Bilder oder Leitsprüche zur Charakterisierung des Lehrkörpers kreisen um das Thema Gemeinschaft und Zusammenarbeit:

Ein funktionierendes Uhrwerk, aber nicht stechuhrmäßig, sondern in sich verzahnt. (vL1)

Ein Team, das sich bestens bewährt hat, eingespielt ist und miteinander kann. (vSL)

Ein Haus mit einigen Ecken und Nischen und einem Dach darüber, die Nischen allerdings sind sehr leicht einsehbar und begehbar. (vL5)

Ein Biotop. Mit den verschiedensten Pflänzchen und Tieren, die aber alle natürlich irgendwo zusammenpassen. (vL7)

Die Bilder sehen den Lehrkörper als Gesamtheit, dessen Einzelteile gut aufeinander abgestimmt sind. Das „Ganze" ist aber nicht so einengend, daß Individualität nicht möglich wäre. Es gibt Nischen und Ecken, aber diese sind gut einsehbar, im „Biotop" ergänzen einander die unterschiedlichsten Pflanzen.

Von diesen Bildern über den Lehrkörper weichen allerdings die Einschätzungen der ItalienischlehrerInnen stark ab:

Ein Bild? Ja: Jeder geht seinen Weg, die Wege kreuzen einander sehr selten. (vL6)

In vielen Äußerungen weisen die LehrerInnen, die den Schwerpunkt tragen, immer wieder darauf hin, daß sie sich von ihren KollegInnen wenig unterstützt und ziemlich allein gelassen fühlen. Vor allem für die Organisation der Besuche der Partnerschulen und Intensivsprachwochen wünschten sich die ItalienischlehrerInnen eine Mithilfe von anderen KollegInnen:

Wenn Partnerschulen zu Besuch kommen, daß sie auch mitarbeiten, das ist manchmal ein bißchen schwierig. Weil sie glauben, es betrifft sie nicht, sie können kein Italienisch und deshalb wollen sie auch nicht dabei sein. Sie fühlen sich nicht verpflichtet. Die glauben, das betrifft nur uns. (vL6)

Die LehrerInnen vermuten, daß nur wenige KollegInnen bereit sind, etwas „zusätzlich" und „unbezahlt" zu machen und aus ihren Äußerungen spricht Enttäuschung:

> *Der Direktor unterstützt uns, und die Lehrer, die wir dazu einteilen. ... das Interesse der anderen Lehrer an unserer Aktivität ist sehr gering. Viele sind überhaupt nicht bereit, auch nur eine Stunde ihrer Freizeit für das Projekt Italienisch zur Verfügung zu stellen. ... Einen einzigen Lehrer haben wir, für den muß ich wirklich sprechen, der fährt schon mit, wenn es nur irgendwie möglich ist. Von anderen hören wir sogar noch, ja wenn du zu Pfingsten nichts Besseres zu tun hast, als mit den Kindern da hinunterzufahren! Das haben wir voriges Jahr gehört. Da ist die Unterstützung wirklich überhaupt nicht gegeben. Das ist mir echt ein Bedürfnis das zusagen. Mich würde es interessieren, wie das an anderen Schulen läuft. (vL4)*

Die LehrerInnen, räumen aber auch ein, daß eine gewisse Hemmschwelle überwunden werden muß, wenn man die Fremdsprache selbst nicht beherrscht. Es sei ...

> *... irgendwo auch die Scheu, ... Verständigungsschwierigkeiten zu haben. Was tue ich denn dort? Ich kann ja mit denen nicht reden. (vL6)*

Eine Italienischlehrerin glaubt auch, daß sich die KollegInnen wohl ein bißchen davor „fürchten", daß ab dem nächsten Schuljahr italienische SchülerInnen eine Woche lang am Unterricht in allen Fächern teilnehmen werden. Bis jetzt seien die LehrerInnen froh gewesen, daß sie der Schwerpunkt selbst nicht betreffe und nun merkten sie, *„... jetzt kommt es auf uns auch zu"* (vL6).

Es ist schon darauf hingewiesen worden, daß vermutlich vielfach unterschätzt wird, was es bedeutet, wenn SchülerInnen etwas können, was LehrerInnen nicht beherrschen. In den Interviews entsteht der Eindruck, daß die von den ItalienischlehrerInnen beklagte mangelnde Unterstützung durch das übrige Kollegium nicht nur aus der geringen Bereitschaft, zusätzliche unbezahlte Arbeiten zu übernehmen, resultiert, sondern die Ursache vielmehr auch in einem grundsätzlichen Kommunikationsproblem zu suchen ist. Was als „fehlendes Interesse" oder „geringe Unterstützungsbereitschaft" gedeutet wird, kann manchmal ganz andere Gründe haben. So will z. B. der Direktor den ItalienischlehrerInnen „*nicht dreinreden*" und ihnen „*völlig freie Hand*" (vSL) lassen. Eine Lehrerin möchte sich nicht „aufdrängen" – „*... ich habe gehört, das machen die ItalienischlehrerInnen, da habe ich mich etwas zurückgenommen*" (vL2) –, ein anderer scheint einfach zu wenig informiert:

> *Die Turnlehrer sind da, glaube ich, involviert. Ich selber war eigentlich noch nie dran. Ich wäre aber auch bereit, etwas zu tun.* (vL7)

Hier zeigt sich eine nicht untypischen Schnittstellenproblematik. Der Schulversuch wird von einer kleinen Zahl von LehrerInnen getragen, denen es nicht gelingt, ihren gewissermaßen „inselhaften" Status zu überwinden. Über die Stellung des Schwerpunktes im Schulganzen wird im Lehrkörper zu wenig kommuniziert. Es gibt (wie an den meisten Schulen) kaum einen Rahmen außerhalb der Konferenzen, in dem gemeinsame Probleme besprochen und Mißverständnisse ausgeräumt werden können. Die Konferenzen aber sind meist mit Tagesordnungspunkten überladen und überdies „*... eher vom Organisatorischen geprägt*" (vL1). Die Kommunikation findet vor allem im informellen Raum, in Fenster- und Randstunden statt, festgesetzte Zeiten, in denen Wichtiges diskutiert und verhandelt werden kann, gibt es nicht.

Kommunikationsmangel wird darüberhinaus nicht nur von den ItalienischlehrerInnen beklagt:

> *Ich wünsche mir, daß man noch mehr miteinander spricht. ... daß man z. B sagt, Du, die Schüler haben das in der Grammatik noch nicht begriffen, könntest Du da vielleicht noch ein Schäuferl nachlegen? ... da scheut man sich, das erfährt man oft erst hintenherum.* (vL7)

Der Kollege, von dem dieses Zitat stammt, möchte seine Aussage allerdings nicht als Kritik verstanden wissen. Er scheut sich seinerseits, die Situation anzusprechen und etwa zu sagen „*... redet mehr mit mir*" aus Angst, „*aufdringlich*" (vL7) zu wirken.

Auch in einem kleinen Lehrkörper wie der HS2, in dem sich die LehrerInnen – so scheint es – an sich gut verstehen, funktioniert die informelle Kommunikation offensichtlich nicht problemlos. Eine Kollegin meinte sogar, sie habe hier durch Gangaufsichten und Pausengespräche mit SchülerInnen noch weniger Zeit, mit KollegInnen zu reden, als in der Schulform, in der sie vorher unterrichtet hatte (vL2). Es wäre sicher hilfreich, hier bestimmte Strukturen aufzubauen, die es erleichtern, in einem festgelegten Rahmen Probleme zu diskutieren und Vorhaben gemeinsam zu besprechen und zu planen.

3.4 Einbeziehung der Eltern

Durch den Schulversuch und die in diesem Zusammenhang durchgeführten Aktivitäten sind die Eltern jener Kinder, die eine Schwerpunktklasse besuchen, mehr gefordert bzw. in das Schulleben eingebunden als üblich. Die Eltern tragen die Kosten für die Intensivsprachwochen, stellen Quartiere für GastschülerInnen zur Verfügung oder beteiligen sich an Aktivitäten.

> *Ja, gerade im Bereich Italienisch gibt es sehr gute Kontakte mit den Eltern. (vL6)*

> *Viele Eltern interessieren sich sehr und machen auch bei den Aktivitäten mit den Partnerschulen mit. Es kommen aber immer die gleichen Eltern, die da bei solchen Aktivitäten mitmachen. (vL4)*

Es sind natürlich auch in den Schwerpunktklassen nicht alle Eltern, sondern „... eigentlich immer die gleichen, die sich beteiligen" (vL6). Die meisten LehrerInnen aber meinen, daß sich die Eltern von Kindern in den Schwerpunktklassen eher engagieren. „*Die Eltern der b-Klassen sind manchmal nicht so interessiert*" (vL1).

Auch Schulforum und Klassenforum werden an der HS2 offensichtlich wenig als Foren für Diskussionen und Austausch genützt. Einer Mutter sagen diese Begriffe zunächst nichts, dann erinnert sie sich, daß das „... *immer im Mitteilungsheft bekanntgegeben wird*" (vE3). Aktiv beteiligen möchte sie sich nicht. Um das geringe Interesse etwas zu steigern, formuliert ein Lehrer seine Einladungen zum Klassenforum manchmal „... *fast als Nötigungen*" (vL1).

Auch der neu gewählte Elternvereinsobmann ist über das Engagement der Eltern insgesamt eher enttäuscht. Es engagieren sich immer nur die gleichen, zu den vom Elternverein organisierten Vorträgen kommen nur wenige. Zum letzten Vortrag über das Thema Drogen waren aus beiden Hauptschulen nur 20 Eltern gekommen. *„Für zwei Schulen ist das schon wenig"* (vE1), meinte der Obmann enttäuscht.

Viele Eltern wollen gar nichts tun, nur ihren Elternvereinsbeitrag zahlen. Zahlen ja – aber etwas machen, nein. (vE1)

Die befragten Eltern sind mit der Schule eigentlich zufrieden. Sie haben sich für die HS2 entschieden, weil sie *„eine anerkannt gute Hauptschule ist"* (vE2), und das *„... Niveau sehr hoch ist"* (vE3). Die befragten Eltern sind leistungsorientiert, sie wünschen für ihre Kinder eine optimale Ausbildung und schätzen daher das Angebot der HS2 bezüglich Fremdsprachen und Förderunterricht. Sie erleben die Lehrer als *„hilfreich gegenüber schwächeren SchülerInnen"* (vE1):

Man bemüht sich sehr um die schwächeren Kinder, vor Schularbeiten z.B. wird Förderunterricht angeboten, und man kann auch freiwillig am Förderunterricht teilnehmen.(vE3)

Die Eltern betonen auch, daß man mit den meisten LehrerInnen *„gut reden könne"* (vE2). Bei Problemen setze man sich zusammen und suche gemeinsam eine Lösung. Vor allem der Schulleiter setze auf das Gespräch als Form der Konfliktlösung. So habe er z.B. vor einiger Zeit anläßlich disziplinärer Schwierigkeiten in einer Klasse den Klassenvorstand, betroffene Eltern und den Elternvertreter um einen Tisch versammelt, um das Problem zu besprechen. Ähnliches wurde von einer Mutter berichtet, deren Kind als *„Ausländerin"* beschimpft worden war. In beiden Fällen habe sich durch diese Art der Intervention die Situation verbessert.

Einige LehrerInnen werden allerdings als *„sehr empfindlich gegenüber Kritik"* (vE3) erlebt. So hat es im letzten Jahr einen Vorfall gegeben, der das Verhältnis zwischen Elternvertreter und Lehrkörper etwas beeinträchtigt hat. Einige Eltern waren mit einem Schikursquartier nicht zufrieden und gaben die Anregung, sich im nächsten Jahr um ein anderes Quartier umzusehen. Der Elternvereinsobmann engagierte sich für die Sache, und es kam zu einem Gespräch mit dem verantwortlichen Lehrer, der jedoch auf seiner Entscheidung beharrte. Ein Vermittlungsversuch des Schulleiters schlug fehl, und der Lehrer setzte seine Quartierwahl gegen die Wünsche der Eltern durch. Seit dieser Auseinandersetzung ist der neu gewählte Elternvertreter in den Geruch gekommen *„gegen die Lehrer zu arbeiten"* (vE2), was ihn stört, da er persönlich seine

Rolle als „Mittler zwischen Eltern und Lehrern sieht" (vE1). Das sei für den Elternvertreter auch eine bittere Erfahrung gewesen, meinte eine Mutter, „ ... *weil er ja gewählt worden ist und sich sehr einsetzen wollte"* (vE2). Eine allzu große Einmischung der Eltern in schulische Belange scheint nicht unbedingt von allen LehrerInnen geschätzt.

Ich habe mir gedacht, es ist gut, wenn Eltern, Lehrer und Schüler miteinander arbeiten, so wie es am Anfang vom Herrn Direktor betont worden ist ... jetzt habe ich von meinem Sohn ein Verbot bekommen, in die Schule zu gehen, weil er dann wieder als Muttersöhnchen dasteht. ... auch andere Eltern wissen, daß sie nicht so gerne in der Schule gesehen werden. Das ist irgendwie schade. (vL2)

"... wie eine Lawine!"

4. Innovationen außerhalb des Schulversuchs

Im Rahmen einer Untersuchung über Entwicklungen an Schulen ist es nicht uninteressant zu fragen, wie Veränderungen an Schulen generell eingeleitet werden, und Bedingungen zu untersuchen, unter denen Innovationen erfolgreich sein können. Ich möchte daher im folgenden die Ereignisse rund um die Einführung eines „integrativen Förderunterrichts" in der HS2, die in mehrfacher Hinsicht charakteristisch erscheinen, kurz darstellen.

4.1 Die Einführung des integrativen Förderunterrichts

Ähnlich wie vor Einführung des Schulversuchs der Italienischunterricht als Freigegenstand nur am Nachmittag stattfinden konnte, war ein Förderunterricht in der bisherigen Form nur außerhalb der regulären Unterrichtszeit in Randstunden oder am Nachmittag möglich. Das erzeugte eine *„eher unbefriedigende Situation"* (vSL9).

> *Bezüglich des Förderunterrichts herrschte insofern Unbehagen, daß man so ein paar arme Teufel am Nachmittag hereinholen mußte. Und wenn sie z.B. von ... waren oder von weiß Gott wo, dann konnten sie erst um 17. 00 oder 18.30 mit dem Bus heimfahren. Die haben das fast als eine Strafe erlebt. (vL7)*

Der Bezirksschulinspektor wies den Schulleiter schließlich auf die Möglichkeiten eines in den Vormittag integrierten Förderunterrichts hin. Das Modell, in dem Fach- und Stützlehrer fallweise gemeinsam in den jeweiligen Fachstunden unterrichteten, wurde zu Beginn des Schuljahres den LehrerInnen vom Direktor im Rahmen einer Konferenz vorgestellt.

Die LehrerInnen reagierten zunächst ablehnend und skeptisch:

> *Die Reaktion war Skepsis ... und Ablehnung. Vor allem bei den Sprachlehrern, die haben gesagt, wie soll denn da ein Förderunterricht stattfinden, da ist ja einer dem anderen im Weg!* (vSL)

Die LehrerInnen wollten lieber ihre „eigenen" SchülerInnen fördern (vL3), weil sie deren Schwächen besser kennen als der „fremde" Lehrer, und erlebten die ZweitlehrerInnen weniger als Unterstützung sondern eher als Kontrolle. Ein Lehrer, der heute ein begeisterter Verfechter dieser Form des Förderunterrichts ist, erinnert sich:

> *Ja, Skepsis war vorhanden, weil man vor allem Neuen ein bißchen eine Scheu hat. Die Lehrer sind ja überhaupt allgemein ein bißchen konservativ und vor Neuem, vor Unbekanntem, scheut man sich. Gewisse Ängste hat man halt. Werde ich da jetzt kontrolliert von dem, der da auch mit mir zusammenarbeitet, usw. ... „blättert" er mich auf, habe ich Fehler gemacht, mache ich Fehler, ich darf mir keinen Fehler mehr erlauben und lauter solche Sachen.* (vL7)

Damit hätte die Sache eigentlich abgetan sein können. Die LehrerInnen „wollten das nicht" und lehnten den Vorschlag ab. Trotzdem wurde die Idee an der HS2 weiterverfolgt, da eine Kollegin an der Schule unterrichtet, die bereits Erfahrung mit derartigen Unterrichtsformen hatte und bereit war, Ähnliches einmal zu versuchen. Diese Kollegin war an der Schule „stundenmäßig" unterbeschäftigt, daher beschloß der Schulleiter sie mit einigen Förderstunden „aufzufüllen". Das bedeutete, daß 4 LehrerInnen auf ihre Mehrdienstleistungen zugunsten der Kollegin verzichten und sich mit ihr auf das Experiment „integratives Fördern" einlassen mußten. Der Direktor überzeugte die Betroffenen in einem gemeinsamen Gespräch mit „sanftem Druck". Die Stützlehrerin erinnert sich:

> *Der Direktor hat uns in der Direktion zusammengeholt. Das Gespräch war für mich nicht sehr angenehm, weil ich ja nicht bei jemandem in der Klasse stehen will, der glaubt, ich kontrolliere ihn. Ich glaube, es hat einer sogar gesagt, „die Krot müssen wir schlucken".* (vL2)

Die anfängliche Drucksituation schien sich jedoch bald entspannt zu haben. *„Die Aversion ist weg"*, behauptete eine Kollegin (vL2), die LehrerInnen merkten, daß es *„... den Kindern etwas bringt"* (ebd.), und auch die SchülerInnen, die anfangs gar nicht begeistert waren, daß zwei LehrerInnen in die Klasse kommen, weil sie noch mehr „Druck" befürchteten, schienen sich bald auf die Förderstunden zu freuen.

Daß die anfänglichen Zweifel so schnell abgebaut werden konnten, hängt vermutlich auch damit zusammen, daß die LehrerInnen nicht stur versucht haben, ein bereits vorhandenes Modell zu übernehmen und durchzuziehen. Sie waren bemüht, für die unterschiedlichen Lehrerpersönlichkeiten jeweils passende Formen der Zusammenarbeit zu finden. Das flexible Eingehen auf besondere Situationen eröffnete Spielräume für persönliche Gestaltung. So wird nur in einer Klasse konsequent im Team unterrichtet, was nach Aussage der Lehrerin „toll funktioniert" (vL2). In einer anderen Klasse werden die SchülerInnen zum Förderunterricht aus dem Klassenverband herausgenommen, als weitere Möglichkeit wird paralleler Unterricht in zwei Gruppen praktiziert, wobei jeweils eine Gruppe die Übungen am Computer macht.

> *Ja, ich glaube, es war wichtig, daß ich nie darauf gepocht habe, ich bleibe in der Klasse, sondern daß ich die Kinder auch herausgenommen habe, ... weil die Lehrer haben mich nicht gekannt und das Teamteaching auch nicht. (vL2)*

Was letztlich überzeugt hat, ist der Erfolg:

> *Ja, erstens einmal, die Kinder gehen wahnsinnig gerne mit, die freuen sich schon jedesmal darauf. Und es sind auch Erfolge vorhanden. Mein Allerschwächster begreift jetzt manche Dinge, die er bei mir nie begriffen hätte. Und ich spüre das auch in meinem Unterricht, daß er viel braver mitarbeitet. Dadurch, daß er eben gewisse Erfolge aufweisen kann am Computer, bekommt er auch ein bißchen einen „Freudeschub", der sich dann auch auf meinen Unterricht auswirkt. Ich bin einfach begeistert ... (vL7)*

> *Eine Lehrerin, die sich anfangs ziemlich gesperrt hat, hat gestern zu mir gesagt, sie hätte sich das nie vorstellen können, daß das so toll läuft, ... und daß die Kinder, die ich speziell fördere, jetzt etwas besser geworden sind und eine positive Schularbeit geschrieben haben. (vL6)*

Die Erfahrungen in diesem Jahr waren offensichtlich so positiv, daß etliche LehrerInnen in dieser Form weitermachen wollen – *„Ich würde mir wünschen, daß ich noch mehr mit ihr* (erg. der Stützlehrerin) *zusammenarbeiten kann"* (vL7) – und weitere ihr Interesse angemeldet haben. Der Schulleiter betont, daß, wenn es stundenplantechnisch möglich ist, diese Form des Förderns weiter ausgedehnt werden soll. *„Das Ganze geht weiter, ich möchte sagen, wie eine Lawine"* (vSL). Und wie es scheint, greift diese *„Lawine"* auch auf die andere Schule über: Die Kollegin wird das *„integrative Fördern"* bei einer Konferenz in der HS1, in der sich die Lehrer auch gegen diese Form des Förderunterrichts *„sträuben"* (vSL) vorstellen und über die Erfahrungen an der HS2 berichten.

Diese offensichtlich gelungene Verankerung einer Neuerung in einem Lehrkörper, der sich anfänglich eher skeptisch gezeigt hat, ist in mehrfacher Hinsicht bedeutsam. Die neue Form des „integrativen Förderunterrichts" konnte an der HS2 nur Fuß fassen, weil eine Kollegin, die derartige Arbeitsformen bereits kannte, bereit war, ihr Wissen an andere weiterzugeben. Ein noch so gut ausgearbeitetes Papier und vorgestelltes Modell kann – so meint diese – das persönliche Beispiel nicht ersetzen:

Das „Teamteaching" sollte einfach besser vorgestellt werden. Das sollten Leute vorstellen, die das vielleicht schon gemacht haben. Weil so ist das eine rein theoretische Angelegenheit, die sich die meisten wahrscheinlich gar nicht vorstellen können. (vL2)

Innovationen brauchen darüberhinaus auch Zeit und die Möglichkeit zu experimentieren. Im dargestellten Fall wurden Modelle sehr individuell abgeändert, was nicht heißt, daß man sich der ursprünglichen Idee nicht irgendwann wieder einmal annähern wird. Die Lehrerin, die den Förderunterricht betreut, glaubt, daß KollegInnen, die sich in diesem Jahr noch scheuen, im Team zu unterrichten und die Klasse für den Förderunterricht lieber teilten, im nächsten Jahr aufgrund der Erfahrungen nichts mehr gegen eine zweite Lehrkraft in der Klasse einwenden werden. Vielleicht wird aber auch entdeckt, daß von Fall zu Fall die eine oder andere Methode die bessere ist. Einen Schluß, den die Schulbehörde aus diesem Beispiel ziehen könnte, ist der, Angebote zu schaffen, in denen LehrerInnen möglichst viele persönliche Erfahrungen mit verschiedenen Methoden und Unterrichtsformen machen können. Das könnte von großzügigen Möglichkeiten zur Hospitation an „innovationsfreudigen" Schulen bis zu fallweisem Unterrichten in verschiedenen Schulformen reichen.

Zusammenfassung

Die Hauptschule liegt in einem ländlichen Einzugsgebiet, es gibt keine Konkurrenz durch ein Gymnasium vor Ort. Primäres Motiv für die Einführung des Schulversuchs „Hauptschule mit fremdsprachlichem Schwerpunkt" war nicht das Sinken der Schülerzahlen, sondern der Wunsch der Eltern nach einer Ausbildung in der Sprache des Nachbarlandes. Dem Elternwunsch wurde zunächst durch das Angebot eines Freigegenstandes entsprochen, die Initiative zur Einrichtung eines Schulversuchs ging schließlich von der Schulleitung aus. Die Besonderheit dieser „top-down"- Vorgangsweise ist, daß der Bezirksschulinspektor, der die Initiative setzte, vor seiner Beförderung Lehrer an der HS2 war und den Freigegenstand Italienisch selbst unterrichtet hatte. Er ist daher mit dem Vorhaben eng verbunden und an dessen Weiterentwicklung interessiert. Die Einführung des Schulversuchs stieß in der HS2 auf keinerlei Widerstände oder Vorbehalte. Die Schwerpunktbildung in der Sprache des unmittelbaren Nachbarlandes schien den LehrerInnen einsichtig und ließ sie Nachteile wie Stundenkürzungen im Pflichtstundenbereich in Kauf nehmen.

Das Vorhaben hatte unmittelbare Auswirkungen auf die im selben Gebäude untergebrachte HS1, die ein Absinken zur bloßen Regelschule befürchtete. Die Konkurrenzsituation wurde vermieden, indem an beiden Hauptschulen gleichzeitig der Schulversuch „Hauptschule mit fremdsprachlichem Schwerpunkt Italienisch" eingerichtet wurde. Es kam zu keiner alternativen Schwerpunktbildung.

Das ursprüngliche Modell wurde aufgrund der Erfahrungen der LehrerInnen im Laufe der Jahre modifiziert, die größte Veränderung bedeutete die Stundenerhöhung von zwei auf drei Wochenstunden sowie die Einführung von sogenannten „Niveaugruppen".

Zum Erfolg des Schulversuchs trugen neben den Lehrkräften, die bereit waren, viel (Frei)Zeit und eigenes Geld zu opfern, die Schulaufsicht und Schulleitung bei. Der Inspektor ließ den LehrerInnen viel Freiheit und unterstützte dort, wo es notwendig war (z. B. beseitigte er bürokratische Hürden). Er setzte sich für eine leistungsgerechte Bezahlung der LehrerInnen ein und erhob regelmäßig Rückmeldungen über den Schulversuch. Die LehrerInnen fühlten und (fühlen) sich von der Schulaufsicht ausreichend unterstützt. Die Schulleitung wird ebenfalls als unterstützend erlebt. Der Direktor, unter dem der Schulversuch eingeführt wurde, sorgte für die öffentliche Präsentation der Schule in den lokalen Medien und bemühte sich um zusätzliche Ressourcen von der Gemeinde. Auch der neue Schulleiter zeigt sich gegenüber dem Schwerpunkt sehr aufgeschlossen.

Als Problemfelder werden von den LehrerInnen weniger die Kürzungen im Pflichtstundenbereich als das Fehlen geeigneter Materialien und Lehrbücher und entsprechender Fortbildungen genannt, sowie die prinzipielle Möglichkeit der SchülerInnen aus der Schwerpunktklasse wieder in eine Regelklasse wechseln zu können, was sich nachteilig auf die Motivation auswirke.

Was die Unterrichtsorganisation betrifft, wurden nicht alle Möglichkeiten ausgeschöpft, die das Modell des Schulversuchs eröffnet. Das dort vorgesehene Teamteaching war kein Thema, der Unterricht in Italienisch wird in zwei „Niveaugruppen" geführt, womit eine gewisse Differenzierung wieder eingeführt wurde. Aber auch hier „lernt" die Schule: Teamteaching wird seit kurzem in einer Klasse im „integrativen Förderunterricht" praktiziert.

Als größtes Problem erleben die ItalienischlehrerInnen die mangelnde Unterstützung im Lehrkörper für Aktivitäten, die den Schwerpunkt betreffen. Der Schulversuch wird als Angelegenheit der LehrerInnen der zweiten Fremdsprache angesehen. Dabei scheint unterschätzt zu werden, daß durch die Fremdsprache, die nicht alle LehrerInnen selbstverständlich beherrschen, im Lehrkörper eine gewisse Hemmschwelle errichtet wird. Die mangelnde Unterstützung durch das Kollegium könnte auch als Kommunikationsproblem interpretiert werden. (LehrerInnen wollen „*sich nicht aufdrängen*", den „*... ItalienischlehrerInnen nichts dreinreden*" oder sind einfach zu wenig informiert.) Es gibt (wie an den meisten Schulen) kaum einen Rahmen außerhalb der Konferenzen, in dem gemeinsame Probleme besprochen und Mißverständnisse ausgeräumt werden können. Hier zeigt sich eine nicht untypische Schnittstellenproblematik: Es ist den ItalienischlehrerInnen nicht gelungen, ihren „inselhaften" Status zu überwinden. Gerade diesem Aspekt der Vermittlung wird man jedoch in Zukunft – wenn eine Schule „lernen" will – verstärktes Augenmerk widmen müssen.

Datenmaterial

Die Studie basiert auf folgendem Datenmaterial:

a.) 12 Interviews, die im Frühjahr 1995 geführt wurden, Dauer jeweils etwa 60 bis 90 Minuten

Kürzel:
v: Schulkürzel
SL: Schulleiter
BSI: Bezirksschulinspektor
L1- L7: LehrerInnen (u.a. Klassenvorstand der ersten Schwerpunktklasse, ItalienischlehrerInnen, Fachkoordinator, Stützlehrerin)
E1- E3: Eltern (u.a. Elternvereinsobmann)

Erklärungen der Abkürzungen in den Quellenangaben zu den Interviews:
vSL bedeutet: Schulkürzel, Zitat aus dem Interview mit dem Schulleiter

b.) Dokumente:
Doodle. Die Schülerzeitung der HS2, Juli 1995
A. *Raup*: Schulversuch „Hauptschule mit fremdsprachlichem Schwerpunkt"
Czerweny, A./*Schmalzl*, E.: Bericht der HS2 mit fremdsprachlichem Schwerpunkt Italienisch (Manuskript)
Pressespiegel über Partnerschulen und Gastbesuche (Zeitungsberichte aus: Kleine Zeitung, Il Gazzettino di Udine ohne Datumsangabe)

c.) Feldnotizen und Forschungstagebuch (FT)

FALL 2

„Unterwegs, aber noch nicht organisiert ..."

Entwicklungsprozesse in einem ländlichen Realgymnasium

Wir sind wie so ein Labyrinth, würde ich sagen, wo einzelne in die eine Richtung gehen und andere wieder in einem anderen Gang in die andere Richtung. ... wir sind unterwegs, aber es ist noch nicht organisiert.

(aus einem Interview)

VORBEMERKUNG

„Wir wollen eine neue Schule"
1. SCHULE UND UMFELD
    1.1   Die Schulteilung
    1.2   Das pädagogische Programm: „Freiräume"
    1.3   Das Verhältnis zur Nachbarschule

„... auf keinen Fall weitermachen, wie bisher"
2. PROJEKT SCHULENTWICKLUNG
    2.1   Motive und Anstöße
    2.2   „Das Modell der Wirtschaft"
    2.3   Verzögerter Start
    2.4   Zieldefinition und Rollenklärung
    2.5   Die Steuergruppe
    2.6   „Produktgruppen" und „Pädagogische Gespräche"
    2.7   Stand des Projekts zum Zeitpunkt der Untersuchung
    2.8   Das (vorläufige) Ende

„Vieles läuft parallel"
3. VERSCHIEDENE AUFFASSUNGEN VON SCHULENTWICKLUNG
    3.1   Wirkung nach außen: Prioritäten des Schulleiters
    3.2   Wirkung nach innen: Zielvorstellungen der LehrerInnen
    3.3   Orientierung an Rahmenbedingen: Die externe Betreuung

„Wir sind unterwegs, aber noch nicht organisiert"
4. SCHULKLIMA UND SCHULKULTUR
    4.1   Führungsstil
    4.2   Kommunikation und Kooperation im Lehrkörper
    4.3   Informationsfluß
    4.4   Entscheidungsfindung
    4.5   Konfliktlösung

„Besser als vor fünf Jahren, aber ..."
5. SPANNUNGSFELDER
    5.1   Fördern, fordern, überfordern
    5.2   Zwischen Engagement und Rückzug
    5.3   Probleme mit Grenzziehungen
    5.4   Wem gehört die Schulentwicklung?

ZUSAMMENFASSUNG
DATENMATERIAL

Vorbemerkung

Die vorliegende Fallstudie beschreibt Entwicklungsprozesse an einer höheren Schule im ländlichen Raum. Der Schwerpunkt liegt dabei auf der Untersuchung der Motive und Anstöße für Entwicklungen und Veränderungen, der damit auftretenden Chancen, aber auch der Widerstände und Probleme sowie der Auswirkungen auf das Schulganze.
Die Untersuchung konzentriert sich daher auf folgende Fragestellungen:

– In welchen Stufen geht der Veränderungsprozeß der Schule vor sich? Was ist sein Ziel?
– Wer sind die Träger der Entwicklung? Welche Stellung haben diese Träger im oder gegenüber dem zu verändernden System?
– Welche Auswirkungen haben die Neuerungen auf das Schulganze? Welche auf das schulische Umfeld?
– Wie stark ist die Identifikation des Lehrkörpers mit dem/n Veränderungsprojekt/en?
– „Spaltet" der Entwicklungsprozeß den Lehrkörper, z.B. in mehr oder minder Betroffene? Wenn ja, was sind Reaktionen auf ein (mögliche) „Spaltung"?

Die Darstellung versteht sich als qualitative Forschung. Die Datenbasis beruht auf einer Serie von 18 offenen Interviews. Die Auswahl der GesprächspartnerInnen (siehe Anhang) erfolgte unter dem Gesichtspunkt, einerseits möglichst viele der relevanten Beteiligten an Entwicklungsprozessen der Schule zu befragen und andererseits ein großes Spektrum an Meinungen (Bezugsgruppe, Geschlecht, Funktion, Alter, Einstellung zur Schule etc.) zu bekommen. Die Interviews dauerten je ca. eine bis (vereinzelt) drei Stunden und liegen in Tonbandabschriften vor. Diese bildeten neben der Analyse schriftlicher Dokumente (Protokolle der Steuergruppe, Anschläge, Aussendungen, Jahresberichte etc.) die Grundlagen der Arbeit. Ein Unterrichtsbesuch und die Teilnahme an einer Schulveranstaltung, sowie Eindrücke von Pausengesprächen und Gängen durch das Schulhaus, die in einem Forschungstagebuch festgehalten sind, ergänzen das Bild.
Die Darstellung geht zunächst historisch-chronologisch vor und wendet sich dann bestimmten (kritischen) Aspekten zu. Die beträchtli-

che räumliche Distanz zur Schule und die damit verbundene „Dichte" des Besuchsprogramms erschwerten es, allen auftauchenden Fragen nachzugehen, zumal das „Entwicklungstempo" der Schule so hoch war, daß sich zwischen den einzelnen Interviewterminen immer neue Entwicklungslinien auftaten.

„ Wir wollen eine neue Schule"

1. Schule und Umfeld

1.1 Die Schulteilung

Als eigene Schule besteht das Realgymnasium erst seit einigen wenigen Jahren. Die Schule ist durch die Teilung einer mit über 1000 SchülerInnen größten Schule des Bundeslandes entstanden. Die „Herauslösung" eines realistischen Zweiges aus der Stammschule wurde von einer Gruppe von LehrerInnen unterstützt, die sich in dem *„Massenbetrieb"* (völ5) der alten Schule einfach nicht mehr wohlfühlten. Die Gruppe beklagte die mangelnde Transparenz der Kommunikation und hielt die Schule aufgrund der Größe für *„... fast nicht mehr administrierbar"* (völ5).

Informationen sind in gewisse Kanäle geflossen und manche nicht, und manches hat man gar nicht oder zu spät erfahren. Was mich geärgert hat, war die fehlende Transparenz. (völ8)

Die Gruppe begann, aktiv auf eine Schulteilung hinzuarbeiten.

Die Kollegen X und Y haben einen Gestaltpädagogiklehrgang besucht und dabei sehr viele Ideen bekommen, wie wir an der Schule alles etwas anders machen könnten. Es ist dann ein Kreis entstanden, der überlegt hat, wie wir die Ideen umsetzen könnten und auf einmal war klar: Wir können und Schluß. (völ6)

Die Gruppe bemühte sich um Unterstützung von außen. Die Unterstützung der Stadtgemeinde und des Landesschulrates wurde eingeholt und der Elternverein mobilisiert. *„Ohne die Mitarbeit der Eltern gäbe es diese Schule nicht"*(völ4), betonte der interimistische Leiter, *„... die haben einen Bauausschuß gegründet und waren wirklich sehr aktiv"*. Schließlich ergab sich durch den Umzug der benachbarten Hauptschule in ein neues Gebäude eine Möglichkeit der Unterbringung am alten Hauptschulstandort – einem in unmittelbarer Nähe der Stammschule gelegenen Schloß.

Die Anfänge im Schloß – so erinnern sich die LehrerInnen – waren chaotisch. Es fehlte vor allem an geeigneter Ausstattung und Schuleinrichtung. Aber die Not machte erfinderisch. Schulmöbel aus alten Lagerbeständen wurden in Eigenregie besorgt und die Räume provisorisch eingerichtet. *"Wir haben am Nachmittag Kisten geschleppt und geputzt"* (vöL8), erinnert sich ein Lehrer, *"und einfach alles organisiert."* Noch heute strahlt das Konferenzzimmer durch die Ansammlung unterschiedlichster Stühle und Tische einen besonderen Charme aus. Die Atmosphäre des alten Gebäudes entschädigt für die anfänglichen Unbequemlichkeiten. Die reizvolle Umgebung wird von vielen GesprächspartnerInnen als qualitative Besonderheit hervorgehoben – vor allem in Abgrenzung zu dem *"grauen Kasten"* (völ1) der Stammschule. Das Schloßgebäude selbst ist heute auch der Kristallisationskern einer ausgeprägten eigenen Identität des Realgymnasiums. Vor allem der neue Direktor legt großen Wert darauf, daß die Schule stets mit dem Namen des Schlosses genannt wird, und Briefkuverts und offizielle Aussendungen der Schule zeigen das Schloßgebäude als Schullogo.

Das Gebäude selbst ist allerdings für die neue Schule zu klein, einige Klassen müssen heute noch in der Stammschule untergebracht werden. Eine Erweiterung des Schlosses durch einen Zubau ist aber bereits in Planung.

1.2 Das pädagogische Programm: „Freiräume"

Die Gruppe, die die Schulteilung betrieb, wollte aber nicht nur eine kleinere und leichter administrierbare Schule, sie wollte auch eigene pädagogische Vorstellungen verwirklichen. Es waren vor allem LehrerInnen, die *„... an neuen Unterrichtsformen"* (vöL8) interessiert waren:

> *Es waren vor allem Lehrer, die gerne etwas ausprobierten, die gerne Projekte organisierten, Theater spielten, Rollenspiele machten oder mit Schülern in Mathematik hinausgingen und Landvermessungen im Freien durchführten. (vöL9)*

> *Wir wollten, daß eine gewisse Kultur entsteht an der Schule, daß man neue pädagogische Orientierungen miteinbezieht. Wir ha-*

ben gesagt: Wir brauchen Räumlichkeiten, aber wir brauchen auch „Freiräume!". Und wir haben auch bewußt geschaut, daß Schüler Freiräume bekommen. (völ4)

Wir wollten anders arbeiten ... eine Kultur des Miteinander ... Darum sind wir ja auch ausgezogen, weil alles schon zu eingefahren war ... (völ5)

Die LehrerInnen betonten, daß viele ihrer pädagogischen Vorstellungen in der alten Schule nur schwer zu verwirklichen waren.

Es gab einen Direktor, der jedes Projekt oder dergleichen, alles, was nur irgendwie gestört hätte, abgelehnt hat. (völ9)

Es waren in keiner Weise für uns Lehrer Möglichkeiten da, Initiativen zu setzen. (völ5)

Schon einige Jahre vor der Schulteilung scheint sich der alte Lehrkörper geteilt zu haben in die Gruppe der „Neuerer" und die, „die nichts verändern wollten". Durch gegenseitige Zuschreibungen wurde diese Polarität befestigt. Die Gruppe der Neuerer bekam den abwertenden Titel „Montezumas" – eine Anspielung auf die Beschäftigung einiger LehrerInnen mit der Pädagogik von Maria Montessori – die Gruppe der „Bewahrer" wurde als eine, *„.. die nur aufs Altenteil wartete"* (völ6) denunziert. Die Spaltung lief auch auf eine Einteilung in „jung" und „alt" hinaus, wobei nicht unbedingt das biologische Alter ausschlaggebend zu sein schien. Die „Jungen", das waren jene, die *„... überhaupt nichts zu sagen hatten"* (völ6) während die „Alten" den Ton angaben. Eine *„Freunderlwirtschaft"* (völ8) sei das gewesen, völlig *„intransparent"*, erinnert sich ein Lehrer. Am Schluß – betont eine Lehrerin – hätten sich die Gruppen direkt *„angefeindet"* (völ6).

Dieses aufgeheizte Klima scheint die Gruppe derjenigen, die eine Trennung von der Stammschule anstrebten, stark zusammengeschlossen zu haben. Freundschaften entstanden und die Motivation, es anders zu machen, wuchs:

Wir haben uns im ersten Jahr nach der Schulteilung und auch das Jahr danach viel zusammengesetzt und viel gearbeitet: Wie stellen wir uns jetzt die neue Schule vor? Wie wollen wir das angehen? Was brauchen wir dazu? (völ8)

Diese „Aufbruchsstimmung" zog andere an. Vor allem LehrerInnen der naturwissen-schaftlichen Fächer sahen eine Chance, ihrem besonderen Schwerpunkt mehr Gewicht verleihen zu können:

> *Ich habe mich für diese Schule gemeldet, weil ich einen naturwissenschaftlichen Schwerpunkt setzen möchte. (vöL3)*

So entstand an der Schule nicht nur ein sehr motivierter Lehrkörper, der sich mit dem Schultyp besonders identifizierte, sondern der auch Bereitschaft zeigte, Zeit und Energie in die Weiterentwicklung der Schule zu investieren. Die Schule begründete damit einen Ruf, der sich rasch verbreitete. So erklärte etwa der Beauftragte für Schulentwicklung am Pädagogischen Institut, der später den Schulentwicklungsprozeß begleiten sollte:

> *Für mich aus der Tätigkeit im PI war das das erste Signal aufzuhorchen. ... man hörte, da tut sich Vieles. Da gibt es eine Initiativgruppe von LehrerInnen, die wollen eine neue Schule. ... Die sagen: Wir werden das machen, wir wollen einen eigenen Raum, wir kämpfen für eine Ausstattung ... Das habe ich aufgeschnappt, weit aus der Distanz ... (völ1)*

Der besondere Ruf des Lehrkörpers, für viele Neuerungen offen zu sein, war vermutlich auch mit ein Grund für den späteren Schulleiter, sich um eine Leiterstelle an jener Schule zu bewerben. Auch ihm eilte der Ruf eines „Neuerers" voraus.

1.3 Das Verhältnis zur Nachbarschule

Schon eine kurzes Nachzeichnen der Entstehungsgeschichte der Schule zeigt, daß das Verhältnis zur Stamm- und nunmehrigen Nachbarschule nicht unproblematisch sein kann. Die beiden Schulen liegen nur wenige hundert Meter voneinander entfernt, es gibt einen gemeinsamen Zufahrtsweg, und die Pausen können SchülerInnen beider Schulen ohne viele Mühe gemeinsam im Schulgelände verbringen. Überdies sind noch acht Klassen des Realgymnasiums bis zur Fertigstellung des Zubaus in der alten Schule untergebracht, und einige Sonderunterrichtsräume müssen von beiden Schulen benutzt werden. Diese unmittelbare Nähe bringt fast selbstverständlich einige Reibungsflächen mit sich. Zwischen den zwei Schulen herrsche *"ein etwas pingeliges Verhältnis"* (vöSe1) meint eine Sekretärin, die Stammschule hätte nicht ganz *"verkraftet"*, *"... daß das jetzt eine eigenständige Schule ist"* (vöSe1). Differenzen gebe es wegen Kleinigkeiten, *"... weil die SchülerInnen in der anderen Schule laut sind, oder weil von unserer Schule das Klopapier bereitgestellt werden soll"* (vöS1). Immer wieder zeigt sich auch an Kleinigkeiten der offensichtlich unterschiedliche Führungsstil der Leiter der beiden Schulen. Ein charakteristisches Beispiel:

Da beide Schulen nur über einen kleinen gemeinsamen Weg zu erreichen sind, der täglich von gut 1000 SchülerInnen benutzt werden muß, kommt es immer wieder zu Konflikten mit den Anrainern. Im vergangenen Winter, der durch seinen Schneereichtum viele SchülerInnen zu wilden Schneeballschlachten verleitet hatte, eskalierte die Situation in einer offiziellen Beschwerde an den Bürgermeister. Dieser forderte daraufhin die Direktoren beider Schulen auf, für mehr Ordnung auf den Schulwegen zu sorgen. Während nun der eine Schulleiter ein generelles „Schneeballschlachtverbot" in der Schulumgebung erließ, versuchte der Direktor des Realgymnasiums das Problem durch einen Appell an die Verantwortlichkeit der SchülerInnen zu lösen. Er zeigte Verständnis für die Lust am Toben im Schnee und bat alle Klassenvorstände mit den SchülerInnen eine Vorgangsweise zu finden, die geeignet war, Schneeballschlachten zukünftig „in geordneteren Bahnen" verlaufen zu lassen. (*"Schneebälle höchstens aufeinander, keinesfalls aber auf Häuser oder fremde Personen werfen"* – Aussendung vom 22.Jänner 1995).

Das pädagogische Konzept des Realgymnasiums wird von der Nachbarschule – so scheint es – genau beobachtet. „Ob sie denn vor lauter Projekten überhaupt noch zum Unterrichten käme", wurde etwa eine Lehrerin von der Kollegin im anderen Haus gefragt (L1, FT). Die vielen – öffentlichkeitswirksamen – Aktionen der neuen Schule werden eher irritiert zur Kenntnis genommen. Die Stammschule gerät – so scheint es – durch die Schulneugründung ihrerseits unter Profilierungsdruck. *Lange Zeit die einzige allgemeinbildende Schule der Stadt und des näheren Umlandes, muß sie sich plötzlich der Konkurrenz eines Gymnasiums unmittelbar „vor Ort" stellen.* Die Eltern haben nun die Wahl zwischen zwei Schulen unterschiedlichen Typs und mit unterschiedlichen pädagogischen Konzepten, die beide zur Matura führen. Daß das Konzept der neuen Schule attraktiv ist, zeigen die Anmeldezahlen. Die Anmeldungen sind von 120 SchülerInnen im Jahr 1994 auf 170 im Jahr 1995 gestiegen.

Zur Zeit unterrichten 51 LehrerInnen ca. 500 SchülerInnen in 21 Klassen. Die Schule ist ein Realgymnasium mit dem Schwerpunkt auf den naturwissenschaftlichen Fächern. Es werden zwei Sprachen unterrichtet, Englisch ab der 5. und eine zweite Fremdsprache oder Latein ab der 9. Schulstufe. Als eine der ersten Maßnahmen im „neuen Haus" hat die Schule allerdings auch unter Ausnutzung der Autonomie und auf Initiative einer Gruppe von LehrerInnen und Eltern eine zweite Fremdsprache (Französisch) ab der 7. Schulstufe eingeführt. Das war – so berichtet der Administrator – für ihn und manche andere „Realisten" am Anfang ein Problem, *„... weil ich mir gedacht habe, jetzt gehe in ein realistisches Gymnasium, und da setzen wir als erstes einen sprachlichen Schwerpunkt"* (vöL3), aber heute schätze er das als eine *„völlig richtige"* Maßnahme ein. Das sei nicht nur mit dem naturwissenschaftlichen Schwerpunkt gut verträglich, sondern werde auch von den Eltern gut angenommen. Damit verringert sich auch der Unterschied zur Nachbarschule, was das Angebot des Sprachenlernens betrifft.

"... auf keinen Fall weitermachen, wie bisher"

2. Projekt Schulentwicklung

2.1 Motive und Anstöße

Das Motiv, sich auf ein Schulentwicklungsprojekt einzulassen, ergab sich aus der besonderen Situation des Lehrkörpers der neuen Schule. Die LehrerInnen hatten sich bewußt und freiwillig für eine Übersiedelung entschieden[4] und teilten ähnliche pädagogische Vorstellungen. Gemeinsam wollten sie eine „neue Schule" gestalten. Gerade im ersten Jahr gab es viele Konferenzen, in denen überlegt wurde, wie man die gemeinsamen Anliegen verwirklichen und welche Schwerpunkte man setzen wollte. Besonders geschätzt wurde dabei, *„... daß Entscheidungen immer demokratisch gefaßt wurden, d.h. unter Einbeziehung aller" (völ3).*

Vor allem die Konferenzgestaltung im ersten Jahr ist etlichen LehrerInnen in guter Erinnerung.

Der damalige provisorische Leiter hat etwas gemacht, was sehr gut angekommen ist – wir haben die Konferenzen, wie soll ich sagen, kollegial geleitet, ... wir haben einen Moderator bestimmt zu einem Thema. Ich bin sicher, daß ich das jetzt nicht verkläre, es haben sich immer fast alle Kollegen geäußert ... das ist sehr gut angekommen. (völ6)

Diese Konferenzen hatten allerdings den Nachteil, daß die jeweiligen ModeratorInnen nicht mitreden bzw. -entscheiden konnten oder bei besonders kritischen Themen befangen schienen. Auch an der „Gesprächskultur" hätte – so meinten die LehrerInnen – noch einiges verbessert werden können.

Bald hatten sich einige Sachen eingeschlichen, die wir überhaupt nicht wollten, nämlich Abwertungen einzelner („ Was die schon wieder sagt usw...). Das wollten wir nicht. Ein Grund für den

---

4 Nur zwei der anfangs insgesamt etwa 32 LehrerInnen waren mehr oder minder zum Schulwechsel „gezwungen" worden (vgl. völ3)

Schulwechsel war ja, daß wir die Kommunikationsstrukturen verbessern wollten. Wir haben dann gesagt, um eine andere Gesprächskultur zu entwickeln, wäre ein externer Moderator günstig. (vöL6)

Diese Idee wurde von einem Kollegen eingebracht, der über seine Ausbildung in Gestaltpädagogik auch mit Konzepten zur Schulentwicklung in Kontakt gekommen war. Das Kollegium zeigte sich anfangs skeptisch und lehnte den Vorschlag ab. Als aber dann „*... eine Verschärfung der Strukturen*" (vöL6), die man nicht wollte, zu beobachten war, fand sich eine Mehrheit für eine externe Betreuung.

Der provisorische Leiter übernahm es schließlich, die externe Betreuung zu organisieren. Nachdem „ *... ein bißchen herumgesucht worden war*" (vöL6), ergab sich über eine Aussendung zum Thema „Schulprofil" der Kontakt zum Pädagogischen Institut (PI). Dort hatte man schon einige Zeit beobachtete, daß sich an der Schule „*Vieles tut*"(völ1), und so war das Interesse an einer Betreuung sofort gegeben. Das Pädagogische Institut, Bereich „Schulinterne Fortbildung", sagte die Finanzierung zu und vermittelte einen Betreuer aus einer Beratungsfirma, der ein Organisationsentwicklungskonzept für Schulen vorgelegt hatte (im folgenden Modell 1). Daß es ein „*... Mann der Wirtschaft*" war, wurde von einigen LehrerInnen besonders geschätzt, da man hoffte, er könne der Schule „*... einmal die Augen öffnen*" (völ1).

2.2 „Das Modell der Wirtschaft"

Der erste Kontakt zwischen Schule und Berater fand in der letzten Schulwoche des ersten Jahres nach der Schulteilung statt. Der provisorische Schulleiter hatte alle interessierten KollegInnen mit der Bitte, daß „*möglichst viele Gruppen*" (vöL6) vertreten sein sollten, zu dem Gespräch eingeladen. Mit dem Schulleiter, dem Berater und einem Vertreter des PI waren etwa 10 – 11 Personen anwesend. Der Berater stellte sein Organisationsentwicklungsmodell für die Schule vor, das zunächst eine Situationsanalyse (u.a. durch den Lehrkörper) und darauf aufbauend eine Zieldefinition und Maßnahmenplanung vorsah. Das Modell ging von einem klaren Projektauftrag und einer zu bildenden Projektorganisation aus, die Rolle des Externen wurde als die eines Prozeßberaters definiert. Der Vorschlag enthielt bereits einen groben terminlichen Ablaufplan für die Schule.

Als (mögliche) Projektziele wurden in der Sitzung u.a. festgelegt (Protokoll, 4.7.1994):

Verbesserung interner Kommunikationsstrukturen
effizientere Schulorganisation
pädagogische Leitlinien
lernzielorientierte Evaluation
Entscheidungen auf möglichst breiter Ebene treffen

Obwohl der Vorschlag den LehrerInnen und dem Schulleiter durchaus zusagte, kam es bei diesem ersten Gespräch zu einem Vorfall, der große Folgewirkungen zeigen sollte. Nachdem das Konzept im großen und ganzen akzeptiert worden war, sollte eine Projektleitung der Schule bestimmt werden. Die Entscheidung gestaltete sich unerwartet schwierig, niemand wollte zunächst diese Funktion übernehmen.

Also diesen Projektleiter wollte niemand machen, man muß dazu sagen, daß das erste Jahr emotional ziemlich positiv verlaufen war, ... aber es gab wahnsinnig viele Termine, Konferenzen und Arbeitskreise ... wir waren alle recht ermüdet am Jahresende, und da wollte das niemand übernehmen. (vöL6)

Der Berater versuchte zunächst durch Punktewertungen zu einem Ergebnis zu kommen, aber als auch diese Vorgangsweise nicht zum Ziel führte, erklärte er, das Projekt nicht durchführen zu können:

Er klappt seine Mappe zu und sagt: Ohne Projektleitung kein Organisationsentwicklungsprojekt. (völ1)

Unter diesem Druck erklärte sich schließlich eine Kollegin bereit, die Projektleitung zu übernehmen, weil sie – wie sie später erläuterte – „... die schlechtesten Nerven gehabt hat" (vöL6).
Für den Vertreter des PI´s war das eine Schlüsselszene für den weiteren Verlauf des Projekts. Man hätte damals die Entscheidung vertagen „... und nicht unter Druck entscheiden sollen", meint er. Für ihn ist diese Szene auch mit ein Grund, warum der Lehrkörper in der weiteren Entwicklung – obwohl anfangs „Feuer und Flamme" (vöL6) – das Modell 1 schlußendlich abgelehnt hat.

2.3 Verzögerter Start

Daß das Projekt nicht – wie geplant – im Herbst begonnen wurde, hängt allerdings mit einem anderen Ereignis zusammen. Nachdem der Schulleiter im Herbst pensioniert worden war, beschloß der Lehrkörper mit dem Beginn des Schulentwicklungsprozesses zu warten, bis ein definitiver neuer Leiter bestellt war. Der jetzige Schulleiter erinnert sich:

> *Das Warten hat länger gedauert als geplant, wurde jedoch wirklich eingehalten, was ich – gleich zu Beginn meiner Tätigkeit – als sehr entgegenkommend (und durchaus als in Lehrkörpern nicht üblich) empfunden habe. (vöSL)*

Einzelne InterviewpartnerInnen überlegen allerdings, ob das Aufschieben des Projektbeginns unbedingt nötig gewesen sei. Man hätte z.B. die Energie und Zeit nützen können, um sich im Lehrkörper über eigene Ziele und Vorstellungen klar werden zu können (vgl. vöL6; vöL4).

Mit der Bestellung des definitiven Schuleiters wurde das Schulentwicklungsprojekt noch einmal zur Diskussion gestellt. Der neue Direktor hatte sehr klare eigene Vorstellungen über Schulentwicklung. In mehreren Gesprächen mit der Projektleiterin legte er seine Ideen und Ansichten dar. *„In vielen Bereichen waren seine Vorschläge sehr vernünftig"* (vöL6), erinnert sich die betreffende Lehrerin. Der Schulleiter versicherte sein grundsätzliches Interesse an Schulentwicklung, in einem Projekt nach dem ursprünglichen Modell wollte er allerdings nicht die Trägerschaft übernehmen. Diese Ablehnung traf sich mit der Stimmung eines Teiles des Lehrkörpers, die mehr und mehr Skepsis gegenüber dem „Menschen aus der Wirtschaft" formulierte[5] . So wurde in einer neuerlichen Sitzung zwischen Schulleiter, Projektleiterin, einem Vertreter des PI (das die Finanzierung übernehmen sollte) und einigen interessierten LehrerInnen ein neues Modell (im folgenden Modell 2) beschlossen. Der ursprüngliche vorgesehene Berater wurde zu dieser Sitzung nicht mehr eingeladen, das „Modell der Wirtschaft" verworfen. Da die LehrerInnen jedoch an einer externen Betreuung ihres Schulentwicklungsprojekts interessiert waren, übernahm der Vertreter des PI als Verantwortlicher für schulinterne Fortbildung die Betreuung. Man einigte

---

5 „Skepsis" hatte vor allem das Verhalten des Beraters während der ersten Sitzung verursacht, das Drängen auf die Nennung einer Projektleitung wurde als Druck empfunden.

sich auf seinen Vorschlag einer „Schulprofilentwicklung", die mit einer „Ist-Soll-Analyse" beginnen sollte. Eine Themenfindung und die Festlegung auf einen Strukturplan sollte bei einer ersten allgemeinen Klausur erfolgen.

In dieser ersten Sitzung deutete sich bereits eine Struktur an, die das Gesamtprojekt in der Folge bestimmen sollte. Einige Diskussionsbeiträge forderten explizit ein, daß die Organisation „dynamisch" (*„dynamische Selbstbestimmung"*, vgl. Protokoll vom 20.1.1995) sein solle. „Dynamik" wurde dabei offensichtlich mit „Nichtfestlegung" assoziiert und bedeutete zunächst die Vermeidung, einen klar abgegrenzten Personenkreises zu nennen, der das Projekt tragen oder „managen" sollte. Das Projektteam sollte *„flexibel"* sein, und auch *„fluktuieren"* dürfen, hieß die Vereinbarung (vgl. Protokoll 21.1.1995).

Der Direktor betonte, die Inhalte müßten stets im Vordergrund stehen, *„Strukturen"* sollten nur *„... im notwendigen Ausmaß" eingerichtet werden*[6] . Es dürfe keine *„Fremdbestimmung"* geben und Fragestellungen nicht *„in Ausschüssen"* kanalisiert werden. Jeder solle sich *„ ... immer wieder neu so einbringen können, wie er /sie es will"*. Im Protokoll ist eine große Vorsicht spürbar, einzelne Personen oder Gruppen mit Funktionen zu betrauen, die im entferntesten mit Leitung oder Steuerung zu tun haben. Der Projektbetreuer erinnert sich:

Die LehrerInnen haben sich übrigens ziemlich gewehrt gegen den Ausdruck Steuergruppe ... aber das passiert nicht nur in X, sondern in vielen Schulen, LehrerInnen ist Planungs- oder Koordinationsgruppe viel lieber als Steuergruppe. Jemand der steuert, leitet oder führt, das ist einfach ein rotes Tuch. (völ1)

So wurde auch die Projektleiterin im Protokoll zur *„Ansprechpartnerin"*.

Diese Strategie, die sowohl von den LehrerInnen als auch vom Schulleiter in dieser und in einigen der nächsten Sitzungen verfolgt wurde, könnte man als ein *„sich nicht so genau festlegen Wollen"* beschreiben. Wenn jede/r sich immer wieder *„neu"*, und *„... wie er/sie will"* einbringen kann, sind bindende Vereinbarungen hinfällig. Es ist z.B. dem Berater auch in einer späteren Sitzung nicht gelungen, einen offiziellen Beratungsvertrag mit der Schule zu schließen.

---

6 Kursivgedrucktes sind wörtliche Zitate aus dem Protokoll vom 20.1.1995

Zehn Tage nach der ersten Klausur haben wir eine Sitzung gehabt, und ich habe versucht, einen schriftlichen Vertrag auszuhandeln. Der wurde abgelehnt, weil die Projektgruppe sagte, wenn wir einen Vertrag machen, müssen wir uns einen Tag in Klausur zusammensetzen und alle Bedingungen genau aufschreiben, sonst lassen wir es lieber. (völ1)

Das Bestreben, Wichtiges unklar bzw. undefiniert zu lassen, mag mit ein Grund gewesen sein, das ursprüngliche Modell des „Mannes aus der Wirtschaft" abzulehnen. Dieses Modell sah immerhin eine klare Projektleitung und ein „fixes" Projektteam vor. In einer Kultur des *„sich-viele-Optionen-offenlassen-Wollens"* mußte dies als Brüskierung erscheinen.

Wie sehr sich allerdings die „Offenheit" und „Undefiniertheit" für den weiteren Verlauf des Projekts als dysfunktional erwies, wird an anderer Stelle beschrieben. Im folgenden soll zur Orientierung ein kurzer Überblick über wichtige Stationen in der Geschichte der Schule und des Schulentwicklungsprojekts bis zum vorläufigen Ende des Projekts gegeben werden, dabei wird das ursprünglich verfolgte Konzept als Modell 1, die schließlich realisierte Variante als Modell 2 bezeichnet.

Wichtige „Stationen" in der Geschichte der Schule	**Zeitpunkt bzw. Zeitraum**
Schulteilung unter provisorischer Leitung	Schuljahr 1993/94
Entscheidung für ein vom Pädagogischen Institut Oberösterreich finanziertes Projekt Schulentwicklung unter Leitung eines externen Beraters (Modell1), Einsetzung einer Projektleiterin	4.Juli 1994
Pensionierung des Leiters, Übernahme der interimistischen Leitung durch den dienstältesten Kollegen	Anfang Schuljahr 1994/95
Der Beginn des Schulentwicklungsprojekts wird bis zur definitiven Bestellung eines/r Schulleiters/in aufgeschoben.	Herbst 1994
Französisch ab der 8. Schulstufe auf der Basis der Schulautonomie	Schuljahr 1994/95

Dienstantritt des neuen Direktors	3. Jänner 1995
„Pädagogisches Gespräch zum Thema Schulentwicklung: Wie weiter?" zwischen LehrerInnen, Direktor und dem Verantwortlichen des PI Überlegungen zu Projektvarianten. Ablehnung von Modell 1, Entscheidung für Modell 2 unter der Leitung des PI	20. Jänner 1995
Installierung einer regelmäßigen Schulgalerie und eines Konzertbetriebs im Festsaal	27.Jänner 1995
Kollegiumsgespräch zur Schulentwicklung: halbtägige Klausur des Kollegiums mit neuem Direktor unter externer Leitung (PI), Rollenklärung und Ablaufplanung des Projekts, Einsetzung einer Steuergruppe	17.Feber 1995
1. Sitzung der Steuergruppe: Versuch einen schriftlichen Vertrag zwischen Schule und Projektbetreuer zu formulieren	Anfang März 1995
Beginn der Arbeit in losen Arbeitsgruppen (u.a. zu Supplierordnung, Hausordnung, offenes Lernen, Öffentlichkeitsarbeit ...)	März 1995
Pädagogisches Gespräch „Offenes Unterrichten im Schloß"	20.April 1995
2. Sitzung der Steuergruppe (Reflexion der Arbeitsergebnisse, PR-Möglichkeit (Schulprofil)	18. Mai 1995
1. Gesprächsabend im Schloß zum Thema „Übertrittspädagogik"	20.Juni 1995
Gesamtkonferenz: Reflexion des bisherigen Verlaufs des Schulentwicklungsprojekts durch den externen Betreuer, Schwerpunkt für das nächste Schuljahr: Öffentlichkeitsarbeit	Juni 1995
Fortsetzung der Arbeit der Steuergruppe/ Arbeitsgruppen	Schuljahr 1995/96
Beginn mit der Nachmittagsbetreuung (NABE)	Schuljahr 1995/96
Beteiligung der Schule am Projekt COMENIUS Dienststellenversammlung	Schuljahr 1995/96
„Reflexion über den Stand des Projekts"	Anfang 1996
vorläufiges Ende des Projekts, keine weiteren Termine vereinbart	Februar 1996

2.4 Zieldefinition und Rollenklärung

Das Projekt wurde noch im Februar 1995 offiziell mit einer halbtägigen Klausur für den gesamten Lehrkörper gestartet. Der neue Direktor war zu diesem Zeitpunkt gerade 6 Wochen im Amt.

Wer die Protokolle dieser Klausur und der vorbereitenden Sitzung studiert, wird nirgendwo eine Zieldefinition des Gesamtprojekts finden. Der Berater resümiert:

In diesem Projekt ist eigentlich keine Zieldefinition gemacht worden, das ist meines Erachtens auch der Hänger. Es gab kein fix vereinbartes Ziel. (völ1)

Da kein erklärtes Ziel vorhanden war, war auch der Aufbau einer „Projektarchitektur" schwierig. In der Klausur wurde eine Steuergruppe als eigentliche Projektgruppe eingesetzt (vgl. Kap. 2.5.), die sich mit bestimmten Themen beschäftigen sollte[7]. Als wesentliche Aufgabe der Steuergruppe wurde die Koordination des Projekts genannt. Konzepte, Modelle etc. sollten in sogenannten „Produktgruppen" erarbeitet werden. Wie die Themen bearbeitet werden und das Verhältnis von Steuer- und Produktgruppen sowie der *„Transfer ins Kollegium"* aussehen sollte, blieb ungeklärt. Es wurden auch keine weiteren „Meilensteine" vereinbart und Überlegungen zur künftigen Vorgangsweise in die nächste Sitzung der Steuergruppe vertagt.

Es ging in der Klausur – so scheint es – vor allem um Rollenklärung und Abgrenzung. Viel Zeit und Energie wurden darauf verwendet, penibel Aufgaben und Funktionen sowie „Rechte und Pflichten" des Schulleiters, der Mitglieder der Steuergruppe, der Schulkonferenz und des Beraters aufzulisten. Es scheint bei einem unbefangenen Lesen des Protokolls fast so, als habe zunächst nur ein erstes vorsichtiges Abtasten und Rollenabklären zwischen allen Beteiligten stattgefunden, wobei es nicht nur um die Klärung im konkreten Projekt sondern eher um eine generelle Standortabgrenzung zu gehen schien. Der Lehrkörper, der den

---

7 Diese waren in der Reihenfolge der Nennung: Lösung des Raumproblems – flexible Organisationsformen für alternative Unterrichtsformen finden – Schülermitgestaltung fördern (z.B. Schülerfeedback organisieren, Schulforum schaffen) – besondere Maßnahmen für schwierige Schüler – Lehrerzusammenarbeit intensivieren – interkollegiale Kommunikationsstrukturen verbessern (Protokoll, 17.2.1995)

neuen Direktor ja noch kaum kannte, schien dabei darauf bedacht, sich in allen Fragen die Letztentscheidung vorzubehalten (*Rolle der Schulkonferenz: Entscheidung – Realisierung – Einbindung des Schulgemeinschaftsausschusses*, vgl. Protokoll, 17.2.95).
Diese Einschätzung wurde vom Betreuer bestätigt:

Ich habe bei dieser Klausur gemerkt, daß alle kämpfen, eigentlich nur darum kämpfen, die eigene Position zu finden. Was darf ich, was darf ich nicht, welche Pflichten hat der andere und welche Rechte. Das wurde alles verbindlich auf Plakate niedergeschrieben, das war fast penetrant genau. Es war ein erstes Finden, was ist das für einer da (erg. der Schulleiter), was wollen wir eigentlich? (völ1)

Die Klausur ist nach Einschätzung aller GesprächspartnerInnen durchaus positiv verlaufen. „*Es gab keine Frontenbildung, wie man es oft an anderen Schulen erleben kann*", betont der Berater, „ *... die haben eine gemeinsame Basis gefunden*" (völ1). Auch der Direktor hatte Gelegenheit, seine Ideen und Vorstellungen zu präsentieren.

2.5 Die Steuergruppe

Die Steuergruppe (auch Projekt- oder Planungsgruppe genannt) bestehend aus Schulleiter und acht LehrerInnen wurde auf der ersten Klausur eingerichtet. Die LehrerInnen erinnern sich an die Einrichtung dieser Gruppe nur noch ungenau, wobei in der Erinnerung die verschiedenen Versuche ineinanderfließen:

Also es hat geheißen, Interessierte sollen sich melden, ... dann haben sich aber sehr viele gemeldet und der frühere Direktor hat gemeint, es reicht, wenn von allen Strömungen im Lehrkörper einer vertreten ist, daraus ist dann die Steuergruppe gebildet worden. Das hat sich aber dann bald wieder zerschlagen, weil die Leute selbst nicht zufrieden waren. Schließlich hat sich die Steuergruppe auf dem ersten großen Treffen des gesamten Lehrkörpers gebildet. (völL8)

Da gab es zunächst die provisorische Steuergruppe vom Juli 1994, dann gab es Beratungen, ich glaube in zwei Konferenzen, wo sich Leute nominieren ließen. Da habe ich ein Konferenzprotokoll bekommen, daß der und der mittun würde, aber noch nicht so hundertprozentig verbindlich. Ich habe dann alle genannten Namen auf ein Kärtchen geschrieben und gesagt, das sind die, die sich gemeldet haben. Ich habe die Bedingungen für die Steuergruppe formuliert, und dann bröckelt das auf einmal wieder ab. "Nein, tu mich weg, ich mag nicht mehr, usw". (völ1)

Die Steuergruppe ist an dem ersten Einführungstag zur Schulentwicklung festgelegt worden ... (völ1)

Die Steuergruppe war kein unbedingt geschlossener Kreis, immer wieder traten Leute zurück oder wurden neu nominiert, ja, jedes Mitglied einer „Produktgruppe" hatte prinzipiell das Recht in die Steuergruppe aufgenommen zu werden.

Die eigentliche Funktion der Gruppe geriet – so schien es – bald in Vergessenheit.

Die Steuergruppe hat entgegen den Vereinbarungen vom Februar etwas völlig anderes getan. ... es ist sehr wenig im Sinne von Planung oder Koordination passiert, es war vielmehr eine Gruppe, die Themen gebracht hat ... In den Steuergruppensitzungen haben die Themen – also eine pädagogische Idee, über die dann reflektiert wurde – dominiert. (völ1)

Also wirklich zu steuern, d.h., einen Prozeß einzuleiten, das passiert nicht. Es werden gute Ideen eingebracht , ... aber diese werden dann nicht konkret delegiert an die Lehrer, die das Thema konkret bearbeiten sollen. (völ1)

Daß Themen zur Bearbeitung nicht an Arbeitsgruppen delegiert wurden, wird von etlichen LehrerInnen bedauert (vgl. Kap. 2.6.). Was die Steuergruppe eigentlich steuert oder steuern soll ist vielen LehrerInnen – auch Mitgliedern dieser Gruppe – unklar. Eine Vertreterin der Steuergruppe war darüber, daß sie eigentlich keine rechte Antwort auf diese Frage geben konnte, regelrecht verstört:

Also das trifft mich jetzt hart, daß ich da nicht sofort etwas sagen kann, denn ich sitze ja in der Gruppe drinnen. Das macht mich recht nachdenklich. (völL11)

Die Aufgabe und Funktion der Gruppe ist vielen LehrerInnen nicht mehr deutlich. Selbst der Leiter der Steuergruppe resümiert:

> *Mir persönlich schwindet die Frage: Was machen wir da eigentlich als Steuergruppe, was ist wirklich unsere Aufgabe? zwischen den Fingern ... Mir ist nicht mehr klar, was die Steuergruppe eigentlich soll. (vöL9)*

Die Protokolle der Sitzungen der Steuergruppe lesen sich zum Teil wie eine vollständige Auflistung aller Aktivitäten und Problemstellungen, die den Schulalltag prägen. Das Protokoll der zweieinhalbstündigen Sitzung vom 30. November 1995 etwa listet 30 (!) Tagesordnungspunkte (von den neu anzuschaffenden Möbeln für das Konferenzzimmer, dem Parkplatzproblem, der Brandschutzordnung über die Schikurse, Wandertagsmappe und Computernachrüstung bis zur Lehrer-Schüler-Problemlösegruppe und den Gesprächen mit JunglehrerInnen) auf, ehe das Thema „Standortbesprechung des Projekts Schulentwicklung" angeführt wird. Die Sitzungen verliefen daher oft recht *„unbefriedigend"*, da *„... nie die Zeit gefunden wurde, etwas wirklich anzugehen oder aufzuarbeiten"* (vöL8).

> *Es war oft so, daß der Schulleiter während der Sitzung sehr viel gefragt hat, und dann ist von den zwei Stunden oft eine halbe oder eine als Information an den Schulleiter gegangen, bzw. er hat seine Vorstellungen sehr lange vorgestellt. Wir sind dann oft nicht weitergekommen oder sehr schnell ins Inhaltliche hineingegangen, sodaß organisatorische Anliegen zu kurz kamen. (vöL9)*

Immer wieder wurden neue Themen eingebracht und Bereiche, die noch *„ ... unerledigt mitgeschleppt wurden"* (vöL8), verschoben:

> *Vieles ist immer weiter hinausgeschoben worden, die wichtigen Punkte wurden erst benannt, als die Zeit schon abgelaufen war. (völ1)*

Am Ende der Sitzung vom 30. November wird zum Schluß vom externen Berater die Frage gestellt: „Wo ist die Grenze zwischen schulalltäglichen Fragen und Problemen und dem Projekt?" (Protokoll, 30.11.1995). Offensichtlich eine Frage, die die Mitglieder der Steuergruppe nicht mehr beantworten können.

Die Unklarheit über die eigene Funktion und das Ziel der Gruppe mag auch dazu geführt haben, daß die Fluktuation der Mitglieder sehr hoch war. Es gab von Anfang an eine sehr geringe Neigung, die Funktion einer Projektleitung zu übernehmen, in nur einem Jahr wechselten drei ProjektleiterInnen einander ab. Der Lehrer, der nach dem offiziellen Start, die Leitung der Gruppe übernommen hatte, war erst wenige Monate an der Schule und mit der Vorgeschichte des Projekts nicht vertraut[8].
Die Gründe für den Rückzug aus der Gruppe waren zum Teil privater Natur (z.B. zweites Kind, Hausbau), zum Teil begannen KollegInnen an dem Sinn des Projekts zu zweifeln:

Es ist einfach nicht das entstanden, was ich mir unter einer Steuergruppe oder einem Projekt Schulentwicklung vorgestellt habe. (völ8)

Einige zogen sich zurück, weil sie glaubten, in der Gruppe selbst zu wenig bewirken zu können. Als problematisch wird auch die Stellung des Schulleiters in der Gruppe erlebt, der aufgrund seines *„enormen Erfahrungswissens"* (völ1) und seiner unbestrittenen Kompetenz in Sachen Schulentwicklung auch als dominierend in der Gruppe angesehen wurde.

Es werden gute Ideen gebracht, aber der Ideenbringer ist großteils der Direktor. Er schlägt einfach mit seiner Kompetenz und Aktualität die anderen Mitglieder der Steuergruppe. (völ1)

Der Schulleiter hatte eigene Vorstellungen von Schulentwicklung und war in der Gruppe *„eine starke und treibende Kraft"* (völ1). Die übrigen Mitglieder hätten ihm – nach Meinung etlicher LehrerInnen – nur wenig entgegensetzen können. Obwohl (oder gerade weil) seine Ideen mehrheitlich als gut bezeichnet wurden, entstand bei manchen das Gefühl, die Projektleitung sei – zumindest zeitweilig – *„... dem Schulleiter in keiner Weise gewachsen"* (völ1) gewesen.
Das Prinzip, gerade auch junge oder noch wenig etablierte Leute zum Zug kommen zu lassen (vgl. etwa einen Projektleiter, der erst seit zwei Monaten an der Schule war oder eine Unterrichtspraktikantin, *„... die gerade acht Tage da war"* (völ6), als Mitglied der Steuergruppe), erweist sich unter diesem Gesichtspunkt als zweischneidig. Einerseits

---

8 „... die anderen wollten die Leitung nicht machen" (völ6)

wird es als Stärke der Schule und des Schulleiters erlebt, daß jeder Lehrer – ob alt (d.h. erfahren) oder jung – gleich ernst genommen wird und jede Stimme gleich viel wert ist[9], andererseits erwies sich dieser Grundsatz in bezug auf die Übernahme wichtiger Leitungs- und Steuerungsfunktionen als kontraproduktiv.

Im Grunde – so sagten etliche GesprächspartnerInnen – seien es einfach zwei verschiedene Vorstellungen von Schulentwicklung, die da aufeinandertrafen (vgl. vöL8). Damit ist ein grundsätzliches Problem angesprochen, das in einem eigenen Kapitel (vgl. Kap 3) gesondert behandelt werden soll.

2.6 „Produktgruppen" und „Pädagogische Gespräche"

Hauptkritikpunkt vieler LehrerInnen an dem Schulprojekt ist, daß keine fixen Arbeitsgruppen eingerichtet wurden und daher das Schulprojekt „... *immer wieder im Kreis" (vöL1)* gegangen sei.

Einzelne Mitglieder der Steuergruppe gestalten einen Abend oder Nachmittag zu einem Thema, aber es wurde keine Projektgruppe eingesetzt, die kontinuierlich an dem Thema weiterarbeiten konnte. Ich hätte mich gefreut, wenn Projektgruppen eingerichtet werden, in denen ich dann wirklich an einem speziellen Thema konkret arbeiten kann. (vöL1)

In der Architektur des Schulentwicklungsprojekts waren ursprünglich durchaus sogenannte „Produktgruppen" vorgesehen, deren Funktion wie folgt beschrieben wurde (Protokoll 17.2.1996):

Rolle der Produktgruppenmitglieder (Fächergruppen, ARGEs)
+ Erarbeitung von Konzepten/Modellen
+ Prüfung des Realitätsbezugs
+ Organisieren von „Probeläufen"
+ Information an die Steuergruppe (Pflicht!)
+ Recht auf Neuaufnahme in die Steuergruppe
+ Recht zur Teilnahme von Nichtmitgliedern an Teamsitzungen

---

9 Die ungleiche Behandlung von „Jungen" und „Alten" war ja gerade ein Kritikpunkt an der „Stammschule" und mit ein Motiv für die Schulteilung gewesen.

Diese „Produktgruppen" waren also als Arbeitsgruppen gedacht, die für bestimmte Vorhaben Konzepte und Modelle entwickeln, erproben und mit dem Kollegium (über die Steuergruppe) rückkoppeln sollten. Daß sie die Funktion einer fixen Arbeitsgruppe nicht erfüllen konnten, liegt allerdings in der letzten Bestimmung. Durch das Recht jeder Lehrerin und jedes Lehrers auch als „Nichtmitglied" der Arbeitsgruppe jederzeit bei Teamsitzungen anwesend zu sein, konnte sich keine Gruppe bilden, die über einen längeren Zeitraum kontinuierlich an einem Thema arbeitete. Es entstanden lose Gruppen, die sich bildeten und wieder auflösten.

... es kann natürlich passieren, daß es zu einem Thema eine Arbeitsgruppensitzung gegeben hat und dann keine weitere mehr. (vöL10)

Jede Lehrerin, jeder Lehrer und natürlich auch der Schulleiter konnte zu einem bestimmten Thema eine Gruppe zu einem „pädagogischen Gespräch" einladen. Die Teilnahme war freiwillig, *„... wer will, der konnte zu dem Gespräch kommen"* (vöL8). Die Ergebnisse dieser Gespräche wurden allerdings – aus der Sicht etlicher LehrerInnen – nur wenig mit dem restlichen Lehrkörper kommuniziert. Wer informiert sein wollte, mußte bei den Gesprächen anwesend sein.

Und dann kommt man natürlich sehr unter Druck, wer nicht dabei ist, versäumt was. (vöL1)

Durch die Fülle von Themen hatten einige LehrerInnen bald den Überblick verloren.

... jetzt erscheint es mir so, daß ich bei vielen Dingen nicht mehr weiß, was los ist, welche Entscheidungen stehen jetzt an. Es sind sehr viele Zettel, die da hängen, eine regelrechte Zettelflut, eine Fülle von Information, und dann heißt es, wer will, kann zu einem Gespräch kommen ... an sich ist das eine sehr liberale Einstellung. Aber dann hat es sich „umgedreht", daß nämlich die, die mehr Zeit gehabt haben, mehr Informationen bekommen haben, als andere. (vöL8)

Die Ergebnisse und Konzepte aus den „Gesprächsgruppen" fanden keinen Ort, wo sie dem gesamten Lehrkörper vermittelt werden konnten.

Da der Schulleiter allgemeine Konferenzen außer den gesetzlich vorgeschriebenen (etwa der Notenkonferenzen) als „unproduktiv" (vöSL) ablehnte, wurden Diskussionen und Auseinandersetzungen über pädagogische oder organisatorische Fragen nur im Rahmen der „Pädagogischen Gespräche" geführt. Das erzeugte nicht nur einen unterschiedlichen Informationsstand unter den KollegInnen über das, was an der Schule „läuft" (die ausgehängten Protokolle wurden infolge der „Zettelflut" – so scheint es – kaum noch wahrgenommen), sondern bewirkte auch einen gewissen Grad von Unverbindlichkeit.

Es war so, daß gewisse Dinge nicht ausformuliert worden sind, andere, die ausformuliert wurden, sich „verliefen", weil sie eigentlich nicht durch einen Beschluß des Plenums bekräftig worden sind. (vöL10)

Mehr noch, als daß sich Dinge „verliefen", schien allerdings manche LehrerInnen zu stören, daß sich auf diese Weise andere Dinge einfach „irgendwie" entschieden:

... Was zu einer gewissen Unzufriedenheit führt ist, daß manche sagen, daß in diesen Arbeitsgruppen auch Dinge entschieden werden. (vöL10)

Ich habe mich oft gefragt, warum sich der Sitzungsablauf so entwickelt hat. Ich denke mir, es war das verschiedene Verständnis, also die zwei Arten, wie Schulentwicklung gesehen wird. Auf der einen Seite gab es das Bestreben von mir und einigen Kollegen, das Ganze auf eine breite Basis zu stellen. Auf der anderen Seite wurden von der Direktion aus Vorstellungen und Ideen eingebracht, bei denen in kürzester Zeit Entscheidungen fallen müssen ... das ging oft nicht so offen, daß man das in einer Konferenz besprochen hat. (vöL8)

2.7 Stand des Projekts zum Zeitpunkt der Untersuchung

Zum Zeitpunkt der Untersuchung war das Schulentwicklungsprojekt an einem kritischen Punkt angelangt. Das Projekt *laufe fehl, „... es gehe im Kreis* (vöL1), *„... sei an einem Tiefpunkt"* (vöL4) angelangt, *„.. liege auf Eis"* (vöL6). Aus dem Projekt sei einfach etwas anderes geworden, *„ ... als man sich erhofft habe"* (vöL1). Das *Vertrauen des Lehrkörpers* in die Steuergruppe *„sei nicht mehr gegeben"* (vöL1), ein Kontakt zwischen der Gruppe und den LehrerInnen finde kaum noch statt (vöL1).

> *Ich glaube, daß das Projekt gestorben ist, es hat keinen Rückhalt mehr, die meisten Leute lesen nicht einmal mehr die Anschlagtafeln. (vöL6)*

Ein Ziel sei eigentlich nicht mehr zu erkennen:

> *Was das Ziel ist, weiß keiner mehr so richtig. Das ist auch der Grund, warum viele sagen, was soll das eigentlich? Es hat immer geheißen, die Ziele kristallisieren sich heraus, erst brauchen wir ein Gerüst. So hat man halt einmal so ein Gerüst gemacht und gehofft, daß sich das dann irgendwie mit Fleisch füllt und am Schluß ein Ziel herauskommt. (vöL4)*

Es sei einfach eine *„... gewisse Sättigung und Ermüdung"* (vöL4), einige sähen keinen Sinn mehr in dem Projekt.

> *Ich finde es überflüssig, und da bin ich nicht die einzige, weil wir der Meinung sind, daß wir das sehr wohl aus unserer eigenen Substanz können. (vöL5)*

„Offene Ablehnung" gäbe es allerdings kaum. Der Leiter der Projektgruppe schätzt, daß *„ ... etwa 10-20 Prozent"* (vöL8) des Lehrkörpers das Projekt ablehnen aber auch etwa ebensoviele – vielleicht etwas mehr – wollen, daß es weitergeht.

> *Sie sagen, es wäre schade, wenn es aufhört. Es ist etwas Wichtiges. (vöL6)*

Etliche InterviewpartnerInnen bestätigen diese Einschätzung:

> *... an sich ist die Idee ja gut, eigentlich sollte es so weitergehen, aber irgend etwas stoppt. (völ10)*

> *Viele LehrerInnen haben zur Zeit das Gefühl, das bringt nicht viel. Ich sehe das anders, ich habe eine langfristige Vision und weiß, daß es ein Jahr lang überhaupt nicht funktionieren kann, aber dann langsam greift. (völ4)*

Resignation und Unsicherheit machte sich schließlich auch unter den Mitgliedern der Steuergruppe breit.

> *Alles „verrinnt" irgendwie, und man hat keinen Überblick mehr. (völ9)*

2.8 Das (vorläufige) Ende

Vor Weihnachten machte der Leiter der Steuergruppe den Vorschlag, dem *„Bedürfnis vieler KollegInnen nach einer gemeinsamen Zusammenkunft"* (völ9) nachzukommen und in einer allgemeinen Konferenz über den Stand der Entwicklung zu referieren und die Probleme zur Diskussion zu stellen.

Zu dieser gemeinsamen Konferenz ist es schließlich nicht gekommen. Viele dieser Fragen wurden in einer Dienststellenversammlung (mit)besprochen, sodaß am Ende eine Mehrheit der LehrerInnen eine Konferenz für überflüssig hielt.

Für den Leiter der Steuergruppe war das eine Entwicklung, die *„schief gelaufen ist"* (völ9). Obwohl fast alle KollegInnen bei der Versammlung anwesend waren, ist eine Dienststellenversammlung doch eine freiwillige Zusammenkunft und damit wieder in der Grauzone der Unverbindlichkeit angesiedelt. Warum die KollegInnen – obwohl doch das Bedürfnis vorhanden zu sein schien – nicht eine Konferenz zu dem Thema eingefordert hatten, versucht eine Lehrerin so zu erklären:

> *Wir haben eine Dienststellenversammlung gehabt und in drei Wochen sollte die Notenkonferenz sein. Und als dann der Direktor fragte: „Wer will in den nächsten zwei Wochen eine Konferenz?" wollte das natürlich niemand. (völ6)*

Einige hätten erklärt, sie wollten dann eine Konferenz, *„... wenn es etwas zu besprechen gibt und wenn etwas zu entscheiden ist"* (vöL6), aber das sei eben nicht die Fragestellung gewesen. Der Schulleiter wünschte eine Entscheidung, ob die Konferenz in den nächsten zwei Wochen stattfinden sollte.

Der Leiter der Steuergruppe hatte nach der Dienststellenversammlung trotzdem wieder *„... Energie"* (vöL9) bekommen, um weiterzumachen. Die unklaren Strukturen allerdings holten ihn bald wieder ein. Als er das Protokoll der Dienststellenversammlung ausgehängt hatte, fragten einige KollegInnen, was das alles denn mit dem Schulentwicklungsprojekt zu tun habe, *„... wenn z.B. im Protokoll steht, die Parkplatzfrage ist gelöst"* (vöL8). Zweifel an den Aufgaben der Steuergruppe und Rückzugstendenzen tauchten bald wieder auf. Bedauernd stellte der externe Berater fest:

Tatsache ist, daß die Steuergruppe (erg. zum Zeitpunkt Februar 1996) einfach nicht mehr existiert. (vöI1)

Es gab allerdings keinen deutlich markierten Endpunkt, die Gruppe traf einfach nicht mehr zusammen. Es wurde kein weiterer Termin mehr mit dem externen Moderator geplant, das Projekt besteht aber gewissermaßen „auf Abruf" weiter.

Vereinbart ist worden, wenn wir dich brauchen, dann holen wird dich. (vöI1)

Das Protokoll der Sitzung vom 18. Dezember vermerkt:

Für „brisante Themen", die die ganze Schule betreffen (z.B. Abschaffung der Semesterschulnachricht ...) möge uns der Betreuer weiter zur Verfügung stehen. Einstweilen wird keine neue Steuergruppenbesprechung geplant. (Protokoll, 18.12.1995)

Zum Zeitpunkt der Untersuchung ist das Schulprojekt mit externer Begleitung also „auf Eis gelegt" oder – wie es der Schulleiter bezeichnet – *„... aus einem dynamischen Anfang in ein nicht weniger dynamisches Kontinuum übergegangen." (vöSL)*

Man spricht nicht mehr vom Projekt, vielmehr hat sich dieses so verselbständigt, daß es nicht mehr an Einzelaktionen dingfest gemacht werden kann, sondern sich als permanente Entwicklung äußert, die sich selbst fortbewegt. (vö SL)

Das Projekt als solches existiert also nicht mehr, es wurde aber auch kein endgültiger Schlußpunkt – etwa im Sinne einer abschließenden Reflexion oder ähnlichem – gesetzt. Der weitere Verlauf wird – so scheint es – von allen Beteiligten in „Schwebe" gehalten.

„ **Vieles läuft parallel"**

3. Verschiedene Auffassungen von Schulentwicklung

Die eigentlichen Probleme – meinen viele LehrerInnen – rühren daher, daß es unterschiedliche Auffassungen über Schulentwicklung gebe. Diese Einschätzung wird auch vom externen Berater bestätigt.

Ein Leiter versteht anderes darunter, als der Externe und als die verschiedenen Gruppen in der Schule, und es fehlt genau die Plattform, die das Gemeinsame finden könnte. (völ1)

3.1 Wirkung nach außen: Prioritäten des Schulleiters

Der Direktor – so betonen alle GesprächspartnerInnen – sei eine *„starke Kraft der Veränderung" (völ1)*, *„... eine starke Persönlichkeit, die sehr viel weiß und sehr viel einbringt" (völ8)*. Ihm wird eine klare Führungskompetenz, großes Fachwissen und ein beträchtliches Innovationspotential bescheinigt.

Der Direktor ist einfach der, der in allen Dingen eine Ahnung hat, kompetent ist und eine Ansprechstation ist. ... er ist offen für alle. (völ1)

Er hat einfach eine sehr große Erfahrung. (völ6)

Er ist eine starke Führungspersönlichkeit, an der geht niemand vorbei. (völ1)

Die Erfahrung und das Fachwissen wird von den LehrerInnen geschätzt. Er sei ein Ansprechpartner für neue Ideen und *„... komme sofort auf den Punkt"* (völ1). Das Direktorenzimmer sei *„... kein geheiligter Ort"* (völ1), man könne jederzeit zu ihm kommen. Er nehme Wünsche und Vorschläge sehr ernst und reagiere unbürokratisch und schnell, ohne Ansehen der Person (vgl. vöL7). Auch die Vorschläge eines Unterrichtspraktikanten werden – was diesen offensichtlich erstaunt – diskutiert und durchaus „ .. *ernst genommen*" (vöL7).

Er nimmt jeden ernst und wahr, auch den politisch völlig anders Interessierten, den Jungen genauso wie den Alten. (völ1)

Der Schulleiter hat nicht nur Erfahrung, wie man eine Schule leitet und führt, er verfügt auch über beträchtliches theoretisches Wissen im Bereich Schulentwicklung. Als Universitätsdozent veranstaltet er Seminare zum Thema, ist Mitglied ministerieller Arbeitsgruppen und Herausgeber zahlreicher Bücher. (Daß eine derartige Erfahrung und Kompetenz auch manchmal von den LehrerInnen als „*erdrückend*" erlebt werden kann, davon spricht allerdings das Protokoll vom 12. Juni 1995.)

Für den Schulleiter ist Schulentwicklung, wenn sich in der Schule „konkret" etwas tut.

... er möchte dieses und jenes, und das andere auch noch, und er bearbeitet es auch. Er lebt das! (völ1)

Die Schulgalerie, die abendlichen „Gespräche im Schloß", fachübergreifende Projekte, die Einführung der Nachmittagsbetreuung, die Beteiligung am EU-Projekt Comenius, die Einführung von Englisch als Arbeitssprache im Geographieunterricht der ersten Klasse, der Schritt ins Internet und vieles mehr sind für den Schulleiter Bausteine in Richtung Schulentwicklung. Es sind Initiativen, die auf Konkretes, Herzeigbares – auch in der Öffentlichkeit Sichtbares – abzielen. „*An den Früchten, nicht an den Worten, erkennt man den Baum*", resümiert er in einer Darstellung für das Pädagogische Institut die bisherigen Ergebnisse der Entwicklung an seiner Schule (PI-Schulintern 1995)

In dieser Publikation faßt der Schulleiter seine Vorstellungen von Schulentwicklung zusammen. Die Inhalte seien vorrangig, nicht die Organisation:

Reden wir nur anfänglich, nur möglichst kurz über Strukturen, dann aber rasch und intensiv über Themen. Die Organisation soll dynamisch sein: geben wir zu jedem Themenfeld bzw. Zielthema jedem Kollegen/jeder Kollegin die Möglichkeit sich einzu-

bringen und mitzugestalten. Lassen wir uns nicht fremdbestimmen und in Ausschüsse und Gruppierungen zerteilen. Verachten wir Cliquen, fördern wir Gemeinschaft. (PI-Schulintern 1995, 9)

Dieses sein Credo wird vom Schulleiter auch gelebt. Er ist offen für jede neue Idee und fördert Initiativen auf recht unbürokratische Weise. *„Wer eine Idee hat, kann sie realisieren"* (völ1), er selbst sieht seine Aufgabe primär in ...

> *... praktischen Hilfen zur Ermöglichung des Tuns und des Engagements der KollegInnen – für Erziehung und Bildung im Unterricht, im Ermöglichen also, im Initiieren, vielleicht im Koordinieren und kaum im Regulieren, im Verhindern, möglichst nicht aber im Kontrollieren.* (vöSL)

Der Schulleiter ist dabei überaus findig im Bereitstellen von Ressourcen. Er findet immer Mittel und Wege, finanzielle Unterstützung für Aktivitäten der Schule zu bekommen. Auch die Beamten im Landesschulrat zeigen sich – seiner Erfahrung nach – als *„... sehr kooperativ", wenn man mit konstruktiven Vorschlägen kommt"* (vöSL). So sind weder finanzielle Beschränkungen noch administrative Hürden für ihn ein Hindernis. Die LehrerInnen sollen qualitätvolle Arbeit leisten, die Administration ist dafür da, die Rahmenbedingungen zu schaffen, lautet sein Leitspruch. Dank eines findigen Administrators sind daher selbst zeitweilige Stundenblockungen, Projektunterricht auf breiter Basis oder gar *„Nettounterrichtszeiten zu Schulanfang und Schulschluß"* (vöL8), kein Problem an der Schule.[10]

LehrerInnen, die etwas machen wollen, erhalten jede Unterstützung. Diese Freiheit der Entfaltung, die der Schulleiter eröffnet, wird von allen GesprächspartnerInnen ausnahmslos als angenehm erlebt.

> *Ich schätze die vielen Innovationen, die vielen guten Ideen, die der Schulleiter anbietet. Man kann sie annehmen oder auch nicht.*

---

10 Nettounterrichtszeiten: Lehrer können ihre Wochenarbeitszeit blocken und müssen ihre Unterrichtszeiten selbst verwalten. Da der Schulleiter selbst lange Jahre Administrator war, hat er auch in diesen Bereichen große Kenntnisse und wagt Experimente, vor denen andere Schulleiter aufgrund der aufwendigen Administration vermutlich zurückschrecken würden.

Wir haben alle Möglichkeiten, ohne Zwang können wir sie wahrnehmen oder auch nicht. (völ1)

Ich schätze die Ideale, die der Direktor hat. Ich schätze, daß er sich einfach über blödsinnige Bestimmungen hinwegsetzt. Ich habe mich noch nie so wohl in der Schule gefühlt, wie unter seiner Leitung. (völ4)

Wir haben viel Freiheit, ich habe die Möglichkeit, meinen Unterricht nach allen Seiten zu gestalten. Das finde ich gut. (völ8)

Es geht mir jetzt viel besser als vor fünf Jahren. (völ9)

Diese Freiheit hat, so schränken viele LehrerInnen ein, auch einen Preis. Durch die vielfältige Aktivität verliere der einzelne den Überblick, das Gemeinsame gerate aus dem Blick, „... *Vieles sei nur punktuell*" (völ1).

3.2 Wirkung nach Innen: Zielvorstellungen der LehrerInnen

Nicht punktuell zu arbeiten, sondern das Gemeinsame in den Vordergrund zu stellen bzw. zu organisieren, sei die Aufgabe von Schulentwicklung, betonen viele LehrerInnen. Schulentwicklung sei Entwicklung der Gesamtorganisation, der Aufbau von Strukturen, damit bei einem immer größer werdenden Lehrkörper das Ganze nicht aus den Augen verloren werde und Formen gefunden werden können, über das Gemeinsame nachzudenken:

Durch das Schulentwicklungsprojekt wurde eine Basis geschaffen, wo die Lehrer sich mehr einbringen können, mehr an der Schule Anteil nehmen können. (völ7)

Die Aktivitäten in den einzelnen Gruppen waren von unserer ursprünglichen Idee her ein Zwischenstadium, um wieder das Ganze zu holen. Was bei uns jetzt leider passiert ist, daß sich alles in Grüppchen auflöst, und diese Gruppen nicht wirklich mehr an ein Plenum rückmelden, da es keine Gesamtkonferenzen mehr gibt. (völ6)

Das ist eine Auffassung von Schulentwicklung, die auch der externe Berater vertritt. Auch für ihn wäre es wichtig, einen „klaren Rahmen zu finden", innerhalb dessen die Entwicklung der gesamten Schule vorangetrieben werden kann.

Hinter den unterschiedlichen Auffassungen über das Wesen von Schulentwicklung steht auch eine unterschiedliche Gewichtung der Ziele. Für den Schulleiter stehen konkrete Aktionen und ein Sichtbarwerden nach außen (Öffentlichkeitsarbeit) im Vordergrund. Er möchte der Schule durch das Fördern vielfältiger Aktivitäten ein unverwechselbares Profil geben. Er ist am Ziel orientiert und versucht Prozesse eher zu beschleunigen. Viele LehrerInnen hingegen scheinen eher am Prozeß selbst orientiert. Sie wünschen sich Verlangsamung, Überblick, klare transparente Strukturen. Ihnen scheint in erster Linie die Verbesserung der internen Kommunikation wesentlich.

Derzeit – so meinen die LehrerInnen – laufen Aktivitäten zur Schulentwicklung parallel. Die Grenzen zwischen dem Projekt unter der Begleitung des Pädagogischen Instituts und den vielen, meist auf Initiative des Direktors zustandegekommenen Aktivitäten, also zwischen „... *Projekt und normalem Schulalltag" seien „... fließend"* (völ1) und erzeugten eine große Spannung (vgl. Kap. 5.3)

Diese unterschiedlichen Auffassungen drohen auch den Lehrkörper zu teilen. Da gibt es jene, die es stört, daß die *„Entscheidungsstrukturen nicht klar sind",* „Unverbindliches *irgendwie verbindlich* wird" (vgl. Protokoll „Jour Fix 12. Juni 1995) und „ ... *die Gesamtschule an Anliegen verliert" (völ9)* und andere, die sich einfach in bestimmten Projekten engagieren wollen. Das sind jene LehrerInnen, auf deren Engagement sich der Schulleiter besonders stützt. Dadurch entstehe so etwas wie ein *„engerer Kreis"* um den Schulleiter, KollegInnen, die zu bestimmten Aktivitäten immer wieder herangezogen werden (völ8).

Zur Zeit der Untersuchung war es nicht gelungen beide Positionen enger zueinanderzuführen bzw. zwischen beiden zu vermitteln. Es gebe *„ ... wenig Überschneidungen"* (völ10), und die vielen Einzelaktivitäten würden nicht im Ganzen eines Schulprojekts aufgehoben und durch dieses koordiniert.

> *Es scheint von außen her nicht verständlich, warum es in einer Schule, in der es sozusagen ein erklärtes Projekt Schulentwicklung gibt, sehr viele Dinge, die von engagierten Kollegen gemacht werden, und die natürlich sehr wohl etwas mit Schulentwicklung zu tun haben, gleichsam nebeneinander und unkoordiniert nebenher laufen. (völ10)*

Auf diese entscheidende Fragestellung haben die LehrerInnen keine Antwort. Ob es „*Strategie*" oder „*Philosophie*" (vöL6) sei, wagen die LehrerInnen nicht zu entscheiden, ebensowenig wie die Frage, wer oder welche Gruppen dazu beitragen, daß diese Situation erhalten bleibt.

3.3 Orientierung an Rahmenbedingungen: Die externe Betreuung

Einen „klaren Rahmen" schaffen, in dem das Ganze der Schule sich entwickeln kann, das sei das erklärte Ziel seiner externen Betreuung, erklärte der Berater des Schulentwicklungsprojekts (vgl. völ1). Er wolle durch eine Arbeitsweise, die sich von der an Schulen üblichen unterscheide, einen deutlichen Akzent setzen. Klare Absprachen, genaue Terminfixierungen, begrenzte Arbeitszeiten und öffentlich ausgehängte Protokolle seien ihm wichtig. Es gehe auch um das Erreichen „ ... *kleinerer Ziele*" (völ1) wie etwa „ ... *effektive Gesprächsformen finden oder Möglichkeiten schaffen, verbindliche Vereinbarungen zu treffen*" (völ1). Die Rollenklärung sei in der ersten Klausur auch gut gelungen, dann aber habe sich das Projekt anders entwickelt, als er sich das vorgestellt habe. Der Rahmen sei zwar eingehalten worden, aber innerhalb dieser Strukturen sei die Entwicklung plötzlich anders verlaufen. So konkret es am Anfang gewesen sei, so „schwammig" (völ1) sei es später geworden:

Die Steuergruppe hat entgegen den Vereinbarungen vom Beginn plötzlich etwas völlig anderes getan, ich habe immer wieder versucht, das zu urgieren. Ich habe immer gesagt, ich möchte über den Prozeß reflektieren, warum läuft etwas gut, warum geht anderes nicht, wie kam es zu dieser oder jener Situation, ... aber die Sitzungen waren stark themenorientiert, pädagogisch belastet und vom Schulleiter dominiert. (völ1)

Der Schulleiter setzte nicht nur starke inhaltliche Impulse, sondern gab auch das Tempo vor.

Ein Satz des Schulleiters könnte sein: Ich habe Ideen, ich trage sie auch vor, jeder andere darf auch. Zusatz: Ich bin schneller! (völ1)

Die Gruppe habe sich durch dieses Tempo gelegentlich „ ... *überfahren*" (völ1) gefühlt, konnte der Dynamik aber nichts entgegensetzen. Im Pochen auf die Einhaltung der Rahmenbedingungen schien der externe Betreuer wenig Unterstützung gefunden zu haben. Offenbar nur wenige im Lehrkörper teilten seine Auffassung von der Wichtigkeit klarer Rahmenbedingungen. Verbindlichen Strukturen gegenüber verhielten sich die LehrerInnen meist ambivalent:

Die Gruppe hat formuliert, daß sie arbeiten und sich von strukturellen Rahmenbedingungen eigentlich befreien möchte. (völ1)

In entscheidenden Momenten – etwa in der Frage einer Konferenz zur Standortbestimmung des Projekts – fand sich im Lehrkörper keine Mehrheit, die eine derartige klärende Veranstaltung einfordern wollte. Für den Berater ist das eigentlich ein Widerspruch. Zu den „Pädagogischen Gesprächen" könne jeder einladen und jeder kommen, alles sei freiwillig, aber gleichzeitig sei dieses Prinzip auch eine Möglichkeit „ ... *zu mauern, im Sinne etwa, alle miteinander doch wieder nicht*" (völ1).

„**Wir sind unterwegs, aber noch nicht organisiert**"

4. Schulklima und Schulkultur

Schulklima und Schulkultur werden nicht nur von offiziellen Projekten oder äußerlich sichtbaren Aktivitäten einer Schule geprägt, sondern – oder vor allem – auch durch den Führungsstil des Schulleiters, die Art, wie Kommunikation und Kooperation unter LehrerInnen organisiert ist, Entscheidungen getroffen oder Konflikte gelöst werden. Ein Schulklima ist abhängig von dem, was – ausgesprochen oder unausgesprochen – von einzelnen oder Gruppen als wichtig erachtet oder als Thema präsent gehalten wird. Im folgenden soll versucht werden, die spezielle Schulkultur des untersuchten Realgymnasiums anhand einiger Merkmale zu beschreiben.

4.1 Führungsstil

Seinen „Führungsstil" charakterisiert der Schulleiter mit den Worten:

> *Soviel Eigenverantwortung wie möglich, soviel delegierte Verantwortung wie notwendig!* (vöSL)

Der Direktor setzt auf die Eigenverantwortlichkeit der LehrerInnen und aller seiner MitarbeiterInnen einschließlich Sekretärinnen und Schulwarten und eröffnet auf diese Weise große Freiräume. Wo immer es möglich ist, versucht er zu delegieren. Er unterschreibt nur Schriftstücke, für die er als Direktor die unmittelbare Verantwortung übernehmen muß. Alles übrige – von den Unfallsberichten über Schikursabrechnungen etc. – wird von den verantwortlichen LehrerInnen selbst abgewickelt. Auch die Sekretärinnen haben „ ... *arbeitsmäßig komplett freie Hand*" (vöSe2). Der Schulleiter setzt eher auf Vertrauen als auf Kontrolle:

> *Ich muß nicht wegen aller Sachen zu ihm gehen. Er überträgt mir die Verantwortung. Das ist angenehm – ein Vertrauensbeweis.* (vöSe2)

Auch die LehrerInnen schätzen ihre Freiräume und die unbürokratische Art des Schulleiters. Manchmal gehe er sogar über das „... *rechtlich Mögliche hinaus*", das sei „... *aber nicht schlecht*" (vöL4), betont ein Lehrer. Die Bedingungen, unter denen gearbeitet werden könne, seien „*... optimal*" (vöL6). Davon hätte man in der alten Schule nur geträumt. Durch geschickte Präsentation der Schule in der Öffentlichkeit gelingt es dem Schulleiter auch, die notwendigen finanziellen Mittel oder Medienunterstützung für ein Projekt zu gewinnen.

Er hat den Mut, alle Leute anzusprechen und zu präsentieren, was an der Schule so passiert. Er präsentiert die Aktivitäten an der Schule der Presse, den Vertretern aus der Wirtschaft. Er hat mit den lokalen Zeitungen Kontakte geknüpft. (völ1)

Zum Führungsstil des Schulleiters gehört es, „*Betroffene zu Beteiligten*" zu machen (FT, 10). Als etwa eine neue Hausordnung beschlossen werden sollte, forderte er SchülerInnen, Putzpersonal, Eltern und LehrerInnen auf, einen begründeten „Kriterienraster" zu erstellen. VertreterInnen der jeweiligen Gruppen diskutierten daraufhin diese Vorstellungen und trafen eine einvernehmliche Lösung, die vom Schulgemeinschaftsausschuß beschlossen wurde.

Ein anderes Beispiel dieses Führungsverhaltens wird von den SchülervertreterInnen angeführt. Im Aufenthaltsraum der SchülerInnen hatte es eine Schmieraktion mit rassistischen und sexistischen Sprüchen an den Wänden gegeben. Der Schulleiter hat daraufhin aufgefordert, diese Aktion auf breiter Basis zu diskutieren und Vorschläge zu machen, wie man mit derartigen Störungen umgehen sollte. Das Ergebnis war nicht nur eine breite Bewußtseinsbildung über das Problem der Ausländerfeindlichkeit und des Sexismus sondern auch eine konkrete Maßnahme, die die Verantwortlichkeit der SchülerInnen für „ihren" Aufenthaltsraum stärken sollte : „*Jede Klasse erhielt eine Stück Wand, das sie selbst gestalten kann*" (vöS2).

Der Schulleiter versucht nicht nur, SchülerInnen aktiv in die Gestaltung des Schullebens einzubeziehen, er zeigt auch großes Verständnis für ihre Bedürfnisse[11]. So dürfen die SchülerInnen etwa in den Pausen im Hof Ballspielen, den „Softball" hat der Schulleiter selbst angeschafft. Derartige Neuerungen stoßen vereinzelt auch auf das Unverständnis der LehrerInnen.

---

[11] Vgl. die Lösung des Problems „Schneeballschießen", die im Kapitel 1.3 beschrieben ist.

Ein Lehrer wollte nicht, daß sie mit dem Ball spielen, weil die Blumen kaputt werden. Da hat sich der Schulleiter darüber hinweggesetzt und gesagt, es ist ihm lieber, wenn die Kinder spielen, als wenn sie raufen. (vöSe2)

Das veränderte Klima wird von den SchülerInnen durchaus wahrgenommen. „Gewaltig" (vöSP) seien die Veränderungen, seit der neue Direktor im Amt ist. „Der weiß, was ein Direktor zu tun hat" (vöS1), sagt der Schulsprecher. Die interviewten SchülerInnen verstehen darunter einen Schulleiter, der auf Seiten der SchülerInnen steht, der eine gute Beziehung zu ihnen aufbaut und nachfragt, was diese denken und wollen (vgl. vöSP). Besonders schätzen die SchülerInnen den Führungsstil des neuen Schulleiters:

Er schaut, daß er mit uns (erg. den SchülerInnen) viel Kontakt hat, und wenn es Probleme gibt, kann man mit ihm das ganz gut aufarbeiten. Er fragt uns, was wir für Vorschläge haben, was wir machen wollen, auch die Unterstufenklassen. (vöSP)

Sehr konsequent hat der neue Schulleiter eine Art Schülermitbestimmungsmodell eingeführt. Es gibt regelmäßige Sitzungen der Klassensprecher,"*eine Art Schülerparlament*" (vöSP), und die Vorschläge der SchülerInnen werden ernst genommen. Wenn es sein muß, unterstützt der Schulleiter die Interessen der SchülerInnen auch gegen die Eltern. Die interviewten SchülerInnen konnten gar nicht genug loben, daß sie bei der Aufstellung eines Kaffeeautomaten im Aufenthaltsraum der SchülerInnen vom Schulleiter vehement gegen die Eltern unterstützt wurden. Jetzt steht der Automat und das sei „ *... echt super*" (vöS2). „Super", sei auch die Projektwoche zum Thema „Sucht und Drogen" gewesen, die im Vorjahr zum erstenmal durchgeführt wurde (vgl.vöSP). Auch diese Woche wird von den SchülerInnen im wesentlichen als eine Initiative des Direktors erlebt. „*Der schaut jetzt echt, daß etwas Gescheites gemacht wird*" (vöSP).

Des Ergebnis ist – behaupten die SchülerInnen –, daß „ *... die Schule jetzt einen guten Ruf bekommt*" (vöSP).

Früher hieß es: Ins Real gehen die, die drüben (erg. Gymnasium) „g'hängt" sind, die denken sich, da brauche ich Latein nicht weitermachen ... aber jetzt werden auch in Mathematik usw. mehr Anforderungen gestellt, jetzt ist es nicht mehr so leicht ... das wird generell besser. (vöSP)

Die SchülerInnen betonen, daß sie sich für die Schule deshalb so engagieren, weil sie „ ... *jetzt auch mitreden dürfen*" (vöS3), und auch das Gefühl haben, daß sich das Engagement lohnt („ ... *das mit dem Automaten haben wir erreicht*" (vöSP)). Es herrsche ein sehr gutes Klima zwischen SchülerInnen und LehrerInnen, und das gelte es zu erhalten.

> *... damit die Schulzeit, die noch lange ist, für jeden so schön wie möglich ist. (vöS3)*

4.2 Kommunikation und Kooperation im Lehrkörper

Nach einem Bild für den Lehrkörper befragt, antwortete eine Lehrerin: „ *Ein Körper mit vielen beweglichen Einzelteilen*" (vöL5), ein anderer Lehrer schilderte folgendes eindrucksvolle Szenarium:

> *Wir sind wie so ein Labyrinth, würde ich sagen, wo einzelne in die eine Richtung gehen und andere wieder in einem anderen Gang in die andere Richtung. Ab und zu sieht man sich, nicht mehr. Man hat in diesem Labyrinth schon Kontakt, aber die Begegnung findet zu wenig statt ... Wir gehen, wir sind unterwegs, aber es ist noch nicht organisiert. (vöL1)*

Diese Aussage verwundert zunächst, da alle GesprächspartnerInnen betonten, daß das Verhältnis im Kollegium ausgesprochen gut sei. Man verstehe sich untereinander, feiere gemeinsam Feste und fahre in Gruppen zu Fortbildungen. Man sei nicht immer einer Meinung, aber es gebe eine Basis, sich *„... die Dinge auszureden"* (vöL6). Selbst Außenstehenden falle die *„... freundliche und aufgeschlossene Atmosphäre"* (völ1) im Konferenzzimmer und in der Schule auf.

> *In manchen Schulen werde ich als Außenstehender nicht einmal angeschaut, in anderen grüßen mich drei von achtzig KollegInnen. An dieser Schule werde ich zum Kaffee eingeladen und in Diskussionen verwickelt. (völ1)*

Die Lehrer, die bei der Schulteilung in die neue Schule gegangen waren, hatten sich bewußt entschieden, weil sie Schwerpunkte setzen oder ein pädagogisches Programm verwirklichen wollten. Es gab viel Gemeinsamkeit. Der externe Betreuer sieht die Schule als „ ... *hochaktives Lebewesen, das nach außen sehr positiv wirkt – nicht wie ein Bienenstock – ein Organismus, der von außen Kommendes gerne aufnimmt"* (völ1). Einem Lehrer fallen zur Charakterisierung des Lehrkörpers die Stichworte *„engagiert"*, *„arbeitswillig"*, *„seminarfreudig"* und *„fortbildungswillig"* ein (vöL4).

Obwohl die Bereitschaft, sich auf Neues einzulassen, offensichtlich groß ist, findet Kooperation anscheinend (noch) eher auf gemeinsam besuchten Seminaren als in der Schule selbst statt. Ein Lehrer berichtete etwa über ein Seminar über neue Lernformen, das er mit fünf weiteren KollegInnen aus der Schule besucht hatte:

Wir haben auf diesem Seminar gemeinsam zwei Unterrichtseinheiten vorbereitet. Das war ein sehr schönes Erlebnis. Ich habe das noch nie gehabt, daß man gemeinsam mit KollegInnen Ideen sammelt und Unterricht vorbereitet. ... es hat auch gezeigt, daß es etwas bringt, wenn man sich ein paar Stunden zusammensetzt und gemeinsam etwas entwickelt. (vöL1)

Der Schritt, auch in der Schule zusammenzuarbeiten, sei allerdings noch nicht erfolgt. Die Alltagsroutine hatte die guten Vorsätze zunächst geschluckt. Ein Kollege stellte einige Überlegungen an, warum die Kooperation, trotz guter Bedingungen an der Schule, (noch) nicht funktioniere:

Wenn ich von mir ausgehe, da ist eine gewisse Reserviertheit ... Vielleicht liegt es daran, daß ich durch eine Forderung (etwa nach Zusammenarbeit) selbst unter Druck komme. Möglicherweise unter unnötigen Druck. Jeder einzelne müßte sich mit seinen Ideen mit anderen Kollegen finden, als Gruppe auftreten. Das ist allerdings oft zu mühsam. (vöL1)

Es gibt offenbar eine gewisse Scheu, sich mit allen (vor allem auch den zeitlichen) Konsequenzen auf eine längerfristige Kooperation einzulassen. Es besteht bei manchen LehrerInnen auch die Befürchtung, „ ... *daß man sich durch diese neue Form des Unterrichtens selber ausbeutet"* (vöL1), und daher wird eher vorsichtige Zurückhaltung geübt. Einige fühlen sich auch noch zu wenig über die vielfältigen Möglichkeiten der Zusammenarbeit informiert. Ein Lehrer erzählt, daß der Schulleiter einmal in einer Stunde organisatorische Möglichkeiten der Zusammenarbeit von LehrerInnen vorgestellt hat.

... da waren wir einfach überfordert. All die Möglichkeiten, die wir hätten – selbst den Engagierten war das teilweise zu steil. Nettostundenkontingent, Blockunterricht usw. Das ist einfach in zu kurzer Zeit und zu wenig an konkreten Beispielen dargestellt worden. Es kam zu Mißverständnissen, und viele fühlten sich überfordert. (vöL1)

Vielleicht sind die Ansprüche an Kooperation auch höher als in anderen Schulen, denn gerade im Bereich „fächerübergreifenden Zusammenarbeitens" geschieht einiges. Zu Schulanfang wurde z.b. eine Projektwoche durchgeführt, an der fast alle LehrerInnen beteiligt waren, in der dritten Klasse wird das Fach Biologie und Geographie als Fachkombination geführt, was von den LehrerInnen einiges an Abstimmung der Stoffgebiete verlangt, und in einer 4. Klasse gibt es fachübergreifenden Unterricht in Physik und Werkerziehung. Die unterrichtenden LehrerInnen planen jeweils Dreistundenblöcke, *„... in denen man wirklich fachübergreifend die SchülerInnen betreuen kann"* (vöL7).

Vieles passiert bereits an Zusammenarbeit, aber es ist eher *„... punktuell".* Es fehlt das, was uns verbindet (vöL1), meint ein Lehrer, und wünscht sich Supervision oder Intervision, jedenfalls eine Gruppe von LehrerInnen, die regelmäßig Fälle bespricht und Erfahrungen austauscht. Warum so eine Gruppe noch nicht entstanden ist, weiß er nicht zu erklären.

4.3 Informationsfluß

Transparenz und offene Kommunikation ist allen LehrerInnen der Schule sehr wichtig. Mangelnde Überschaubarkeit – *„ ... die vielen Grauzonen"* – waren ja gerade das, nach Aussage einer Lehrerin, was sie *„... drüben"* (gemeint ist die Stammschule) verjagt hatte (vöL5). Zustände wie „drüben" dürften an der neuen Schule nicht einreißen. Zur Zeit gebe es noch keine „Grauzonen", aber es sei schwierig, in einem immer größer werdenden Lehrkörper – *„... jedes Jahr kommen etwa 10 KollegInnen dazu"* (vöL6) – den Informationsfluß transparent zu halten. Man versucht das Problem vor allem dadurch zu lösen, daß von Sitzungen oder „Pädagogischen Gesprächen" Protokolle angefertigt werden, die öffentlich zugänglich sind. Die ehemalige Projektleiterin des Schulentwicklungsprojekts berichtet z. B über ihre Amtszeit:

> ... *ich bin in den Pausen nur noch herumgehetzt, um etwas mitzuteilen oder einen Zettel aufzuhängen, damit wirklich alles sehr transparent ist. (vöL6)*

Durch die Vielfalt der Aktivitäten an der Schule entstanden bald „Zettelunmengen" (vöL6), die niemand mehr überblicken konnte. Auch eine Neuerung des Schulleiters, Informationen, die sich auf unterschiedliche Bereiche beziehen, durch verschiedene Farben zu kennzeichnen, brachte nur vorübergehend Entlastung. Bei etlichen LehrerInnen herrscht das Gefühl, über viele Initiativen nur noch unzureichend informiert zu sein und keinen Überblick mehr zu haben.

Wer wenig Zeit hatte, an den „Pädagogischen Gesprächen" teilzunehmen, fühlte sich oft weniger informiert. *„Wenn man informiert sein will, muß man hingehen"* (vöL10)[12], meinte ein Lehrer, der gleichzeitig bedauerte, im letzten Jahr aus privaten Gründen nicht öfter Zeit für derartige Gespräche gehabt zu haben. Die Protokolle enthielten oftmals nur eine *„Grobinformation"*, und es wird gemutmaßt, daß Informationen nicht immer so *„transparent"* weitergegeben wurden, wie man sich das gewünscht hätte (vöL8). Etlichen LehrerInnen fehlt hin und wieder eine für alle verpflichtende Konferenz, bei der informiert, nachgefragt und Mißverständnisse ausgeräumt werden können. Das Bedürfnis scheint allerdings nicht breit genug, um vehementer eingefordert zu werden.

4.4 Entscheidungsfindung

Da etliche LehrerInnen – so scheint es – zum Zeitpunkt der Untersuchung den Überblick über das, was in der Schule läuft, verloren zu haben glaubten (vgl. völ9), erschien einigen die Art, wie an der Schule Entscheidungen getroffen werden, „unklar".

Unmut im Kollegium entstehe durch „unklare Entscheidungsebenen" wird in einem „Jour-fixe-Protokoll" vom 12. Juni 1995 vermerkt. Die Kritik bezieht sich hauptsächlich auf Dinge, die in den „Pädagogischen

---

[12] Um den KollegInnen die Teilnahme an den „Pädagogischen Gesprächen" zu erleichtern, hat der Schulleiter eine Regelung getroffen, daß für die meisten LehrerInnen donnerstags die 5 und 6. Stunde unterrichtsfrei ist.

Gesprächen" in kleineren Gruppen besprochen und dann „irgendwie" verbindlich werden, einzelne Ergebnisse aus den (nicht verpflichtenden) Sitzungen würden plötzlich zur Regel für alle.

Ein Beispiel: Nach einer Sitzung zum Thema „Hausordnung" etwa wurde beschlossen, daß SchülerInnen nur die eigenen Kassettenrekorder in der Pause verwenden dürfen.

Es ist dann – glaube ich – ausgehängt worden, das spricht sich dann natürlich schon herum, und das ist dann der Punkt, wo manche sagen, da möchten wir mehr gehört werden. (vöL10)

Im Prinzip seien immer alle eingebunden – jeder könne schließlich zu den „Pädagogischen Gesprächen" kommen und seine Meinung vertreten – ‚aber „irgendwie" – so sehen das zumindest einige LehrerInnen – funktioniere das nicht so recht.

Natürlich wird in diesen Gruppen nicht wirklich etwas entschieden. Aber es werden – weil ein Meinungsbildungsprozeß stattfindet – de facto Entscheidungen vorbereitet, die – so sagen etliche KollegInnen – eigentlich in Konferenzen besprochen werden sollten. (vöL10)

Ich habe so das Gefühl, Entscheidungen, die alle betreffen, fallen zwischen Direktor und so kleinen Gruppen. (vöL9)

Es scheint oft eher ein „Gefühl" zu sein als eine überprüfbare Tatsache, daß Dinge in den „Pädagogischen Gesprächen" entschieden werden. Wer aber nicht dabei ist, hat alle möglichen Phantasien:

Und diese Einschätzung, man versäumt etwas, und eigentlich müßte man dabei sein, das erzeugt dann das Gefühl: Eigentlich ist es verbindlich. (vöL1)

„Unverbindliches wird verbindlich" ist ein weiterer Kritikpunkt einer Gruppe von LehrerInnen in dem „Jour fixe" vom 12. Juni. Zum Beispiel sei die Teilnahme an einer „Projektwoche" zwar freiwillig, aber der Beschluß, eine derartige Woche zu veranstalten, betreffe letztendlich jeden Klassenlehrer.

Das eigentliche Problem sei, daß es kaum noch verpflichtende Veranstaltungen oder Konferenzen gebe:

Das war eben das Problem, daß dann teilweise Entscheidungen in Besprechungen gefallen sind, zu denen die Leute nicht verpflichtend kommen mußten. (vöL3)

Der Lehrer zieht aus dieser Einsicht den Schluß, *„.. daß die Lehrer an Eigenverantwortung noch nicht so gewöhnt sind, daß sie erst lernen müssen, zu Sitzungen auch hinzugehen, wenn sie nicht gezwungen sind"* (vöL3). Schließlich werden wichtige Sitzungen immer angekündigt und alle LehrerInnen würden informiert, daß da *„... eine Entscheidung über dies oder jenes falle"* (vöL3).

Eigenverantwortung oder *„Pseudodemokratie"* (Protokoll, 12. Juni 1995) – in diesem Spannungsfeld scheint sich Entscheidungsfindung an der Schule zu bewegen. Die einen schätzen, daß sie zu nichts gezwungen werden und jederzeit – wenn sie wollen – mitreden und mitentscheiden können, andere bezweifeln, ob sie – auch wenn sie in Gesprächsgruppen sich äußern – tatsächlich etwas bewirken können. Im Falle des geplanten Zubaus z. B. vermuten einige, daß da schon viel entschieden sei:

Vielleicht stimmt es ja gar nicht, aber es ist wie gesagt auch eine Möglichkeit, Stimmung auszudrücken: Einige sagen, eigentlich stimmt es gar nicht, wir können gar nicht mitreden. (vöL9)

In dieser Aussage, spiegelt sich die Ambivalenz der Einschätzungen sehr deutlich. Da es keine klaren Entscheidungsstrukturen gibt (keine Konferenzbeschlüsse etc.) wissen einige LehrerInnen nicht so recht, ob sie dem Angebot der Mitentscheidung trauen sollen. Ja, manchmal scheint es, als ob sie auch den Konferenzbeschlüssen (zumindest in der Form von Konferenzen, wie LehrerInnen sie meist erleben) nicht trauten:

Wie fallen Entscheidungen an der Schule?

Also bei Konferenzen nicht, da heißt es nach fünfeinviertel Stunden: Hat jemand Einwände? Und alle sagen, bitte ich muß nach Hause, meine Kinder warten ... Viele Themen kann man nicht in zwei Sätzen behandeln, also läßt man es gleich bleiben. (vöL6)

Noch ist die Zeit zu kurz, um auf viele Erfahrungen mit dem neuen Schulleiter zurückgreifen zu können. Der Schulleiter *„liebt keine Konferenzen"* (vöL9), lautet die Meinung der LehrerInnen, die der Direktor auch bestätigt. Konferenz seien nicht geeignet, Dinge ausführlich zu diskutieren oder Entscheidungen zu treffen (SL).

Verpflichtende Monsterkonferenzen initiieren nicht nur nicht, sie destruieren vielfach sogar das gemeinsame Suchen, Finden und Verwirklichen der Lösungen durch die direkt Betroffenen ... fast jedes einzelne Thema wendet sich an die jeweils Betroffenen, nicht aber an alle. (vöSL)

Seine Alternative seien nicht anders moderierte verpflichtende Veranstaltungen sondern freiwillig zu besuchende „Pädagogische Gespräche" oder Erhebungen und schriftliche Befragungen:

Natürlich brauchen Vorschläge, die aus „Pädagogischen Gesprächen" hervorgehen, mitunter Abstimmung durch alle. Das läßt sich aber leicht bewerkstelligen: Durch Aushang am schwarzen Brett oder durch Abstimmung z.B. am Beginn einer Klassenkonferenz am Ende jedes Semesters. (vöSL)

Einiges – so scheint es – wurde auf diese Weise in der Vergangenheit auch zufriedenstellend entschieden. Die Nachmittagsbetreuung etwa – an vielen Schulen eine Konfliktthema, das zur Ablehnung im Kollegium führt – wurde erstaunlich schnell und mit der Zustimmung aller eingeführt. Es wurde eine Erhebung im Lehrkörper durchgeführt, in der alle LehrerInnen um ihre Meinung und die Bereitschaft zur Mitarbeit gefragt wurden, und schließlich auf dieser Basis rasch entschieden (vgl L2).

Andere Entscheidungen – etwa die Bestellung des Bildungsberaters oder die Einführung eines Schülersprechtages – wurden von manchen LehrerInnen als konflikthaft erlebt (vgl Kap. 4.4). Manche Entscheidungen fallen auch „*autoritär*", meint eine Lehrer auf die Bestellung des Bildungsberaters anspielend, obwohl der Direktor sich meist bemühe, „kooperativ" Entscheidungen zu treffen (vöL4).

Auch eine Reihe „unpopulärer Maßnahmen" (wenn man populus auf LehrerInnen bezieht) wurden in letzter Zeit vom Schulleiter, der in erster Linie pädagogisch und schülerbezogen denkt, getroffen bzw. im Schulgemeinschaftsausschuß mitgetragen. So wurde etwa der Elternsprechtag auf einen sogenannten „Zwickeltag" gelegt, was zwar den SchülerInnen, nicht aber den LehrerInnen lange Ferien bescherte. Bezüglich der „schulbezogenen Veranstaltungen" gelang es ihm, die Personalvertretung von seiner Linie, diese Veranstaltungen trotz empfindlicher Einsparmaßnahmen im Bildungswesen weiter an seiner Schule durchzuführen, zu überzeugen.

> Eine Personalvertreterin erklärt:
>
> *Einige haben natürlich gemeint, man solle sich standespolitisch nicht „flachlegen". Ich bin zwar Gewerkschafterin, aber es ist auch das Pädagogische wichtig. Dazu stehen wir auch, daß wir eben ein bißchen anders arbeiten wollen, aus alten Strukturen ausbrechen wollen. (völ5)*

Der Vorschlag des Schulleiters sei eben nicht „*irgendein Firlefanz*" (völ5) gewesen, sondern habe überzeugt. Das Tempo allerdings, in dem manchmal Entscheidungen getroffen werden müßten, sei gelegentlich neben dem Schulalltag etwas zu „*flott*", bemerkte die Lehrerin, „*... aber die pädagogische Linie*" trage sie mit.

4.5 Konfliktlösung

> *Es läuft nie auf Krieg oder Konfrontation, auf Streit hinaus, das geht alles sehr harmonisch, freundschaftlich. (völ1)*

- so beschreibt der externe Betreuer seinen Eindruck von der „Konfliktkultur" an der Schule. Man versuche an Entscheidungen möglichst viele zu beteiligen, die Angebote zur Mitarbeit richteten sich prinzipiell immer an alle, und die LehrerInnen könnten „*miteinander reden*". Das erst zu lernen, sei an der Schule nicht das Problem, er erlebe „*keine Frontenbildung*" (völ1). Tatsächlich haben die LehrerInnen in dem sogenannten „Jour fixe" eine Möglichkeit der Problembearbeitung gefunden.

> *Wir haben z.B. einen „Jour fixe" für Lehrer, wo wir uns mindestens dreimal im Jahr treffen, um über unsere Probleme zu diskutieren. (völ1)*

Der „Jour fixe" ist als Gremium für die Belegschaft (d.h. nur die LehrerInnen) gedacht. („*... daß wir einmal ohne Direktor beisammen sind*" (völ1). In einer dieser Zusammenkünfte wurde z.B. das erste halbe Jahr unter der Führung des neuen Schulleiters kritisch betrachtet. Im

Protokoll vom 12. Juni 1995 sind neben einer Reihe sehr positiver Punkte (u.a. administrative Erleichterungen, Ermunterung zu „offenem", anderem Unterricht, positives Schülerecho, Imagepflege der Schule) auch einige kritische Anmerkungen hervorgehoben. Die LehrerInnen beklagten unter anderem das Tempo der Veränderung („zu viel, zu schnell"), eine mögliche Überforderung („Anleitung zur Selbstausbeutung"), die unklaren Entscheidungsebenen („Unverbindliches wird verbindlich") und das erdrückende Erfahrungswissen des Direktors und seine lange Redezeit. Alle Punkte wurden in einem Protokoll vermerkt und drei LehrerInnen gewählt, die das Ergebnis des „Jour fixe" mit dem Schulleiter besprechen sollten.

Wir haben ihm das Protokoll übergeben und im Anschluß daran ein zweistündiges Gespräch mit dem Schulleiter geführt. ... wir haben alles ausgesprochen ... und das Ergebnis des Gesprächs war sehr befriedigend. (völ1)

Das Gespräch habe auch einiges verändert, betont der Lehrer, der Direktor z. B. versuche nun seine Redezeit deutlich zu kürzen. Daß sich der neue Schulleiter diesem Gespräch gestellt habe, und auch vor Externen nicht versuche, diese Kritik zu verheimlichen, zeuge von seiner Offenheit, Kritik anzunehmen und positiv zu nützen, meint der Betreuer des Schulentwicklungsprojekts:

... das ist eine Größe, da muß ich sagen, Hut ab. (vöI1)

Offenheit scheint den Stil der Konfliktregelung generell zu prägen. Ein typisches Beispiel dafür ist die Einführung des Faches Französisch ab der dritten Schulstufe. Derartige Veränderungen der Stundentafel sind in allen Schulen ein überaus heikler Punkt, da die Einführung eines neuen Faches Stundenkürzungen in übrigen Fächern bedeutet und daher ein gewaltiges Konfliktpotential birgt. Auch an der untersuchten Schule regte sich anfangs *„... enormer Widerstand"* (völ3), als man versuchte, *„ von oben herab"* einfach Stunden zu kürzen.

... vom damaligen Administrator hat es geheißen, na ja, da nehmen wir den Werkerziehern eine Stunde weg und dem und dem ... . (völ3)

Die betroffenen Fachgruppen wollten sich derartiges nicht gefallen lassen, und wehrten sich. Die Lösung des Konflikts bestand zunächst darin, den Fokus der Betrachtung zu verändern. Nicht mehr von "Wegnehmen" war die Rede, sondern von der positiv formulierten Fragestellung: Wenn wir eine weitere Fremdsprache an der Schule einführen wollen, wie könnte uns das gelingen?

Wir haben uns dann in allen Fachgruppen zusammengesetzt und überlegt, wie können wir Stunden für Französisch bereitstellen. Und schließlich wurde die Idee geboren, daß man Stunden einsparen kann, indem man Fächerkombinationen macht. Zum Beispiel: Geographie und Biologie unterrichten in der dritten Klasse Geologie. Das muß man nicht unbedingt zweimal unterrichten. Daher hatte der Geograph eine halbe Stunde hergegeben und der Biologe. ... Auch Werkerziehung und Physik ist kombiniert worden ... oder Deutsch und Geschichte. (völ3)

Vierzehntägig gehe nun einmal der eine und einmal der andere Lehrer in die Klasse, das sei kein Problem, betonte der Administrator, das sei wie eine Englischteilung und belaste den Stundenplan nicht (völ3). Ein Konflikt, der an vielen Schulen unlösbar scheint und meist dazu führt, daß keine neuen Fächer eingeführt werden, wurde an der untersuchten Schule also genutzt, um den Fächerkanon generell zu überdenken. Das Ergebnis ist eine Lösung, die nicht nur den Schwerpunkt im sprachlichen Bereich ermöglicht, sondern auch anderen Fächern neue und interessante Bereiche eröffnet. Daß im Werkunterricht physikalische Geräte gebastelt werden und eine gemeinsame Planung stattfindet, schätzen die LehrerInnen sehr. Man habe deutlich „ ... *bessere Möglichkeiten, Dinge, die aktuell und neu sind, einzubringen*" (völ7).

Bei der Konfliktlösung setzt der neue Schulleiter auf Gespräch. Es wurde z.B. ein „Schülersprechtag" eingeführt, an dem SchülerInnen die Gelegenheit haben, mit LehrerInnen ein persönliches Gespräch in ruhiger Atmosphäre zu führen. Die LehrerInnen halten an einem Vormittag Sprechstunden ab, SchülerInnen können sich vorher in Listen eintragen, wenn sie das Angebot nutzen wollen. Andere Beispiele, daß eher auf Gespräch als auf Verbote und Kontrolle gesetzt werde, ist etwa der Umgang mit den „Schmieraktionen" im Schüleraufenthaltsraum (vgl. Kap.4.1) oder der Konflikt um das „Schneeballschießen" (vgl. Kap 1.3).

Hauptkonfliktpunkte an der Schule scheinen zur Zeit jene Bereiche zu sein, in denen Entscheidungen zu „schnell" oder – für einige LehrerInnen – nicht „transparent" genug getroffen werden. Ein Beispiel, für eine zu „schnell" getroffene Entscheidung war etwa die Einführung des bereits genannten"Schülersprechtages". Eine „ ... *sehr gute Idee – vom Thema her stellt das sicher keiner in Frage*" (völ6), meinte eine Lehrerin, die Art der Bekanntmachung allerdings habe einigen Unmut unter den KollegInnen erzeugt:

> *Der Ablauf war halt so, daß die meisten Kollegen es per „Läufer" erfahren haben. Da geht ein Läufer durch, und die Schüler werden informiert, und die Kollegen haben es erst von den Schülern erfahren und vorher nichts gewußt. (völ6)*

Der Direktor hat sich daraufhin für diese Vorgangsweise bei den LehrerInnen entschuldigt.

Im anderen, von mehreren InterviewpartnerInnen angedeuteten Konfliktfall um die Einsetzung eines zweiten Bildungsberaters, schien die Entscheidung einigen LehrerInnen nicht „transparent" genug gewesen zu sein. Zwar sei ein Zettel ausgehängt worden, wo sich alle diejenigen, die sich für die Funktion interessierten, eintragen konnten, doch diese Aufforderung sei zwei Wochen vor Ferienbeginn vielfach „ ... *übersehen worden*" (völ4). Über die Ferien sei dann die Entscheidung gefallen, was einige LehrerInnen als „*wenig kooperativ*" gewertet hätten (völ4). Für den Schulleiter ist diese Einschätzung nicht ganz verständlich. Gerade im Falle der Bestellung des Bildungsberaters sei alles sehr transparent und demokratisch abgelaufen, die Liste mit der Aufforderung, sich zu bewerben, sei eine Woche im Konferenzzimmer ausgehangen. Er habe mit den beiden Bewerbern, die sich letztlich auf der Liste gefunden hatten, ein langes Gespräch geführt und sie aufgefordert, sich – da nur einer die Funktion bekleiden könne – selbst zu einigen.

> *Ich habe gesagt, gehts miteinander ins Wirtshaus, und wenn ihr nachher immer noch nicht wißt, wie es wird, werde ich entscheiden, und jeder bekommt von mir einen Brief. Dann hat jeder einen Brief bekommen, und ich habe entschieden. So war es. (vöSL)*

Die KollegInnen hatten also durchaus die Möglichkeit der Bewerbung und der (Mit)Entscheidung. Erst als diese nicht genutzt wurde (aus welchen Gründen immer) entschied der Schulleiter. Im Zusammenhang der Bestellung des Bildungsberaters wurde von den LehrerInnen auch der Schulgemeinschaftsausschuß genannt. „*Der Schulgemeinschaftsaus-*

schuß hätte mitreden sollen", meinte ein Lehrer (völ4). Der Schulgemeinschaftsausschuß schien allerdings zur Zeit der Untersuchung ein eher schwieriges Thema. Der Schulleiter meinte dazu:

> *Das ist derzeit ein komplexes Problem infolge der Nachwehen der Schulgründung und des noch immer mit der Nachbarschule gemeinsamen Elternvereins. Aus diesem Grund spielt der SGA nicht jene intensive Rolle, die ich ihm gerne zubilligen würde.* (vöSL)

Die Probleme, die sich im Zusammenhang des Schulgemeinschaftsausschusses stellen, und das Konfliktfeld, das sich dort entfaltet, genauer zu untersuchen, würde allerdings den Rahmen dieser Studie sprengen[13].

---

13 Natürlich sind Eltern ein wesentliches Element von Schule und Schulentwicklung, aber „*... Schulentwicklung wird – zumindest zur Zeit – nicht im SGA gemacht* (vöSL), und in das Schulentwicklungsprojekt waren zunächst keine Eltern einbezogen. So fehlen in dieser Untersuchung die Stimmen der Eltern, sieht man von den Fakten ab, die ebenfalls eine deutliche Sprache sprechen: 270 TeilnehmerInnen bei den „Schloßgesprächen" oder sprunghaft angestiegene Anmeldezahlen für die ersten Klassen.

"Besser als vor fünf Jahren, aber ..."

5. Spannungsfelder

Alle Interviewten, gleichgültig wie sie die eine oder andere Sache auch einschätzten, stimmten in einem Punkt überein. Alle betonten, es ginge ihnen an der Schule gut und sie könnten ihre Ideen verwirklichen. Einige LehrerInnen hängten an diese Aussage allerdings ein einschränkendes und zögerndes „aber", das manche oft selbst nur vage erläutern konnten. In diesem „aber" zeigte sich ein Spannungfeld, das in Abwandlung von Riemann's „Grundformen der Angst" (1977) von *Thomann* und Schulz von Thun in einem „Koordinatensystem" zwischen „Dauer" und „Wechsel" und „Nähe" und „Distanz" aufgespannt ist (zit. *Altrichter* u.a. 1994b, 364ff). *Thomann* und Schulz von Thun verwenden dieses Koordinatensystem zur Beschreibung der „emotionalen Heimat" von Individuen. Ich möchte es erweitern und als generelles Kräftefeld auffassen, das Organisationen in Balance hält. Ist die Balance durch die Überbetonung eines Quadranten gestört, so scheint das gesamte System gleichsam nach einem Gegengewicht zu suchen. Setzt eine Schule zu sehr auf Veränderung so entstehen „Leerstellen" im Quadrant Nähe/Dauer, die gleichsam neu zu besetzen sind. Mitglieder eines Systems sind also durchaus nicht nur aufgrund ihrer „Persönlichkeit" oder einer „typischen Orientierung" (*Altrichter* u.a. 1994b, 364) in einem Quadrant angesiedelt, die Positionierungen ergeben sich vielmehr aus dem Kräfteverhältnis des gesamten Systems.

In der untersuchten Schule scheint sich – nicht zuletzt durch den Schulleiter – das Gleichgewicht zu sehr in Richtung Veränderung verschoben zu haben. Die Entwicklung gehe zu schnell (*„zu viel und zu schnell"*, Protokoll vom 12. Juni 1995), meinen manche LehrerInnen. Sie wünschen sich mehr Überblick und einen klareren Ordnungsrahmen. (*„vergrößerte Eigenverantwortung kann ... den Ordnungsrahmen sprengen"*, Protokoll vom 12, Juni 1995). In der Gruppe der „Beharrenden" finden sich jedoch plötzlich LehrerInnen, die nach ihrem Selbstbild eher „Neuerer" und „Veränderer" sind, was diese nicht wenig zu verwirren scheint. Diese LehrerInnen – und das ist die spezifische Besonderheit der Schule – sind aber gleichzeitig über ihre Position unglücklich:

> *Ich komme mir direkt krank vor, wenn andere Kolleginnen über ihre Direktoren jammern und sagen, was die alles verhindern. Wir haben einen, der fördert bis zur Unendlichkeit ... und wenn man darüber klagt, erklären einen die anderen für blöd. (vöL6)*

Es sind LehrerInnen, die aktiv auf eine Schulteilung hingearbeitet hatten, weil ihnen in der Stammschule alles zu „eng" geworden war, die eine „lebendigere Schule" wollten und bereit waren, sich auf Veränderungen einzulassen. Jetzt sehen sie nahezu all ihre Wünsche erfüllt (vgl. vöL9) und scheinen nicht recht zu wissen, wie sie das Unbehagen, das sie trotzdem verspüren, ausdrücken sollen.

Im folgenden soll versucht werden, das Spannungsfeld, indem sich viele dieser LehrerInnen befinden, etwas näher zu beleuchten.

5.1 Fördern, fordern, überfordern

Der Schulleiter sieht es als wesentlichen Teil seiner Leitungsfunktion an, an der Schule „ ... *möglichst vielen möglichst Vieles zu ermöglichen*" (vöSL). Er gibt gerne dem „Neuen den Vorrang gegenüber dem Gewohnten" (vöSL) und fördert Eigeninitiativen von LehrerInnen auf effektive und unbürokratische Weise, was LehrerInnen seiner Schule – darauf wurde mehrfach hingewiesen – durchaus schätzen.

Das „Neue" allerdings, das sich der Schulleiter vorstellen kann, scheint manchmal das Vorstellungsvermögen der LehrerInnen zu übersteigen. So hatte der Schulleiter einmal in einer Konferenz gemeinsam mit dem Administrator vorgestellt, was alles aus seiner Sicht an der Schule möglich wäre. Ein Lehrer erinnert sich:

> *... die haben uns damals alle Möglichkeiten ... in einer Stunde vorgestellt. Als ich muß sagen, wir waren überfordert. Selbst den Engagierten ist das zu steil geworden. (vöL1)*

Es scheint, daß selbst die, die sich als aufgeschlossen und engagiert einstufen, unter Druck gerieten und vorsichtig wurden.

> *... es tauchte die Frage auf, ob man durch diese neue Form des Unterrichts nicht sich selbst ausbeutet. (vöL1)*

Auch das Protokoll vom 12. Juni 1995 spricht von den Vorstellungen des Direktors als *„Anleitung zur freiwilligen Selbstausbeutung"*. Es gäbe so viele Aktivitäten an der Schule, „ *... daß die Leute langsam keine Luft mehr bekommen, und nicht mehr wissen, wo sie sich eintragen sollen, oder ein schlechtes Gefühl bekommen, wenn sie sich nirgends eintragen, weil sie einfach keine Zeit mehr haben"* (vöI1) bemerkte der externe Betreuer. Eine Lehrerin, die in etlichen Projekten engagiert ist, meinte fast verzweifelt:

> *Wir haben einen Schulleiter, der fördert bis zur Unendlichkeit, ja bis du nichts mehr in dir hast ... und du immer glaubst, daß du noch etwas tun mußt. (vöL6)*

5.2 Zwischen Engagement und Rückzug

Um einmal „verschnaufen" zu können, ziehen sich manche LehrerInnen von offiziellen Schulprojekten in ihre Klassen zurück. In vielen Interviews taucht der Begriff „Rückzug" auf:

> *Es gibt einige, vielleicht so vier oder fünf, die am Anfang ziemlich engagiert waren (erg. im Schulentwicklungsprojekt), die jetzt sagen, nein, die Zeit investiere ich nicht mehr, ich habe daheim z.B. kleine Kinder. (vöL4)*

> *Also ich sehe momentan meine Chance nur im Rückzug. Ich bin mit meinen Klassen ohnehin ausgelastet, es läuft einfach sehr gut, das „offene Lernen" gefällt mir sehr, da mache ich jetzt weiter. (vöL6)*

> *Ich habe im Vorjahr versucht, bei möglichst vielen Gruppen dabeizusein ... ich muß sagen, daß ich mich heuer anscheinend etwas zurückgezogen habe. (vöL10)*

Rückzug heißt, Rückzug vom Gesamtprojekt Schulentwicklung in ein Engagement für einen als wichtig erachteten Bereich (z.B. die Nachmittagsbetreuung vgl. vöL10, 8) oder die eigenen Klassen. Die LehrerInnen bestätigen, daß sie gerade in diesem Bereich „ *... sehr viel Freiraum"* (vöL6) hätten.

> Da haben wir sicher einen riesigen Fortschritt gemacht. Die Möglichkeiten, die wir haben, mit Klassen etwas zu machen, Projekte durchzuführen etc., das ist optimal, davon haben wir in der alten Schule nur geträumt. (völ6)

Wenn das so optimal ist, warum gibt es Skepsis und Unzufriedenheit, fragen sich manche (vgl. völ6 oder völ4). Ein Lehrer sieht die Antwort darauf in der Tatsache, daß die Schule als Gesamtheit an Anliegen verloren hätte:

> Mein Gefühl ist so, daß im Moment sehr viel passiert an der Schule, weil es sehr viele Engagierte gibt, aber ich erlebe auch einen Rückzug. Bei Lehrern, mit denen ich näher zusammen bin, erlebe ich sehr stark, daß sie sagen, ich habe meine Klassen, meine Projekte, ich gehe z. B. jetzt in Richtung „Offenes Lernen" oder ich will mehr mit Schülerexperimenten arbeiten, aber die Gesamtschule verliert an Anliegen. (völ9).

Manche stellen auch einen atmosphärischen Wandel fest. Es wird zwar noch „ ... gemotzt" (völ6), wenn einem etwas nicht paßt, aber man setzt kaum noch Aktivitäten.

> Wenn jetzt etwas ist, reden drei Leute, ... alle anderen sitzen drin und sagen gar nichts mehr, im besten Fall delegiert man es emotional an die Personalvertretung. (völ6)

Im Protokoll vom 12. Juni 1995 ist von „innerer Emigration" die Rede. Eine Gruppe von LehrerInnen beklagt darin, ihren „Energieverlust durch sinnloses Gerede" und die „sinkende Lust an aktiver Beteiligung". Die Gruppe konstatiert die „Gefahr einer Spaltung des Lehrkörpers in „innere Emigranten" und „Engagierte" (vgl. Protokoll vom 12. Juni 1995).
  Der Anteil derer, die als „engagiert" zu bezeichnen sind, wird von den LehrerInnen immer noch als sehr hoch eingestuft, etwa „ ... ein Viertel des Lehrkörpers" (völ4), „... etwa 20 würde ich sagen" (völ1). Als „engagiert" werden offensichtlich diejenigen bezeichnet, die bereit sind, bei vielfältigen Aktivitäten mitzumachen. Zu den Engagierten werden z.B. alle Jungen gezählt, die gewissermaßen gar nicht anders können, als Engagement zu zeigen.

> Die tun natürlich überall mit, ist ja klar. (völ4)

Die Engagierten, die sich um den Schulleiter sammeln, sind die, *„... die jetzt praktisch alles machen"* (völ6). *„Irgendwann einmal"*, so prophezeit eine Lehrerin, *„wird es ihnen zuviel werden"* (vö L6).

5.3 Probleme mit Grenzziehungen

Wenn die LehrerInnen von Rückzug sprechen, dann meinen sie häufig die Konzentration auf klar abgegrenzte Arbeitsgebiete (die eigene Klasse, die Nachmittagsbetreuung, das geplante Projekt). Es scheint, als fänden einige LehrerInnen durch diese freiwillige Selbstbeschränkung wieder Halt und Orientierung.

Das war irrsinnig aufwendig (gemeint ist die Organisationsarbeit für das Schulentwicklungsprojekt) – es gab Zettel, Unmengen! Was ich da alles geschrieben und aufgehängt habe! Und wenn ich einen Termin festgesetzt habe, habe ich vorher mindestens zehn Leute gefragt, ob er ihnen auch paßt. Ich habe schließlich gemerkt, daß ich in der Schule und zu den Schülern ein wenig den Draht verloren habe und auch das Unterrichten nicht mehr lustig war. Dann habe ich gesagt, jetzt konzentriere ich mich wieder mehr auf das Unterrichten in den Klassen. (völ6)

Vieles, was so etwas wie Halt und Orientierung vermitteln könnte, hat in der Schule recht unscharf gezogene Grenzen. Die Gruppen, in denen Themen bearbeitet und diskutiert werden, sind prinzipiell offene und lose Gruppierungen, die immer wieder neu besetzt werden können, selbst die Steuergruppe ist kein geschlossenes Gremium. Das Ziel des Schulentwicklungsprojekts ist nicht eindeutig definiert, es existiert weder ein klarer Auftrag, noch ein schriftlich formulierter Vertrag, die Grenzen zwischen Schulentwicklungsprojekt und Schulalltag sind fließend.

Auch die Unterscheidung von Verbindlichkeit und Unverbindlichem, Freiwilligkeit und Verpflichtung sind nicht immer eindeutig. Immer wieder beklagen die LehrerInnen, daß Unverbindliches verbindlich werde (vgl. Kap. 4.4) und die prinzipielle Freiwilligkeit unfreiwilligen Druck erzeuge.

Du glaubst immer, jetzt mußt du noch etwas tun. (völ6)

Vieles wird ausgeschrieben in der Freizeit und auch am Abend, da kommt man natürlich auch indirekt unter Druck. (völ1)

Gelegentlich werden in den Gesprächen auch Abgrenzungsschwierigkeiten gegenüber dem Schulleiter angedeutet. Ein Beispiel:

Ja, ich bin da bei einer Geschichte gefragt worden, ob ich das mache. Das war mir im Moment aber zu viel. Ich habe den Schulleiter informiert, daß ich mich aus verschiedenen Gründen momentan einfach außerstande sehe, aber er hat gesagt: das ist im Moment einfach zu wichtig. Na, dann habe ich doch eine Besprechung gemacht. (vöL9)

Die Dynamik der Entwicklung erzeugt offensichtlich einen Sog, dem sich niemand leicht entziehen kann.

In der untersuchten Schule ist es offensichtlich schwer, klare Grenzen zu ziehen. Warum das so ist, ist nicht einfach zu beantworten. Die genauere Analyse des Verlaufs des Schulentwicklungsprojekts (vgl. Kap. 2) macht deutlich, daß alle Beteiligten zusammenwirken, um einen derartigen Zustand zu erzeugen und aufrechtzuerhalten. Die LehrerInnen scheinen streng darüber zu wachen, daß in der Schule entstehende Gruppen prinzipiell offen bleiben und niemand zu etwas gezwungen werden kann (vgl. Kap. 2.5). Sie scheinen mehrheitlich unklare Entscheidungsebenen zwar zu kritisieren, aber das Risiko klarer Entscheidungen, die auch so etwas wie ein „in-die-Pflicht-genommen-werden" bedeuten, eher zu scheuen. Ein Schulentwicklungsprojekt mit externer Betreuung wird zwar im Lehrkörper beschlossen, es wird aber nicht genug Sorgfalt darauf verwendet, das wichtigste Gremium des Projekts – die Steuergruppe – mit Leuten zu beschicken, die ein derartiges Projekt auch tragen können (vgl. Kap 2.5). Konferenzen über Dinge, die alle betreffen, werden zwar gewünscht, im entscheidenden Augenblick aber nicht für wichtig genug erachtet (vgl. Kap. 2.8). Die Geschichte des Schulentwicklungsprojekts ist voll mit derartigen Widersprüchen, sodaß sich die Frage aufdrängt, ob der von einigen LehrerInnen beklagte Zustand unklarer Entscheidungsebenen, fragwürdiger Freiwilligkeiten und unverbindlicher Verbindlichkeiten wirklich etwas ist, was ein Großteil der LehrerInnen verändern möchte. Die Vermutung liegt nahe, daß die LehrerInnen aus dem Zustand auch Nutzen ziehen können. Fließende Grenzziehungen und fragwürdige Freiwilligkeit scheinen für den einzelnen mehr persönliche Freiheit zu garantieren als gültige, klare Entscheidungsstrukturen und Verbindlichkeiten. Angesichts der hohen Entwicklungsdynamik an der Schule spiegelt sich darin vielleicht auch eine aus abwartender Vorsicht diktierte Haltung.

5.4 Wem gehört die Schulentwicklung?

Der Schulleiter habe, so meinte ein Lehrer, als er an die Schule gekommen sei, so getan, *„... als ob er bei Null anfangen müsse"* (vöL4). Er habe nicht gefragt, was denn begonnen worden oder was momentan aktuell sei. Er habe auch nicht an das angeknüpft, was für das Schulentwicklungsprojekt bereits vereinbart worden war, bedauerte der Lehrer. Vielleicht hätte man – so meinen einige – auch gar nicht mit dem Start des Schulentwicklungsprojekts auf den neuen Schulleiter warten müssen.

Wenn wir damals angefangen hätten – wir hatten ja schon einen Schritt in diese Richtung getan – dann hätten wir eine Schulentwicklung, wie wir sie wollten, ... der Leiter hätte sich dann anschließen müssen oder sagen: nein, das will ich nicht. (vöL6)

Was die Inhalte betrifft, unterscheiden sich die Vorstellungen der LehrerInnen von denen des Schulleiters nicht wesentlich. Was von einigen als unterschiedlich erlebt wird, ist der Weg, wie man zu Veränderungen kommt:

Ich habe so das Gefühl, es ist eigentlich ganz toll, wir haben genau das bekommen, von dem wir geglaubt haben, wir müssen es uns erkämpfen. Das ist an sich natürlich nicht schlecht, aber ich habe den Eindruck, es wird bald immer weniger unsere Sache. ... Der Schulleiter hat uns einige Wünsche, die wir gehabt haben, geschenkt, ja, fast von oben verordnet. (vöL9)

Der Schulleiter – so formulieren es einige LehrerInnen – macht das, was sie mit ihrer Schule seit der Schulteilung wollten, zu seiner Sache. Diese Identifikation sei durchaus gewünscht, allerdings berge sie die Gefahr, daß Schulentwicklung immer mehr zur Sache des Schulleiters und immer weniger Sache der LehrerInnen würde. Das, wofür eine Gruppe „engagierter" LehrerInnen einst zu kämpfen bereit war, würde nun gleichsam von oben verordnet. Was als Versuch gedacht war, als LehrerInnen die Schule selbst zu gestalten und zu steuern, wird zum vom Schulleiter erteilten Auftrag. Mit dieser Situation scheinen etliche LehrerInnen nicht zurechtzukommen. Es sei, als ob man ihnen auf diese Weise auch die Erfolge „ihrer Schulentwicklung" weggenommen hätte.

Zusammenfassung

Die Schule besteht als eigenes Gymnasium erst seit einigen Jahren und ist durch Teilung eines der größten Gymnasien des Bundeslandes entstanden. LehrerInnen, die die Teilung aktiv unterstützten, wollten nicht nur eine kleinere und leichter administrierbare Schule, sondern auch größere „Freiräume" als an der Stammschule, um eigene pädagogische Vorstellungen verwirklichen zu können (Stichwort: „Neue Lernkultur"). Viele wechselten freiwillig in das neue Gymnasium, und so entstand an der Schule ein sehr motivierter Lehrkörper, der bereit war, Zeit und Energie in die gemeinsame Gestaltung der Schule zu investieren. Als sich auch an der neuen Schule „Sachen einzuschleichen begannen", die man „überhaupt nicht wollte" fand sich eine Mehrheit im Lehrkörper für ein Schulentwicklungsprojekt unter externer Betreuung. Über die Vermittlung des „Pädagogischen Instituts" wurde mit einer Beraterfirma Kontakt aufgenommen, die ein Entwicklungsmodell für Schulen anbot. In der ersten Sitzung mit dem Berater entstanden Probleme, weil sich keine Person fand, die die Projektleitung in der Schule übernehmen wollte. Die Entscheidung fiel letztlich „unter Druck".

Als der Beginn des Projekts sich durch einen unvorhergesehenen Schulleiterwechsel verzögerte, wurde das Vorgehen noch einmal zur Diskussion gestellt. Der neue, definitiv bestellte Schulleiter versicherte sein grundsätzliches Interesse an einem Projekt zur Schulentwicklung, in dem vorgeschlagenen Modell wollte er allerdings nicht die Trägerschaft übernehmen, wobei sich seine Ablehnung mit der Skepsis in einem Teil des Lehrkörpers traf. Schließlich einigte man sich auf eine andere Variante unter der Betreuung eines Vertreters des Pädagogischen Instituts. Das Projekt wurde mit einer Klausur für den gesamten Lehrkörper begonnen, in der die Projektorganisation beschlossen und eine Steuergruppe eingerichtet wurde. Eine klare Zieldefinition allerdings unterblieb. In dieser ersten Klausur deutete sich bereits eine Struktur an, die das Gesamtprojekt in der Folge bestimmen sollte. Die Organisation des Projekts sollte „dynamisch" sein, wobei mit „Dynamik" die Vermeidung klar gezogener Grenzen gemeint war. Hauptkritikpunkt vieler LehrerInnen an dem Projekt in der Rückschau ist, daß keine fixen Gruppen eingerichtet wurden, die kontinuierlich an Themen arbeiteten. Anstelle dessen gab es sogenannte „Pädagogische Gespräche", zu denen jede Lehrkraft und auch der Schulleiter einladen konnte. Die Teilnahme war freiwillig, die Gruppe kein geschlossener Kreis.

Durch das Bestreben, Gruppen möglichst offen zu halten (Jeder solle sich „... *immer wieder neu so einbringen können, wie er/sei will"*) und die Vermeidung klar abgegrenzter Aufgaben und Verbindlichkeiten, wurde das eigentliche Ziel des Projekts bald aus den Augen verloren (Alles *„verrinnt irgendwie und man hat keinen Überblick"*). Schließlich wurde das Projekt dadurch beendet, daß sich die Steuergruppe einfach nicht mehr traf. Einen klar markierten Endpunkt oder eine Abschlußreflexion gab es nicht.

Die Probleme mit dem Entwicklungsprojekt rührten, nach Meinung der LehrerInnen, daher, daß es unterschiedliche Auffassungen über Schulentwicklung gab. Für den Schulleiter – eine starke Persönlichkeit mit sehr viel Kompetenz – stehen konkrete Aktionen und Öffentlichkeitsarbeit im Vordergrund. Er möchte der Schule durch das Fördern vielfältiger Aktivitäten ein unverwechselbares Profil geben. Er ist an Zielen orientiert und möchte den Prozeß eher beschleunigen. Die LehrerInnen hingegen sind am Prozeß selbst orientiert. Sie erwarten von Schulentwicklung vor allem eine Wirkung nach Innen, sie wünschen Verlangsamung, Überblick und eine Verbesserung der Kommunikation. Das Projekt sollte in einem immer größer werdenden Lehrkörper helfen, das Gemeinsame zu erhalten. Für das Gemeinsame fühlte sich vor allem der externe Betreuer verantwortlich. In seinem Pochen auf klare Rahmenbedingungen und Verbindlichkeiten fand er allerdings wenig Unterstützung. Die Kultur der Schule blieb von einem „Nicht-festlegen-wollen" und unscharfen Grenzziehungen geprägt.

Das Klima an der Schule läßt viele Freiräume für Entwicklung und Entfaltung offen: Der Führungsstil des Schulleiters ist mit dem Leitspruch *„ Soviel Eigenverantwortung wie möglich, so viel delegierte Verantwortung wie notwendig"* charakterisiert. Er setzt auf Eigenverantwortung und Mitbeteiligung (*„Betroffene zu Beteiligten machen"*, in Konfliktsituationen vor allem auf Gespräch. Diese Form der Leitung wird sowohl von LehrerInnen, als auch den SchülerInnen sehr geschätzt.

Die Kommunikation im Lehrkörper wird als gut beschrieben, gelegentlich wird über mangelnde Zusammenarbeit geklagt, wobei jedoch hohe Standards gesetzt werden. Probleme werden in der kaum zu bewältigenden Informationsflut und dem daraus resultierenden mangelnden Überblick über laufende Aktivitäten an der Schule gesehen. Auch die Art der Entscheidungsfindung sei gelegentlich „unklar", „Unverbindliches" würde irgendwie „verbindlich", weil keine Foren für kollektive Aushandelung vorhanden seien. Der Schulleiter mißtraut verpflichtenden Gesamtkonferenzen und möchte wichtige Themen in freiwillig zu besuchenden sogenannten „Pädagogischen Gesprächen" behandelt wissen. Die LehrerInnen fühlen sich von diesen häufig stattfindenden Gesprächen überfordert („*Wenn man informiert sein will, muß man hingehen*"). Sie setzen allerdings ihrerseits keine Initiativen, diesen Zustand zu verändern bzw. eine Gesamtkonferenz zu fordern.

Einhellig wird von den LehrerInnen die Meinung vertreten, daß ihre berufliche Situation sich in den letzten Jahren deutlich verbessert habe. Sie schätzen die großzügige Förderung von Initiativen und die „Freiräume" zur persönlichen Entwicklung an der Schule. In den Interviews wird allerdings auch ein Spannungsfeld deutlich, das es in Zukunft zu beachten gilt. Die großzügige Förderung durch den Schulleiter wird gelegentlich auch als „sanfter Druck" erlebt und droht in Überforderung umzuschlagen. Aus diesem Grunde machen sich auch Rückzugstendenzen bemerkbar. Die LehrerInnen ziehen sich von den Anliegen, die die gesamte Schule betreffen, in ein verstärktes Engagement in ihren Klassen oder bestimmten Projekten zurück.

Eine offene Frage bleibt, wem nun „Schulentwicklung" eigentlich gehöre. Der Schulleiter habe das, was eine Gruppe von LehrerInnen seit der Schulteilung anstrebte, zu seiner Sache gemacht. Ein Dilemma, das eine Lehrerin so formuliert: „*... es wird bald immer weniger unsere Sache. ... Der Schulleiter hat uns einige Wünsche, die wir gehabt haben, geschenkt, ja fast verordnet*".

Datenmaterial

Die Studie basiert auf folgendem Datenmaterial:

a.) 18 Interviews, die zwischen Herbst 1995 und Frühjahr 1996 geführt wurden, Dauer durchschnittlich jeweils 1 Stunde (vereinzelt bis zu drei Stunden)

Kürzel:
vö: Schulkürzel
SL: Schulleiter
I1:   Externer Betreuer des Schulentwicklungsprozesses
L1-L11:   LehrerInnen (u.a. Administrator, Leiterin der Nachmittagsbetreuung, Obfrau der Personalvertretung, dienstältester Kollege, Bildungsberater, Leiter der Steuergruppe, ehemalige Leiterin der Steuergruppe, Unterrichtspraktikant,)
Se1, Se2: Sekräterinnen
SP: Schulsprecher
S1,2:   SchülerInnen

Erklärung der Abkürzungen in den Quellenangaben zu den Interviews:
vöL1 bedeutet: Schulkürzel, Zitat aus dem Interview mit Lehrer 1
vöSL, FT: Schulkürzel, Zitat des Schulleiters aus dem Forschungstagebuch

b.) Dokumente
PI-Schulintern, Magazin des PI OÖ- Abt.AHS, Dezember 1995
Schulentwicklung am BRG Vö: Protokoll zur Vorbesprechung am 4. Juli 1994, Kollegiumsgespräch 17. Februar 1995, Protokolle der Sitzungen der Steuergruppe, Stichwortprotokoll des 1. Jour Fixe der Lehrer des BRG Vö. am 12. Juni 1995; Einladungen, Aussendungen, Mitteilungen und Kurzprotokolle des Schulleiters

c.) Feldnotizen im Forschungstagebuch (FT)

d.) Literatur
Altrichter, H./*Radnitzky*, E./*Specht*, W: Innenansichten guter Schulen. Portraits von Schulen in Entwicklung. StudienVerlag: Innsbruck-Wien 1994

FALL 3

„... keine Lösungen gebracht, aber Probleme sichtbar gemacht!"

Schulentwicklung an einer allgemeinbildenden höheren Schule. Ein Beratungsprojekt

Das Projekt hat keine Lösungen gebracht, aber Probleme sichtbar gemacht. ... Wichtig war die Erkenntnis, daß wir als Lehrkörper an unserer Entwicklung beteiligt sind, daß wir verantwortlich sind. ... Das Projekt hat einen Teil dazu beigetragen, die Probleme bewußt zu machen. Die Datenerhebungen haben Anstöße für neue Fragen gegeben.

(Zitat aus der Abschlußdiskussion)

VORBEMERKUNG

DIE AUSGANGSLAGE

„*Ein Haus mit offenen Fenstern ...*"
1. SCHULE UND UMFELD

„*Da wird wieder nichts herauskommen ...* "
2. ERSTKONTAKT ZWISCHEN SCHULE UND BERATUNGSTEAM
    2.1   Erwartungen, Wünsche, Perspektiven
    2.2   Auftraggeber und Klient
    2.3   Was wäre ein Erfolg?
    2.4   Projektziel und Projektarchitektur
    2.5   Erste Verunsicherungen
    2.6   Projekt – oder Linienorganisation?

„*... Aufbruchsstimmung mit der Vision*"
3. DER ERSTE BLOCK
    3.1   Unsere Schule im Jahr 2001
    3.2   Aufbau einer Arbeitsorganisation

„*... zuviel Arbeit und zuwenig ergiebig*"
4. ERHEBUNG DES IST-ZUSTANDS
    4.1   Erste Arbeitsphase der Schulteams
    4.2   Betreuung der Schulteams
    4.3   Erhebungsergebnisse und Entwicklungsfelder
    4.3.1 Spiegelbild unterschiedlicher Ansprüche: Gruppe „Bildungsziele"
    4.3.2 Zersplittert in Kleingruppen: Gruppe „Kommunikation"
    4.3.3 Frontalunterricht oder ... : Gruppe „Lernkultur"
    4.3.4 Schwierig, Indikatoren zu finden: Gruppe „Schulklima"
    4.3.5 Der tägliche Kleinkram: Gruppe „Schulorganisation"
    4.4   Die zweite Klausur – Eine Analyse

„*... Durchhängephase und Enttäuschung*"
5. DIE KRISE
    5.1   Die zweite Arbeitsphase der Schulteams
    5.2   Die Rolle der KoordinatorInnen
    5.3   Die Rolle des Schulleiters

„ ... für die Entwicklung verantwortlich!"
6. PROJEKTABSCHLUSS
   6.1   Die Abschlußklausur
   6.2   Wie weiter?

„Paßt das zu unseren Visionen?"
7. ERGEBNISSE DES PROJEKTS – WAS BLEIBT?
   7.1   Veränderungen von Alltagstheorien und Bezugspunkten
   7.2   Stärkere Identifikation mit dem Schulganzen
   7.3   Realistischere Erfolgserwartungen
   7.4   Geänderte Atmosphäre durch Routineunterbrechungen
   7.5   Tragfähigere Entscheidungen und ein sichtbares Ergebnis

ZUSAMMENFASSUNG
DATENMATERIAL

ANHANG

Vorbemerkung

Das folgende Fallbeispiel beschreibt ein für ein Jahr konzipiertes Schulentwicklungsprojekt an einer allgemeinbildenden höheren Schule. Die Darstellung versucht wichtige Elemente des Prozesses nachzuzeichnen und zu analysieren. Die Datenbasis dabei liefern eigene Aufzeichnungen über die Planungs- und Ablaufsphasen, die in einem Forschungstagebuch (FT) festgehalten sind, Planungs- und Sitzungsprotokolle, zahlreiche Gespräche mit KollegInnen zur Prozeßanalyse sowie Dokumentationen, die im Anschluß an die Blockveranstaltungen entstanden sind (*Krainer/Krainz-Dürr* 1994, 1995; *Canaval* u.a.1995). Die Ergebnisse der Analysen wurden laufend in den Beratungsprozeß eingespeist und Rückmeldungen eingeholt, sodaß in zusätzlichen Kommunikations- und Reflexionsschleifen Korrekturen vorgenommen werden konnten. Ergänzt werden die Daten durch die Ergebnisse einer Evaluation, die etwa ein Jahr nach dem Abschluß des Projekts an der Schule durchgeführt wurde. (*Bell/Krainz-Dürr* 1996). Die im Rahmen dieser Untersuchung von einer Kollegin gemachten Interviews waren mir in Tonbandaufnahmen und -transkriptionen zugänglich. Wörtliche Zitate von LehrerInnen stammen im folgenden aus diesen Interview
    Die Darstellung versucht wichtige Elemente des Prozesses nachzuzeichnen und bestimmte kritische Aspekte zu beleuchten. Dabei wird die Frage gestellt, ob und wieweit es gelungen ist, einen Lernprozeß innerhalb der Schule auf einer möglichst breiten Basis in Gang zu bringen. Zur Charakterisierung der einzelnen Abschnitte werden jeweils aufschlußreiche Zitate aus dem Forschungstagebuch (FT) als Kapitelüberschriften herangezogen.

Die Ausgangslage

Ausgangspunkt des Entwicklungsprojekts der Schule war eine öffentliche Ausschreibung eines universitären Fortbildungs- und Forschungsinstituts. Unter dem Titel „Schulentwicklung in der Praxis" wurde einer Schule in Österreich professionelle Unterstützung bei einem Entwicklungsvorhaben durch ein mehrköpfiges Team angeboten. Die Dauer der Beratung war auf ein Jahr begrenzt, wobei allerdings die Möglichkeit einer Verlängerung nicht ausgeschlossen wurde. Seitens der Universität bestand ein Forschungsinteresse, besonderes Augenmerk sollte daher

auf die Evaluation und Dokumentation des Beratungsprozesses gelegt werden.
Auf diese Ausschreibung meldeten sich 11 Schulen aus Österreich. Auf Basis der Unterlagen, in denen die Schulen ihre Entwicklungsinteressen konkretisiert hatten, erfolgte schließlich die Auswahl einer Schule. Die Entscheidung fiel auf eine allgemeinbildende höhere Schule in der Nähe einer Großstadt, die – wie aus dem „Bewerbungsbrief" der Schule hervorging – „*... eine stärkere Integration der Schule in das Leben der Stadt und sein Umfeld*" anstrebte und zu einem „*umfassenden kulturellen Zentrum für die Region werden wollte*". Eine Lehrerin wünschte sich zusätzlich in einer Beilage zu diesem Schreiben eine Schwerpunktsetzung in Richtung „*Entwicklung menschlicher Qualitäten der Schule*". Diese Kollegin hatte, wie sich später herausstellte, den Schulleiter auf die Ausschreibung aufmerksam gemacht und war in der Anfangsphase die treibende Kraft.

„Ein Haus mit offenen Fenstern ..."

1. Schule und Umfeld

Die Schule liegt in einer Stadtgemeinde mit etwa 15.000 Einwohnern. Es gibt zwar kein zweites Gymnasium im Ort, die verkehrstechnische Anbindung an die nahegelegene Großstadt ist jedoch gut genug, daß auch die städtischen Gymnasien eine Konkurrenz für die Schule darstellen. An der Schule unterrichteten zum Zeitpunkt des Projekts 66 LehrerInnen ca. 800 SchülerInnen in 28 Klassen. Wie in den Gymnasien üblich, ist die Unterstufe mit 5 parallel geführten Klassen sehr stark, in der Oberstufe sinkt der Anteil der SchülerInnen etwa auf die Hälfte (zwei parallel geführte Klassen).

Vor einigen Jahren wurde das Schulgebäude generalsaniert und durch einen Zubau vergrößert. Vielen LehrerInnen ist diese schwierige Zeit des Unterrichtens auf einer „Baustelle" noch deutlich in Erinnerung. Heute präsentiert sich die Schule als großes, helles Gebäude, die Integration des Altbestands in den Neubau ist gelungen, die Schule bietet viel Platz und Bewegungsmöglichkeit. Vor allem der große Turnsaal in der Mitte des Gebäudes lädt geradezu zur Nutzung als „Tagungszentrum" ein. Der helle, mit fahrbaren Stellwänden vielfach verwandelbare Raum, der genügend Platz für ein Gesamtplenum, aber auch ausreichend Rückzugsorte für Kleingruppen bietet, hat die Arbeit mit dem großen Lehrkörper sehr erleichtert.

Bei einem Rundgang durch das Schulgebäude fallen viele Schülerarbeiten an den Wänden und die sorgfältige Art der Mülltrennung ins Auge. Die Schule bemüht sich – so scheint es – auch das Gemeinschaftsgefühl der SchülerInnen zu stärken. So wurden etwa die Hefte für die Unter- und Oberstufe mit Entwürfen von SchülerInnen gestaltet, auf Umweltschutzpapier gedruckt und so zu ganz besonderen „schuleigenen" Heften gemacht. Es gibt ein eigenes Schullogo, das nicht nur den Jahresbericht ziert, sondern auch als Anstecknadel erhältlich ist.

Die Schule hat auch gute Kontakte zum schulischen Umfeld. Der Bürgermeister der Stadt ist selbst Lehrer am Gymnasium, die Schule ist an vielfältigen Aktionen der Stadtgemeinde aktiv beteiligt. Ein Bild, das vom Schulleiter und zwei LehrerInnen anläßlich eines Seminars von der Schule gezeichnet wurde, zeigt die zahlreichen Aktivitäten, die gleichsam aus dem Haus „mit den vielen offenen Fenstern" drängen. Aber auch die negativen Umwelteinflüsse sind auf dem Bild vermerkt: der Straßenverkehr und der nahe Flughafen.

Bei einem „school ranking" eines österreichischen Wochenmagazins hatte die Schule allerdings eher schlecht abgeschnitten. Sie nahm – was das Schulklima und die Mitsprachemöglichkeiten der SchülerInnen betraf – einen Platz am unteren Ende der Liste der Gymnasien in Österreich ein. Die LehrerInnen zeigten sich von dem Abschneiden der Schule sehr irritiert. Sie fühlten sich ungerecht beurteilt und konnten sich diesen Befund nicht erklären, der so offensichtlich ihrem Selbstbild widersprach. Einige LehrerInnen kritisierten die Verfahrensweise des Wochenmagazins und verwiesen auf die schmale Datenbasis und die Art der Fragestellungen, ein Lehrer hingegen meinte, man habe eben SchülerInnen, die sich sehr offen äußern. Eigentlich könne man stolz sein, SchülerInnen so kritisch gemacht zu haben, aber enttäuschend sei das Ergebnis trotzdem.

"Da wird wieder nichts herauskommen ..."

2. Erstkontakt zwischen Schule und Beratungsteam

2.1 Erwartungen, Wünsche, Perspektiven

Nach der Kontaktaufnahme mit dem Schulleiter wurde ein Termin für ein erstes Gespräch vereinbart. Der Schulleiter schlug vor, um das Projekt von Anfang an auf eine „tragfähige Basis" zu stellen, vier Personen des Lehrkörpers, die ein weites Spektrum an Meinungen repräsentierten, zu diesem Gespräch einzuladen. Diese Personen waren neben der bereits erwähnten Kontaktperson, der Bildungsberater, eine Personalvertreterin, die auch Mitglied des Schulgmeinschaftsausschusses war und der Umweltreferent der Schule.

Das erste Kontakt mit VertreterInnen der Schule sollte einer Klärung der gegenseitigen Erwartungen, der Entwicklungsperspektiven der Schule sowie der Festlegung eines groben Rahmens für die Zusammenarbeit dienen. Das Vorhaben sei – so der Schulleiter – in einer Konferenz bereits vorgestellt worden, es bestehe eine grundsätzliche Bereitschaft des Lehrkörpers, sich auf eine Zusammenarbeit einzulassen. Als Entwicklungsperspektive wurde noch einmal die bessere Integration der Schule ins Umfeld genannt.

Die Schule war auf das Treffen gut vorbereitet. Die Personalvertretung hatte eine Liste von Problemen erstellt und die LehrerInnen gebeten, jene Probleme anzukreuzen, die sie bearbeiten wollten. Die Problembereiche bezogen sich entweder auf die Lehrer-Schülerbeziehung (*„Finden einer pädagogisch verantwortbaren Beziehung zu den SchülerInnen"*; *„Umgang mit Ungleichheit von SchülerInnen"*; *„Das Leben der Kinder/Jugendlichen in der Schule"*; *„Umgang mit Konflikten und Störungen"*), oder auf Formen der Zusammenarbeit im Lehrkörper (*„Fächerübergreifendes Lernen"*; *„Ganzheitliches Lernen"*; *„Umgang mit Unterschieden der Leistungsbewertung"*). Die meistgewählten Bereiche waren *„Beziehung zu den SchülerInnen"* und *„Umgang mit Konflikten"*. Die LehrerInnen wollten sich aber nicht unbedingt auf diese

Themen festlegen. Im kommenden Schulprojekt müsse – so meinten sie – nicht unbedingt an diese Erhebung angeknüpft werden.

Obwohl die Bedeutung der Befragung von den SchulvertreterInnen im Gespräch wieder zurückgenommen wurde, zeigte sie doch eine auffallende Diskrepanz zu den ursprünglich geäußerten Entwicklungsinteressen. Waren in diesen vor allem jene Aspekte betont, die die Schule als Ganzes nach außen sichtbar machen, enthielt die Liste der LehrerInnen jene Problemfelder, die das interne Zusammenleben in einer Schule bestimmen. Es zeigte sich, daß die Erwartungen und Entwicklungsperspektiven keineswegs so einheitlich waren, wie sie sich in den schriftlichen Unterlagen dargestellt hatten. Eine kurze Befragung unter den Anwesenden machte recht unterschiedliche Interessen sichtbar.

2.2 Auftraggeber und Klient

Unklare Entwicklungsinteressen, diffuse Vorstellungen und Wünsche sind in Anfangssituationen von Schulentwicklungsprozessen eher die Regel als die Ausnahme. Wann immer mit einer „Schule" gearbeitet werden soll, stellt sich zunächst die Frage, wer „die Schule" denn eigentlich ist, und welche Gruppen oder einzelne sich als „Schule" artikulieren. In diesem Zusammenhang ergibt sich natürlich auch das Problem, wer in einem Beratungsprozeß der „Klient" ist, und wer als Auftraggeber und Vertragspartner in Frage kommt.

Im geschilderten Fallbeispiel hat sich die Schule durch einen „Konferenzbeschluß" zur Teilnahme an dem Projekt entschlossen. Wieviel dieser Beschluß allerdings wert ist, zeigt die Erinnerung einer Lehrerin an den Anfang des Projekts:

Das Hauptproblem war meiner Meinung nach folgendes, daß unser Direktor uns nicht rechtzeitig, also den gesamten Lehrkörper, nicht rechtzeitig vorbereitet hat. Also, die Kollegin X hat dieses Projekt initiiert, wenn man so will, hat es mit ihm abgesprochen, und der Lehrkörper wurde in dieser Phase überhaupt nicht eingebunden, sondern wir bekamen das Projekt mehr oder minder vorgesetzt. ... der Lehrkörper wußte eigentlich nicht, worum es genau geht, was uns bevorsteht, sondern wir sind da mehr oder weniger eigentlich ins Wasser gestürzt worden. (sL1b)

Während sich viele LehrerInnen in die Anfangsphase nicht eingebunden fühlten und sich auch nicht an einen „Konferenzbeschluß" erinnern können (.. *man ist zwangsbeglückt worden*" (sL5b), wiegten sich die BeraterInnen in der Vorstellung, die Ausschreibung zu ihrem Projekt sei im Lehrkörper ausführlich diskutiert und die Teilnahme mehrheitlich beschlossen worden. Erst gegen Ende des Projekts erfuhren sie, wie dieser Beschluß wirklich zustandegekommen war: Der Schulleiter hatte in der Abschlußkonferenz von der Ausschreibung erzählt und erklärt, daß die Schule als einzige in Österreich „*ausgewählt*" worden sei, an dem Projekt teilzunehmen. Die Abstimmung sei dann so verlaufen, daß der Schulleiter die Teilnahme vorschlug. Eine Diskussion gab es nicht, nicht, weil nicht diskutiert werden durfte, sondern weil – wie es eine Lehrerin ausdrückte – „*... in einer Konferenz sich keiner traut, auf längere Diskussionen einzulassen, wegen der Zeit*" *(FT)*. Gegen die Teilnahme gab es keinen Einwand.

Als Auftraggeber des Projekts trat schließlich der Direktor auf. Er erklärte sich auch bereit, notwendige finanzielle Mittel für einen gesteigerten administrativen Aufwand bereitzustellen.

Wer aber war der Klient? Was hieß es mit einer „Schule" arbeiten?

Die eigentliche Gruppe, die im Laufe des Projekts beraten wurde, war schließlich die sogenannte „Koordinationsgruppe" (vgl. Projektarchitektur Kap. 2.4.), jene Gruppe also, die in der Schule das Projekt vorantrieb. Daneben wurden die einzelnen Arbeitsgruppen je nach Bedarf von einem Mitglied des BeraterInnenteams moderiert bzw. auch fachlich unterstützt. Schließlich wurde von den Externen die Aufgabe übernommen, Teile der 1 1/2 tägigen Blockveranstaltungen zu moderieren, wobei diese Tätigkeit im Laufe der drei Veranstaltungen mehr und mehr an die VertreterInnen der Schule abgegeben wurde. Mit dem Fortschreiten des Prozesses wurden auch die Gespräche mit dem Schulleiter immer intensiver und nahmen die Form eines persönlichen Coachings an.

2.3 Was wäre ein Erfolg?

Trotz der eher unglücklichen Vorgangsweise, mit der das Projekt im Lehrkörper bekanntgemacht worden war, herrschte – betonten die beim Erstgespräch Anwesenden – eine neugierige Gespanntheit. Etwa 50% würden – nach Schätzung der Anwesenden – das Projekt unterstützen, nur etwa 20% zeigten sich ablehnend. Als Erfolg des Projekts wollten die

Anwesenden folgendes gewertet wissen (zitiert aus dem Gesprächsprotokoll):

Ein Erfolg wäre, wenn viele mitmachen. Wenn wir Vieles zu gemeinsamen Anliegen machen könnten.

Gemeinsamkeit, weniger „Einzelkämpfertum". Mehr Wissen über andere. Die Problematik „Stoffaneignung" versus „Erziehung" klarer sehen. Aufbauen einer Corporate Identity.

Mut, um Neues durchzuführen. Zutrauen gewinnen, um sich selbst einen „Stoß" zu geben. Das Gefühl, sich von anderen nicht gedrängt zu fühlen, nicht immer perfekt sein zu müssen.

Kollegen durch Kooperation besser kennenlernen, jeder hat verschiedene Zugangsweisen und diese Verschiedenartigkeit als wertvoll erkennen. Ein Ziel wäre es, diese Verschiedenartigkeit genießen zu können und ... ehrlicher reden zu können.

Wenn der Anteil der aktiv am Schulgeschehen Mitarbeitenden des Lehrkörpers erhöht werden könnte. Wenn sich Polarisierungen auflösen und mehr der Mensch statt der Stoff in den Vordergrund des Unterrichtsgeschehens rückt. (Schulleiter)

Im Vordergrund also standen Fragen der Kooperation und Kommunikation im Lehrkörper bis hin zu dem Wunsch „Polarisierungen" auflösen, Verschiedenartigkeiten als Gewinn erleben und ehrlicher kommunizieren zu können („*Nicht immer perfekt sein müssen*"). Die Perspektive der stärkeren Einbettung der Schule ins regionale Umfeld wurde demgegenüber als weniger vorrangig erachtet. Wichtig erschien die innere Weiterentwicklung der Schule, worin aber das „Neue" bestehen und in welche Richtung Veränderungsschritte gesetzt werden sollten, blieb vorerst unklar. Bereiche, in denen Entwicklung möglich und sinnvoll erschien, mußten erst gefunden und formuliert werden.

2.4 Projektziel und Projektarchitektur

Angesichts der eher unklaren Wünsche der Schule und des diffusen Interesses an Veränderung schien es sinnvoll, zunächst den Ist-Zustand zu klären und in einem weiteren Schritt Entwicklungsfelder herauszuarbeiten. Dies wurde als Ziel des Schulentwicklungsprojekts im ersten Jahr vereinbart. In diesem Jahr sollten im wesentlichen drei Schritte erfolgen[14]:

1. Herausarbeiten einer „Vision". Wie sollte die Schule im Jahr 2001 aussehen?
2. Analyse der Ist-Situation, Stärken und Herausforderungen der Schule
3. Entscheidung für Entwicklungsfelder

Dieses Konzept lieferte eine erste Orientierung. Die Umsetzung sollte in kooperativer Planung mit VertreterInnen der Schule erfolgen. In einer 11/2 tägigen Veranstaltung zu Schuljahrsbeginn, die für den gesamten Lehrkörper verpflichtend war, sollte das Konzept bestätigt und eine Projektorganisation geschaffen werden.

Die Hauptarbeit sollte in kleineren Arbeitsgruppen erfolgen, die bei Bedarf von einem Mitglied der BeraterInnengruppe moderiert bzw. betreut werden konnten. Um die Koordination der Arbeit in den einzelnen Gruppen zu erleichtern und den Kontakt der Schule zum Betreuungsteam herzustellen, erschien einer Art „Steuergruppe" sinnvoll. Dieser Gruppe sollten neben dem Schulleiter Verantwortliche aus den einzelnen Arbeitsgruppen angehören, die regelmäßigen Treffen von den Externen beraten werden.

Um die Rückkopplung mit dem gesamten Lehrkörper zu halten, wurden zwei „Meilensteine" – 11/2 tägige Veranstaltungen („Blocks") – vorgesehen, eine Veranstaltung in der Mitte des Schuljahrs zur Präsentation und Diskussion erster Arbeitsergebnisse sowie ein Termin zu Schuljahrsende zur Evaluation des Gesamtprozesses. Den Abschluß des Projekts sollte eine Nachbesprechung (Resümee, Dokumentation, Überlegungen über eine eventuelle Weiterführung) zwischen SchulvertreterInnen, Schulleitung und Beratungsteam im Herbst setzen. Der Planungsvorschlag wurde im Erstgespräch akzeptiert und in der ersten Veranstaltung (Block I) vom Lehrkörper bestätigt.

---

14 Die vorgeschlagene Vorgangsweise erinnert an das in Amerika entwickelte Modell der „accelerated schools" (vgl. *Hopfenberger/Levin*1993). Wesentliche Schritte dieses Modells sind: creating vision – taking stock – setting priorities

2.5 Erste Verunsicherungen

Die Skizze der möglichen Projektorganisation wurde von den beim Erstgespräch anwesenden LehrerInnen und dem Schulleiter grundsätzlich positiv aufgenommen. Einzelheiten über einen möglichen Ablauf wurden diskutiert, ein möglicher Tagungsort gesucht, schließlich der genaue Termin für die erste Veranstaltung festgesetzt und die Notwendigkeit einer Gesamtkoordination betont.
Damit hätte dieses erste Kontaktgespräch in der dafür vorgesehenen Zeit beendet sein können. In der buchstäblich letzten Minute, noch während ein Berater die Vereinbarungen zusammenfaßte, passierte allerdings etwas Merkwürdiges. Eine Lehrerin sagte plötzlich, sie habe ein ganz *„ungutes Gefühl"*. Wenn sie sich das so ansehe, habe sie den Eindruck, da werde groß begonnen, dann zerrinne alles, am Schluß werde präsentiert und da komme wieder nicht viel heraus. Sie hingegen wolle viel bewegen, das Beraterteam müsse „viel straffer" führen. Die Arbeitsgruppen müßten sich mindestens alle 14 Tage treffen. Die Gruppen sollten auch durch Externe moderiert werden, und überhaupt sei es nicht sinnvoll, einen Gesamtkoordinator oder eine Koordinatorin der Schule zu bestimmen (vgl. FT).
Was war geschehen? Die Erfahrung in der Arbeit mit Schulen zeigt, daß Erstgesprächen eine besondere Bedeutung zukommt und eine genaue Analyse der Inhalte und des Verlaufs wichtige Aufschlüsse über die Schule geben. Oft ist das eigentliche Thema, das auf eine Bearbeitung wartet, in diesen ersten Kontaktnahmen bereits angedeutet, ohne daß es klar ausgesprochen wird. Die LehrerInnen wünschten eine Weiterentwicklung ihrer internen Kommunikations- und Kooperationsfähigkeit und eine Thematisierung des Umgangs mit den SchülerInnen. Im Gespräch wurde angedeutet, daß es Spannungen im Lehrkörper gäbe (*„Polarisierungen"*) und daß es nicht so einfach sei, mit diesen Unterschieden zu leben. Es bestand der offensichtliche Wunsch, diese Thematik „offen" ansprechen zu können (*„ehrlicher reden"*). Polaritäten bestehen jedoch nicht nur aus unterschiedlichen Auffassungen über Unterricht oder die Gestaltung der Beziehung zu den SchülerInnen, sondern sind immer auch Fragen des Einflusses. Daß die Erwähnung der Notwendigkeit einer Gesamtkoordination eine derartige Reaktion auslöst, scheint daher nicht zufällig.
Hier zeigt sich, daß durch den vermeintlich „harmlosen", sachlich sinnvollen Vorschlag einer „Projektorganisation", ein Eingriff in ein bestehendes Beziehungsgefüge vorgenommen zu werden droht. Für einzel-

ne kann das bedeuten, an Einfluß zu gewinnen oder aber zu verlieren, in jedem Fall finden Einflußverschiebungen in der Schule statt. Im geschilderten Fallbeispiel wird den LehrerInnen offensichtlich durch das Stichwort „Koordination" und „Steuerung" bewußt, worauf sie sich möglicherweise einlassen. Eine Lehrerin, die etliche wichtige Funktionen in der Schule bekleidete, reagierte daher instinktiv abwehrend.

Die Art der Reaktion auf derartige Zumutungen können Hinweise geben, wie in der Schule mit Veränderungen umgegangen wird. Die Kollegin moniert, daß der Vorschlag zu „wenig" sei, sie fordert mehr Einsatz, mehr Arbeitstreffen, (noch) straffere Führung, damit auch „viel" herauskomme. Sie fordert den „totalen Einsatz", weil sonst „alles wieder zerrinnt". Die Botschaft kann mehrfach gedeutet werden. Zum einen könnte sie den Wunsch beinhalten, in der Schule selbst zu klareren Strukturen zu kommen, indem „Externe" die (straffe) Führung in die Hand nehmen. Zum anderen könnte die Vorgangsweise aber auch auf das genaue Gegenteil hindeuten. Diese Forderungen (Überforderungen) könnten auch als Abwehrstrategie aufgefaßt werden. Die Lehrerin fordert eine Betreuungsdichte, die das BeraterInnenteam nicht zu leisten bereit ist (14-tägige Arbeitstreffen). Sie verlangt so viel Einsatz, daß die möglichen BeraterInnen ablehnen müssen bzw. erwartet so viel Mitarbeit und Engagement von den LehrerInnen, daß gerade dieser „Übereifer" das Projekt bedroht. Auf diese Weise kann sichergestellt werden, daß alles beim alten bleiben kann, alte Macht- und Einflußverhältnisse aufrecht bleiben. Im Falle jener Lehrerin gäbe es auch tatsächlich einiges zu verlieren. Die Kollegin vereint ein ungewöhnlich hohes Ausmaß an offiziellen Funktionen in der Schule auf sich (sie steht im Zentrum eines vielfältigen Beziehungsgeflechts), sie fühlt sich daher unter Umständen durch das Projekt bedroht, vielleicht wird auch jene Kollegin, die sich sehr für das Zustandekommen des Projekts eingesetzt hat, als Konkurrentin erlebt.

Es wird im folgenden zu überprüfen sein, ob diese Strategie nur eine individuelle Haltung der Lehrerin ist oder, ob sich in dieser Reaktion das Muster des Abwehrverhaltens dieser Schule bündelt. In diesem Falle wäre die individuelle Lehrerin Symptomträgerin einer weitergehenden Reaktion. Einiges weist im Erstgespräch darauf hin. Die LehrerInnen erzählen, daß das Beratungsprojekt nicht ihr erster Versuch einer Schulentwicklung sei. Bereits im letzten Jahr habe man eine „schulinterne Fortbildungsveranstaltung" durchgeführt, in der in Gruppen an bestimmten Themen gearbeitet worden war, das wäre ganz interessant gewesen, aber insgesamt „zu wenig intensiv" (FT). Hier deutet sich ein Muster des „es ist gut, aber nicht genug" an. Die Erwartungen werden so hoch gespannt, daß ein Scheitern programmiert ist. Der Schulleiter betonte allerdings im Nachgespräch, daß damit nicht nur ein „Abwehrverhalten" deutlich werde, sondern auch eine unrealistische Einschätzung vieler LehrerInnen, was in einer bestimmten Zeit tatsächlich machbar sei (vgl. auch Kap. 7.3.).

Mit dem Einwurf der Lehrerin schienen alle bisherigen Vereinbarungen wieder in Frage gestellt. Die übrigen Anwesenden versuchten mit viel Geduld, die Einwände der Kollegin zu zerstreuen. Die Vorbehalte gegen eine Gesamtkoordination durch eine Person aus der Schule versuchte man z.b. zu entkräften, indem die Bedeutung dieser Person immer mehr zurückgenommen wurde. Schließlich wollte die Gruppe die Rolle dieser Person auf die eines bloßen Ansprechpartners reduziert wissen. Schließlich einigte man sich auf die vorgeschlagene Projektstruktur mit dem Hinweis, daß das eine oder andere ja noch verändert werden könne.

2.6 Projekt- oder Linienorganisation?

Die Frage, wer in einem Schulentwicklungsprojekt Steuerungsfunktionen übernimmt oder als Projektleitung fungiert, ist nicht nur eine heikle Angelegenheit für alle Beteiligten und löst dementsprechend häufig Irritierungen aus, sie ist auch eine grundsätzliche organisatorische Frage.

Es ist interessant, wie die Schule mit dem Problem der personell zu besetzenden Koordinationsfunktion konkret umgegangen ist. An dieser Funktion war ja deutlich geworden, daß mit der Projektorganisation des Schulentwicklungsprojekts ein neues Element in die Schule eingeführt werden sollte. Aber nicht nur die Projektorganisation ist ein neues Element, auch die Rollenverteilung zwischen Internen und Externen unterscheidet sich von der in Fortbildungsveranstaltungen üblichen. Es ist für viele LehrerInnen anfangs schwer, Schulentwicklungsprojekte von längerfristigen schulinternen Fortbildungsveranstaltungen zu unterscheiden. In beiden Fällen erleben sie, daß Externe an die Schule kommen und zu bestimmten Themen in Gruppen gearbeitet wird. Das Neue an Organisationsentwicklungsprojekten für LehrerInnen ist, daß nicht Externe die Themen vorgeben und die Veranstaltung managen, sondern daß das Projekt „Schulentwicklung" tatsächlich von ihnen selbst unter Benützung und Heranziehung externer BeraterInnen betrieben werden soll. Die Notwendigkeit, einen Projektmanager zu bestimmen, machte – auch wenn man ihn verharmlosend nur „Projektkoordinator" nennen wollte – den LehrerInnen und dem Schulleiter klar, daß sie sich auf etwas einließen, was „quer" auch zu ihren bisherigen Gepflogenheiten der Fortbildung stand.

Die Reaktion der Schule auf eine derartige Zumutung war eine „Differenzvermeidung". Die LehrerInnen versuchten, die Projektorganisation so eng wie möglich an die Struktur der bestehenden Organisation zu binden. Sie schlugen, als es darum ging, die Projektleitung in der ersten Sitzung der sogenannten Koordinationsgruppe (bestehend aus VertreterInnen der Arbeitsgruppen und dem Schulleiter) zu wählen, sofort den Schulleiter für diese Funktion vor.

In diesem Falle wird – streng genommen – gar keine Projektorganisation eingeführt, sondern das Vorhaben analog zur bestehenden Organisationsform strukturiert. Es wäre jedoch auch mißverständlich, diese Organisationsform als Linienorganisation zu bezeichnen, da es in Schulen so etwas wie „Linie" eigentlich nicht gibt. Die Hierarchie in der Schule ist extrem „flach", einer einzelnen Schulleitung steht ein kaum bis gar nicht strukturierter Lehrkörper „hierarchisch Gleicher" gegenüber. Die Führungsspanne ist extrem hoch, in der geschilderten Schule 1:70. So betrachtet, wäre durch die Projektarchitektur des Schulentwicklungsprojekts mehr (funktionale) „Hierarchie" in die Schule eingeführt worden, als durch die bestehende Situation repräsentiert wird.

Es scheint, daß mit der Bestellung des Direktors zum Projektleiter die Interessen von Schulleitung und LehrerInnen unbewußt eine Koalition eingegangen waren. Das Interesse des Schulleiters, die Kontrolle darüber zu behalten, was im Projekt geschieht, um notfalls steuernd eingreifen zu können, schien mit dem Interesse der LehrerInnen zu korrespondieren, keine Machtverschiebungen in ihren eigenen Reihen zuzulassen. Ehe die LehrerInnen akzeptierten, daß eine/r der ihren seinen/ihren Einfluß vergrößerte und so – und sei es auch „nur" als Projektkoordinator/in – eine deutlich sichtbare Sonderstellung einnähme (wobei anfangs durchaus nicht klar war, wie weitreichend die Aufgabenstellungen und Funktionen tatsächlich sind), verblieben sie lieber in der gewohnten Hierarchie.

"... Aufbruchsstimmung mit der Vision"

3. Der erste Block

Der Verlauf der ersten eineinhalbtägigen Blockveranstaltung, an der alle LehrerInnen verpflichtend teilnehmen mußten, und die den Beginn des Schulentwicklungsprojekts markieren sollte, ist ausführlich dokumentiert (*Krainer/Krainz-Dürr* 1994). Die einzelnen Phasen dieses Blocks sollen daher nicht noch einmal beschrieben werden, die Darstellung beschränkt sich auf eine Analyse einzelner wesentlicher Punkte.

Ziel des ersten Blocks war es,

– Überlegungen in Hinblick auf Ziele, Wünsche, Stärken und „Visionen" der Schule anzustellen
– Themenfelder für eine Ist-Analyse festzulegen
– Arbeits- und Entscheidungsstrukturen für das Gesamtprojekt aufzubauen

Aus der Sicht der BeraterInnen sollte auf diesem Block ein „Vertrag" mit den LehrerInnen über die Durchführung des Projekts zustandekommen und eine Projektorganisation aufgebaut werden. Am Ende der Veranstaltung sollte klar sein, WIE und WORAN im nächsten halben Jahr gearbeitet werden sollte.

3.1 Unsere Schule im Jahr 2001

Die wesentliche Aufgabe am ersten Halbtag war, Zielvorstellungen für eine zukünftige Entwicklung der Schule zu formulieren. Die LehrerInnen sollten ihre „Vision" einer Schule entwerfen, in der sie als LehrerInnen gerne arbeiten und in die sie die eigenen Kinder schicken wollten. Diese Fragestellung sollte zunächst in einer individuellen Ideenskizze beantwortet und dann in Kleingruppen diskutiert werden. Das Ergebnis der Kleingruppenarbeit sollte in einem Bild ausgedrückt werden (siehe Anhang 1).

Diese Entscheidung, mit einer Arbeit an „Visionen" und „Bildern" zu beginnen, war von mehreren Überlegungen motiviert: Die Arbeit an Visionen und das Herstellen von Bildern sollte einerseits einen aktivierenden Einstieg in einen Prozeß schaffen und das Thema „Zusammenarbeit im Lehrkörper" anklingen lassen, andererseits sollten die Ergebnisse Aufschlüsse darüber liefern, welche Auffassungen von Schule und Lernen im Kollegium vorhanden waren. „Visionen" und „innere Bilder" sind ja nicht nur erwünschte Zustände oder Vorstellungen für die Zukunft, aus denen sich dann Handeln ableiten läßt, sondern sie leiten vielmehr die Handlungen der einzelnen LehrerInnen bereits im Hier und Jetzt, ohne daß dies unbedingt bewußt sein muß. So schreibt etwa *Heintel* über die Bedeutung von derartig verstandenen Visionen in Organisationen:

(Man kann unter) Visionen nicht mehr normative zukunftsabgeleitete Leitbilder verstehen wollen, ... sondern muß ihren Charakter als Medien, als prozeßsteuernde Sinnvermittlungsinstanzen begreifen. Sie sind „Sinn-Bilder" unseres Handelns, die in kollektiven Einigungen sinnstiftende Funktionen haben, nicht aber inhaltlich vorgegebene Normen, aus denen Handeln jeweils zu deduzieren wäre. (Heintel, 1993a, 138)

Die Möglichkeit, innere Bilder, Wünsche, Vorstellungen mit anderen teilen zu können, leitet sogenannte „Anerkennungsprozesse" (*Heintel* 1993a, 131) ein. Die Individuen werden nicht mehr nur als LehrerInnen gesehen, die bestimmte Funktionen in der Schule ausüben (z.B. als MathematiklehrerInnen, Klassenvorstände, Kustoden etc.), sondern als Menschen, die ein ganz bestimmtes Verhältnis zu der Organisation haben, in der sie tätig sind. Da kann es gelegentlich zu Überraschungen kommen. Am Ende diese Halbtags bemerkten manche LehrerInnen erstaunt, daß ein Kollege oder die Kollegin, von dem/der man das nie vermutet hätte, ganz ähnliche Vorstellungen von Schule hatte, wie man selbst. Auch der Direktor war verwundert, *„welche LehrerInnen die Plakate im Plenum präsentiert* hatten"(nämlich nicht unbedingt nur diejenigen, die sonst immer aktiv sind*).* Insgesamt zeigte man sich überrascht, daß die Bilder der Traumschulen gar nicht so unterschiedlich waren, wie man eigentlich (vorurteilshaft) angenommen hatte.

Um derartige Entdeckungen machen zu können eignet sich die Vorgangsweise einer analogen Darstellung wie des „Bilderentwerfens" besonders. Es geht nicht um eine rationale Diskussion – die wird zum

Thema, wie Schule sein soll, oft geführt – oder um abstrakte Begriffe, sondern um Vorstellungen, die Gefühle, Sinne, ja, den ganzen Körper erfassen. Während der Arbeitsphase wurde z. B. viel gelacht, auch protestiert, der gesamte Raum schien mit Energie erfüllt. Bilder haben den großen Vorteil, daß sie auf ihre Art eine „Ganzheit" darstellen und sich doch einer eindeutigen Festlegung entziehen (vgl. dazu auch *Heintel* 1993a, 127 ff). Sie lassen genug „Spiel"raum für Ergänzungen und Interpretationen. Mitunter ist die Sprache der Bilder aber auch erschreckend deutlich:

Von einer Gruppe etwa wurde diese Vision einer „offenen Schule" gezeichnet:

Die Schule sollte ein vielfältiges Angebot an Sport, Medien usw. bieten, es sollte keine Zeugnisse geben und keine „Gegnerschaft zwischen LehrerInnen und SchülerInnen" (FT). Das Bild war hell und freundlich gezeichnet und vermittelte das Gefühl großer Harmonie. Bei einer genaueren Betrachtung schob sich allerdings noch ein anderer Eindruck in den Vordergrund: die Schule schwebte in der Luft, sie hatte keine Begrenzung, kein festes Fundament. Damit hingen aber auch alle schönen Vorstellungen des Miteinander gleichsam „in der Luft".

Ein zweites Beispiel:

Die Gruppe hatte ebenfalls das Ideal der offenen Schule zu malen versucht und den Übertitel „lustvoll arbeiten – my home is my castle" gewählt. Die Schule liegt inmitten einer Naturlandschaft, die Sonne scheint und spendet überreichlich Energie, viele Wege führen in und aus der Schule, geschäftige Männchen laufen hin und her. In der Beschreibung des Bildes durch die Gruppe fielen Worte wie: „Sich gerne in der Schule aufhalten", „Vielfalt – keine Monokultur", „Heimat", „Kreativität", „Angstfreiheit für SchülerInnen und LehrerInnen". Diese Beschreibungen kontrastieren – bei längerer Betrachtung des Bildes – jedoch eigentümlich mit der bildlichen Gestaltung. Die Schule ist durch einen massiven geschlossenen Rundbau dargestellt, der an eine Arena oder ein Kolosseum erinnert. Die Wege hinein und heraus sind genau kontrollierbar, das Innere des Gebäudes liefert die Assoziationen zu einem Kampfplatz.

Auch die anderen Bilder zeigen ähnliche Widersprüche zwischen der bildlichen Botschaft und der bewußten Deutung (vgl. etwa auch den Schüler, der mit *„Herz, Hirn und Hand"* vom *„Elternhaus durch die Schule in die weite Welt"* geleitet wird, den aber die Hände auf dem Bild auch fest „im Griff" haben, siehe Anhang 1). In den Bildern spiegelt sich – so scheint mir – immer auch die grundsätzliche Widersprüchlichkeit der Institution Schule.

Die LehrerInnen waren erstaunt, daß sie in den Bildern, obwohl sie gänzlich unabhängig voneinander entstanden waren – oft sehr ähnliche Motive und Gestaltungsmittel gewählt hatten. Durchgängige Themen waren: die Öffnung der Schule, die Breite des Angebots (Kultur, Sport, Wissenschaft, Medien), die zentrale Rolle der SchülerInnen und die angstfreie, von Zuneigung und Verständnis geprägte Atmosphäre.

Ich möchte hier noch einige Aussagen erwähnen, die sich zwar nicht vom generellen Trend unterschieden, aber in ihren Formulierungen auffällig waren. Z.B. forderte eine Gruppe durch das Symbol des „Eises", daß das „Eis schmelzen möge" oder eine andere Gruppe zeichnete einen verstümmelten Schüler mit nur einem Ohr, *„damit beim anderen nicht das wieder herauskommen konnte, was beim einen Ohr hineingekommen ist."*

Die Arbeit an den Bildern der Traumschulen an diesem Halbtag war – wie bereits erwähnt – energiegeladen. Die Herstellung der Bilder ging erstaunlich rasch vor sich (zu rasch?), nach etwa 45 Minuten hatten alle Gruppen ihr Produkt. Die Bilder wurden anschließend im Plenum aufgehängt, von allen betrachtet und kommentiert und von den jeweiligen Gruppen selbst gedeutet.

In einer Reflexion am nächsten Morgen betonten die LehrerInnen, daß es anregend gewesen war, unterschiedliche Sichtweisen kennengelernt zu haben und miteinander über dieses Thema nachgedacht und geredet zu haben, sie bedauerten allerdings auch, daß „die Bedeutung der Dynamik in den Zeichnungen" offen geblieben ist. Offensichtlich war vielen nicht klar, was nun mit ihren „Visionen" geschehen sollte.

Die im Bild festgehaltenen Visionen blieben so etwas wie ein Leitmotiv für den gesamten Prozeß. Sie wurden in den einzelnen Phasen des Projekts immer wieder in Erinnerung gerufen. Schließlich wurden sie zu einer zentralen Bezugskategorie bei geplanten Veränderungsschritten. In einer Besprechung nach Ende des Projekts erläuterte der Schulleiter z.B. einen Versuch, das leidige „Garderobenproblem" endlich in den Griff zu bekommen:

Wir haben uns einfach die Frage gestellt, paßt die Regelung, die wir gefunden haben, zu unseren Visionen? Wir haben dann gesehen, daß wir aus der Garderobe ein Gefängnis gemacht haben. Jetzt beziehen wird die Schüler in die Verantwortung ein – keine strikte Hausschuhpflicht, sondern Hausschuhe nur, wenn das Wetter es tatsächlich verlangt – und siehe da, wir hatten die Schüler immer unterschätzt. (FT).

3.2 Aufbau einer Arbeitsorganisation

Der gesamte folgende Tag war dem Finden von Entwicklungsfeldern und dem Aufbau einer Arbeitsorganisation für eine weitere Arbeit gewidmet. Die Fragestellung lautete: „Welche Bereiche sind der Schule wichtig? Was sollte näher angesehen werden?" In einem mehrstufigen Verdichtungsprozeß (brainstorming in der Kleingruppe – Verdichtung der verschiedenen Themenbereiche zu Oberthemen in der Kleingruppe – neuerliche Verdichtung durch „clustering" im Plenum) sollten relevante Themenbereiche gefunden werden.

Die Kleingruppen wurden nach dem sogenannten „Affinitätsprinzip" gebildet. Leute, die ähnliche individuelle Visionen geäußert hatten, sollten in einer Gruppe zusammenarbeiten. Dazu hatte das Beraterteam die am Vortag auf Kärtchen festgehaltenen persönlichen Leitvorstellungen der LehrerInnen gesammelt und nach Gemeinsamkeiten zusammengefaßt. Auf diese Weise entstanden sieben Gruppen, für die folgende Obertitel gewählt wurden: „Soziales Lernen", „Allgemeinbildung", „organisatorische Rahmenbedingungen", „Leistungsbereitschaft", „Regionsbezug (offene Schule)!", „Anwendungsbezug", „Kreativität, Freude, Lust".

Diese Zuteilung war als eine „Arbeitserleichterung" für alle Gruppen gedacht (Leute mit ähnlichen Vorstellungen können besser zusammenarbeiten). Es wurde dabei allerdings vom Beraterteam unterschätzt, daß diese Einteilung als massive Intervention durch die Externen erlebt werden mußte. Mit einem „groben Löffel" war der „Organisationsleim" (vgl. *Küpper/Ortmann* 1992) gewaltig aufgerührt worden, was große Irritation auslöste. Einige LehrerInnen fühlten sich bestätigt, für andere schien es ein Schock, mit welchen Leuten sie sich plötzlich in einer Gruppe fanden. Etliche protestierten, daß man sie grundfalsch verstanden hätte, und einzelne sinnierten lange darüber, welche Gemeinsamkeiten sie denn mit ihren GruppenpartnerInnen haben könnten. Der Hinweise, daß diese Gruppenbildung nur für den Vormittag Bedeutung haben sollten, nützte nichts, die Form des Zustandekommens hatte ihre eine Bedeutung verliehen, die lange nachwirkte, und noch Stunden später sagte ein Lehrer zu einer Beraterin, er glaube nun zu wissen, wieso er gerade in dieser Gruppe gelandet sei (FT).

Trotz dieser Aufregungen verliefen die Gruppenarbeiten intensiv und am Ende dieser Einheit wurden folgende konkrete Fragestellungen als wesentlich benannt:

- Welche Kommunikationsstrukturen gibt es bei uns?
- Welche (Grundlagen für) Innovationen sind vorhanden?
- Welche Formen von Kooperation und Mitgestaltung gibt es?
- Wie sieht unsere Schulorganisation aus?
- Welche Bildungsziele verfolgen wir?
- Wie sieht unsere Lernkultur aus?
- Wie sieht unser Schulklima aus?
- Welche Funktionen erfüllt die Schule in der Gemeinde?

Eine erste vorläufige Zuordnung der Anwesenden zu den Bereichen ergab, daß 22 Leute an der Frage der „Bildungsziele/Lernkultur" arbeiten wollten, 18 am „Schulklima", 10 an Fragen der „Kommunikation", vier an organisatorischen Problemen und nur vier TeilnehmerInnen an dem Bereich „Schule und Gemeinde". Überraschenderweise wurde das Thema „Kooperation" gar nicht gewählt und nur ein einziger Lehrer konnte sich für Fragen der „Innovationen" erwärmen.

Die Interessensverteilung scheint für den derzeitigen Entwicklungsstand von Schulen nicht untypisch. LehrerInnen sind in erster Linie an jenen Bereichen interessiert, die sie unmittelbar betreffen, also an Fragen der Kommunikation und des allgemeinen (Lern)Klimas an der Schule. Organisatorische Problemstellungen, Fragen der Einbettung des Schulganzen in die Gemeinde oder Überlegungen zu Strategien der Anpassung an veränderte Gegebenheiten etc. sind demgegenüber zweitrangig. Die Bedeutung auch dieser Bereiche wird oft erst im Laufe des Prozesses bewußt.

Zu den Themenbereichen wurden schließlich fünf Arbeitsgruppen gebildet:

Gruppe: Bildungsziele
Gruppe: Lernformen
Gruppe: Kommunikation
Gruppe: Schulklima
Gruppe: Schulorganisation

Wesentlich war, daß nicht alle LehrerInnen an einer Arbeitsgruppe teilnehmen mußten und nur jene angesprochen waren, die aktiv (mit)arbeiten wollten. Trotzdem waren die Gruppen vorerst sehr stark, da nahezu alle Anwesenden sich einer Gruppe zuordneten (die durchschnittliche Anzahl der Gruppenmitglieder betrug etwa 10).

Der letzte Schritt des Aufbaus einer Arbeitsorganisation, die das Projekt während des Jahres tragen sollte, bestand darin, die nun gebildeten Gruppen an ihre Themenstellung heranzuführen und arbeitsfähig zu

machen. Die Gruppen wurden gebeten, sich deutlich sichtbar im Raum zu verteilen. Sie erhielten nun Aufgabenstellungen, die sie in relativ kurzer Zeit beantworten sollten. Die Antworten wurden im Plenum öffentlich gemacht, ehe die nächste Frage gestellt wurde (zur konkreten Abfolge der Schritte siehe Anhang 2)
Hier einige typische Antworten (zitiert nach *Krainer/Krainz-Dürr* 1994):

Nehmen Sie einen Bereich und sagen Sie, was Sie erforschen möchten. Formulieren Sie 5 konkrete Fragen dazu.

AG „Schulorganisation": Worin besteht das Garderobenproblem?

AG „Schulklima": Wo sind Orte des Wohlbefindens? Was bedeutet Wohlbefinden? Was beeinträchtigt Wohlbefinden?

AG „Lernformen": Welche Unterrichtsformen werden praktiziert? Wieviel Zeit wenden Schüler für das Lernen auf? Sind die Schüler motiviert und wodurch?

AG „Bildungsziele": Was bedeutet Engagement? Wie reagieren Klassen auf ausländische Schüler?

AG „Kommunikation": Wie sieht die Kommunikation unter Lehrern aus? Welche Rahmenbedingungen für Kommunikation gibt es? Gibt es Ausschließungen, Einbeziehungen? Was ist davon kommunikationsfördernd?

Nehmen Sie eine oder zwei dieser Fragen: Woher bekommen Sie die Informationen, um sie untersuchen zu können?

AG „Schulklima": Schülerfragebogen zum Thema.

AG „Lernformen": Lerntechniken mittels Lehrerfragebogen erfragen.

AG „Schulorganisation": Garderobe in Augenschein nehmen; Befragung von SchülerInnen; prüfen, ob das stimmt, was an Gerüchten kursiert.

AG „Bildungsziele": Schüler, Eltern, Lehrer befragen.

Der gesamte Ablauf dauerte etwa zwei Stunden. Zum Abschluß setzten sich die gewählten KoordinatorInnen der jeweiligen Gruppen in einen deutlich sichtbaren Kreis in die Mitte des Raumes. Mit dem Schulleiter bildeten sie die Koordinationsgruppe des Projekts. Zwei Externe, die die Beratung dieser Gruppe übernommen hatten, setzten sich ebenfalls dazu. Auf diese Weise wurde die Struktur des Projekts für alle sichtbar gemacht. Die erste Sitzung dieses neuen „Gremiums" fand somit öffentlich statt. Es wurden noch einige nächste organisatorische Schritte vereinbart und ein Projektleiter bestimmt. Welche Bedeutung es haben kann, daß die Wahl auf den Schulleiter fiel, ist an anderer Stelle schon diskutiert worden (vgl. Kap. 2.6.).

Das Ziel der Veranstaltung war also erreicht, es waren Themenfelder für eine Weiterarbeit in Form einer Ist-Analyse gefunden und eine Arbeitsorganisation aufgebaut und sichtbar gemacht worden. Auch die LehrerInnen schienen zufrieden, die abschließenden Rückmeldungen waren durchaus positiv, etliche wiesen auf die motivierende Kraft dieses Projektstarts hin:

Ganz am Anfang – in dieser ersten Sitzung – war ja hauptsächlich diese Aufbruchsstimmung[15] mit der Vision, also, was wollen wir eigentlich und unsere gemeinsamen Ziele ... (sL1b)

---

15 Ob diese Motivation auch tatsächlich für eine Weiterarbeit ausreichen sollte, mußte sich allerdings noch weisen. Es war durchaus noch nicht auszumachen, ob diese Veranstaltung nicht dasselbe Schicksal erleiden würde wie viele SCHILF-Veranstaltungen oder Pädagogische Tage an Schulen, als Einzelveranstaltung zwar erfolgreich, aber letztendlich folgenlos zu sein (vgl. *Krainz-Dürr*, 1994)

„... zuviel Arbeit und zuwenig ergiebig"

4. Erhebung des Ist-Zustands

4.1 Erste Arbeitsphase der Schulteams

Nach dieser ersten, motivierend verlaufenen Klausur begannen die meisten Arbeitsgruppen sofort mit einer Vielzahl von Aktivitäten zur Erforschung eines Aspekts des Ist-Zustands an der Schule. Die Tendenz dabei war, sich in recht kurzer Zeit sehr viel vorzunehmen, und sich nicht lange mit Planungs- oder Koordinierungsgesprächen aufzuhalten. Absprachen unter den Gruppen gab es nicht, einige Teams entwarfen Erhebungsbögen und teilten sie auch gleich aus. In kurzer Zeit ergoß sich eine Flut von „Fragebögen" über den Lehrkörper.

> *Es waren dann jede Woche mindestens drei Fragebögen zum Ausfüllen, das war einfach zuviel. (sL2b)*

> *Es war also ununterbrochen alles gepflastert mit Fragebögen. (sL5 b)*

Mehrere LehrerInnen haben in Interviews festgestellt, daß in dieser Phase eine externe Beratung – vor allem eine Beratung über die technischen Möglichkeiten der Datensammlung – wichtig gewesen wäre.

> *... z.B. gerade bei den Fragebögen ... die sicher nicht das Gelbe vom Ei waren. ... sinnvolles Erstellen von Fragebögen, sinnvolle Interviewarbeit, ... wie bekomme ich überhaupt meine Informationen? Da hätten wir uns noch viel mehr Unterstützung gewünscht, vielleicht wirklich auch ein Seminar, ein Kurzseminar zusätzlich. (sL1b)*

Bei der ersten Klausur war vereinbart worden, daß die Arbeitsgruppen bei Bedarf Beratung anfordern konnten. Das Beratungsteam hatte dabei allerdings das Tempo der LehrerInnen unterschätzt.

Wir hätten ja eigentlich sagen können, na bitte, kommts und helfts uns, aber in der Phase haben wird das nicht mitbekommen, daß wir das nicht alleine können ... wir hätten schon viel früher Hilfe anfordern sollen. (sL1b)

Für diese Phase kann im Nachhinein festgestellt werden, daß der Eifer und das Tempo, mit dem vorgegangen worden ist, der Sache nicht unbedingt dienlich war. Man könnte nun fragen, warum sich dies auf genau diese Weise ereignet haben mag. Die Frage ist nicht zuletzt deshalb von Bedeutung, da sich viele Abwehrphänomene gegen Veränderung in Organisationen dadurch „tarnen", daß so getan wird, als würde man große Aktivität entwickeln (vgl. dazu *Heintel/Krainz* 1994a). Es kann weiters gefragt werden, welche Art von „Zusammenspiel" zwischen der Beratungsgruppe und den LehrerInnen der Schule entstanden war, sodaß sich diese Beschleunigung im Vorgehen ereignete. Dazu gibt es mehrere Möglichkeiten und ein grundsätzliches Problem.

Letzteres besteht darin, daß man bei der Planung von Interventionen in Organisationen angesichts der Undurchschaubarkeit der tatsächlichen Verhältnisse nie weiß, was man durch eigene Handlungen auslöst („Ich weiß erst, was ich sage, wenn ich die Antwort darauf höre"). Selbst die besten Schachspieler können nur einige Züge vorausdenken. Die begrenzte Kalkulierbarkeit der Interventionsfolgen betrifft nicht nur die externen Berater, sondern auch die internen Akteure. Diese Nichtkalkulierbarkeit wird dann zum Problem, wenn sie sich störend bemerkbar macht. Anders gesagt: Man merkt seine Absichten oft erst, wenn sie aufgrund nicht geplanter Ereignisse durchkreuzt werden. In jedem Fall ist aufgrund dieser Problematik des Beratens ratsam, eine gewisse Bedächtigkeit an den Tag zu legen und entgegen aller Aufbruchseuphorie daran festzuhalten, das Fortschreiten des Beratungsprojekts immer wieder in Reflexionsschleifen zu betrachten.

Für den hier diskutierten Fall könnte es so gewesen sein, daß das Zusammenspiel zwischen BeraterInnen und Schule nicht wirklich als „Vertrag" über durchzuführende Schritte verstanden wurde, sondern als eine eigentümliche Allianz des „Aktivismus". Denn auch in der Beratungsgruppe wurde die Aufbruchseuphorie geteilt, war man sehr bemüht, Ziele zu finden, Schritte festzulegen usw. Als dann die Entwicklung derartig rasant begann, bemerkte man wohl etwas früher als das Klientel, daß sich aufgrund des hohen Tempos gewisse Schwierigkeiten einzustellen begannen, der „Zug" war allerdings bereits in eine bestimmte Richtung abgefahren. Mehr noch: es mußte ja befürchtet werden, daß das Ziel aus den Augen verloren wurde, und alles womöglich nur ein „Sturm im Wasserglas" war und praktisch konsequenzenlos blieb. Dem sollte – nachträglich – gegengesteuert werden.

Knappe vier Wochen zwischen der Klausur und der ersten Sitzung der Koordinationsgruppe ist eigentlich nicht viel Zeit, wenn diese für eine Konsolidierung der Gruppen und die Planung der ersten Schritte genutzt wird. Daß in dieser Zeitspanne bereits so große Aktivität entwickelt wurde, scheint nicht untypisch für die Arbeitsweise an der Schule: rasch reagieren, viel vornehmen, eine leichte Tendenz zur Überforderung (manche Gruppen haben sich in der Zeit drei bis viermal getroffen), wenig Geduld und die Tendenz, aktiv zu handeln. Dieses Verhalten scheint allerdings nicht nur typisch für die beschriebene Schule sondern für die Organisation Schule generell, wo viel Zeit für Aktion, weniger Zeit für Planung und kaum Zeit für Nachbereitung und Reflexion verwendet wird.

Als knapp vier Wochen nach der ersten Klausur die erste Sitzung der Koordinationsgruppe mit zwei VertreterInnen des Beratungsteams stattfand, waren Fragebögen bereits verteilt, Umfragen gestartet und so entsprechende Weichen für inhaltliche Fragestellungen und Vorgangsweisen bereits gestellt. So ging es in dieser Sitzung nicht mehr – wie vorgesehen – um Planung oder Abstimmung von Vorhaben, sondern um eine nachträgliche Koordination laufender Aktivitäten und eine generelle „Verlangsamung".

4.2 Betreuung der Schulteams

Jede der fünf Arbeitsgruppen wurde von einem Mitglied des Beratungsteams individuell betreut. Die BetreuerInnen standen in regelmäßigem Telefonkontakt mit den KoordinatorInnen der Gruppen und konnten fallweise für bestimmte Sitzungen „angefordert" werden. Bis zur zweiten Klausur fand mindestens ein Treffen zwischen Betreuer/in und Gruppe statt. Dabei wurden recht unterschiedliche Tätigkeiten nachgefragt. Die Externen halfen bei der Strukturierung und Auswertung von Interviews, der Planung eines Vormittags mit Eltern und SchülerInnen, moderierten Sitzungen oder kommentierten Rückmeldungen von MaturantInnen.

Besonders geschätzt wurde von den Gruppen, wenn die Betreuer auch „regelnd" eingriffen:

> *Das (erg. die Betreuung durch X.) hat uns sehr gut getan. Er hat uns rechtzeitig zurückgenommen, wenn wir übereilen wollten. (sL1b)*

Oder aus derselben Gruppe:

> *Ich kann nur über die Arbeitsgruppe reden, in der ich war, wobei ich den Eindruck hatte, daß wir sehr gut betreut wurden. Unser Betreuer hat genau das gemacht, von dem ich glaube, daß es in anderen Gruppen gefehlt hat. Er hat nämlich Leute immer wieder abgehalten, sich zu weit vom Ziel zu entfernen oder etwas mit einer Methode zu machen, die viel zu aufwendig und umständlich ist. Er hat sehr oft die Initiative sozusagen unterbrochen und gesagt, denkt noch einmal darüber nach, ob es sinnvoll ist. Er hat es nicht verboten, das war auch sehr positiv, aber er konnte durch Argumente überzeugen. (sL3b)*

4.3 Erhebungsergebnisse und Entwicklungsfelder

Im folgenden werden die wesentlichen Ergebnisse der Ist-Analyse dargestellt, wie sie in der zweiten Klausur präsentiert wurden. An die zweite Klausur schloß sich ein weiterführender Verarbeitungsprozeß, in dem es um eine Gegenüberstellung der Ist-Analyse mit den in der ersten Klausur formulierten Visionen und Zielvorstellungen und die Ausformulierung konkreter Entwicklungsfelder ging. Diese Ausformulierung gestaltete sich langwierig und erfolgte über mehrere Stufen. Wesentliche Schritte dabei waren die Auseinandersetzung mit den Kommentaren des Lehrkörpers, die in der zweiten Klausur erhoben wurden, und den Rückmeldungen des Beratungsteams. Die BeraterInnen hatten die Ergebnisse der Arbeitsgruppen aus ihrer Sicht zusammengefaßt und mit den im ersten Block formulierten Visionen verglichen, wobei sich bestimmte Fragestellungen für eine Weiterentwicklung ergaben. Die Analysen der BeraterInnen wurden in der Koordinationsgruppe ausführlich diskutiert. Die als Ergebnisse all dieser Diskussionen und Auseinandersetzung formulierten Vorhaben der einzelnen Gruppen sollen im folgenden kurz dargestellt werden (ausführlicher siehe *Krainer/Krainz-Dürr* 1995, *Canaval* u.a. 1995).

4.3.1 Spiegelbild unterschiedlicher Ansprüche: Gruppe „Bildungsziele"

Die Gruppe Bildungsziele bestand aus acht Leuten, die – wie der Koordinator der Gruppe betont – nicht immer alle gleich aktiv mitgearbeitet hatten:

> *Es war so, daß nicht immer alle acht aktiv waren und Vorschläge gemacht haben, da waren auch welche dabei, die zwar etwas gemacht haben, wenn man sie darum gebeten hat, aber wenn man sie nicht bittet, machen sie nichts.* (sL3b)

Die Gruppe hatte sich nach der ersten Klausur „*enorm viel vorgenommen*" (sL3b). Sie wollte den Ist-Zustand der Bildungsarbeit der Schule von verschiedenen Seiten beurteilen lassen und teilweise auch Vorschläge zu einer veränderten Schwerpunktsetzung sammeln. Dazu wurden – mit unterschiedlichen Methoden – Eltern und SchülerInnen nach ihren Wünschen und Erwartungen an Schule und Unterricht und LehrerInnen nach ihren Bildungszielen befragt.

a.) Erhebungen unter den SchulabgängerInnen:
Die Gruppe hatte alle MaturantInnen der letzten 3 Jahrgänge der Schule angeschrieben mit der Bitte, die Bildungsarbeit der Schule (d.h. die Vermittlung von Wissen, Fertigkeiten und Werten) zu beurteilen und Stärken bzw. Schwächen der Schule auf diesem Gebiet anzugeben. Von 115 verschickten Rückmeldebögen kamen 32 zurück, was einer Rücklaufquote von – für die Gruppe enttäuschenden – 25% entspricht.

Die MaturantInnen äußerten sich mit der von der Schule vermittelten Allgemeinbildung im wesentlichen zufrieden. Bezüglich des Detailwissens sind die Rückmeldungen differenzierter, es gibt Lob für gute fachliche Ausbildung, die den Studieneinstieg erleichterte, aber auch kritische Stellungnahmen zu bestimmten Fächern und LehrerInnen. Mehrmals wird die zu geringe Betonung der politischen Bildung als Bildungsdefizit angeführt. Öfters wird gefordert, daß Projekte und Gruppenarbeiten ein höheres Gewicht im Unterricht bekommen sollten, um selbständiges Lernen zu trainieren („*Selbständiges Arbeiten und Erarbeiten kommt nur sehr selten zustande*" vgl. *Krainer/Krainz-Dürr* 1995, 9). Die MaturantInnen stellen der Schule – was die Vermittlung von Werten wie Toleranz, Zulassen von Vielfalt, Hilfsbereitschaft, Umweltbewußtsein betrifft – ein gutes Zeugnis aus. Das große Umweltengagement der Schule wurde besonders hervorgehoben.

b.) Interviews mit LehrerInnen:
Um zu erheben, welchen Bildungszielen sich LehrerInnen eigentlich in ihrem Unterricht verpflichtet fühlen („Was will ich mit meiner Arbeit erreichen und wie geht es mir dabei?"), wurden offene Interviews mit 12 LehrerInnen aus dem Kollegium geführt.

Als wesentliche Bildungsziele nannten die LehrerInnen in den Interviews Allgemeinbildung und Fähigkeit zu selbständigem, flexiblen, kritischen und kreativem Denken. Werte wie Umweltbewußtsein und Selbständigkeit werden sehr hoch eingeschätzt. Auffallend ist, daß die Fähigkeit zu Teamarbeit nie als Bildungsziel genannt wird. Die als wesentlich erachteten und zu vermittelnden Werthaltungen decken sich zum Großteil mit den Werten, die die MaturantInnen nennen. Hinzukommen noch Disziplin, Ordnung und Ehrlichkeit (von der Hälfte der befragten LehrerInnen als wichtiger zu vermittelnder Wert genannt). Bemerkenswert ist, daß die LehrerInnen ihre Erfolge bei der Vermittlung dieser Werte pessimistischer einschätzen als die SchülerInnen.

Für den Koordinator der Gruppe war das interessanteste Ergebnis, daß viele LehrerInnen die Persönlichkeitsbildung vor das Vermitteln fachlicher Inhalte setzten und ...

... daß aber zugleich wieder das ungute Gefühl da ist, ich schaff's nicht, ich habe zu wenig Freiheit in der Persönlichkeitsbildung, weil ich mich mit dem Fachlichen zuviel beschäftige. Aber es war auch so, daß die Werte, die die Lehrer vermitteln wollen, ziemlich gut gepaßt haben mit dem, was die Schüler gespürt haben, daß das an der Schule vermittelt wird. (vL3b)

Das Nachdenken über Bildungsziele wurde von vielen LehrerInnen als *„ wohltuend"* empfunden, weil *„ ... meist durch die Arbeitslast zuwenig Zeit und Energie für das Bewußtmachen der eigentlichen Ziele der Arbeit bleibt"* (Krainer/Krainz-Dürr 1995, 12).

c.) Arbeit mit Eltern und SchülerInnen:
Die LehrerInnen der Gruppe haben an einem Vormittag den Stundenplan aufgelöst und mit ihren Klassen (je eine 8., 9., 10. und 11. Schulstufe) zum Thema „Bildungsziele" gearbeitet. Zu dieser Veranstaltung wurden

auch die Eltern der jeweiligen SchülerInnen eingeladen. Von 120 geladenen Eltern kamen – obwohl die Veranstaltung an einem Samstag Vormittag stattfand – nur zehn (!) Personen. Eltern und SchülerInnengruppen arbeiteten getrennt und tauschten dann im Plenum Ergebnisse aus.

Die Elterngruppe erwies sich trotz ihrer geringen Größe als extrem heterogen und konnte zu keiner gemeinsamen Einschätzung finden, sodaß zwei Sprecher verschiedene Ansichten vortrugen. Den Eltern war wichtig, daß SchülerInnen von der Schule zu kritischem Denken erzogen werden, aber sie sollten dann auch nicht zu kritisch sein. Sie sollten sozial denken lernen, aber auch lernen, sich durchzusetzen. Sie sollen zu Selbständigkeit erzogen werden, aber auch – wenn nötig – sich unterordnen können. Einig waren sich die Eltern nur in dem Wunsch nach mehr Mitbestimmung bei Stoff- und Projektwahl, mehr Praxisbezug und nach einer besseren Koordination aller an Schule beteiligten Gruppen.

Die Gruppe „Bildungsziele" zog aus dieser Erfahrung den Schluß, daß von Seiten der Eltern wenig Richtlinien zu erwarten seien, da deren Positionen so „... *extrem unterschiedlich sind*" (sL3b).

Die Wünsche der SchülerInnen deckten sich zum Teil mit den Rückmeldungen der MaturantInnen: mehr Praxisbezug – mehr „Lernen lernen" – mehr Schülermitbestimmung bei der Stoff- und Projektauswahl (*„Projekte machen, die wir auch verstehen"* (Zitat einer Schülerin, FT) und mehr fachübergreifender Unterricht. Für die SchülerInnen war – so scheint es – auch noch in den oberen Klassen nicht ganz klar, was mit „Bildungszielen" eigentlich gemeint war. In ihren Antworten und Wünschen ging es weniger um Bildungsinhalte oder – ziele sondern mehr um klimatische Bedingungen von Lernen.

... eine starke Planlosigkeit , daß sie überhaupt nicht wissen, warum sie dasitzen. ... in ihrer Situation, haben sie gesagt, können sie sich nicht vorstellen, warum sie das (erg. was sie lernen sollen) brauchen, sie haben irgendwie das Vertrauen und finden sich damit ab, daß sie das machen, aber wichtig ist, daß sie es in einer angenehmen Atmosphäre machen. (sL3b)

Wenn man nun die Ergebnisse aller Erhebungen kurz zusammenfaßt, ergibt sich folgendes Bild: Die Schule scheint in der Vermittlung von Allgemeinwissen und besonders der Wertevermittlung im wesentlichen erfolgreich zu sein. Die SchülerInnen scheinen allerdings zu wenig in die Planung und Gestaltung von Unterricht einbezogen und zu selbständigem Arbeiten angeleitet zu werden.

Die Zielvorstellungen für ihren Unterricht, hatten die LehrerInnen in ihren „Visionen" in der ersten Klausur stichwortartig wie folgt beschrieben (vgl. *Canaval* u.a.1995, 24): Nicht nur Wissen – auch soziales Lernen, Lernen mit Hirn, Herz und Hand, mit Freude, Tanz, Medien, Sport. Humanitäres, menschenfreundliches, weltoffenes, liberales und autonomes Denken und Handeln – Mitbestimmung der SchülerInnen bei der Bildungsarbeit an der Schule.

Aus der Diskrepanz zwischen Vision und Ist-Zustand ergaben sich einige weiterführende Fragestellungen für die Schule:

– Welche Unterrichtsformen unterstützen selbständiges Lernen und wie können SchülerInnen stärker in die Planung und Gestaltung von Unterricht einbezogen werden?
– Wie könnte ein Bildungskatalog für die Schule aussehen?
– Gibt es Möglichkeiten mit SchülerInnen so etwas wie einen Bildungsvertrag zu schließen?
– Wie können SchülerInnen stärker in die Verantwortung für das Schulganze genommen werden?

Die Gruppe versuchte konkrete Möglichkeiten in diese Richtung zu überlegen und auszuarbeiten.

4.3.2 Zersplittert in Kleingruppen: Gruppe „Kommunikation"

In die Gruppe „Kommunikation" hatten sich anfangs sehr viele LehrerInnen gemeldet aber ...

... aus irgendeinem Grund, der uns selber nicht ganz klar ist, ist die Gruppe sehr rasch auf die Hälfte geschrumpft. Wir waren dann noch etwa 8 Leute, die aber sehr engagiert waren. (sL4b)

Auffallend ist, daß sich die Gruppe, obwohl sie selbst eher klein war, in weitere Untergruppen geteilt hatte, die jeweils einen Aspekt der Kommunikation bearbeiten sollten.

Es war also aufgeteilt in einzelne Kommunikationsachsen, Eltern-Lehrer, Lehrer-Schüler, Lehrer-Lehrer, Lehrer-Direktion. So, das waren die einzelnen Achsen, und da waren jeweils ein bis zwei

Leute eingeteilt, und die haben eben diese Gebiete untersucht. (sL4b)

Die Besonderheit dieser Gruppe war, daß auch der Schulleiter der Gruppe angehörte. Eine nicht unproblematische Situation, wie eine Lehrerin bemerkt:

Wir hatten die Besonderheit, daß in unserer Gruppe der Herr Direktor dabei war als Mitglied, und da eben auch die Kommunikation zwischen Lehrkörper und Direktion ein Punkt war, der hier untersucht werden sollte, ... war das für uns natürlich ein bißchen schwierig. Wir haben also schon das Gefühl, daß eigentlich der Lehrkörper darunter leidet, daß wir von der Direktion manche Informationen nicht genug – nicht schnell genug – nicht intensiv genug – bekommen. (sL1b)

Diese schwierige Gruppensituation wurde von der Gruppe zu meistern versucht, indem man sich auf eine einfache Formel einigte: Nicht *über*einander sondern mehr *mit*einander reden:

Wir haben in der Gruppe "Kommunikation" als das definiert, daß mangelnde Kommunikation im Prinzip immer nur das Unausgesprochene ist. (sL3b)

Möglichst offen alles ansprechen, wurde zur Leitlinie der Gruppe bei der Erhebung der Daten. Als z.B. in den Telefoninterviews mit den Eltern bestimmte Dinge über LehrerInnen gesagt wurden, suchten die InterviewerInnen das Gespräch mit der betreffende Lehrkraft.

Wir sind teilweise sogar zu den Kollegen hingegangen und haben gefragt: war das wirklich so? (sL3b)

Oft waren es „echte" Mißverständnisse, die auf diese Weise aufgeklärt werden konnten.
Offene Kommunikation – gemeinsame Konfliktlösung – Einander-Näherkommen – vielfältige Möglichkeiten der Kooperation – so hatten die LehrerInnen ihre Vision für eine Zuammenarbeit im Lehrkörper in der ersten Klausur gezeichnet (vgl. *Canaval* u.a. 1995, 24). Die Ist-Analyse, die sich auf die Auswertung von Fragebögen und Telefoninterviews mit Eltern stützte, erbrachte folgende Ergebnisse:

Die LehrerInnen beurteilten das Gesprächsklima im Konferenzzimmer mehrheitlich als gut und hoben Offenheit und Hilfestellung bei Problemen hervor. Allerdings wurde betont, daß trotz der Gespräche "jeder mache, was er will" und guter Kontakt nur mit einzelnen bestehe. Es wurde versucht, die Gruppen im Konferenzzimmer zu benennen. "Extrem Engagierte", "Engagierte" und die "Noch-ein-Projekt" Gruppe stehen den "Passivisten", den "Bitte nichts Neues" und "Heimgehern (keine Zeit)" gegenüber; die "Konservativen", "Etablierten", "Traditionsbewußten", den "Jungen", "Rebellischen", "Lockeren". Es zeichneten sich aber keine größeren Differenzen zwischen den Gruppen ab, verstreute Hinweise gab es auf gelegentliche Akzeptanzprobleme (z.B. Anmerkung auf den Plakaten, die auf der zweiten Klausur die Ergebnisse der Gruppe "Kommunikation" kommentierten: "Kein Schlechtmachen von Kollegen vor Schülern!", "Keine beleidigenden Äußerungen über Kollegen im Konferenzzimmer!", "Kommunikation setzt ein Klima der Akzeptanz voraus!").

Das Gesprächsklima zwischen LehrerInnen und SchülerInnen ist – nach Fragebogenanalysen – gut, die SchülerInnen wünschen sich zur Intensivierung des Kontakts längere Pausen oder etwa Gesprächsstunden mit dem Klassenvorstand. Bei einem Vergleich zwischen den Antworten der SchülerInnen und jenen der LehrerInnen fällt auf, daß die LehrerInnen ihrer Einschätzung nach offenbar mehr mit den SchülerInnen sprechen, als diese es umgekehrt wahrnehmen. Eigen- und Fremdbild klaffen also auseinander. Es wird hauptsächlich über schulische Probleme gesprochen, "Erfolge" sind kaum ein Gesprächsthema in der Schule (!).

Die Eltern reagierten auf die telefonisch durchgeführte Befragung eher erfreut und nützten sie auch für eine persönliche Einschätzung der Schule und der dort Arbeitenden. Es zeigte sich, daß die Eltern mitunter Schwierigkeiten haben, mit der Schule Kontakt aufzunehmen.

Selbst wenn sie wollten, haben sie den Lehrer tagelang nicht erreicht oder nicht ans Telefon bekommen. ... viele (erg. Eltern) haben viele Jahre gebraucht, um zu verstehen, wie man am besten mit einem Lehrer in Kommunikation tritt. Also, daß sie die Kommunikation wirklich erst lernen mußten. Und das war der Punkt, wo wir dann auch angesetzt haben und gesagt haben: Wir wollen diese Kanäle transparenter machen, wie geht es? (sL3b)

Die Kommunikation im Lehrkörper, sowie mit SchülerInnen und Eltern

wird – nach diesen Erhebungen – von den Beteiligten als gut eingestuft. Gelegentlich mischen sich in diese Einschätzung allerdings Zwischentöne, die darauf hinweisen, daß nicht alles so konfliktfrei und harmonisch abläuft. Die Etikettierungen der Gruppen sind dafür ein Indiz.
Als mögliche Bereiche für eine weitere Entwicklung wurden von der Gruppe folgende Fragen formuliert:

- Wie können Kommunikationswege transparenter und offener gestaltet werden?
- Wie lassen sich Regeln für das Zusammenleben an der Schule erarbeiten?
- Wie kann man vom partiellen „Jeder tut, was er will" in Richtung einer deutlicheren Verbindlichkeit voranschreiten?
- Welche Formen der Problem- und Konfliktlösung können an der Schule entwickelt werden?

4.3.3 Frontalunterricht oder ... : Gruppe „Lernkultur"

Die Gruppe „Lernkultur" bestand aus etwa acht Mitgliedern, die mehr oder minder kontinuierlich arbeiteten. Die Arbeitsgruppe hatte sich zur Aufgabe gemacht, die „Lernkultur" an der Schule zu untersuchen. Folgende Fragestellungen standen im Vordergrund: Unter welchen Bedingungen lernen SchülerInnen in der Schule? Mit welchen Methoden werden sie unterrichtet? Wieviel Zeit brauchen sie zu Hause zum Erledigen der Aufgaben? Benötigen sie fremde Hilfe? Was motiviert sie zum Lernen? Zur Beantwortung dieser Fragen wurden mehrere Erhebungen durchgeführt (drei Fragebögen für SchülerInnen, ein Lehrerfragebogen).

Ein wesentliches Ergebnis der Schülerbefragung war, daß SchülerInnen lernen, weil sie glauben, es später einmal brauchen zu können, oder um gute Noten zu bekommen, mehrheitlich jedoch nicht, „weil der Stoff interessiert". Der Unterricht bereitet SchülerInnen Freude, wenn er anregend und aktivierend ist bzw. der soziale Aspekt betont wird. Auch LehrerInnen gaben an, sie seien motiviert, wenn sie Interesse wecken, Mitarbeit von SchülerInnen erleben, und in einem guten Klima arbeiten können. Demotivierend für eine große Mehrheit (zwei Drittel) der SchülerInnen wirkt, wenn LehrerInnen den Großteil der Stunde vortragen. Die SchülerInnen sehen Lob als Motivation und wünschen sich öfters von LehrerInnen gelobt zu werden. Die LehrerInnen werden demotiviert, wenn sie auf Gleichgültigkeit und Disziplinlosigkeit stoßen.

Die Erhebung über die zeitliche Belastung der SchülerInnen durch Lernarbeit und Hausübungen am Nachmittag ergab eine durchschnittliche Arbeitszeit von 1 1/2 Stunden in der Unterstufe, wobei der zeitliche Aufwand für die einzelnen Fächer sehr unterschiedlich war. Die Nachfrage an fremder Hilfe ist im Fach Mathematik am größten.

Die vorherrschenden Sozialformen im Unterricht sind Frontalunterricht, Lehrer-Schülergespräch, Einzel- und Partnerarbeit. Komplexere Sozialformen wie Gruppenarbeit oder Projektunterricht werden seltener eingesetzt. Offene Lernformen werden kaum verwendet. Dennoch nennen LehrerInnen Selbständigkeit, kritisches Denken und soziales Lernen als wesentliche Ziele ihres Unterrichts.

Die Erhebungen machten deutlich, daß an der Schule vornehmlich Sozialformen im Unterricht eingesetzt werden, die das Erreichen, der von den LehrerInnen selbst formulierten Ziele (Selbständigkeit, soziales Lernen), erschweren. Vergleicht man diesen Befund mit den in der ersten Klausur beschriebenen Visionen eines vielfältigen, aktiven Arbeitens statt einer Lernmonokultur, motivierender Unterrichtsmethoden und fächerübergreifenden, forschenden Lernens (vgl. *Canaval* u.a. 1995, 24), so scheinen die Felder für weiteres Arbeiten vorgezeichnet. Die Gruppe beschloß, folgenden Fragestellungen weiter nachzugehen:

- Wie kann das Methodenrepertoire erweitert werden?
- Wie kann die Einbeziehung offener Lernformen in den Unterricht erreicht werden?
- In welcher Form können SchülerInnen zum aktiven Mitarbeiten und zur Selbsttätigkeit angeregt werden?

4.3.4 Schwierig, Indikatoren zu finden: Gruppe „Schulklima"

„SchülerInnen, LehrerInnen und Eltern sollen sich in der Schule gerne aufhalten und wohl fühlen", lautete die Wunschvorstellung der LehrerInnen in der ersten Klausur. Die Gruppe „Schulklima" (durchschnittlich 5-8 Leute) versuchte dieses „Wohlbefinden" deutlicher zu fassen und Indikatoren dafür zu finden. Zunächst wurde eine Eigenerhebung bezüglich „Befindlichkeit" in der Gruppe durchgeführt. Aus dem Ergebnis dieser Erhebung wurden wichtige Indikatoren herausgefiltert und zu einem Fragebogen für LehrerInnen und SchülerInnen verarbeitet. Die Gruppe verwendet zusätzlich Rückmeldungen aus der Maturantenbefragung der Gruppe „Bildungsziele". Die Auswertung brachte folgende Ergebnisse:

Im großen und ganzen wird das Gesprächsklima (zwischen den LehrerInnen, LehrerInnen-Direktor und LehrerInnen-Administrator) in der Schule als gut eingeschätzt, die Mehrheit der LehrerInnen hat das Gefühl, die eigene Lehrerpersönlichkeit an der Schule ausreichend entfalten zu können. Kritik am Schulklima machte sich eher an äußeren Dingen fest. An erster Stelle stand die „Hausschuhpflicht" und deren Kontrolle, gefolgt von der „Garderobenordnung" und dem Bewegungsverbot für die Schüler bis zum „Mitteilungsheft" und dem „Aufenthaltsverbot" in den Klassen. Ein besonderes Problem schien die Handhabung der Gangaufsichten zu sein. An dieser Äußerlichkeit scheinen sich Grundwidersprüche zu entzünden, die nur unterschwellig benannt werden („Pflichterfüllung" versus „lockerer Umgang"; Forderung nach mehr Konsequenz).

Für das Schulklima scheint weiters wesentlich, wieweit der Informationsfluß bzw. der Austausch zwischen KollegInnen funktioniert. Hier orteten viele Befragte Defizite. So wünschte sich z.b. eine Mehrheit der KollegInnen mehr Information über laufende Projekte.

Interessant ist, daß „äußere" Bedingungen als Indikatoren für Schulklima in den Rückmeldungen der MaturantInnen eine geringe Rolle spielen. Die positive Lehrer-Schülerbeziehung und das gute Gesprächsklima wiegen mehr als Mängel in der Raumsituation (Garderobe, kein Pausenhof, sterile Umgebung, ...). Dabei war auffallend, daß die Rückmeldungen der MaturantInnen den Schluß nahelegen, daß die Lehrer-Schüler-Beziehung als wichtiger erlebt wird als die Schüler-Schülerbeziehung.

Die Gruppe beschloß, in Zukunft an folgenden Fragen weiterzuarbeiten.

- Wie kann bezüglich wichtiger Dinge/Werte genügend Kommunikation und gegenseitige Unterstützung durch KollegInnen aufgebaut werden?
- Wie entsteht ein auf breiter Basis ausgehandelter Ordnungsrahmen, der verbindlich ist und der eine Atmosphäre des Wohlfühlens ermöglicht?

4.3.5 Der tägliche Kleinkram: Gruppe „Schulorganisation"

Die Gruppe Schulorganisation war eine große Gruppe, die allerdings stark arbeitsteilig vorging. Die Aktivitäten der Arbeitsgruppe waren gekennzeichnet durch eine Fülle untersuchter Themen. Diese reichten von „Termineinhaltung", „Supplierplanerstellung", „Beziehung zwischen dem BG/BRG und der Stadtgemeinde", „finanzielle Gegebenheiten", „organisatorische Aufgaben der Klassenvorstände", „Tagesheimschule" bis zu „Wanderklassen", „Aufenthaltsräume für Schüler und LehrerInnen", „Garderobe" und „Kopierapparat" (vgl. die einzelnen Ergebnisse in *Krainer/Krainz-Dürr* 1995).

Neben dem Problem der Wanderklassen bzw. der Werkräume schien das „Garderobenproblem" die größte Emotionalisierung und Polarisierung unter den LehrerInnen zu bewirken, da es eine Reihe unangenehmer Folgeprobleme nach sich zieht (z.b. Einhaltung der Hausschuhpflicht).

Die Gruppe fokussierte vor allem „administrative" Probleme und definierte „Organisation" als den täglichen „Kleinkram", der in Summe ein Schulklima wesentlich beeinflussen kann. Die Untersuchung anspruchsvollerer Organisationsaufgaben wie „Wer handelt was aus?", „Wer legt Kriterien u.ä. fest ..." etc. wurde dabei allerdings ausgespart.

Eingedenk der in der ersten Klausur formulierten Vision – „... *alle sollen bei organisatorischen Angelegenheiten aktiv mitdenken und mitarbeiten, bürokratische Arbeit soll (dafür) auf ein Minimum reduziert sein* (FT) – beschloß die Gruppe in zwei Richtungen weiterzudenken: Einerseits konkrete Veränderungsschritte zu benennen, die sofort einleitbar sind (evtl. Gestaltung des Wandfrieses im Essensraum der Tagesheimschule) oder Modelle zu konkreten Sachproblemen zu entwickeln (z.B. Wie kann ein neues Modell der Supplier- und Stundenplanerstellung aussehen?), andererseits die Untersuchung auf Fragestellungen auszuweiten wie:

– Wer ist an organisatorischen Fragen der Schule beteiligt?
– Wie verteilen sich Verantwortlichkeiten?"
– Wie werden Regeln und Kriterien ausgehandelt (insbesondere hinsichtlich der Lehrer-Schüler-Beziehung)?

4.4 Die zweite Klausur - Eine Analyse

Die zweite Klausur bedeutete einen tiefen Einschnitt im Projekt. In dieser 1½-tägigen Zusammenkunft des Lehrkörpers sollten die Ergebnisse der Ist-Analyse präsentiert, von den LehrerInnen diskutiert bzw. kommentiert und Schritte für eine Weiterarbeit überlegt werden. Die Gruppen hatten sich auf diese Klausur intensiv vorbereitet, trotzdem war diese Zusammenkunft in der Einschätzung der LehrerInnen „... *extrem schiefgegangen*" (sL1b)

Dafür gab es verschiedene Gründe: Ein Grund war, daß die Präsentationen der Gruppen wesentlich länger dauerten als vereinbart. Die Gruppen hatten in den letzten Monaten viel gearbeitet und Material zuammengetragen, das sie auch präsentieren wollten. Durch die langen Präsentationen mußte aber die Zeit, die für Diskussionen und Reflexion zur Verfügung stand, gekürzt werden, wodurch ein hoher Zeitdruck entstand. Die LehrerInnen waren vielfach auch mit der Art der Präsentationen nicht einverstanden, da sie sich einer Flut mehr oder minder frontal vorgetragener Fakten gegenübersahen. Der allgemeine Unmut darüber kanalisierte sich dergestalt, daß die Mitglieder der präsentierenden Arbeitsgruppen sich im Nachhinein über mangelnde Unterstützung durch das Betreuungsteam beklagten:

Wenn das Betreuungsteam uns in der Vorbereitungsphase direkt ein bißchen mehr unterstützt hätte, dann wäre der Block 2 wahrscheinlich auch nicht so extrem schiefgegangen. Weil sie wahrscheinlich schon früher erkannt hätten, daß das nicht gut gehen kann, wenn jede Gruppe für sich sozusagen präsentiert, präsentiert, präsentiert und lauter Fakten bringt ... obwohl es eigentlich eh jeder Lehrer wissen sollte. (sL1b)

Aber nicht nur Dauer und Art der Präsentation wurden kritisiert, auch die dargebotenen Fakten einzelner Gruppen sorgten für Diskussion. Z.B. wurden die Zahlen der Gruppe „Lernkultur", was die Arbeitsbelastung der SchülerInnen durch Hausübungen anlangte, als zu hoch bezweifelt. VertreterInnen einzelner Fächer fühlten sich angegriffen und setzten zu Verteidigungen an. Aber auch positive Rückmeldungen wurden relativiert. Wenn sich MaturantInnen positiv über die Schule äußerten, so wurde dem entgegengehalten, daß man über jene, die nicht geantwortet haben und vielleicht eine ganz andere Meinung hätten, nichts wüßte. Vereinzelt wurde gemutmaßt, daß die Ergebnisse durch falsche Fragestellungen verfälscht seien.

Die Aufregung scheint insofern verständlich, als sich die Präsentierenden mitunter in Form-Inhalt-Diskrepanzen „verfingen". So stellte die Gruppe „Lernziele" offene Lernformen als Entwicklungsziel der Schule dar, führte dies aber ausschließlich in frontalem Vortrag vor. Die Gruppe „Schulorganisation" verlor sich in den zahlreichen Tücken der Administration und präsentierte interessante Zahlen in ermüdender Eintönigkeit. Auch eine aufwendig vorbereitete Präsentation in Form eines „Stationenbetriebs" vor Ort wurde nicht besonders gewürdigt, sodaß das von vielen LehrerInnen als wesentlich genannte Garderobenproblem buchstäblich im „Keller" blieb; nur wenige LehrerInnen verirrten sich zu dieser Station. Überdies zeigten sich Schwierigkeiten, die eher grundsätzlicher Natur zu sein schienen. Was sollte es z.b. heißen, daß ausgerechnet die Gruppe „Schulklima" ihre Ergebnisse in ein Rollenspiel über eine Gerichtsverhandlung packte, in der es keinen Freispruch gab? Oder was bedeutete es, wenn eine Gruppe, die sich um gemeinsame Bildungsziele bemühte, in vielfältigen Präsentationsformen deutlich machte, wie heterogen die Wünsche und Erwartungen der verschiedenen Gruppen an Schule sind – so heterogen, daß sie kaum je unter einen Hut gebracht werden können.

Aus dem Publikum gab es daraufhin gemischte Reaktionen. Das Ganze hätte außer Arbeit eigentlich nichts Besonderes hervorgebracht („... *viel Arbeit, was herausgekommen ist, ist im Vergleich dazu eigentlich sehr wenig*" (sL2b). Eine Lehrerin äußerte sich während der Klausur sinngemäß so: Was soll eine Erhebung, die zeigt, daß unsere Kommunikation eigentlich gut funktioniert, wenn ich z.b. heute in der Früh nicht einmal gegrüßt werde? Es wurde die Vermutung geäußert, daß nur eine *Oberfläche* oder *Fassade* hergezeigt wurde, und daß es länger dauern würde, bis auch das *„Eingemachte"* zum Vorschein tritt.

Solche Reaktionen stimmten nicht ganz mit dem Eindruck überein, den das Betreuungsteam von der Situation hatte. Warum die Geringschätzung? Auf der einen Seite könnte man – dafür wurde ja auch dem Beratungsteam mangelhafte Betreuung vorgeworfen – von Defiziten in der Präsentationstechnik oder in der Datenerhebung sprechen. Es könnte aber auch sein, daß der Unmut noch andere Quellen hatte als eine „schlechte Regie" oder mangelhafte „Recherche". Vielleicht wurde auch *mehr* gezeigt und gesehen, als in der Situation „verkraftbar" war. Der Verlauf der zweiten Klausur offenbarte auf jeden Fall ein Stück „verdichteter" Realität der Schule. Eine wohl nicht geringe Erschütterung löste die Erkenntnis aus, wieviel Unmut und Unbehagen eine frontale Darbietungsform bloßer Faktenmengen erzeugen kann – eine Form, die man selbst nur zu oft SchülerInnen zumutet. Manches schienen einige einfach nicht hören zu wollen. Die Telefoninterviews mit den Eltern z.b. hatten grundsätzliche Kommunikationsprobleme angedeutet, und die Erhebung über die Lernkultur hatte deutlich gemacht, daß man mit den an der Schule vorherrschenden Unterrichtsmethoden die selbstgesteckten Ziele nur schwer erreichen kann. Diese Fakten widersprachen dem Selbstbild der Schule und wurden daher kaum zur Kenntnis genommen. Damit wurde die geleistete Arbeit entwertet und die Ergebnisse und Vorschläge (von denen es einige sehr konkrete – von der Neugestaltung der Pausenordnung und Gangaufsichten bis zur Einrichtung eines SchülerInnencafes – gab) in ihrer Bedeutung heruntergespielt.

Die Ereignisse in dieser zweiten Klausur deuten eine Auseinandersetzung zwischen „Veränderungsbereitschaft" und „Beibehaltung des status quo" an. Die These von dem Veränderungswiderstand der Schule durch Aktivismus schien sich zu bestätigen. Es wurde sehr viel Aufwand betrieben und Arbeit investiert, um dann am Ende die Resultate in Zweifel zu ziehen. Eine der wenigen bei der Klausur anwesenden SchülerInnen brachte diese Haltung in der Abschlußdiskussion auf den Punkt. Wenn sie sich die Diskussionen der LehrerInnen so ansehe, sagte sie, falle ihr auf, daß es einerseits große Visionen gebe, aber dann um Kleinigkeiten gestritten werde (vgl. *Krainer/Krainz-Dürr* 1995, 113). In jedem Fall brachte die zweite Klausur eine große Ernüchterung, wenngleich die Gruppen in der Abschlußdiskussion ihren Willen zur Weiterarbeit bekundeten.

„... Durchhängephase und Enttäuschung"

5. Die Krise

5.1 Die zweite Arbeitsphase der Schulteams

Die zweite Klausur brachte Enttäuschung und Ernüchterung, was folgte, war eine „... totale Durchhängephase"(sL1b). Die Gruppen hatten – wie es ein Lehrer formulierte, „... viel Energie ins Gutsein investiert" (FT), und waren nun z. Teil enttäuscht, weil sie meinten, von den KollegInnen – auch den Mitgliedern anderer Arbeitsgruppen – nicht so gewürdigt worden zu sein, wie man es eigentlich zu verdienen glaubte.

> ... eine gewisse Müdigkeit, Überarbeitung, Frustration. Die Gruppe (erg. „Lernkultur") hat das Gefühl, sich schlecht verkauft zu haben. (Protokoll der vierten Sitzung der Koordinationsgruppe)

In die Selbstreflexion mischten sich Konkurrenzmotive:

> Wir hatten das Gefühl, daß wir eigentlich die Fehler, die von den meisten angeprangert wurden, bei diesem Block 2 nicht gemacht haben. Wir glauben also – das ist vielleicht ein bißchen Überheblichkeit – aber trotzdem, wir glauben, daß unsere Gruppe eigentlich in der Präsentation recht gut war, und auch von dem, was wir gebracht haben, gar nicht so schlecht gelegen ist. (sL1b)

Die erste Koordinationssitzung nach dem zweiten Block war daher auch so etwas wie eine Krisensitzung. Einige der KoordinatorInnen berichteten von LehrerInnen im Kollegium, die den Sinn des Projekts bezweifelten, auch in manchen Arbeitsgruppen sei „... die Luft draußen". (Protokoll der vierten Sitzung der Koordinationsgruppe). In den Augen etlicher LehrerInnen – auch jenen, die in Arbeitsgruppen mitgearbeitet hatten, war das Projekt ein Fehlschlag, da es keine sichtbaren Ergebnisse gebracht hatte.

Mit Unterstützung der BeraterInnen wurde noch einmal der Prozeß bis zum zweiten Block reflektiert. Es gelang aus dem Dickicht der Daten einige Entwicklungslinien herauszufiltern und Schwerpunkte für die Arbeit bis zur dritten Klausur, die den Abschluß des Projekts bilden sollte, herauszufiltern.

Die Gruppen arbeiteten zwar weiter (vgl. zu den „Entwicklungsfeldern" Kap. 4.3), jedoch mit deutlich verminderter Energie.

Bei uns war es stark so, daß die Haupteinheit in die Analyse gegangen ist, und daß weniger Energie übriggeblieben ist für Veränderung. (sL3b)

Es hat sich eine gewisse Müdigkeit breitgemacht, es ist schwierig, die Leute zusammenzubringen. (Protokoll der vierten Sitzung der Koordinationsgruppe)

Bei einige Gruppen fanden kaum noch Gruppentreffen statt, die Gruppen drohten sich aufzulösen. Die Planung und Vorbereitung der Abschlußklausur gestaltete sich überaus schwierig. Nur mit Mühe konnten Termine für Zusammentreffen der KoordinatorInnen gefunden werden, und die anberaumte Zeit für die Klausur schrumpfte von Sitzung zu Sitzung. Von der ursprünglich vorgesehenen Länge eines ganzen Tages blieben zweimal drei Stunden, wobei nur die ersten drei für den Lehrkörper verpflichtend waren. Die Zusammenkunft am nächsten Tag sollte nur mehr freiwillig sein.

5.2 Die Rolle der KoordinatorInnen

Die am meisten belasteten LehrerInnen innerhalb des Projekts waren die KoordinatorInnen der einzelnen Arbeitsgruppen. Sie fühlten sich besonders verantwortlich für das Projekt und kamen mit ihrer Rolle nur schwer zurecht:

Ich habe mich als Koordinator nur zum Teil wohlgefühlt. Ich schien mir auch für das Gelingen der Arbeit verantwortlich zu sein, wollte aber nicht auch Motivator, Initiator usw. (d.h. mehr Manager als Koordinator) für die anderen sein. Das Delegieren von Aufgaben an andere fiel mir schwer, manches machte ich gleich selbst, bevor ich jemanden um Hilfe gebeten hätte. Zugleich fühlte ich mich dann aber öfters überladen mit Arbeitsaufträgen. (Canaval u.a. 1995, 20)

Ich persönlich habe sehr viele unterschiedliche Phasen während dieses Projekts durchlebt. Von anfänglicher Euphorie, über leichte Depression bis hin zur Resignation war alles vorhanden. Die Tatsache, daß ich zum „Inneren Kreis" der Projektgruppe gehört habe, zwang mich aber, auch in Zeiten der Resignation, nicht innerlich vom Projekt zu verabschieden. (Canaval u.a. 1995, 20)

Vielfach wußten die LehrerInnen nicht, was mit dieser Funktion auf sie zukam, und auch die Funktion der Koordinationsgruppe schien bis zuletzt unklar. Hier rächte sich die verschämte Vermeidung der Bezeichnung der Gruppe als „Steuergruppe" durch das Beratungsteam. (zur Problematik von „Steuerung" vgl. Kap. 2.4, 2.5.) Wenn alle nur koordinieren wollen, stellt sich natürlich die Frage, wer eigentlich „Projektentscheidungen" treffen kann. Diese Entscheidungen wurden in die Koordinationsgruppe verlegt, ohne den „Funktionswechsel" der Gruppe dadurch genauer zu definieren. Die LehrerInnen mahnten zu Recht ein, daß die Rolle weder vom Beratungsteam noch von der Gruppe genauer definiert worden war. Die daraus entstehende Rollenunklarheit bedeutete zusätzliche Belastung.

5.3 Die Rolle des Schulleiters

In allen Schulentwicklungsprojekten ist das Verhalten und die Rolle des Schulleiters wesentlich. Der Leiter der beschriebenen Schule war von Anfang an mit dem Projekt stark identifiziert. Er stellte ohne Zögern Raum und Ressourcen zur Verfügung und fand Mittel und Wege zur Finanzierung der anfallenden Kosten (mit Ausnahme der externen Betreuung). Er arbeitet aktiv in einer Gruppe mit und übernahm die Funktion eines Projektleiters (zur möglichen Problematik dieser Funktionen vgl. dazu Kap. 2.6. und Kap. 4.3.2.). Er formulierte seine Aufgabe als Schulleiter als ein „Balancehalten" zwischen den Polen „Ordnung" und „Bewegung" (vgl. *Krainer/Krainz-Dürr* 1995, 102) Auf den Klausuren trat er stark in Erscheinung und bereitete jeweils eine eigene Stellungnahme aus der Sicht des Schulleiters vor. Zwischen erster und zweiter

Klausur präsentierte er mit einer kleinen Gruppe von LehrerInnen das Projekt auf einem „Pädagogischen Markt" anläßlich einer bildungspolitischen Tagung.

Der Schulleiter fühlte sich für den Erfolg des Projekts verantwortlich. Wenn dieser bedroht schien, zeigte er vermehrtes Engagement oder versuchte LehrerInnen seines Vertrauens zu motivieren.

Die klare Stellungnahme des Schulleiters für das Projekt erleichterte die Arbeit derjenigen, die das Projekt „trugen", schien aber auch eine möglich Ursache dafür gewesen zu sein, daß Kritik am Projekt nur verhalten an- bzw. ausgesprochen wurde.

In der letzten Phase des Projekts war der Schulleiter durch einen längeren Kuraufenthalt nicht anwesend. Die erste Koordinationsgruppensitzung ohne Schulleiter gestaltete sich ausnehmend schwierig. Es schien, als ob sich lange zurückgehaltener Widerstand nun endlich äußern konnte. Eine Lehrerin erinnert sich:

Wir hätten die Planung für den dritten Block machen sollen, und ich habe so ein Treffen noch nie erlebt, es war keine Chance, darauf eine Antwort zu finden. Und wir haben es dann abgebrochen, mitten in der Nacht, und haben einen neuen Termin vereinbart. (sL4b)

Auch am ersten Tag der Abschlußklausur war der Schulleiter nicht anwesend. Die LehrerInnen nutzten – wie es schien – die Gelegenheit, erstmals in den Diskussionen auch die Schulleitung zum Thema zu machen. Es sei angenehm, sagten einige, einmal ohne Direktor miteinander reden zu können .

Wir können uns artikulieren, ohne daß uns unterstellt wird, daß wir für oder gegen den Direktor etwas sagen. (FT)

Vom Direktor würden – so bemerkten einige – organisatorische Dinge zu wenig „*stark bewertet*", er delegiere zwar, schrecke manchmal aber davor zurück, etwas aufzugreifen. Es sei schwierig, das anzusprechen, da man weder den Direktor noch den Administrator verletzen wolle. Einiges habe sich aber in diesem Jahr bereits geändert, meinte ein Lehrer:

Wir sind ein bißchen weggegangen davon, auf die Obrigkeit zu hören. (FT)

Es sei nämlich eine wichtige Erkenntnis gewesen, meinten die LehrerInnen, daß „... wir an unserer Entwicklung selbst beteiligt sind – wir sind verantwortlich" (FT). Die Diskussionen verliefen durchaus selbstkritisch. Als ein Kollege betonte, es komme eben nur auf den „Steuermann" an, hielt ihm ein anderer entgegen, daß es auch an den Ruderern liege, wie schnell ein Boot vorankomme (FT). Die Gelegenheit, einmal ohne Schulleiter diskutieren zu können, hatte offensichtlich eine entlastende Wirkung, und trug mit dazu bei, daß die Einschätzung über diese gesamte Veranstaltung mehrheitlich positiv ausfiel.

„... für die Entwicklung verantwortlich!"

6. Projektabschluß

6.1 Die Abschlußklausur

Eine dreistündige Klausur mit dem gesamten Lehrkörper (allerdings ohne Schulleiter) bildete den offiziellen Abschluß des Projekts. Ziel war es, auf das vergangene Jahr zurückzuschauen und das Projekt unter dem Gesichtspunkt, was es zur Weiterentwicklung des Schule beigetragen habe, zu diskutieren (vgl. ausführlicher *Canaval* u.a. 1995).

Die Klausur begann mit der Möglichkeit für jeden einzelnen, Kritik und Positives zu äußern. Aus Karteikärtchen wurde eine „Klagemauer" und eine Mauer mit „positiven Spuren" geheftet. Die Meinungen reichten von *„Schade um die Zeit"*, *„Eine verlogene Geschichte"* und *„Keine merkbaren Ergebnisse"* bis *„Gute Arbeit geleistet"*, *„Lehrer reden offener miteinander"* und *„Schon viel Veränderung eingetreten"*. (vgl. *Canaval* u.a. 1995, 4f). Nachdem die Kärtchen gelesen und individuell kommentiert worden waren, gab das Betreuungsteam eine ausführliche Einschätzung des Projekts aus seiner Sicht. Vieles von dem, was angesprochen wurde, fand unter den LehrerInnen Zustimmung.

Schließlich wurde in Gruppen die Frage diskutiert: Was hat das Projekt zur Weiterentwicklung der Schule beigetragen? Die Ergebnisse waren erstaunlich positiv.

Folgende Zitate stammen aus dem Forschungstagebuch:

Das Projekt hat keine Lösungen gebracht, aber Probleme sichtbar gemacht.

Das Projekt hat vermehrte Bereitschaft zur Reflexion gebracht.

Uns sind Probleme bewußt geworden. ... Wichtig war die Erkenntnis, daß wir als Lehrkörper an unserer Entwicklung beteiligt sind, daß wir verantwortlich sind. Wer nicht mitmacht, soll auch nicht miesmachen. Bei uns kommt die große Unzufriedenheit immer nur „hintenherum".

Wir sind gut im Erkennen von Problemen. Woran es bei uns krankt, ist das Organisatorische.

Die Probleme waren uns bewußt, aber wir trauen uns nicht über die Lösungen. Wir wagen es nicht, eine Lösung herbeizuführen, aus Angst vor einem Eklat. Wir wagen es nicht, ehrlich miteinander zu sein. Zuviel Ehrlichkeit untereinander läßt das Schulklima leiden. Das Projekt hat einen Teil dazu beigetragen, die Probleme bewußt zu machen.

Das Projekt hat einen Umdenkprozeß herbeigeführt. ... Sehnsucht nach mehr Gespräch. Die Datenerhebungen haben Anstöße für neue Fragen gegeben.

6.2 Wie weiter?

Mit der Abschlußklausur endete das Projekt. Am nächsten Tag war lediglich ein Gespräch zwischen interessierten LehrerInnen und den BetreuerInnen vereinbart. Die LehrerInnen wollten unter externer Moderation darüber reden, *„... was unter den Nägeln brennt"*. Zur Überraschung der BetreuerInnen kamen zu diesem Treffen jedoch nicht nur die erwarteten 15 LehrerInnen, die sich angemeldet hatten, sondern etwa doppelt so viele. Das Interesse, über „Konkretes" zu reden, war sehr groß. Die Probleme, über die gesprochen werden sollten, klangen zunächst eher harmlos: Ärgernisse mit verschwundenen Klassenbüchern und das leidige Problem der „Hausschuhpflicht". In den durchgeführten Analysegesprächen (vgl. *Altrichter/Posch* 1994a, 69) zeigte sich, daß diese „Kleinigkeiten" stellvertretend für ein grundsätzliches Problem der Schule standen: der unterschiedliche Umgang mit Verbindlichkeiten. Eine Lehrerin betonte:

Es stört mich, daß selbst ein sehr harmloser Ordnungsrahmen nicht gegeben ist. Mich stört weniger das Klassenbuch, sondern die geringe Bereitschaft, hier etwas zu machen. (FT)

Einige KollegInnen wunderten sich, daß für einige die Frage der Klassenbücher so ein Problem sei. Sie konnten aber akzeptieren, daß hier verschieden Ordnungsvorstellungen aufeinanderprallten und der eigene (eher laxe) Umgang nochmals überdacht werden sollte. Aufgrund unklarer Entscheidungsstrukturen, war für viele nicht klar, welche Regeln bezüglich der Klassenbücher oder der Hausschuhe eigentlich galten. So konnte es passieren, daß einige glaubten, die Hausschuhpflicht sei längst aufgehoben, während andere sich im Stillen über die mangelnde Unterstützung bei der Kontrolle eben dieser Pflicht durch die KollegInnen ärgerten. Es sei aber, wenn man sich ärgert – so die LehrerInnen – sehr schwierig, „ ... *eine konkrete Person anzusprechen, die einem das Leben schwermacht – wir gehen unehrlich miteinander um*" (FT). Es sei symptomatisch für die Atmosphäre an der Schule, daß es keine offene Kommunikation gebe, sondern nur auf der Gerüchtebasis agiert werde. Ein laxer Umgang mit Regeln und Ordnungen sei oft auch bloße Konfliktscheu. Wer einfach wegschaut, riskiert mit den SchülerInnen keinen Konflikt. Die LehrerInnen resümierten schließlich:

Wir finden keinen Konsen Wir haben zu wenig Konsequenz. Wir schauen nicht darauf, daß etwas eingehalten wird. ... Fazit: Die Hausordnung muß geändert werden. Wir müssen sinnvollere Lösungen anpeilen. (FT)

"Paßt das zu unseren Visionen?"

7. Ergebnisse des Projekts – was bleibt?

Als ein Mitglied des Beratungsteams stellt sich für mich die kritische Frage, ob die Anstrengungen und Arbeit, die das Projekt den LehrerInnen abverlangt hat, in eine Relation zu den Ergebnissen gebracht werden kann. Die Frage ist schwierig zu beantworten, da es am Ende des Jahres keine deutlich sicht- oder vorzeigbaren Ergebnisse gab. Es gab keinen neuen Stundenplan, (noch) keine neue Garderobenordnung und auch kein ausformuliertes Schulprofil. Es ist daher notwendig auf Zeichen und Spuren zu achten, die auf Einstellungsänderungen hinweisen. Was machen LehrerInnen nun anders als früher? Hat sich ihre Einstellung zur Schule, zu den SchülerInnen, zu organisatorischen Aufgaben geändert? Gehen sie als KollegInnen anders miteinander um?

Im folgenden sollen einige dieser Veränderungen beschrieben werden. Die Darstellung stützt sich auf eine Serie von Interviews, die etwa ein halbes Jahr nach Beendigung des Projekts an der Schule durchgeführt wurden. (vgl. *Bell/Krainz-Dürr* 1996) sowie eigene Aufzeichnungen aus dem Forschungstagebuch. Jeder Untertitel ist ein wörtliches Zitat aus diesen Quellen und bezeichnet einen zentralen Punkt der veränderten Haltungen. Obwohl die individuellen Aussagen von einzelnen LehrerInnen nicht für den gesamten Lehrkörper als repräsentativ gelten können, markieren sie doch, daß gewisse nachhaltige Veränderungen stattgefunden haben.

7.1 Veränderungen von Alltagstheorien und Bezugspunkten

a. Orientierung an Visionen

Die von den LehrerInnen am Beginn des Projekts im Bild festgehaltenen Visionen blieben so etwas wie ein Leitmotiv für den gesamten Prozeß.

Sie wurden in den einzelnen Phasen des Projekts immer wieder in Erinnerung gerufen. Schließlich wurden sie zu einer zentralen Bezugskategorie bei geplanten Veränderungsschritten. In einer Besprechung nach dem Ende des Projekts erläuterte der Schulleiter einen Versuch, das leidige „Garderobenproblem" endlich in den Griff zu bekommen:

> *Wir haben uns einfach die Frage gestellt, paßt die Regelung, die wir gefunden haben, zu unseren Visionen? Wir haben dann gesehen, daß wir aus der Garderobe ein Gefängnis gemacht haben. Jetzt beziehen wir die Schüler in die Verantwortung ein – keine strikte Hausschuhpflicht, sondern Hausschuhe nur, wenn des Wetter es tatsächlich verlangt – und siehe da, wir hatten die Schüler immer unterschätzt. (FT)*

b. Orientierung an den SchülerInnen

> *Wir haben in dem Projekt gelernt, daß wir unsere SchülerInnen einfach unterschätzt haben. Wir müssen unsere SchülerInnen ernst nehmen. Also, ich glaube z.B., daß die Lehrer, die bei uns in der Gruppe gearbeitet haben, in einem positiven Gefühl den Schülern gegenüber bestärkt worden sind. (sL3b)*

SchülerInnen waren in den einzelnen Phasen des Projekts nur am Rande eingebunden, umso mehr erstaunte ihr Ideenreichtum und ihre Bereitschaft zur Kooperation. Die Rückmeldungen der MaturantInnen waren sehr überlegt, in Befragungen zeigten einzelne SchülerInnen großes Interesse, was an der Schule passiert. Im 2. Block waren nur wenige SchülerInnen anwesend, die Anwesenden ließen allerdings durch einige differenzierte Wortmeldungen und konstruktive Gruppenbeiträge aufhorchen. Das Projekt hat dazu beigetragen, daß sich die Meinung, SchülerInnen stünden der Schule mehrheitlich uninteressiert gegenüber, gewandelt hat.

Stärkere Einbindung von SchülerInnen in die Verantwortung am Schulgeschehen ist seither eine Leitlinie bei verschiedenen Entscheidungen. Ein Beispiel ist die Garderobenordnung, ein anderes das System der Information über ausfallende Stunden oder Stundenverschiebungen. Bisher mußte ein Schulwart in die jeweiligen Klassen gehen und die Informationen durchsagen, was nicht nur zu einer erheblichen Arbeitsbelastung des Schulpersonals sondern auch zu andauernden Störungen des Unterrichts führte. Die neue Regelung ist einfach:

Die Informationen werden im Foyer der Schule ausgehängt und von einer/m verantwortlichen Schüler/in an die Klasse weitergeleitet.

c. Orientierung für Personalentwicklung

Die Maturantenbefragung der Gruppe „Bildungsziele" bestätigte der Schule in der Vermittlung von Allgemeinwissen und Werten wie Toleranz, Umweltschutz und Zivilcourage, recht erfolgreich zu sein. Defizite orteten die SchülerInnen allerdings in dem Bemühen, SchülerInnen in die Planung und Gestaltung von Unterricht einzubeziehen und zu selbständigem Arbeiten anzuleiten. Die SchülerInnen regten an, Gruppenarbeiten und Projektlernen im Unterricht größeres Gewicht zu geben. „Wir wollen Projekte machen, die wir verstehen" (Zitat einer Schülerin, FT).

LehrerInnen und Schulleitung nahmen diese Mitteilungen sehr ernst und organisierten bereits im nächsten Schuljahr ein Lehrerfortbildungsprogramm im Bereich „Projektlernen". Von einem Mitglied des Beratungsteams wurde speziell für LehrerInnen der Schule ein einwöchiges Seminar zum Thema „Projektunterricht" angeboten. Als weiteren Schwerpunkt für zukünftige Personalentwicklung hat sich die Schule das Thema „Offene, ganzheitliche Lernformen" gestellt. Eine 9. Schulstufe wird ab dem Schuljahr 1996/97 von einem LehrerInnenteam als eine Klasse mit „offenem, ganzheitlichem Lernen" geführt. Das Projekt wurde von der Koordinatorin der Gruppe „Lernkultur" ausgearbeitet und eingereicht. Die Finanzierung des Projekts ist bereits gesichert, das LehrerInnenteam wird von einem Supervisor begleitet. Ein weiteres Schulteam soll zur Vorbereitungen für eine Klasse mit offenem Lernen ab der 5. Schulstufe entstehen und sich mit der Pädagogik von Maria Montessori beschäftigen.

7.2 Stärkere Identifikation mit dem Schulganzen

Ein Lehrerin erzählte, daß sie bei manchen KollegInnen seit dem Projekt eine geänderte Einstellung zur Schule feststellen könne. Die Diskussionen innerhalb und außerhalb des Projekts, das gemeinsame Nachdenken über Bildungsziele und Schulklima hätten die Anliegen des

Schulganzen ins Blickfeld gerückt und die Identifikation mit der Schule gestärkt.

> *Früher hat man sich vielleicht gar nicht gefreut, wenn SchülerInnen z.b. in der Tagesheimschule von einer Lehrerin oder einem Lehrer geschwärmt haben. Vielleicht war man sogar ein bißchen eifersüchtig. Jetzt denkt man sich: Wir sind einfach eine gute Schule. (FT)*

7.3 Realistischere Erfolgserwartungen

„Wenn wir etwas in dem Projekt gelernt haben", sagt eine Lehrerin, „dann das, daß Veränderungen Zeit brauchen" (FT). *„Kleine Schritte sind notwendig"*, meinte eine Lehrerin im Interview. An der Schule werden die regelmäßigen Zusammenkünfte im Rahmen eines „Jour Fixe" weitergeführt. Es wird, so betont eine Lehrerin, jetzt aber eher akzeptiert, daß diese Zusammenkünfte nicht sofort ein Ergebnis zeigen.

> *Wir haben uns getroffen, um über die Schulordnung zu beraten. In der ersten Sitzung haben wir nur geredet. Früher wäre ich enttäuscht gewesen, aber ich habe im Projekt gelernt, daß man Geduld haben muß. Bei der zweiten Sitzung ist dann etwas herausgekommen (FT).*

Einige LehrerInnen betonen auch, vom Beraterteam einiges an effektiver Sitzungsführung und Moderation gelernt zu haben.

> *Also für mich war es ganz toll zu erleben, wie das Beratungsteam es kann, in einer kurzen Zeit total effektive Arbeit zu machen. Also, wie sie es schaffen, die Arbeit so zu strukturieren, daß auch in kurzer Zeit was herauskommt dabei. (sL6b)*

Die Notwendigkeit, Sitzungen genau zu planen und zu moderieren, ist seit dem Projekt auch dem Schulleiter bewußt. In der Folgezeit suchte er – zur Vorbereitung wichtiger Sitzungen – unterstützende Beratung durch Mitglieder des Universitätsteams und lud diese auch gelegentlich zur teilnehmenden Beobachtung bei Besprechungen ein.

7.4 Geänderte Atmosphäre durch Routineunterbrechungen

Das Projekt lieferte – wie immer man dazu stehen mochte – vielfältige, auch informelle Gesprächsanlässe über Schule und Unterricht. In der Arbeitsgruppe Bildungsziele bemerkte ein Lehrer:

Ich unterrichte jetzt seit fast 20 Jahren und habe schon lange nicht mehr so intensiv darüber nachgedacht, was ich mit meinem Unterricht eigentlich will. Ich finde das einfach gut, daß wir gemeinsam darüber nachdenken. (FT)

In der Gruppe Bildungsziele wurden auch mehrere Interviews mit KollegInnen durchgeführt. Die LehrerInnen bestätigten, daß sie sich im normalen Schulalltag nie Zeit nehmen, über derartige Dinge zu reden. „*Ich glaube, ich habe noch nie wirklich so genau über meinen Beruf nachgedacht, wie in diesem Prozeß*" (sL6b), sagte eine Lehrerin, und eine andere betonte:

Ich glaube schon, daß viele Gespräche ohne Projekt nicht geführt worden wären, d.h. es ist vieles aufgewühlt worden, das sehen sehr viele Leute. (sL6b)

Oftmals waren die Ergebnisse der Gespräche durchaus überraschend. Einige LehrerInnen betonten, sie hätten sich für das Interview KollegInnen ausgesucht, mit denen sie sonst wenig Kontakt hatten und nun müßten sie Bilder, die sie sich in den langen Jahren des gemeinsamen Arbeitens voneinander gemacht hatten, revidieren und feststellten, daß die Vorstellungen über guten Unterricht oft gar nicht so weit voneinander abwichen, wie sie vermutet hatten.
Als Ergebnis dieser Gespräche formulierte ein Lehrer folgendes:

Ich habe in den Arbeitsgruppen mit Leuten zusammengearbeitet, mit denen ich sonst nicht arbeite. Ich muß sagen, wir haben uns besser kennengelernt und die Achtung voreinander ist gestiegen. (FT)

Vielleicht war das beabsichtigt, ... daß man mit Leuten über Probleme spricht, mit denen man vorher nicht geredet hat. (sL2b)

Durch vermehrte Kommunikation außerhalb „eingefahrener" Bahnen veränderte sich auch das Schulklima.

Also, ich glaube, das Klima ist nicht einfacher, aber es ist offener geworden. (sL1b)

Der Schulleiter faßte anläßlich einer Konferenz das Ergebnis des Projekts in einem Satz zusammen: *„Wir reden jetzt mehr miteinander und weniger übereinander".* (FT)

7.5 Tragfähigere Entscheidungen und ein sichtbares Ergebnis

Ein Hauptlernprozeß – berichtete eine Lehrerin – sei es gewesen, zu erfahren, wie *„unheimlich"* wichtig es sei, *„... eine tragfähige Basis für irgendeine Entscheidung zu finden".* (sL1b).

Es gibt eine Menge Leute im Konferenzzimmer, die etwas machen wollen, die bereit sind, etwas zu verändern, aber wie bringe ich das jetzt im Endeffekt an die übrigen Lehrer, daß sie auch bereit sind, das mitzutragen? Das habe ich mir am Anfang des Projekts leichter vorgestellt. (sL1b)

Tatsächlich wurde nach Projektende darangegangen, eine neue Hausordnung zu erstellen. Es sei ein Beispiel für die durch das Projekt veränderte Atmosphäre an der Schule:

..., daß wir es geschafft haben, uns zusammenzusetzen, ... das war sicher eine Konsequenz des Projekts, daß wir gesagt haben, jetzt wollen wir das Problem Hausordnung oder Umgang mit der Hausordnung einmal angehen. (sL3b)

Da hat es zwei Richtungen gegeben. Die einen wollten ganz klare Richtlinien, die anderen wollten mehr Eigenverantwortung der Schüler betonen usw. Da hat es jahrelang an der Schule einen Streit gegeben. Es hat sich dann eben eine Gruppe gebildet, die sechs oder sieben Nachmittage gemeinsam überlegt hat. (SL3b)

Das Ergebnis der Überlegungen war eine Hausordnung, die die Eigenverantwortung der SchülerInnen betonte und weniger aus Verboten, sondern mehr aus Zielformulierungen und Aufgaben bestand. Die neue Hausordnung wurde in einer Konferenz präsentiert und verabschiedet. Natürlich habe es – so betonten einige LehrerInnen – bei dieser Konferenz Stimmen gegeben, die sofort zu kritisieren begannen.

... und die gesagt haben, und diese Formulierung ist dumm, und das ist dumm, aber es war sofort die Stimmung in der gesamten Kollegenschaft, daß jemand, der nie mitarbeitet in einer Gruppe, letztlich nicht das Recht hat sich aufzuregen. (sL3b)

Das Engagement der Gruppe wurde mehrheitlich akzeptiert. Ohne die Arbeit im Vorjahr im Projekt – meinte ein Lehrer – sei das nicht möglich gewesen. Selbst harte Kritiker des Projekts gestehen zu, daß die neue Hausordnung ein Erfolg sei, obwohl sie nicht unbedingt einen Zusammenhang mit der Arbeit des Vorjahrs sehen wollen.

Weil, das wirklich sichtbare Ergebnis – ich weiß nicht, ob es wirklich davon (erg. dem Projekt) gekommen ist – die neue Hausordnung, ist erst viel später gekommen. (SL2)

Das ist vielleicht doch eine Folge des Projekts, das weiß ich nicht, es ist auch vorher nicht versucht worden, also ich bin sieben Jahre an der Schule, ich kann mich nicht erinnern, daß irgend jemand gesagt hätte, jetzt machen wir etwas gemeinsam, wer meldet sich, wer macht mit? Wenn das eine Folge (erg. des Projekts) ist, dann halte ich das für gut, aber das hätte man eigentlich auch ohne den großen Aufwand machen können, glaube ich. (SL2)

Es hat sich – auch wenn es die KritikerInnen nur ungern zugeben – etwas verändert an der Schule, und sei es nur der Umstand, daß Dinge nun gemeinsam versucht werden, auf die man früher nicht gekommen ist.

Zusammenfassung

Das beschriebene Schulentwicklungsprojekt entstand auf die Initiative eines Universitätsinstituts, das unter dem Titel „Schulentwicklung in der Praxis" einer Schule professionelle Unterstützung und Beratung in einem Entwicklungsprojekt anbot. Auf die Ausschreibung meldeten sich 11 Schulen, unter denen das Gymnasium ausgewählt wurde. In Absprache mit der Schule wurden die Ziele vereinbart. In dem auf ein Jahr begrenzten Projekt sollte eine Analyse des Ist-Zustands (Stärken/ Schwächenanalyse) die Voraussetzung für die Entscheidung für weitere Entwicklungsfelder bilden. Die Projektorganisation sah drei 1 1/2 tägige Klausuren für den gesamten Lehrkörper und die Arbeit in noch näher zu bestimmenden Arbeitsgruppen vor. Zur Koordination der Vorhaben wurde aus VertreterInnen der Arbeitsgruppen eine „Koordinationsgruppe" gebildet. Neben der Moderation der Klausuren und der fallweisen Betreuung der Arbeitsgruppen, bestand die Hauptarbeit des Universitätsteams in der Beratung dieser Koordinationsgruppe.

In der ersten Klausur wurden zunächst „Visionen" für eine Schule gezeichnet, in der die LehrerInnen gerne arbeiten und in die sie ihre eigenen Kinder schicken wollten. Die im Bild festgehaltenen Visionen entwickelten sich zu einem Leitmotiv für den weiteren Prozeß und einer Bezugskategorie für Veränderungen. In einem nächsten Schritt wurden Themenbereiche festgehalten, die in einer Erhebung des Ist-Zustands genauer untersucht werden sollten. Zur Bearbeitung dieser Themen bildeten sich folgende fünf Arbeitsgruppen: Bildungsziele – Kommunikation – Lernkultur – Schulklima – Schulorganisation. Als Projektkoordinator wurde von den LehrerInnen der Schulleiter gewählt. Der Schulleiter zeigte sich mit dem Projekt identifiziert und arbeitet auch aktiv in einer Arbeitsgruppe mit. Das starke Engagement des Schulleiters sicherte einerseits das Projekt in der Schule ab, andererseits trug dieses Verhalten dazu bei, daß bestimmte Themen nur erschwert angesprochen werden konnten.

Die Gruppen begannen nach der Klausur mit der Forschungsarbeit, wobei in kurzer Zeit eine große Aktivität entwickelt wurde. Die Vorgangsweise erwies sich als nicht untypisch für die Arbeitsweise an der Schule (rasch reagieren, viel vornehmen, leichte Tendenz zur Überforderung). Überdies erschwerte das rasche Handeln die Koordination.

Einige wichtige Ergebnisse der Datenerhebung der einzelnen Gruppen waren:

- Gruppe Bildungsziele: Die Schule ist sehr erfolgreich in der Vermittlung von Werten wie Umweltbewußtsein, Toleranz und Zivilcourage, Defizite werden in den Bereichen „Selbständiges Lernen" und „Praxisbezug" geortet. Als Entwicklungsfelder werden Bereiche angesehen, die selbsttätiges Lernen von SchülerInnen fördern können.
- Gruppe Kommunikation: Die Kommunikation wird im wesentlichen als gut beschrieben, die Kommunikationswege sollten allerdings offener und transparenter gestaltet werden. Wesentlich scheint, verbindliche Regeln für das Zusammenleben an der Schule zu erarbeiten („Jeder tut, was er will").
- Gruppe Lernkultur: Ein Ergebnis der Gruppe war, daß komplexe Lernformen wie Gruppenarbeiten und Projektunterricht selten, offene Lernformen kaum eingesetzt werden. Eine Entwicklung sollte daher in die Richtung „Erweiterung des Methodenrepertoires" und „Offene Lernformen" gehen.
- Gruppe Schulklima: Die Gruppe hatte Schwierigkeiten, Indikatoren für Schulklima zu finden. In Zukunft sollte mehr an „äußeren Bedingungen" gearbeitet werden, die einen auf breiter Basis ausgehandelten verbindlichen Ordnungsrahmen garantieren, der eine Atmosphäre des Wohlfühlens ermöglicht.
- Gruppe Schulorganisation: Die Gruppe befaßte sich mit etlichen organisatorischen Fragen. Entwicklungsfelder wurden in einzelnen konkreten Sachbereichen und in der Frage der „Aushandelung von Verantwortlichkeiten" gesehen.

Die Ergebnisse der Ist-Analyse wurden von den Gruppen bei der zweiten Klausur präsentiert, die von den LehrerInnen allerdings mehrheitlich als „... *extrem schiefgegangen*" (sL1b) erlebt wurde. Die Kritik bezog sich sowohl auf die Art der Präsentation (zu lang, zu eintönig) als auch auf die Ergebnisse – „*Viel Arbeit, was herausgekommen ist, ist im Vergleich dazu eigentlich sehr wenig*" (sL2b). Nach der Klausur wurde in den Gruppen zwar weitergearbeitet, aber mit vermindertem Engagement. Besonders belastend wurde diese Phase von den KoordinatorInnen der Arbeitsgruppen erlebt, die sich einerseits für den Fortgang des Projekts verantwortlich fühlten und andererseits Schwierigkeiten äußerten, ihre Gruppen zusammenzuhalten.

Die dritte Klausur markierte den Endpunkt des Projekts und war vor allem einer Abschlußreflexion gewidmet. Die Einschätzungen reichten von „*schade um die Zeit*" bis zu „*gute Arbeit geleistet*" und „*viel Veränderung eingetreten*". Bei dieser Klausur war der Schulleiter nicht anwesend, was auch eine Thematisierung der Leitung möglich machte. Zu einem am nächsten Tag angesetzten – freiwillig zu besuchenden – Gespräch mit den BeraterInnen über Themen, die *„unter den Nägeln brennen"*, kamen wesentlich mehr LehrerInnen als erwartet. Die offene Gesprächsatmosphäre ermöglichte kritische Punkte anzusprechen. Mit der dritten Klausur wurde das Projekt beendet. Eine ein halbes Jahr später durchgeführte Evaluation versuchte Einschätzungen und Ergebnisse festzuhalten.

Das Projekt hatte zwar keine sichtbaren Neuerungen (im Sinne etwa einer neuen Stundentafel, eines Schulprofils etc.) gebracht, aber doch einige Veränderungen bewirkt. Das Projekt habe gezeigt, daß man die SchülerInnen bisher unterschätzt habe und *„... ernst nehmen müsse"* (sL3b). SchülerInnen wurden in der Folge in die Verantwortung für das Schulgeschehen stärker eingebunden (Beispiel: Garderobenordnung, Informationen über ausfallende Stunden). Die Rückmeldungen der SchülerInnen bildeten auch einen Orientierungsrahmen für zukünftige Personalentwicklung (Seminar „Projektlernen"; eine Klasse mit „offenem Lernen"). Ergebnisse seien auch eine stärkere Identifikation mit dem Schulganzen und realistischere Erfolgserwartungen (Einsicht in die Notwendigkeit „kleiner Schritte"). Die Gesprächsatmosphäre habe sich verändert, es werde häufiger über berufsrelevante Themen kommuniziert. (*„Wir reden mehr miteinander als übereinander"*). Ein sichtbares Ergebnis sei die „neue Hausordnung", die die Eigenverantwortung der SchülerInnen betone und weniger aus Verboten sondern eher aus Zielformulierungen bestehe. Die Hausordnung wurde etwa ein halbes Jahr nach dem Ende des Projekts von einer Gruppe von LehrerInnen ausgearbeitet und in einer Konferenz verabschiedet. Ein derartiges Vorgehen sei *„... vorher nicht versucht worden."*

DATENMATERIAL
Die Studie basiert auf folgendem Datenmaterial:

a.) 6 Interviews, die im Sommer 1996 von M. *Bell* an der Schule geführt wurden und in wörtlichen Transkriptionen zur Verfügung stehen. Dauer: durchschnittlich eine Stunde

Kürzel:
s: Schulkürzel
L1-6 LehrerInnen
Erklärung der Abkürzungen in den Quellenangaben zu den Interviews:
sL1b bedeutet: Schülkürzel, Interview mit Lehrer 1, Interview von M. *Bell* geführt

b.) Feldnotizen im Forschungstagebuch (FT)
Gedächtnisprotokolle, Beobachtungen, Gesprächsnotizen, wörtliche Mitschriften

c.) Dokumente/Protokolle/Mitschriften
- *Canaval*, C. u.a.: Nachlese III. Projekt „Schulentwicklung BG/BRG S". Block III. Manuskript. IFF: Klagenfurt 1995
- *Krainer*, K./*Krainz-Dürr*, M.: Nachlese I. Projekt „Schulentwicklung BG/BRG S". Block I . Manuskript. IFF: Klagenfurt 1994
- *Krainer*, K./*Krainz-Dürr*, M.: Nachlese II. Projekt „Schulentwicklung BG/BRG S". Block II . Manuskript. IFF: Klagenfurt 1994
- Protokoll des Erstgesprächs am 14.10.1994
- Protokoll der vierten Sitzung der Koordinationsgruppe vom 6.4.1995
- Rückmeldungen des Betreuungsteams anläßlich der Sitzung der
- Koordinationsgruppe am 6.4.1995 (hand out – Manuskript)
- persönliche Mitschrift über die Veranstaltung vom 22.6.1995 (3. Klausur)
- Rollenspie(ge)l: Einschätzung des Projekts (Manuskript)

d.) Literatur
- *Altrichter*, H./*Posch*, P.: Lehrer erforschen ihren Unterricht. Eine Einführung in die Methoden der Aktionsforschung. Bad Heilbrunn: Klinkhardt, 2. Aufl. 1994a.
- *Heintel*, P.: „Vision" und Selbstorganisation. In: *Sollmann*, U./Heinze R./(Hrsg.): Visionsmanagement. Erfolg als vorausgedachtes Ergebnis. Orell Füssli: Zürich 1993 a, 120-152

- *Heintel*, P./*Krainz*, E.: Was bedeutet „Systemabwehr"? In: *Götz*, K. (Hrsg.): Theoretische Zumutungen. Vom Nutzen der systemischen Theorie für die Managementpraxis. Carl Auer: Heidelberg 1994a
- *Krainz-Dürr*, M.: Nicht nur die Pausen nützen – Lehrerfortbildung auf kollegialer Basis. In: Amann,K./*Fenkart*, G./*Krainz-Dürr*, M./ *Larcher*, D./*Wintersteiner*, W. (Hrsg): Deutschunterricht. Erfahrungen, Modelle, Theorien. Österreichischer StudienVerlag: Innsbruck -Wien 1994, 211-223
- *Küpper*, W./*Ortmann*, G. (Hrsg.): Mikropolitik. Rationalität, Macht und Spiele in Organisationen. Westdeutscher Verlag: Opladen 1992
- *Hopfenberger*, W./*Levin*, W.: The Accelerated schools. Resource Guide: San Francisco 1993

ANHANG 1: Unsere Schule im Jahr 2001

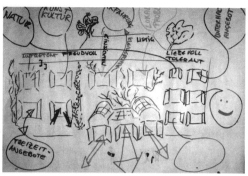

ANHANG 2:

Differenzierung der Themenfelder

Schritt 1:

Schauen Sie sich bitte ihren Bereich an! Was sind die Fragen in Ihrem Bereich, die untersucht werden müssen, um ihn möglichst genau kennenzulernen? Was wollen Sie sich unter dem Hauptthema genauer anschauen? Bitte Fragen formulieren!

Schritt 2:

Nehmen Sie einen Bereich und sagen Sie, was Sie erforschen möchten. Formulieren Sie 5 konkrete Fragen dazu!

Schritt 3:

Nehmen Sie eine oder zwei dieser Fragen: Woher bekommen Sie die Informationen, um sie untersuchen zu können?

Schritt 4:

Organisatorische Fragen zum Projekt

- Wer hat Interesse, in einer Gruppe mitzuarbeiten?

- Wie stellen Sie sich die Betreuung durch das Team vor?

- Wie stehen Sie zur geplanten Grobstruktur?

- Was ist der nächste Schritt?

- Wer ist der Koordinator der Gruppe?

TEIL III

LERNSZENARIEN

Lernszenarien

Im vorangegangenen Kapitel wurden drei Fallstudien vorgestellt, die Entwicklungsprozesse an Schulen dokumentieren. Die Schulen haben – trotz aller Unterschiedlichkeit – eines gemeinsam: Es sind „gute" Schulen, Schulen, die keine Probleme mit den Anmeldezahlen von SchülerInnen haben und an denen LehrerInnen und Schulleiter mit großem Engagement Entwicklungen vorantreiben. In gewisser Weise haben alle drei Schulen eine Vorreiterrolle inne. Die beschriebene Pflichtschule ist die erste Schule ihres Typs, die neue Akzente des Sprachenlernens setzt. Die allgemeinbildenden höheren Schulen lassen sich auf Entwicklungsprozesse ein, die von Externen betreut werden. Schulaufsicht und Schulleitung der drei Schulen scheinen sich der Herausforderungen einer geänderten Bildungslandschaft bewußt, die LehrerInnen zeigen ein Engagement, das weit über das Erwartbare hinausgeht. Alle drei Schulen haben allerdings Veränderungen eingeleitet, für die es noch keine Routinen und wenig Erfahrungen gibt. Die durch diese Maßnahmen ausgelöste Dynamik führte die Schulen in Bereiche, die Widersprüche abbilden, die in der Organisation Schule grundsätzlich angelegt sind. Insofern können die drei Fallstudien als Dilemma-Analysen verstanden werden.

In dem nun folgenden Teil sollen die phänomenologischen Beschreibungen der Fallstudien Ausgangspunkte für theoretische Überlegungen liefern. Die zugrundeliegende Fragestellung dabei ist, was Schulen – im doppelten Wortsinn – jeweils „bewegt" (vgl. dazu *Krainz-Dürr* u.a. 1997), in welche (unweigerlichen) Widersprüche sie durch bestimmte Veränderungen geraten, und was es Schulen erleichtert bzw. erschwert, einzelne Entwicklungsimpulse für die gesamte Organisation nutzbar zu machen.

Natürlich sind die Ergebnisse von Fallstudien nicht unmittelbar verallgemeinerbar. Sie sind Augenblicksaufnahmen und beziehen sich auf die besonderen Umstände einer bestimmten Schule. Aus ihnen sind keine allgemeinen Gesetze ableitbar, die Ergebnisse sind gültig für den Einzelfall. Trotzdem scheinen einige der beschriebenen Phänomene von allgemeinerem Interesse und markieren kritische Punkte. In ihnen spiegeln sich generelle Probleme von Veränderungsprozessen im besonderen Organisationstyp Schule.

In einer vergleichenden Analyse der drei Fallstudien soll versucht werden, einige Hypothesen und weiterführende Fragestellungen zu formulieren, die über den Einzelfall hinaus Dilemmata aufzeigen, die es Schulen schwermachen, kollektive Lernprozesse einzuleiten. Dabei folgt die Analyse der Prozeßlogik von Veränderungen, das heißt, daß zunächst nach dem „Anfang", den „Auslösern" für Neuerungen gefragt wird. Kommen Anstöße zu Veränderungen von der schulischen Umwelt oder sind sie durch „interne Veränderungen" motiviert? Wer sind die Träger der Entwicklung? Welche Ziele, „Visionen", Vorstellungen motivieren den „Aufbruch"? etc. In den beschriebenen Fällen bedeutet das, daß eine Schule, die sich auf den Weg einer „geplanten" Entwicklung macht, in einer mehr oder weniger klaren Weise den „Entschluß" gefaßt haben muß, dies zu tun. Die Bedeutung dieser Phase ist deshalb nicht zu unterschätzen, weil bereits hier spätere Motivationsprobleme weichenstellend vorbereitet werden. Wenn eine Einzelperson oder eine Kleingruppe aktiv wird und die anderen „mitzieht", hat dies andere Konsequenzen, als wenn der Anspruch erhoben wird, ein Entwicklungsprojekt müsse von Anfang an von „allen" oder doch von einer möglichst breiten Basis getragen werden.

In der nächsten Phase geht es um die sogenannte „Implementierung" (zu den Phasen eines Innovationsprozesses vgl. *Hameyer* 1996), d.h. um die Frage, wie Veränderungsschritte in der Schule umgesetzt werden. Wie erfolgt die Ideenverbreiterung? Wie wird der Lehrkörper involviert? Welche Vereinbarungen werden getroffen, welche Umwelten einbezogen? Gibt es externe Hilfsmittel wie Beratung? Usw. In diesem Kapitel sollen Problemstellungen formuliert werden, die in dieser Phase auftreten und denen sich Schulen, die sich auf kollektive Lernprozesse einlassen, in der einen oder anderen Weise stellen müssen.

In einem letzten Kapitel schließlich wird diskutiert, welche Veränderungen in den genannten Beispielen als Ergebnisse kollektiver Lernprozesse sichtbar wurden. Was wurde gelernt? Was machen die Schulen anders als früher? Und wenn man gar den Anspruch des permanenten Lernens erhebt: wie gehen die Schulen mit dem Auftrag reflexiver Selbstevaluation um, wie werden Reflexionsprozesse organisiert? In diesem Kapitel sollen jene Bedingungen dargestellt werden, die in den beschriebenen Beispielen dazu geführt haben, daß Veränderungsprozesse erfolgreich verlaufen sind.

Als Überschrift dieses Teils wurde der Begriff „Lernsszenarien" gewählt. Er soll verdeutlichen, daß es in diesem Teil um Angebote, „Szenen" oder Entwürfe geht, die so oder so ausgefüllt, gestaltet und gedeutet werden können. Dabei zeigt sich, daß Dimensionen des „richtig oder falsch", „entweder oder", „gut oder schlecht" nicht existieren, es gilt vielmehr die Aufforderung, mit den „Bestandteilen", „Requisiten" und „Elementen", die die Fallbeispiele bereitstellen, zu „spielen". Die Szene ist gleichsam durch die gegenwärtige Schullandschaft abgesteckt. Innerhalb dieser Grenzen können sich die einzelnen „Plots" oder Vorgaben entfalten, die Besonderheit der Durchführung entsteht durch die Anzahl und Eigenschaften der Akteure und Mitspieler, der gesteckten Ziele und beabsichtigten Wirkungen und durch die „Fallstricke" und Möglichkeiten der einzelnen Bühnen. Nicht zuletzt aber entsteht die Szene auch in den Köpfen des „Publikums", das hiermit aufgefordert werden soll, sich an dem Spiel zu beteiligen, und nach eigener Wahl andere Elemente hervorzuheben, als die im folgenden dargebotenen.

1. „Der Anstoß des Steines"[16]: Ausgangslage für Veränderungen

1.1 Zum Verhältnis von Schule und Umwelt

Eine wichtige Eigenart von „Expertenorganisationen" (siehe Kap. 1.3., Teil I) wie der Schule ist eine relativ stark ausgeprägte Unabhängigkeit von ihren „Klienten". Schulen werden zentral über Politik – d.h. Gesetze, Lehrpläne und Erlässe gesteuert – die einzelne Schule braucht sich daher um die Interessen von Eltern, SchülerInnen, Arbeitsmarkt etc. nur bedingt zu kümmern. Die allgemeine Schulpflicht und die – bis vor kurzem noch strikte – Zuordnung von SchülerInnen nach „Wohnsprengel" garantieren Schulen einen sicheren „Markt". „Konkurrenz" um SchülerInnen findet (noch) hauptsächlich zwischen unterschiedlichen Schultypen statt. Zwischen dem, was Schulen an Ressourcen und Ausstattungen bekommen, und der Qualität ihrer Arbeit besteht kein Zusammenhang, es ist für die Organisation auch nicht von vitaler Be-

---

16 Die Wendung spielt mit der Metapher vom „Stein des Anstoßes" und ist einem Buchtitel entnommen (vgl. *Palmowski* 1995)

deutung, sich an den Erwartungen z.B. der Eltern oder der Abnehmerschulen zu orientieren. Demzufolge haben Schulen kaum „Sensoren" entwickelt, um bedeutsame Entwicklungen in ihrer Umwelt aufnehmen zu können[17]. Schulen sind in gewissem Sinne gegenüber ihrer Umwelt abgeschlossen, gleichsam schwerhörig, sie lassen sich nicht gern durch Außeneinflüsse „verwirren". (vgl. *Huschke-Rhein* 1996, 36). Die Verwendung des Begriffs „Umwelt" ist in diesem Zusammenhang allerdings erläuterungsbedürftig. Unter „Umwelt" versteht man im allgemeinen, alle außerhalb der Organisation liegenden Daten, die „ *für die Organisation entscheidungs- oder zielrelevant sind*" (v. *Saldern* 1991, 47). Diese Definition erfordert allerdings Grenzziehungen, die nicht immer einfach zu setzen sind. Wo etwa hört die Organisation „Schule" auf, wo fängt ihre Umwelt an? Sind Eltern „Umwelt" oder „Teile" des Systems? Sind SchülerInnen Mitglieder des Systems oder sind sie „außerhalb" angesiedelt? Je nach dem, welche Grenzziehung man vornimmt, entstehen nach der Unterscheidung von „drinnen" und „draußen" (willkürlich) unterschiedliche Umwelten. Die Wahl wird dadurch bestimmt, was man erklären möchte.

Wenn man z.B. mit der Differenz Teil/Ganzes operiert (vgl. *Krainz* 1990), dann sind Systeme bestimmt durch ihre Teile, also durch Mitgliedschaft. Umwelt in diesem Sinn sind dann alle „Nicht-Mitglieder". Wenn man z.B. sagt, die Schule „besteht" aus den Schulpartnern – Eltern, LehrerInnen, Schulleitung und SchülerInnen – dann sind Eltern und SchülerInnen Systemmitglieder, sagt man jedoch, die Einzelschule „besteht" aus den Betreibern, also Lehrkörper und Schulleitung, dann gehören Eltern und SchülerInnen zur „Umwelt".

Der zweite Umweltbegriff operiert nicht mit der Differenz von Zugehörigkeit/Nichtzugehörigkeit, sondern geht von kommunikativen Prozessen aus. Zur Zweckerfüllung des Systems finden bestimmte Kommunikationen statt, die jeweils für sich Systeme darstellen. In der Systemdefinition von *Luhmann* sind also nicht Personen, sondern abgrenzbare Handlungszusammenhänge Elemente eines System Diesen Systemen gegenüber sind alle Personen – auch die Mitglieder eines Systems, Be-

---

[17] Damit ist die Ebene der Organisation gemeint und nicht die des Unterrichts. Während im Fachunterricht aktuelle Fragestellungen von LehrerInnen rasch aufgenommen und integriert werden, bleibt die Organisationsform der Schule weitgehend unverändert. Das führt gelegentlich dazu, daß aktuelle auf Interdisziplinarität angelegte Problemstellungen in der Bearbeitung im Unterricht an die Grenzen der Organisation stoßen (etwa Projektunterricht, forschendes – bzw. offenes Lernen)

standteile der „Umwelt" (vgl. *Luhmann* 1984). Auf die Schule bezogen heißt das, daß sowohl im Sinne des zweiten, wie auch bei entsprechender Grenzziehung im Sinne des ersten System-Umwelt-Verhältnisses SchülerInnen und Eltern als Umwelt des Systems Schule gesehen werden können. Wenn also im folgenden von „Umwelt" gesprochen wird, ist damit entweder das System des Arbeitsmarktes oder der Politik gemeint, oder aber Eltern und SchülerInnen.

1.1.1 Wer reagiert worauf?

In den letzten Jahren ist eine Entwicklung eingetreten, die Schulen allmählich zwingt, Veränderungen ihrer Umwelt wahrzunehmen und darauf zu reagieren. Mit den Einsparungen im Schulbereich und der Möglichkeit, schulautonome Maßnahmen zu setzen, hat fallweise sogar eine Konkurrenz um SchülerInnen und knappe Ressourcen begonnen. Dazu kommt, daß sich das Bildungssystem insgesamt in einer Phase des Übergangs befindet. Das Verhältnis Politik und Schule beginnt sich neu zu organisieren. Die hierarchische Organisationsform, die sich in der Vergangenheit bürokratisch verselbständigt hat, wird allmählich abgelöst durch eine höhere Selbststeuerungsmöglichkeit der einzelnen Schule (vgl. dazu *Posch/Altrichter* 1992).

Diese Entwicklung stellt Schulen vor neue Aufgaben, die gelegentlich neben einer Aufbruchstimmung und Hektik (vgl. etwa die inflationäre Entwicklung der sogenannten „Pädagogischen Tage", *Steiner-Löffler* 1996) auch eine diffuse Veränderungsbereitschaft erzeugt. Dabei sind die Entwicklungsinteressen häufig unklar. Viele Schulen spüren, daß sich Rahmenbedingungen zu verändern beginnen, und wollen nichts „versäumen". Oft nehmen gerade konkurrenzfähige sogenannte „gute" Schulen externe Beratung in Anspruch, wobei „Veränderung" und „Schulentwicklung" – unabhängig von der „Veränderungsrichtung" – heute schon fast ein Wert für sich zu sein scheinen (vgl. *Altrichter* 1994c, 335).

In den geschilderten Fallstudien haben zwei von den drei beschriebenen Schulen ein extern betreutes „Schulentwicklungsprojekt" durchgeführt. Auf den ersten Blick scheint nicht klar, was die jeweilige Schule (bzw. einzelne Gruppen in der Schule) veranlaßt hat, die Durchführung eines derartigen Projekts zu betreiben. Die Schulen waren durchaus konkurrenzfähig, mußten keinen Einbruch der Anmeldezahlen von SchülerInnen befürchten und hatten keine gravierenden Probleme. So formulierte etwa eine Lehrerin, die sich über das im Fall 3 beschriebene Schulentwicklungsprojekt kritisch äußerte, in einem Interview:

Eigentlich gab es keinen Zwang, denn die Schule expandiert eher, als daß sie schrumpft. Ich meine, wenn die Schülerzahlen bei uns drastisch zurückgingen, wenn also die Arbeitsstellen gefährdet wären, da würden wir natürlich überlegen müssen, was können wir machen, um die Schule attraktiver zu gestalten. ... wir würden wahrscheinlich eine Schulentwicklung brauchen. So aber ist es so, daß wir fast zuviele Schüler haben. (sL5b)

Von Seiten der Umwelt kam also kein Signal, das ein Schulentwicklungsprogramm für diese Schule „nötig" gemacht hätte. Der Impuls zur Veränderung – bzw. Weiterentwicklung der Schule wurde nicht durch Außendruck erzeugt, sondern hatte etwas mit internen Verhältnissen zu tun.

Es ist sicher kein Zufall, daß diese Schule eine allgemeinbildende höhere Schule ist. Die Wichtigkeit schulischer Ausbildung für Kinder ist Eltern heute in großem Maß bewußt. Der langjährige Trend zu höherwertigen Schulabschlüssen (*„Abstimmung mit den Füßen"* zugunsten der AHS, vgl. Posch/Altrichter 1992, 15) führt dazu, daß höhere Schulen – außer in den Ballungszentren – kaum ein Marktproblem kennen, d.h. sie haben es (noch) nicht nötig, durch spezielle Angebote um SchülerInnen zu werben. Allgemeinbildende höhere Schulen können es sich (noch) leisten, auf relevante Umwelten wenig Rücksicht zu nehmen. Dazu *Liket*:

Es ist interessant zu sehen, daß die Produkte dieser Schulen (gemeint sind Schulen mit „Problemkindern", die innovative Lösungen für die Herausforderungen ihrer Umwelt finden müssen) mit intelligenten didaktischen und methodischen Arbeitsweisen – ebensowenig wie Jahrzehnte der pädagogischen Forschung – die Gymnasien nicht erreichen. Man kann sagen, daß der Gymnasiallehrer viel weniger und viel später auf die engen Grenzen seiner zurückgebliebenen Professionalität stößt. (Liket 1996, 9).

Trotzdem sind auch höhere Schulen von Veränderungen der Umwelt betroffen. Die zunehmende Durchlässigkeit von Bildungsbarrieren hat dazu geführt, daß die allgemein-bildende Schule heute mit einem breiten Spektrum an Begabungen unter den SchülerInnen rechnen muß.

Das bringt neue Anforderungen im sozialen und methodisch-didaktischen Management von Unterricht mit sich. Auf diese Anforderungen sind höhere Schulen häufig nicht vorbereitet. Die auftretenden Probleme werden weitergereicht, indem entweder SchülerInnen ausgesondert werden („Durchfallquote") oder Lernprobleme an ein anderes System delegiert werden. Die Unfähigkeit oder Unwilligkeit der höheren Schulen auf geänderte Ansprüche der SchülerInnen zu reagieren, hat inzwischen ein umfangreiches System privater Lernhilfe und Nachhilfeinstitute erzeugt[18]. Aus dem öffentlichen Schulsystem hat sich gewissermaßen ein ergänzendes privates Stützsystem ausdifferenziert, das dafür sorgt, daß die Grundparadoxie des Schulsystems, einerseits Unterschiede in der Herkunft der SchülerInnen zu ignorieren und so zu tun, als gebe es Chancengleichheit, und andererseits Selektionen zu produzieren, nicht allzu deutlich ins Bewußtsein tritt (zu den Paradoxien im Erziehungssystem vgl. *Luhmann* 1996, 24 ff).

Besonders betroffen von dem Streben nach höheren Schulabschlüssen sind die weiterführenden Pflichtschulen. Hauptschulen sind heute – zumal in den Städten – einem harten Konkurrenzkampf um SchülerInnen ausgesetzt und drohen zu „Restschulen" zu werden (*Posch/Altrichter* 1992, 14). Diese Schulen sind eher gezwungen, auf Umweltveränderungen zu achten, um ihre Existenz zu sichern. Eine Reihe von innovativen Projekten in Hauptschulen entspringt diesem Überlebenskampf und dem Versuch, sich unter veränderten Umweltbedingungen attraktiv zu erhalten. (Vgl. etwa die Studie über beispielgebende Entwicklungen an einer städtischen Hauptschule mit einem 75 % Anteil von SchülerInnen nichtdeutscher Muttersprache, *Bauer* 1995.). So ist es fast zwangsläufig, daß die als Fallbeispiel 1 geschilderte Hauptschule einen Veränderungsimpuls rasch aufgreift, um ein auf die geographischen und sozialen Besonderheiten maßgeschneidertes Angebot zu entwickeln.

---

18 „*Eine ganze Industrie lebt von der Leistungskrise – doch wohl nicht der Schüler sondern der Schule, die die Lernbedürfnisse oder Lernfähigkeit ihrer Schüler solchermaßen verfehlt.*" (*Hentig* 1993, 199)

1.1.2 Wahrnehmungsmuster von „Irritierungen"

Schulen beziehen sich – wie alle sozialen Systeme – in erster Linie auf sich selbst, reagieren auf ihre eigenen Zustände und nehmen ihre Umwelt nur sehr selektiv wahr (vgl. *Wilke* 1989, 120 f). Rückmeldungen über Auswirkungen von Unterricht auf das familiale Umfeld oder über die Brauchbarkeit des an einer Schule Gelernten in weiterführenden Bildungsgängen werden von Schulen kaum je erhoben. Wenn Reaktionen der Umwelt trotzdem wahrgenommen werden, so gibt es einige – für die Organisation Schule typische – Muster, sie zu deuten bzw. zu verarbeiten.

In Schulen wird weniger in strukturellen Zusammenhängen gedacht, vorherrschend sind individualisierende Erklärungsmuster, die wiederum „Personalisierungen" und „Schuldzuschreibungen" begünstigen[19].

Im folgenden sollen einige dieser Erklärungs- und Verarbeitungsmuster dargestellt und mit Beispielen aus den Fallstudien belegt werden. Die etwas ausführlichere Beschreibung soll darüberhinaus deutlich machen, daß sich – wie an den Fallbeispielen ebenfalls ablesbar ist – in diesen Bereichen bereits Veränderungen anbahnen.

Verhaltensmuster und Handlungsstrategien von LehrerInnen hängen davon ab, welche Vorstellungen sie über die Funktionslogik des sozialen Systems Schule haben, in dem sie sich handelnd bewegen. Um eine in unserem Alltagsverständnis häufig anzutreffende Vorstellung vom Funktionieren sozialer Systeme zu veranschaulichen, hat von *Förster* den Begriff „Trivialmaschinen" (v. *Förster* 1985, 12) gewählt, die linear und kausal nach einem „Wenn-Dann-Schema" funktionieren. Auf pädagogische Fragestellungen angewendet bedeutet diese Vorstellung etwa folgendes: Wenn ich als Lehrerin einen „input" gebe, dann erwarte ich nach einer bestimmten Verarbeitungsphase einen gewissen „output". Der alltägliche Sprachgebrauch in der Schule spiegelt diese naive Vorstellung sehr deutlich, wenn z.B. für das Wort prüfen *„abzapfen"* oder für Prüfung *„Zapf"* verwendet wird. Was oben hineingeschüttet wurde, wird unten wieder abgezapft. Aus einem Schulentwicklungsprojekt soll in kurzer Zeit *„... etwas „heraus"kommen"* (vgl. Fall 3). LehrerInnen

---

19 „Schuldzuschreibungen" und „Personalisierungen" sind nicht nur in Schulen beliebte Verarbeitungsmuster von Problemen. Nicht nur LehrerInnen fällt es schwer, in strukturellen Zusammenhängen zu denken. Vgl. zum Problemkreis: „Warum wir uns mit Organisationen schwertun"(*Heintel* 1993b)

widmen vornehmlich jenen Bereichen der „pädagogischen Trivialmaschine" ihre Aufmerksamkeit, die sich mit fachlichen Inhalten, mit Unterrichtsvorbereitung und Leistungsfeststellung beschäftigen, was sich im übrigen auch in den meisten Fortbildungsveranstaltungen widerspiegelt. Was sich zwischen „input" und „output" abspielt, ist dagegen oft von untergeordnetem Interesse. Dazu ein Beispiel:

> *Das neu eingeführte Fach Italienisch verlangt von den LehrerInnen in Fall 1 sehr viel an Vorbereitung. Sie arbeiten intensiv zusammen, um didaktisches Material, Übungsblätter etc. zu erstellen. In den Interviews wird deutlich, daß sehr viel Energie in diese Vorbereitungen fließt. Sehr wenig Zeit allerdings scheint auf die Analyse jener Phänomene verwendet zu werden, die mit der sogenannten „Verarbeitungsphase" zu tun haben. Warum SchülerInnen nach anfänglicher Begeisterung das Interesse an der Fremdsprache verlieren und in die Regelklasse wechseln wollen, ist beispielsweise kein Anlaß, nach Gründen zu forschen. Auch ist die Tatsache, daß die Italienischgruppen – obwohl ursprünglich heterogen zusammengesetzt – mit der Zeit ein ähnliches Niveau erreichen, kein Grund, das System der Einteilung nach Leistungsgruppen grundsätzlicher zu überlegen.*

Dieses Beispiel zeigt, wie schwer es ist, eingefahrene Denkmuster zu verändern. Obwohl die Schule im Italienischunterricht die Erfahrung macht, daß „willkürlich" zusammengewürfelte Gruppen von SchülerInnen mit der Zeit ein ähnliches Niveau erreichen, wobei Schwächere von Guten „mitgezogen" werden, wird diese Erkenntnis nicht auf die Lerngruppen in anderen Fächern übertragen. Es wird nicht gefragt, warum etwas, was im Fach Italienisch offensichtlich funktioniert, nicht auch in anderen Hauptfächern gehandhabt werden könnte. Im Gegenteil: Obwohl nur wenig Bedarf dafür besteht, wird das Leistungsgruppensystem unter einem anderen Titel auch im Fach Italienisch eingeführt (vgl. Fall 1, Kap. 2.6.2.). Es scheint, daß damit nicht nur eine Anpassung an die Lernkultur der Schule erfolgt ist, sondern auch ein offensichtliche Irritierung beseitigt wurde.

a.) Schuldzuschreibungen, Personalisierungen oder ...

Wenn komplexe Verhältnisse in ihrer Funktionsweise als „Trivialmaschinen" gedeutet werden, ermöglicht das eine Sichtweise, die komplizierte soziale Situationen stark vereinfacht, klare Verhältnisse zu schaffen scheint und einfache Erklärungsmuster anbietet: „Unterrichten ist schwierig, weil viele SchülerInnen nicht in diese Schule/Leistungsgruppe gehören. Sie sitzen aber in dieser Schule/Gruppe, weil der Ehrgeiz der Eltern sie treibt. Weil so viele nicht in diese Schule/Gruppe gehören, sinkt das Niveau." Das sind oft gehörte Einschätzungen für sehr komplexe soziale Erscheinungen. Kausale Erklärungen sind auch deshalb so beliebt, da sie Schuldzuweisungen erleichtern. Wenn jemand (die Eltern, die LehrerInnen oder gar das „System" als ganzes) „schuld" sind, braucht man nicht mehr nach Ursachen und Zusammenhängen zu forschen. Läßt der „output" zu wünschen übrig, wird in der Schule häufig auf diese einfachen, oft personalisierenden Erklärungen zurückgegriffen: „Der Schüler ist faul", „er gehört nicht in diese Schule" oder bei freundlicheren LehrerInnen: „Ich war nicht deutlich, verständlich, vorbereitet ... (hier kann man Beliebiges einsetzen) ... genug." LehrerInnen versuchen oft mit viel Mühe, durch immer bessere Vorbereitungen (Manipulation auf der „input-Seite") das Ergebnis ihres Unterrichts zu steigern und sind enttäuscht, wenn dies nicht gelingt. Immer ausgefeiltere Curricula sind jedoch noch keine Garantie für den „output" Unterrichtserfolg, denn Unterricht vollzieht sich in einer komplexen sozialen Situation. Kein Lehrer, keine Lehrerin, überblickt auch nur annähernd, welche Prozesse sich insgesamt im Unterricht abspielen.

Auch etliche Angebote zur Fortbildung von LehrerInnen erweisen sich ihrer impliziten Idee nach als „Trivialmaschinen". Hier schlüpft oft die Wissenschaft in die Rolle des Input-Gebers, ReferentInnen geben die neuesten Erkenntnisse der (Fach)Didaktik in Fortbildungsseminaren weiter, was aber keineswegs schon bedeutet, daß daraus konkrete, alltagswirksame Veränderungen in der Schule resultieren würden (Vgl. *Krainz-Dürr* 1994).

Der Glaube, soziale Systeme wirkten wie „einfache Maschinen", ist in unserem Denken stark verankert und meist mit hierarchischen Vorstellungen gekoppelt. Häufig verbinden sich damit auch personalisierende Vereinfachungen und Schuldzuschreibungen.

Auch in den geschilderten Fallstudien finden sich Beispiele für derartige Wahrnehmungs- und Verarbeitungsmuster.

Die ItalienischlehrerInnen der im Fall 1 geschilderten Hauptschule machen immer wieder die Erfahrung, daß SchülerInnen nach anfänglicher Begeisterung für die Sprache in den oberen Klassen dem Italienischunterricht ausweichen und in die Regelklasse wechseln wollen. (vgl. Fall 1, Kap. 2.7.4.) Eltern sprechen von steigenden Anforderungen und

Belastungen und davon, daß „ ... etliche ab der 7. Schulstufe nicht mehr wollen" (vL3). Für die LehrerInnen scheint diese Rückmeldung zwar eine Irritierung zu sein, nach Ursachen forschen sie jedoch nicht. Das Erklärungsmuster ist klar: SchülerInnen, die dem Italienischunterricht ausweichen wollen, sind „faul" und „spekulieren". Die eigentlich Schuldigen aber sind die Eltern, die Faulheit unterstützen und zu wenig motivieren: „Manche spekulieren sogar mit Unterstützung der Eltern" (vL4), meint eine Lehrerin resignierend.
In Fall 3 (vgl. Fall 3, Kap. 4.4.) wurden die Präsentationen der einzelnen Arbeitsgruppen während der zweiten Klausur von vielen LehrerInnen als mißglückt erlebt. Die Art der Darbietung der Fakten wurde als zu frontal und vor allem als zu lange kritisiert. Die Ursachenforschung setzte nun nicht bei einer Debatte über die Form-Inhalts-Diskrepanzen oder dem Zusammenhang zwischen Darbietungsform und Alltagsroutinen von LehrerInnen an, sondern erschöpfte sich in der Suche nach „Schuldigen". In diesem Fall boten sich die BeraterInnen an, die die Präsentationen mit ihren Gruppen angeblich nicht genügend vorbereitet hatten.

In einem Klima von Schuldzuweisungen ist es fast unmöglich, Rückmeldungen nicht als Kritik oder Angriff sondern als bloße Hinweise zu erleben. Zudem scheinen Schulen recht wenig Erfahrung mit dem Umgang mit Umweltfeedback zu haben. Das trifft vor allem auch auf Rückmeldungen von Eltern zu. *„Eltern werden in der Schule nicht so gerne gesehen"*, vermutete eine Mutter im Interview (vL2), LehrerInnen reagierten sehr sensibel und betrachteten das Engagement der Eltern oft als *„Einmischungen"*.

In Fall 1 wird geschildert, daß Eltern mit einem Schikursquartier nicht zufrieden waren. Der Elternvereinsobmann der Schule gab die Anregung, sich um eine neue Unterkunft umzusehen, an den verantwortlichen Lehrer weiter. Der Lehrer fühlte sich kritisiert, schlug das Angebot, bei einer neuen Quartierwahl behilflich zu sein, aus, und setzte seine Vorstellungen gegen den Willen der Eltern durch. Die Auseinandersetzung wurde als Problem des Elternvereinsobmannes gedeutet, dem seither unterstellt wird, „ ... gegen die Lehrer zu arbeiten" (vE2). Daß er sich so eingesetzt habe, werde ihm nun zum Vorwurf gemacht (vE3). Er selbst fühlt sich mißverstanden und ist enttäuscht.

b.) ... oder: systematisches Nachfragen

„Nachfragen gehen", das bedeutet umgangsprachlich im Kontext Schule, daß Eltern sich über den Lernfortschritt ihres Kindes erkundigen. Daß die Schule bei Eltern oder SchülerInnen „nachfragt", wie ihre Maßnahmen ankommen, ist zur Zeit noch die Ausnahme und nicht die Regel. Und doch ist dieses „Nachfragen" der Wirkungen in komplexen Systemen unerläßlich, wenn man nicht „trivialisieren" will.
Im Sinne v. *Försters* kann ein „input" ein System nie vollständig in der Wirkung determinieren, sondern nur anregen. Der „output" ist abhängig von internen Systemzuständen und somit nicht berechenbar. Daß etwa ein und derselbe „input" in verschiedenen Klassen und bei verschiedenen SchülerInnen sehr unterschiedliche Wirkungen auslösen kann, ist pädagogische Alltagserfahrung, ebenso wie die Erfahrung von BeraterInnen, daß ein und dieselben Vorschläge in verschiedenen Schulen ganz unterschiedlich aufgenommen werden können. Wenn man Klassen oder ganze Schulen als „non trivial machines" auffaßt, bedeutet der Umgang mit solchen Systemen, daß man sich nicht mehr auf eine unterstellte Kausalität von input-output-Relationen verlassen kann, man muß vielmehr den inneren Systemzuständen Raum und Gewicht geben. Dies geschieht vor allem durch Feed-back und Reflexionsphasen.
Ernst genommen hat diese Auffassung wesentliche Konsequenzen für die Rolle von Lehrenden. Denn wenn Lehrende bei allen Aktionen, die sie setzen, mögliche Rückkopplungseffekte beachten wollen, müssen sie ihre eigene Rolle in bezug auf das System mitreflektieren. Wer daran geht, Feedback systematisch zu nutzen, um die Qualität der Unterrichtsarbeit laufend zu „evaluieren", kann es nicht mehr bei bloßer Wissensvermittlung und Leistungsfeststellung belassen, sondern muß auch Prozesse in Gang setzen, die handlungsrelevantes Feedback erzeugen. Diese Notwendigkeit dafür ist LehrerInnen allerdings meist nicht unmittelbar einsichtig. „*Es gibt fast keinen Beruf*", – so der Erziehungswissenschaftler *Liket* bei einer Tagung zur Rolle der Schule in einer künftigen Gesellschaft – „*in dem die Rückkopplung über die Arbeit zwischen Erwachsenen so wenig zur Kultur gehört wie bei Lehrern.*" (1996, 12). LehrerInnen sind vielmehr gewohnt, in den täglichen Routinen auf Probleme mit Ratschlägen und Lösungsvorschlägen zu reagieren, ohne vorher Zeit in eine nähere Klärung der Problemlage investieren zu wollen.

In dem in Fall 3 beschriebenen Schulentwicklungsprojekt sollte zunächst eine Ist-Analyse der Situation an der Schule durchgeführt werden. Einige LehrerInnen hielten diese Vorgangsweise für überflüssig, weil sie auf dem Weg zur Lösung der Probleme, über die sie sehr genau Bescheid zu wissen glaubten, keine Zeit verlieren wollten. Die Feststellung des Ist-Zustands schien vielen ein „Umweg" zu sein, der „ ... sehr, sehr lange dauert" (sL2b). „Die Probleme hätten eigentlich zum Zeitpunkt des Beginns des Schulentwicklungsprojekts schon fertig formuliert sein können", meinte eine Lehrerin im Interview (sL5b). Und die neue Hausordnung – so schätzen einige LehrerInnen – hätte man „ ... ohne den großen Aufwand auch machen können" (sL2b).

Die Ungeduld scheint verständlich, wenn man bedenkt, daß genaues Hinsehen, Nachfragen und zu einer (gemeinsamen) Einschätzung der Situation kommen (viel) Zeit benötigen. Da in Schulen dafür keine „offizielle" Zeit vorgesehen ist, müssen LehrerInnen, die sich Rückmeldungen organisieren und Reflexion leisten wollen, „Freizeit" opfern. Wer aber „private" Zeit investiert, möchte diese auch optimal nutzen und so schnell wie möglich konkrete Ergebnisse sehen.

Das Erzeugen systematischen Feedbacks muß nicht immer in einer so umfangreichen Art und Weise geschehen, wie in dem beschriebenen Fall 3. Wesentlich scheint, daß Schulen sich dafür Zeit nehmen und damit signalisieren, daß es sich lohnt, in diesem Bereich Energie zu investieren. Ein interessanter Schritt in diese Richtung wurde vom Schulleiter der in Fall 2 beschriebenen Schule gesetzt (vgl. Kap. 4.5.): An der Schule wurde auf Initiative des Schulleiters ein sogenannter „Sprechtag" für SchülerInnen eingerichtet. An einem (ab der dritten Stunde) unterrichtsfreien Vormittag haben SchülerInnen die Gelegenheit, in ruhiger Atmosphäre mit LehrerInnen Gespräche zu führen. Für die LehrerInnen fallen diese Gespräche also in die Dienstzeit, was ihnen eine gewisse Förmlichkeit und Wichtigkeit verleiht. Gleichzeitig wird signalisiert, daß die Zeit für Beratung oder Konfliktregelung zu den Dienstpflichten einer Lehrkraft gehören. Der formelle Rahmen wertet überdies die SchülerInnen als GesprächspartnerInnen auf.

1.2 Akteure und Entwicklungsmotoren

Schulen sind keine Maschinen, die aus zentral steuerbaren gut funktionierenden Teilen bestehen, sondern komplizierte soziale Organisationen miteinander arbeitender Menschen. Aus ihrem Zusammenwirken entsteht ein bestimmtes „Klima" aus ungeschriebenen Gesetzen und

Regeln, die für Unterricht und Lernen bedeutsam sind. In den letzten Jahren hat sich das Interesse der Schulforschung deutlich auf jene Phänomene verlagert, die die Besonderheiten einer einzelnen Schule ausmachen. Angesichts der raschen wissenschaftlichen, technischen und kulturellen Entwicklung können Veränderungen des Schulwesens kaum noch mit Mitteln bürokratischer Weisung erfolgreich vollzogen werden. Von der Einzelschule wird daher die *„Fähigkeit zur Selbstentwickung"* gefordert (*Horster/Buchen* 1993, 378), sie wird zum *„Schlüssel zur Veränderung"* der Schullandschaft (*Dalin* 1986, 113 f) und die in ihr Tätigen zu wesentlichen *„Motoren von Entwicklung"* (*Rolff* 1993, 175). In diesem Zusammenhang gilt das Hauptinteresse den ständigen Mitgliedern der Organisation, also Lehrkräften, Schulleitung und Schulaufsicht. Im folgenden Abschnitt soll deren Rollensituation und Handlungsperspektive in Veränderungsprozessen dargestellt und mit Beispielen aus den Fallstudien illustriert werden. Zur Ergänzung wird auch die Rolle externer BeraterInnen kurz beleuchtet.

1.2.1 Die Rolle des Kollegiums

Entwicklungsprozesse an der Schule können von unterschiedlichen Gruppen initiiert werden, die Träger von Veränderungen sind jedoch die LehrerInnen eines Kollegiums. Auf das Verhalten dieser Gruppe innerhalb der Schule kommt es im wesentlichen an, ob Impulse aufgenommen und Veränderungen nachhaltig werden.

In den zitierten Fallstudien sind die LehrerInnen der drei Schulen durchaus offen für Neuerungen. Sie begrüßen z.B. die Einführung eines Schulversuchs an einer Schule (Fall1) oder sind mehrheitlich bereit, an Entwicklungsprojekten mitzuarbeiten (Fall 2 und 3). Die Art und Weise aber, wie an den jeweiligen Schulen Impulse gesetzt, aufgenommen und weitergeführt werden, hängt von den Besonderheiten des jeweiligen Standorts, dem Führungsstil der Schulleitung, vor allem aber von der Dynamik innerhalb des Lehrkörpers ab.

Es geht also im folgenden Kapitel nicht darum, wie einzelne LehrerInnen ihre Berufsrolle wahrnehmen oder in Zukunft auffassen sollten, sondern um die Diskussion der Beziehungsgestaltung im Kollegium einer Schule. Nicht die einzelne Lehrerin oder der einzelne Lehrer ist Akteur in Entwicklungsprozessen sondern die Beziehungskonstellation der Gesamtheit des Kollegiums.

Als eine Besonderheit der Organisation Schule sieht *Diem-Wille*, daß das Prinzip der (formellen) Gruppe in der schulischen Struktur weitgehend fehlt (1986, 28). In der Schule unterrichten „einzelne" unterschiedliche Fächer/Gegenstände. Die traditionelle Lehrerrolle ist *„eher auf isolierte Einzelarbeit angelegt"* (*Philipp* 1995, 21), organisatorische Anreize und Voraussetzungen zur formellen Gruppen- oder Teambildung fehlen. Eine einzelne Leitungsperson steht einem weitgehend „amorphen" Kollegium gegenüber. Schulen zeichnen sich durch einen auffallenden Mangel an strukturbildenden Elementen aus. *Diem-Wille* vergleicht die Schule mit einem nach dem „Meisterprinzip" organisierten Betrieb. *„Ein Meister (Direktor) steht an der Spitze, der die Leitung und Aufsicht über die Gesellen (Lehrer) hat, denen ihrerseits wieder die Ausbildung der Lehrlinge (Schüler) obliegt"* (ebd. 28f). Der Vergleich mag insoferne zutreffen, als die Kommunikationsformen in der Schule häufig ähnlich „familial" ablaufen wie in einem überschaubaren Handwerksbetrieb. Mit steigender Mitarbeiterzahl wird diese Art der Kommunikation jedoch dysfunktional. In einer Schule mit 60-80 (oder mehr) LehrerInnen kann nicht mehr jede/r mit jeder/m kommunizieren, vieles, was zu einer berufsrelevanten Kommunikation gehört (Informationsaustausch, Interessensausgleich, Kooperation u.ä.), wird daher in den informellen Raum abgedrängt und *„ergießt sich ventilartig an der Gerüchtebörse"* (ebd. 30).

Es gibt in Schulen keine Strukturen, in denen Interessensgegensätze öffentlich ausgetragen werden können. Da sie natürlich – wie in allen Organisationen – unter der Oberfläche vorhanden sind, haben Schulen – so scheint es – einen eigenen Umgang damit gefunden. *„Offene Kritik und Feedback wird durch das Kollegialitätsprinzip (keiner kritisiert den anderen) verhindert"*, meint etwa *Diem-Wille* (1986, 30) und *Posch* diagnostiziert eine gewisse Scheu vor kritischen Auseinandersetzungen (vgl. *Posch* 1996, 181). Die Kultur der Schule scheint geprägt durch einen „Mythos der Gleichheit", der besagt, daß alle LehrerInnen einer Fachgruppe gleich (gut) sind und daher keine Spezialisierungen oder Schwerpunktbildungen stattfinden dürfen. Natürlich gibt es in allen Lehrkörpern informelle Gruppenbildungen, es scheint allerdings so zu sein, daß diese Gruppierungen nicht sichtbar werden sollen.

Während der zweiten Klausur des in Fall 3 beschriebenen Schulprojekts erzeugte die Arbeitsgruppe „Kommunikation" große Heiterkeit, als sie versuchte, die informell im Lehrkörper existierenden Gruppen zu benennen. Da gebe es die „Extrem Engagierten", die „Engagierten", die „Noch-ein-Projekt-Gruppe", die „Traditionellen", „Rebellischen", „Lokkeren" ebenso wie die „Passivisten", „Heimgeher", die „besorgten Mütter" usw. (vgl. Kap. 4.3.2. Fall 3). Die versammelte Kollegenschaft nickte zustimmend amüsiert, alle schienen zu wissen, wer wohin gehörte: Zuordnungen wollte allerdings niemand vornehmen.

Unterschiede in Lehrkörpern gibt es, die KollegInnen wissen darüber Bescheid, allerdings dürfen diese Differenzen nicht öffentlich werden. Es scheint streng darüber gewacht zu werden, daß keine „Ungleichbehandlungen" entstehen. Dazu ein Beispiel aus den Fallstudien:

In der in Fall 1 geschilderten Schule gibt es jeweils einen Klassenzug pro Jahrgang, der als Schulversuch mit fremdsprachlichem Schwerpunkt geführt wird. Auf die Frage, ob das Vorhandensein von Schwerpunktklassen Auswirkungen auf die Gruppierung der LehrerInnen haben, ob es also LehrerInnen gebe, die bevorzugt in diesen Klassen eingesetzt werden, reagierten LehrerInnen wie Schulleiter abwehrend. Sie betonten, daß es seit Jahren ein System an der Schule gebe, das alle Stunden „gleichmäßig" an alle LehrerInnen verteilte. „Alle werden, ob jung oder alt, ob Italienisch oder nicht Italienisch, gleichmäßig beschäftigt. ... Wir haben ein System entwickelt, wo jeder in regelmäßiger Wiederkehr gleich bedient wird" (vSL).

Es gibt also eine Regelung, die besagt, daß alle LehrerInnen ohne Unterschied von Erfahrung, Interessen, Vorlieben, Können usw. – gleich behandelt und „bedient" (vgl. Zitat) werden müssen. Das hilft sicherlich zum einen, Unterschiede innerhalb eines Lehrkörpers nicht zur Kenntnis zu nehmen und damit Konkurrenz zu vermeiden, zum anderen aber erschwert oder verhindert es auch eine eventuelle Teambildung. Im geschilderten Fall ist es nicht möglich, diejenigen LehrerInnen, die mit den Anliegen des Schulversuchs besonders identifiziert sind, vornehmlich in Schwerpunktklassen einzusetzen. Ja mehr noch, es verhindert, daß die Frage, wer – über die SprachlehrerInnen hinaus – besonderes Interesse an der Schwerpunktbildung der Schule hat, überhaupt gestellt wird. Bestehende Unterschiede sollen – so scheint es – nicht sichtbar werden und Regelungen und „Tabus" (z.B. das Tabu, bestimmte Fragen zu stellen) helfen, den „Mythos der Gleichheit" aufrechtzuerhalten.

In einer derartigen Kultur haben es LehrerInnen oder Gruppen, die aus der „amorphen" Masse herausragen, indem sie Bestimmtes wollen und öffentlich machen, naturgemäß schwer. Individuelle Profilierung wird im Lehrberuf oft negativ bewertet (vgl. dazu auch *Götz* u.a.1996, 66 f), wer sich von der „Normalität" abhebt, setzt sich leicht dem Vorwurf der „Profilierungssucht" aus. Öffentlich an Profil gewinnen, sich profilieren zu wollen, scheint innerhalb schulischer Kultur per se etwas „Anrüchiges". Auch in den Fallstudien findet sich dazu ein Beispiel:

Die ItalienischlehrerInnen in Fall 1 beklagen sich über ungenügende Fortbildungsangebote in ihrem Bereich und bemängeln, daß die Arbeitsgemeinschaft der ItalienischlehrerInnen nicht so funktioniere, wie sie sich das eigentlich vorstellten (vgl. Kap. 2.7.2., Fall 1). In den Arbeitsgemeinschaften gebe es viele, die sich „... eigentlich nur profilieren wollen" (vL4), war der Vorwurf einer Lehrerin.

LehrerInnen, die sich für bestimmte Dinge besonders einsetzen wollen, geraten auf diese Weise leicht in eine Zwickmühle. Individuelles Engagement scheint zwar erwünscht, gegenüber offiziellen Funktionen (sei es in der Arbeitsgemeinschaft, sei es in Projekten etc.), die individuelle – sichtbare – Profilierungen ermöglichen könnten, zeigt sich die Kollegenschaft jedoch skeptisch.

In dem in Fallbeispiel 3 geschilderten Projekt zur Schulentwicklung wurde im Erstgespräch von den externen BetreuerInnen eine mögliche „Projektarchitektur" erläutert. In diesem Gespräch wurde auch auf die Notwendigkeit der Funktion eines „Projektkoordinators/einer Projektkoordinatorin" hingewiesen, einer Person also, die das Projekt innerhalb der Schule leitete. Ab dieser Stelle entstand unter den anwesenden LehrerInnen einige Unruhe. Eine Kollegin zog die Sinnhaftigkeit dieser Funktion in Zweifel, und verlangte, daß mehr Verantwortung von den BetreuerInnen übernommen werden sollte. Im Laufe der Diskussion wurde die Bedeutung der Funktion immer mehr zurückgenommen, bis sich diese Rolle auf die eines bloßen Ansprechpartners/einer Ansprechpartnerin reduzierte (vgl. Kap. 2.5., Fall 3). Als es im Laufe des Projekts schließlich notwendig wurde, diese Funktion zu besetzen, blieb man im Rahmen der bestehenden Hierarchie und wählte den Schulleiter zum Koordinator.

Es hat im geschilderten Fall den Anschein, als drohte die Besetzung der Funktion der Projektkoordination durch einen Kollegen/eine Kollegin zu viel „Ungleichheit" in den Lehrkörper zu bringen. Diese Verunsicherung wurde im konkreten Fall dadurch umgangen, daß die LehrerInnen durch die Wahl des Schulleiters zum Koordinator versuchten, die Projektorganisation so eng wie möglich an die bestehende Hierarchie der Schule zu binden.

Selbst wenn es darum geht, innerhalb der Schule bestimmte Funktionen zu vergeben, scheint der Grundsatz „alle sind gleich geeignet" zu herrschen:

In dem in Fall 2 geschilderten Schulentwicklungsprojekt wurde eine Steuergruppe eingerichtet, deren Mitglieder allerdings stark fluktuierten. Das Prinzip, in dieser Gruppe gerade auch junge oder noch wenig etablierte KollegInnen zum Zug kommen zu lassen, führte dazu, daß auch ein Kollege, der gerade zwei Monate an der Schule war, als Projektleiter fungieren konnte. Von den LehrerInnen wurde es als Stärke erlebt, daß jeder Lehrer gleich ernst genommen wird, für das Projekt allerdings bedeutete das, daß die Steuergruppe – auch angesichts eines sehr „starken" Schulleiters – ihre Funktion der „Steuerung" nur bedingt erfüllen konnte.

Die beiden letzen Beispiele können als Versuche angesehen werden, einen „amorphen" Lehrkörper durch die Einrichtung von Gruppen und durch den Aufbau einer Projektorganisation stärker zu strukturieren. Diese Versuche stießen allerdings auf den Widerstand der Kollegien. Im ersten Beispiel wird die Projektorganisation an die Hierarchie gebunden, im zweiten Fall scheint die Bedeutung der Funktion der Steuergruppe weitgehend verleugnet worden zu sein. Die Steuergruppe wurde nicht als ein Möglichkeit angesehen, die neben der Schulleitung gleichsam eine zweite Ebene – vergleichbar dem mittleren Management eines Betriebes – einführte. Die vielfach festgestellte mangelnde Strukturierung der Kollegien von Schulen hat also vor allem organisationsinterne Gründe. Lehrköper scheinen sich gegen eine stärkere Verankerung strukturbildender Elemente zu wehren. (vgl. auch Kap. 2.2.1., Teil III)

1.2.2 Die Rolle der Schulleitung

In allen Veränderungsprozessen von Organisationen wird dem Verhalten von Führungskräften eine Schlüsselrolle zugesprochen. *Senge* etwa weist Führungskräften die entscheidende Rolle beim Aufbau einer „lernenden Organisation" zu (1990, 340). Obwohl der Einfluß von SchulleiterInnen auf entscheidende Parameter der Schulgestaltung eher gering ist – SchulleiterInnen haben zur Zeit z.B. keinen Einfluß auf die Personalpolitik an ihrer Schule – spielen sie für das Gelingen aller Veränderungen und Innovationen an der Schule eine kaum zu unterschätzende Rolle. Sie sind „klimabestimmende" Größen an einer Schule, erschweren oder erleichtern den Kommunikationsfluß, ermöglichen oder hemmen Entwicklungen und schaffen die Voraussetzungen für schulische Aktivitäten und Reformen.

Hat es bis vor gar nicht allzu langer Zeit für SchulleiterInnen noch gereicht, eine Schule gut zu verwalten und nach außen zu repräsentieren, so sind nun vor allem Managementqualitäten gefragt. SchulleiterInnen sollen heute für Finanzierungen sorgen, Personalentwicklung betreiben, Entwicklungen initiieren, Kooperationen einleiten, Prozesse moderieren, Konflikte regeln und anderes mehr. Diese in zahlreichen Publikationen der letzten Jahre beschriebene Rollenauffassung von Führungskräften an Schulen ist allerdings weniger eine Beschreibung dessen, „was ist", sondern eher ein Rollenentwurf für die Zukunft. Denn wie sich Führung in Veränderungsprozessen einer Schule konkret-praktisch realisiert, darüber gibt es erst spärliche Darstellungen. Wir befinden uns zur Zeit in einer Phase des Umbruchs, in der es für die gestellten Anforderungen noch kaum Handlungsstrategien gibt.

Die Anforderungen sind in der Tat nicht einfach. Zwar sollen SchulleiterInnen weitreichende Veränderungen einleiten, sie können sich dabei jedoch kaum auf bereits vorhandene Strukturen stützen, die interne Kommunikationsprozesse regeln. Eine Schule zu leiten ist auch heute noch ein „einsames" Geschäft, die Führungsspanne ist hoch, SchulleiterInnen stehen als Einzelpersonen einem weitgehend unstrukturierten Lehrkörper gegenüber. Es gibt kein System der „Repräsentation", in dem die Interessen unterschiedlicher Gruppen im Lehrkörper ausgehandelt werden könnten. Bestehende Strukturen in der Schule sind entweder bürokratisch verfestigt (Dienstweg) oder in der sogenannten „Schulpartnerschaft" ritualisiert. Für eine Steuerung in Entwicklungsvorhaben greifen diese Koordinationsmechanismen jedoch meist zu kurz.

Darüber hinaus haben es SchulleiterInnen bei Lehrkräften mit Personen zu tun, die in der Regel „Einzelarbeiter" sind und ihre Autonomie verteidigen. *„Aus verschiedensten Gründen",* meint eine Direktorin mit einem Lehrkörper von über 90 Personen, *„lassen sich Lehrer nur ungern leiten. Die einen mögen es nicht, weil es liebgewonnene Freiräume einschränkt und andere lehnen es ab, weil sie selbstbestimmt und hierarchiefrei arbeiten wollen."* LehrerInnen befürchten von der Organisation, in der sie tätig sind, vor allem bürokratische Einschränkungen, und reagieren äußerst sensibel auf jemanden, der leitet oder führt. Man kann geradezu von einem "antihierarchischen Affekt" sprechen, der immer dann auftritt, wenn Leitungsfunktionen zu besetzen sind:

Im Erstgespräch in Fall 3 wurde mit dem Schulleiter und den anwesenden LehrerInnen eine mögliche Projektarchitektur besprochen, die von den Anwesenden sehr positiv aufgenommen wurde. Mit dem Hinweis auf die Notwendigkeit einer Projektleitung trat jedoch plötzlich Unruhe auf. Eine Lehrerin äußerte ein „sehr ungutes Gefühl", zog die grundsätzliche Notwendigkeit einer derartigen Funktion in Zweifel, und auf einmal „wackelten" alle bis dahin getroffenen Vereinbarungen.

Selbst die Funktion des Leitens oder Steuerns per se scheint mißtrauisch betrachtet zu werden. In Beratungsprojekten zeigt sich immer wieder das Phänomen, dass Leitungsfunktionen in Schulen nicht klar als solche bezeichnet, sondern eher umschrieben und mit verharmlosenden, beschönigenden Begriffen bedacht werden. Der Betreuer des in Fall 2 geschilderten Schulentwicklungsprojekts etwa betont:

Die LehrerInnen haben sich übrigens ziemlich gewehrt gegen den Ausdruck Steuergruppe ... aber das passiert nicht nur in X, sondern in vielen Schulen, LehrerInnen ist Planungs – oder Koordinationgruppe viel lieber als Steuergruppe. (völ1, 10)

LehrerInnen bevorzugen die Bezeichnung „Planungs- und Koordinationsgruppe" anstelle von „Steuergruppe" (Fall 3), „ProjektleiterInnen" werden zu „Ansprech"partnerInnen" (Fall 2) gemacht und Personen, die Gruppen leiten sollen, „KoordinatorInnen" (Fall 3) genannt. Es scheint in Schulen eine (fast reflexartige) Scheu zu herrschen, Leitungsaufgaben als solche klar zu benennen und damit deutlich zu machen.

Dieser „verschämte" Umgang mit Begriffen findet sich auch in pädagogischen Publikationen, die sich mit dem Thema „Leitung" in der Schule beschäftigen. In dem Standardwerk „Schule leiten und gestalten" beschreiben etwa *Fischer* und *Schratz* „... *die neue Qualität pädagogischer Führung*" mit dem englischen Lehnwort – „*Leadership*" (1993, 8). Führung in diesem Verständnis bezeichne eine „*wirksame Beziehung ... ohne Zwang*", einen „... *Prozeß zwischen Führern und Geführten*", wobei davon ausgegangen wird, „... *daß jede Person führen oder geführt werden kann*" und es „... *keine wirklich passiven Mitglieder in der Führungsgemeinschaft gibt*" (1993, 182f). Die Intention derartiger Beschreibungen läuft darauf hinaus, daß sich die traditionelle Rolle der Führenden und die der Geführten in der „Führungsgemeinschaft" auflöst.

Wir leben gleichzeitig in zahlreichen Führungsbeziehungen und können in der einen die Führungsperson und in der anderen die geführte Person sein. Dazu ist es nicht notwendig, organisatorische oder institutionelle Positionen innezuhaben oder zu wechseln. Das starre Festhalten an „amtlich" festgelegten Führungsstrukturen war ein Merkmal des industriellen Zeitalters, (...), seine Wirksamkeit wird jedoch durch informelle, dynamische Führungsbeziehungen in den Schatten gestellt. (Fischer/Schratz 1993, 184).

Hier wird deutlich, daß die Autoren unter „Führung" eigentlich keine „Führung" mehr verstehen, die irgend etwas mit den institutionell definierten Rollen zu tun hat, sondern vielmehr eine eher diffus bleibende wechselseitige Einflußnahme. Zudem wird hier einem Phänomen das Wort geredet, unter dem Schulen ohnehin leiden, nämlich der Informalisierung der Kommunikation (vgl. dazu Kap. 2.3., Teil III).

Derartige Beschreibungen sind wenig geeignet, das Problem einer Führungs- oder Leitungsposition näher zu bestimmen und das Leiten in beschreibbare Formen von Tätigkeit zu bringen. Es spiegelt sich darin die im Schulbereich verbreitete Tendenz, Führungsaufgaben unklar zu benennen und im Informellen zu belassen.

Dazu ein weiteres Beispiel: In einer Studie über Bildungsforschung (Jungwirth u.a. 1991) wird folgendes Bild einer zukünftigen Schule entworfen:

Ich stelle mir vor, daß 4-6 LehrerInnen und Lehrer für eine Gruppe von vielleicht 70 Schülerinnen und Schülern zuständig und verantwortlich sind. Diese verteilen die Fächer (oder Unterrichtszeiten ...) selbst, erstellen den Stundenplan, sorgen für ihre Schülerinnen und Schüler im besten Sinne des Wortes, sind selbst für die Art und Weise ihrer Kommunikation untereinander verantwortlich, für den Lernerfolg der Schüler und Schülerinnen selbstverständlich auch, wobei sie den Heranwachsenden und deren Eltern Rechenschaft schuldig sind. Das muß selbstverständlich nicht heißen, ..., daß es nicht jemanden gibt, der das räumliche und zeitliche Nebeneinander koordiniert. Wenn dieser Jemand – ich würde ihn oder sie nie SchulleiterIn nennen – auch noch jemand ist, dem LehrerInnen ihre Sorgen und Frustrationen, aber auch Freuden und Erwartungen anvertrauen können, der in schwierigen Situationen – in welchen immer – eine Anlauf- und

Clearingstelle ist, wenn dieser Jemand Lehrerinnen und Lehrern auch noch organisatorischen und bürokratischen Kram abnehmen kann – umso besser, vielleicht ganz ausgezeichnet. Aber dieser Jemand dürfte nie ein für die anderen verantwortlicher Leiter sein, er kann es einfach nicht sein. (Jungwirth u.a. 1991, 189)

Einem „Jemand" werden also wichtige Führungsfunktionen – Koordination, Beratung, Konfliktlösung, Verwaltung und Organisation zugeordnet, ohne diese als solche deutlich zu machen oder mit Verbindlichkeit auszustatten. Wie in einem solchen Arrangement dieser „Jemand" rekrutiert wird, wie seine Koordinationsleistungen legitimiert sind oder wie er als Clearingstelle in konfliktreichen Situationen wirksam werden soll, bleibt im Unklaren. Wie ein „deus ex machina" ist er einfach da (die heimliche Botschaft ist vermutlich, daß er – ohne klar benannte offizielle Funktion (die durchaus nicht die der Schulleitung sein muß) – auch bei Bedarf wieder weg ist) und nimmt LehrerInnen „Organisation und Verwaltung" ab. Es wirft überdies ein bezeichnendes Licht auf das Organisationsverständnis der Autoren, wenn organisatorische Arbeit gleichsam der Verwaltung gleichgesetzt und als „Kram (!)" bezeichnet wird.

In derartigen Darstellungen werden grundsätzliche Dilemmata von Leitung eher verschleiert – oder schlimmer – gar nicht wahrgenommen. Es wird der Versuch unternommen, sich der Problematik von Leitung und Steuerung zu entledigen, indem alle zu Leitern in der „Führungsgemeinschaft" gemacht werden oder indem man diese Funktionen dem informellen Raum zuordnet und nicht benennt. Daß solches von einigen externen LehrerbildnerInnen und Schulforschern vorgeschlagen wird, ist insofern interessant, als hier Meinungen reproduziert werden, die man oft von LehrerInnen (also Systeminternen) hören kann. „Jemand der steuert, leitet oder führt, das ist (erg. für LehrerInnen) einfach ein rotes Tuch" (völ1, 10), erläuterte etwa der Betreuer des in Fall 2 geschilderten Schulentwicklungsprojekts. Dieses Ressentiment wird offensichtlich von etlichen in der Schulforschung und Lehrerbildung Tätigen geteilt. Man findet in der Literatur über Schulleitung nur wenige Darstellungen, die diese Rolle funktional-sachlich begreifen. Offizielle Leitungsfunktionen in Schulen sind – so scheint es – immer noch mit dem Geruch von „Bürokratie", „Weisung" und „Entmündigung" belastet. Diese Vorstellungen stammen aus einer Zeit, in der es in Schulen eigentlich kaum etwas zu entscheiden – also zu leiten – gab, und in der sich „Führung" an „Kontrolle" und „Verwaltung" orientierte. Seit mit der Autonomisierung und Dezentralisierung wichtige Entscheidungen an den einzelnen Schulstandort verlagert wurden, ist jedoch ein anderes Führungsverständnis gefragt. Um Veränderungsprozesse vorantreiben zu können, müssen Leitungs- und Steuerungsfunktionen übernommen werden, im Sinne einer geplanten Entwicklung bedarf es klarer Verantwortlichkeiten. „Sprachspiele" oder Euphemismen sind daher wenig geeignet, wenn es um die Klärung dieser Funktionen geht (zum Problem „Steuerung" siehe Kap. 2.4. Teil III).

1.2.3 Die Rolle der Schulaufsicht

Kontrolle, Koordination, Konfliktlösung und Beratung – das sind laut Schulunterrichtsgesetz die wesentlichen Aufgaben der Schulaufsicht. Seit Schulen im Rahmen der Schulautonomie größere Gestaltungsspielräume bekommen haben, werden jedoch diese Aufgaben und Funktionen neu überdacht. Die Bandbreite der gegenwärtigen Diskussionen geht von „Die Schulaufsicht ist abzuschaffen!" bis zu einer Veränderung von einem „Kontroll-" zu einem ausschließlichen „Beratungsorgan"(vgl. dazu *Schratz* 1996b, 223 ff).

Posch und *Altrichter* sehen die neuen Aufgaben der Schulverwaltung vor allem in drei Bereichen: Die erste Aufgabe besteht darin, die Schule mit Entwicklungen und Erwartungen der Gesellschaft zu konfrontieren, aber keine institutionellen Antworten darauf vorwegzunehmen. Der zweite Bereich ist die Unterstützung von Schulen im Entwikkeln eigenständiger Profile und schließlich als dritte Aufgabe die „ ... *Stimulierung von institutioneller Selbstkontrolle"* (*Posch/Altrichter* 1992, 88). Alle diese drei Bereiche könnte man unter dem Begriff „Beratungstätigkeit" zusammenfassen. Schulaufsicht in diesem Sinne könnte für Qualitätssicherung sorgen, indem sie Impulse setzt, Schulen bei Entwicklungen berät und Evaluationen anregt und unterstützt. Die Kontrolltätigkeit müßte sich dann nicht auf die „Inspektion" von einzelnen LehrerInnen beziehen, sondern könnte sich auf eine „Metaevaluation" der Evaluationsberichte beschränken (vgl. *Rolff* 1994, 112).

Tatsächlich wünschen sich Schulaufsichtsorgane – das zeigt eine jüngst in Österreich durchgeführt Fragebogen-Untersuchung (Vgl. *Schratz* 1996b) – schon heute mehr Zeit für ihre Beratungstätigkeit. Die Mehrzahl der in der Studie befragten Landes- und BezirksschulinspektorInnen hält dabei ihre Kontrollfunktion mit Beratung für durchaus vereinbar. Nur in wenigen Fragebögen wurde eine prinzipielle Unvereinbarkeit zum Ausdruck gebracht. Überraschend an dieser Untersuchung ist, daß auch die befragten LehrerInnen mehrheitlich kein Problem darin sehen, wenn InspektorInnen neben ihrer Kontrollfunktion auch Beratung durchführen sollen (ebd. 126). Überraschend deswegen, weil ähnliche Untersuchungen in der Schweiz und der BRD zeigen, daß LehrerInnen in diesen Ländern eine Beratung durch die Schulaufsicht weniger schätzen und eine klare Trennung der Funktionen wünschen (vgl. *Schmidinger* 1996, 66). Wer kontrolliert und – im Konfliktfall – sanktioniert, kann nicht beraten.

Was ist nun der Grund, warum LehrerInnen in Österreich (eher als ihre KollegInnen in anderen Ländern) bereit sind, diese Vermischung von Rollen und Funktionen zu akzeptieren? Als Grund wird in der Untersuchung von der Bezirksschulaufsicht etwa genannt, daß ja auch die Tätigkeit der LehrerInnen von „Rollenmischungen" geprägt sei. Auch der Lehrer/die Lehrerin sei „... *Förderer des Lernprozesses und gleichzeitig Beurteiler*" (*Schratz* 1996b, 120). Nach dieser Interpretation sind LehrerInnen gewissermaßen an Rollendiffusität gewöhnt, und nehmen es daher mit Unvereinbarkeiten nicht so genau. Tatsächlich betonen die LehrerInnen, daß auch sie ständig „... *beraten, fördern, kontrollieren und beurteilen*" müssen (ebd. 123). Sie sehen den Widerspruch nicht prinzipiell sondern knüpfen an das Gelingen der Beratung durch die Schulaufsicht bestimmte Bedingungen. Wenn Vertrauen, Kompetenz, Kommunikationsfähigkeit und Interesse vorhanden sind, hält die Mehrheit der österreichischen LehrerInnen Beratung und Kontrolle für grundsätzlich vereinbar. Diese Haltung wird LehrerInnen auch dadurch erleichtert, daß in Österreich – im Unterschied zu den übrigen untersuchten Ländern – die Kontrolle durch die Schulaufsicht nicht regelmäßig – und vor allem nicht unangekündigt – erfolgt. Das österreichische Beamtendienstrecht kennt nur eine „Anlaßbeurteilung", die sogenannte Leistungsfeststellung erfolgt nur, wenn sie Einfluß auf die dienst- oder besoldungsrechtliche Stellung des Lehrers haben kann oder wenn LehrerInnen selbst einen Antrag stellen (*Brezovich* 1990, 148). Unterrichts- und Schulbesuche der Schulaufsicht werden daher von LehrerInnen nicht unmittelbar mit Kontrolle in Verbindung gebracht, sie sind deshalb durchaus für Vorschläge und Unterstützung auch von dieser Seite offen.

Die Schulaufsicht spielt in den beschriebenen Fallbeispielen nur in Fall 1 eine zentrale Rolle. In den beiden übrigen Fallbeispielen war die Schulverwaltung nicht Gegenstand der Untersuchung, da sie innerhalb der beschriebenen Projekte zur Schulentwicklung nur eine Randposition einnahm. Die Schulleiter der beiden allgemeinbildenden Schulen agierten weitgehend autonom, allenfalls berichteten sie gelegentlich, daß der Landesschulinspektor das jeweilige Schulentwicklungsprojekt interessiert verfolge. Der Schulleiter des in Fall 3 dokumentierten Projekts hatte z. B. keine Schwierigkeiten, für die Klausuren im Rahmen des Projekts ab der zweiten Unterrichtsstunde unterrichtsfrei zu geben, der Schulleiter der in Fall 2 beschrieben Schule sorgte selbstverantwortlich für notwendige Rahmenbedingungen für innovativen Aktivitäten an der Schule. Die Schulaufsicht schien die Initiativen der Schulen von Ferne zu stützen und zu fördern, jedoch nicht direkt in die Entwicklung eingreifen zu wollen.

Im ersten Fallbeispiel allerdings spielt die Schulverwaltung in Gestalt eines Bezirksschulinspektors eine wichtige Rolle bei der Entwicklung der Schule:

Der Bezirksschulinspektor der in Fall 1 beschriebenen Schule sieht seine wesentliche Aufgabe darin, Entwicklungsimpulse für seinen Schulsprengel zu setzen. Er erkannte früh die Bedeutung von Fremdsprachen auch für die Pflichtschule und setzte entsprechende Initiativen. Er suchte eine Schule aus, in der er auf entsprechende Unterstützung seiner Idee einer „Hauptschule mit fremdsprachigem Schwerpunkt" rechnen konnte. Er ließ den LehrerInnen bei der Weiterentwicklung seines Modells viel Freiheit und versuchte, deren Veränderungsvorschlägen Rechnung zu tragen. („Der Inspektor hat viele Freiheiten gegeben und nicht eingeengt ... Man konnte selbständig etwas entwerfen" (vL1)). Die LehrerInnen erlebten den Inspektor als kompetent, interessiert und hatten das Gefühl, jederzeit Unterstützung – auch was dienstrechtliche Fragen anging – von ihm zu bekommen. Auf Anregung des Inspektors wurde der Schulversuch auch mittels Fragebögen evaluiert, wobei allerdings nur die betreffenden ItalienischlehrerInnen befragt wurden. (vgl. Kap. 2.6.4., Fall 1).

Sieht man als wesentliche Aufgaben der Schulverwaltung in der Zukunft Impulssetzung, Beratung und Unterstützung von Schulen bei der Evaluation an (vgl. *Posch/Altrichter* 1992, 88), so mutet die Rollenauffassung des Bezirksschulinspektors durchaus modern an. Allerdings scheint es so, daß das Hauptaugenmerk auf der Ebene des Unterrichts liegt. Der Bezirksschulinspektor steht in engem Kontakt mit den LehrerInnen, die Italienisch als Fach unterrichten, er berät sie und nimmt ihre Vorschläge auf. Die Schule als Gesamtheit gerät dadurch jedoch etwas aus dem Blick. Der Inspektor zeigt sich überrascht, als in der

Fallstudie 1 deutlich wird, wie sehr sich die ItalienischlehrerInnen innerhalb der Schule isoliert fühlen, bzw. wie wenig die LehrerInnen der andern Fächer mit den Anliegen des schulischen Schwerpunkts identifiziert sind. Auch der Inspektor scheint davon auszugehen, daß zu einer Schwerpunktbildung für eine Schule die Schaffung eines neuen Unterrichtsfaches genüge. Folgerichtig richtet sich die vom Inspektor initiierte umfangreiche Erhebung zur Evaluation des Schulversuchs ausschließlich an die LehrerInnen des Faches Italienisch. Daß auch die übrigen LehrerInnen zur Beurteilung des Schulversuchs etwas beitragen könnten, scheint kein Thema zu sein.

In diesem Punkt wird deutlich, daß die wesentlichste Veränderung der Aufgaben der Schulverwaltung in Zukunft in einem Perspektivenwechsel von der Ebene des Unterrichts auf die Ebene der gesamten Schule liegen könnte. Schulaufsichtsbeamte sind gewöhnt, einzelne Lehrer zu kontrollieren oder zu beraten, ihr Hauptaugenmerk liegt auf der Verbesserung von individuellem Unterricht. Viele Schulinspektoren sehen darin das „pädagogische Herzstück" ihrer Tätigkeit, und wünschen sich auch in Zukunft mehr Zeit dafür. (*Schratz* 1996b, 46). Über die Einflußnahme auf und die Unterstützung von Lehrerteams oder gesamter Kollegien gibt es hingegen wenig Erfahrungen. Für diese Entwicklungsdimension muß – so scheint es – das Bewußtsein erst geschaffen werden.

1.2.4 „Grenzgänge" – Die Rolle der Beratung

Die Nachfrage nach Beratung und Außenstützung von Entwicklungsprozessen ist in den letzten Jahren im schulischen Feld stark angewachsen, sodaß nicht nur die für Lehrerfortbildung verantwortlichen Institutionen wie Pädagogischen Institute und Universitäten ihre Angebote darauf abgestimmt haben, sondern auch die Schulbehörde versucht, durch eigene Lehrgänge BeraterInnen für Entwicklungsprozesse an Schulen auszubilden. Daneben ist ein kommerzieller Markt für vielfältige Unterstützungstätigkeiten – von Organisationsberatung über Teamsupervision bis zu Coaching im Bildungsbereich – entstanden.

Im Bereich Schule sind heute sehr vielfältige Formen von Beratung beobachtbar. Die häufigste Form stellt dabei die sogenannte Fachberatung dar, wie sie sich etwa in der Lehrerfortbildung findet. Diese Fachberatung wird heute mehr und mehr von LehrerInnen selbst auf der Basis kollegialen Austausches übernommen (vgl. *Krainz-Dürr* 1994). Auch

Schulleitung und Schulaufsicht sind seit einiger Zeit bestrebt, ihre Aufgaben als Unterstützung und Fachberatung zu definieren, was bei der gleichzeitigen Übernahme von Kontrollfunktionen jedoch nicht ohne größerer Rollenkonflikte möglich ist. Daneben hat sich in den letzten Jahren im Schulbereich vor allem die Form der Supervision (Balintgruppen, Teamsupervision) etabliert. Die Prozeßberatung von Schulentwicklungsvorhaben steckt hingegen noch in den Anfängen, wobei der Bedarf – nicht zuletzt durch die Möglichkeit der Nutzung von Schulautonomie – rasch anwächst.

Die in den drei Fällen geschilderten Beispiele bewegen sich – was die externe Unterstützung betrifft – zumindest in Österreich gewissermaßen in Neuland, indem die in Fall 2 und 3 geschilderten Schulen für ihre Entwicklungsvorhaben Prozeßberatung in Anspruch genommen haben. Aber auch die in Fall 1 untersuchte Entwicklung spiegelt eine Vorreiterrolle wieder. Der Bezirksschulinspektor hat Entwicklungen für eine in der Pflichtschule völlig neue Schwerpunktsetzung eingeleitet und – soweit das in seiner Rolle möglich ist – auch beratend zu begleiten versucht.

Die Erfahrungen mit Beratung, die in den drei Fallbeispielen dokumentiert sind, sollen im folgenden genauer analysiert werden. Die besondere Aufmerksamkeit soll dabei auf die Rollen der externen BeraterInnen der in Fall 2 und 3 beschriebenen Schulentwicklungsprozesse gelegt werden.

a.) Prozeßberatung als „Grenzgang"

Die Rolle dieser Beratung ist charakterisiert durch eine Position an der „Grenze". BeraterInnen kommen von „außen", ihre Rolle ist „marginal[20]" (vgl. *Fatzer* 1995, 170) sie gehören dem zu beratenden System nicht an und können daher andere Sichtweisen einbringen. Die Aufgabe der Beratung besteht darin, diese „Außensicht" im Rahmen von Feedbackprozessen lernwirksam zu machen.

Für das Gelingen einer Betreuungsarbeit ist es entscheidend, die optimale Nähe bzw. optimale Distanz zu finden. Um als Berater/in verstehen zu können, was sich im Handlungsfeld abspielt, muß man ins Geschehen „eintauchen" (*Schley* 1993a, 411). BeraterInnen und Klienten müssen in „Kontakt" treten, um eine Auseinandersetzung über unterschiedliche Sichtweisen möglich zu machen. Die Nähe zum Geschehen, das „Erleben" vieler konkreter Situationen und die Anteilnahme

---

20 Im Sinn von „... an der Grenze liegend".

an der Entwicklung ist einerseits notwendig, um Prozesse „erfassen" zu können, andererseits birgt sie die Gefahr der „Einverleibung" ins System. Bei zu großer Nähe verharrt das Engagement der BeraterInnen in bloßer Übereinstimmung mit den Handelnden, eine produktive „Irritierung", die durch die Differenz eingebracht werden könnte, unterbleibt.

Es ist zentral für die Lernfähigkeit einer Organisation, ob die BeraterInnen die sogenannten „defensiven Routinen" der Organisation gegebenenfalls beleuchten und reflektieren können. Damit sind Wahrnehmungs – und Verarbeitungsmuster gemeint, die es Organisationen ermöglichen, bestimmte Bereiche und „Irritierungen" auszublenden. Defensive Routinen sind einerseits notwendig, um handlungsfähig zu sein (man kann nicht immer alles auf- und wahrnehmen), manchmal erweisen sie sich jedoch als ein Hemmnis für Entwicklung. Nun laufen BeraterInnen, die zu sehr in die Nähe des zu beratenden Systems kommen, Gefahr, Deutungsmuster der Klienten zu übernehmen und so gemeinsame „defensive Routinen" aufzubauen. Auf diese Weise entsteht ein unbewußtes Bündnis zur Tabuisierung bestimmter Bereiche (vgl. *Fatzer* 1995, 170).

Auch in den Fallstudien sind derartige unbewußte „Bündnisse" zu beobachten:

In dem in Fallbeispiel 3 geschilderten Schulentwicklungsprojekt reagierte eine Lehrerin im Erstgespräch z.B. sehr sensibel auf Zumutung der Projektorganisation mit Steuergruppe, Projektleitung etc. Die BeraterInnen des Projekts einigten sich daraufhin mit den LehrerInnen auf andere Bezeichnungen: Die Steuergruppe wurde als „Koordinationsgruppe" bezeichnet, die Projektleitung von einem „Ansprechpartner/ einer Ansprechpartnerin" übernommen. Diese „Verschleierungen" der eigentlichen Funktionen durch beschönigende Bezeichnungen hatten allerdings Folgewirkungen. Mit den unklaren Begriffen blieben auch die Funktionen undeutlich bestimmt. Über Aufgaben und Bedeutung der Projektleitung etwa wurde nicht genügend gesprochen, was wiederum die Wahl des Schulleiters in diese Funktion erleichterte. Die Koordinationsgruppe definierte ihre Aufgaben als „Verwaltung" und scheute sich, Entscheidungen zu treffen. Die Thematisierung des gesamten Bereichs von Leitung und Steuerung blieb zunächst tabuisiert. Erst ein Zufall – die Verhinderung des Schulleiters in der letzten Phase des Projekts – machte diese Bereiche besprechbar (vgl. dazu Kap. 2.5., 2.6., 5.2. und 5.3. Fall 3).

Zu große Nähe kann nicht nur ein Zusammenspiel bei der Vermeidung, bestimmte Bereiche zu thematisieren, bewirken, es kann auch zu „... *Erstarrung und passivem Beeindrucktsein, oder zu Agieren, Drängen und Vorpreschen*" (Schley 1993 b, 137) führen. Im geschilderten Fall z.b. waren BeraterInnen selbst versucht, die Steuerung der Entwicklung in die Hand zu nehmen und das Tempo vorzugeben.

In dem in Fall 3 beschriebenen Schulentwicklungsprojekt haben die BeraterInnen anfangs sehr viel Verantwortung für den Ablauf und die Gestaltung übernommen. Der Zeitplan wurde (mit Zustimmung der Schule) mehr oder minder von den BeraterInnen festgesetzt und die Planung der einzelnen Klausuren übernommen. Mit der Moderation der Koordinationsgruppe wurden auch bestimmte Möglichkeiten der Steuerung ausgeschöpft. In der ersten Klausur wurde von den Externen ein sehr hohes Tempo der Aktivitäten vorgegeben. Als WissenschaftlerInnen mit einem Forschungsinteresse waren sie an „Ergebnissen" des Projekts interessiert und daher mehr als üblich in das Geschehen involviert. Infolgedessen war die erste Phase des Projekts eher von großer Aktivität bis Hektik geprägt. Erst im Verlauf des Projekts zogen sich die Externen auf die Position der Beratung zurück und übergaben die Verantwortung für den Prozeß den LehrerInnen. Ein sichtbares Beispiel für diesen allmählichen Rückzug stellt die Dokumentation des Schulentwicklungsprojekts dar. Während die Dokumentation der ersten Klausur vollständig von den BeraterInnen übernommen wurde, war die Dokumentation der zweiten ein gemeinsames Produkt von LehrerInnen und Externen. Die Abschlußdokumentation schließlich wurde ausschließlich von den LehrerInnen der Schule gestaltet. Mit der Zurücknahme des „Aktivitätsdrucks" gelang es den BeraterInnen – so scheint es – wieder stärke Distanz zu den Entwicklungen zu bekommen. Erst aus dieser Distanz war es möglich, das Prozeßgeschehen zu reflektieren und Rückmeldungen so zu gestalten, daß sie produktiv nutzbar gemacht werden konnten. (vgl. Kap. 6, Fall 3).

Aber nicht nur zu große Nähe beeinträchtigt den Beratungserfolg, auch zu große Distanz erzeugt gewisse Probleme. Wer zu weit entfernt ist, „sieht" nichts, bzw. kann nicht mehr begreifen, was eigentlich passiert oder zieht vorschnelle Schlüsse bzw. gibt vorschnelle Interpretationen ab. Wer sich in zu großer Distanz befindet, droht, nicht mehr „anschlußfähig" zu sein und kommt – im Extremfall gar nicht mehr mit den Klienten in „Kontakt". Auch dazu gibt es ein Beispiel in den Fallstudien:

Das in Fall 2 beschriebene Schulentwicklungsprojekt sollte ursprünglich unter der Beratung eines "Mannes aus der Wirtschaft" stattfinden. Der Berater hatte den LehrerInnen ein Konzept vorgelegt, das diese sehr attraktiv fanden. Auch die Distanz des Beraters zum Schulbereich wurde von den LehrerInnen anfangs sehr geschätzt. Man hoffte, diese neue Sichtweise könne der Schule " ... einmal die Augen öffnen" (völ1). Im konkreten (Erst)Kontakt allerdings zeigte sich, daß der unterschiedliche Umgang mit Verbindlichkeiten und Abmachungen zuviel "Fremdheit" auf beiden Seiten auszulösen schien (vgl. Kap.2.2, Fall 2). Ein Beratungsvertrag kam nicht zustande.

Im geschilderten Fallbeispiel scheint die Zusammenarbeit an der zu "großen Differenz" zwischen den Kulturen "Wirtschaft" und "Schule" gescheitert zu sein. Die nüchterne Mitteilung – "ohne Projektleitung kein Organisationsentwicklungsprojekt" (vgl. Kap. 2.2., Fall 2) des "Mannes der Wirtschaft" wurde in der Kultur der Schule, die fast ausschließlich von informellen Strukturen geprägt ist und in der darüber hinaus Leitungs- und Führungsfunktionen stark ambivalent besetzt sind (vgl. Teil III, 1.2.2), als Brüskierung und Zurückweisung erlebt. Die LehrerInnen entschieden sich daraufhin für einen Betreuer, der dem schulischen Bereich näher stand, und den sie in der Vorphase als "emotional" stützend und ausgleichend wahrgenommen hatten. Zunächst schien dieser die optimale Distanz zu dem zu beratenden Feld gefunden zu haben. Er war nahe genug, um "anschlußfähig" zu sein, und doch in genügender Distanz, um über die Thematisierung von Differenzen Entwicklungen in Gang setzen zu können (vgl. dazu Kap. 2.3., Fall 2). Aber auch dieser Berater schien bald in die Dilemmata optimaler Grenzziehungen zu geraten (zu Rollen und Dilemmata externer BetreuerInnen vgl. auch *Messner/Rauch* 1995).

Nach der unter der Betreuung des neuen Beraters ersten sehr erfolgreich verlaufenen Klausur mit dem gesamten Lehrkörper, in der eine Steuergruppe installiert und eine Projektleitung eingerichtet wurde, begann das in Fall 2 beschriebene Schulentwicklungsprojekt. Sehr bald zeigten sich jedoch die ersten Schwierigkeiten. Ein vom Berater gewünschter schriftlicher Vertrag mit der Schule kam nicht zustande, weil die LehrerInnen meinten, "... wenn wir einen Vertrag machen, müssen wir uns einen Tag in Klausur zusammensetzen, und alle Bedingungen aufschreiben, sonst lassen wir es lieber" (vgl. 2.3., Fall 2). Die LehrerInnen wehrten sich nicht nur heftig gegen einen Vertrag sondern gegen jede Art von "Festschreibungen". Die Steuergruppe wurde prinzipiell "offen" gehalten, fixe Projektgruppen nicht eingerichtet. Der Berater entschloß sich – in Kenntnis des Feldes (*„Jeder, der steuert, ist einfach ein rotes Tuch"* (völ1)), mit eher informellen Strukturen zu arbeiten. Dieses Eingehen auf die Vorgaben der LehrerInnen hatte allerdings auch ihren Preis: Bald wußte die Steuergruppe ihre Funktion nicht mehr genau zu definieren, Arbeitsgruppen wurden eingerichtet und wieder aufgelöst, viele Ideen geboren, die jedoch eher unkoordiniert nebeneinander liefen.

In diesem Fall hatte sich der Berater – so scheint es – zu sehr an den Rand des Geschehens zurückgezogen (oder wurde zu sehr an den Rand gestellt), seine Aufgabe wurde bald nur noch als die eines Moderators definiert. Mit Moderation allein – das zeigte sich bald – konnte das Projekt allerdings nicht vorangetrieben werden. Der Berater hatte jedoch alle Interventionsmöglichkeiten aus der Hand gegeben, eine Klausur in der über den Stand des Projekts nachgedacht werden konnte, kam nicht mehr zustande, die LehrerInnen ließen das Projekt „auslaufen".

b.) Beratung als Prozeßreflexion

Die wesentlichste Aufgabe von Prozeßberatung besteht darin, die „randständige" Rolle einzusetzen, um durch das Rückspiegeln von Wahrnehmungen und Einschätzungen und die Auseinandersetzung darüber, der Organisation zu einer größeren Bewußtheit zu verhelfen. Der Perspektivenunterschied zwischen „intern" und „extern" kann eine höchst wirksame und produktive Spannung erzeugen, Erkenntnisse und Einsichten hervorrufen, die Veränderungsprozesse ermöglichen und unterstützen (*Krainz* 1995b, 7). Durch das „Verflüssigen" eingespielter Routinen erwerben Mitglieder der Organisation eine größere Handlungskompetenz und die Organisation insgesamt „lernt" (über das Etablieren von Selbstreflexionsmechanismen vgl. *Wimmer* 1995)

In den beschriebenen Fallbeispielen zeigt sich deutlich die große Bedeutung von Rückkopplungsprozessen und Reflexion für Entwicklung und Veränderung:

Der entscheidende Durchbruch des in Fall 3 beschriebenen Schulentwicklungsprojekts scheint in der dritten Klausur mit der ausführlichen Prozeßreflexion durch das Beratungsteam gelungen zu sein. Das Projekt war zu diesem Zeitpunkt auf einem Tiefpunkt angelangt, das Interesse der LehrerInnen erlahmt, nur die Verpflichtung, an der Abschlußklausur teilzunehmen, schien sie überhaupt noch zu motivieren, über den Projektverlauf nachzudenken. Während der Rückmeldungen des Beratungsteams allerdings wuchs die Aufmerksamkeit der

LehrerInnen, die anschließende Reflexion in Gruppen war anregend und die Abschlußdiskussion verlief ausgesprochen engagiert. Am nächsten Tag kamen wesentlich mehr LehrerInnen zur – freiwilligen – Veranstaltung als angenommen. In diesem Treffen wurde von den BeraterInnen eine Technik vorgestellt, mit der eine Situation in strukturierter Form reflektiert werden konnte (Analysegespräch). Die LehrerInnen waren davon so angetan, daß einige bedauerten, sich nicht mehr Zeit dafür genommen zu haben. Man habe ja nicht gewußt, daß es so „interessant" (FT) werden würde (vgl. Kap 6. Fall 3).

In diesem Fall bedauerten die BeraterInnen, daß sie nicht schon viel früher intensivere Phasen gemeinsamer Reflexion vorgeschlagen hatten und sich so sehr von der Aktivität hatten treiben lassen. Ein Versinken und Treibenlassen in Aktivität scheint auch dem in Fallbeispiel 2 beschriebenen Projekt zum Verhängnis geworden zu sein.

Das Fallbeispiel 2 zeigt, daß durch ein Vernachlässigen von Reflexions- und Nachdenkpausen, die Energie für Veränderungen nachläßt und Rückzugstendenzen einsetzen. Das in diesem Fall geschilderte Schulentwicklungsprojekt hatte viele Prozesse innerhalb der Schule in Gang gesetzt. Ein innovatives Klima entstand und etliche Neuerungen wurden rasch durchgeführt. Allerdings unterblieb ein gemeinsames Nachdenken über die Entwicklung. Die Beratung verstand sich über weite Strecken nicht als eine Perspektive, die von außen die Entwicklungen kommentieren und als Rückmeldungen in den Prozeß einspeisen könnte. Da durch die vielfältigen Aktivitäten eine gewisse Hektik an der Schule entstanden war, wurde bald jeder Vorschlag nach einer gemeinsamen Standortbestimmung als zusätzliche Belastung erlebt und abgelehnt (vgl. Kap. 2.8., Fall 2). Bei vielen LehrerInnen verlor das „Gesamte" der Schule an Anliegen, sie zogen sich in ihren Bereich – ihre Klassen – zurück.

Die Untersuchung zu diesem Fallbeispiel hat allerdings ergeben, daß sich auch jene LehrerInnen, die ihr Engagement eher zurücknehmen wollten, an einem Meinungsaustausch interessiert waren. Da die Strukturen dafür jedoch in der Schule fehlten, und es niemanden gab, der dieses Vorhaben betrieb (der Schulleiter stand Konferenzen eher negativ gegenüber), konnte so etwas wie ein „Standortbestimmung" nicht stattfinden.

An diesem – wie auch an den beiden anderen geschilderten Beispielen – wird deutlich, daß den Fallstudien selbst bzw. dem Prozeß der Erstellung der Studien (Interviews, Clearing, Präsentation und Rückmeldung der Ergebnisse) die Funktion einer „Beratung durch Rückmeldung" zukommt. In allen drei Fällen ist es nach dem Abschluß der Studien zu Interaktionen mit den Beteiligten gekommen.

Im ersten Fall wurde durch die Ergebnisse der Studie die „Isolation" der ItalienischlehrerInnen durchbrochen und deren Stellung im Lehrkörper zum Thema gemacht. Einige Zeit später begannen – auf Anregung des Inspektors – Schulleiter und Lehrer/innen mit Unterstützung der Universität eine umfangreiche Evaluation des Italienischunterrichts, wobei die Studie als Ausgangspunkt diente.

Ähnlich gelagert ist die Situation in Fall 2 und 3. Die Studie zu Fallbeispiel 2 hat dazu beigetragen, daß sich LehrerInnen und Schulleiter das Schulprojekt noch einmal in Erinnerung riefen und über kritische Bereiche (z.b. dem Umgang mit Verbindlichkeiten) nachzudenken begannen. Die Verfasserin der Studie wurde zu einer SCHILF- Veranstaltung eingeladen, um ihre Sicht zu präsentieren. Im Fall 3 hat die Studie selbst wenig Resonanz gefunden, vieles allerdings, was in dem Fallbeispiel ausgeführt ist, wurde in etlichen Gesprächen mit Schulleitung und LehrerInnen besprochen bzw. entwickelt.

Das Erstellen von Fallstudien durch eine Einzelperson oder Gruppe erscheint in diesem Zusammenhang als eine gute Möglichkeit der Rückmeldung über Prozesse und Entwicklungen an Schulen. Die in dieser Form erstellten „Momentaufnahmen" bieten vielfältige Anlässe des Nachdenkens und Reflektierens und setzen in einer von Aktivität geprägten Kultur bestimmte Meilensteine zur Kurskorrektur.

1.3 Veränderungen beginnen – Anfänge setzen

Schulen sind – wie alle anderen sozialen Systeme auch – ständig in Bewegung. Sie ändern sich, gewollt oder ungewollt, unabhängig auch davon, ob eine Veränderung von ihren Mitgliedern angestrebt, geleugnet, bloß zur Kenntnis genommen oder freudig begrüßt wird. Sie reagieren auf veränderte Umwelten (sehr oft im Sinne eines Beharrungsvermögens) und verarbeiten fortlaufend interne Systemzustände und widersprüchliche, im System angelegte Anforderungen. Zusätzlich haben sie noch ihre eigene Dynamik im Sinne einer „Mikropolitik". Das von unterschiedlichen Interessenslagen von Mitgliedern und Mitgliedergruppen aufgespannte Feld reagiert sensibel auf kleinste Irritierungen.

Veränderung, „Bewegung", ist also auch als ein Normalzustand von Schulen aufzufassen. Laufende Ausgleichsbewegungen versuchen, die Balance zwischen Wechsel und Beharren zu halten. Dabei spielen sich die meisten dieser Bewegungen auf einer Ebene ab, die von außen kaum wahrgenommen wird. Oft werden sie nicht einmal intern registriert, und erst eine Rückschau aus zeitlicher Distanz vermag das Ausmaß des Wandels sichtbar zu machen. Alte Klassenfotos z. B. zeigen, wieviel sich im Laufe der Zeit unbemerkt und unbeachtet verändert hat. Dabei sind diese Veränderungen so individuell wie die Fotos selbst. Jede Schule bildet ihre spezifische Identität aus und hat dies schon getan, ehe man davon zu reden begann, daß Schulen ein „Leitbild" benötigen. Schulen finden auch zu den ihnen gemäßen Bewegungen. Oft sind es Zufälle, die Schulen in die eine oder andere Richtung gehen lassen. Ein sprachbegeisterter Lehrer, der andere mit seiner Begeisterung ansteckt, und der in eine Position gelangt, in der er seine Vorstellungen von einer interkulturellen Erziehung verwirklichen kann, ein leerstehendes Schulgebäude, das bestehenden Wünschen nach einer Schulteilung im Lehrkörper der Nachbarschule plötzlich Gestalt gibt, eine Ausschreibung einer Weiterbildungseinrichtung ... – das alles können Anreize für weitere Entwicklungen werden.

Wenn im Rahmen von Schulentwicklung von Veränderung gesprochen wird, so sind damit jedoch nicht jene ständig ablaufenden Bewegungen gemeint, die jedes System ausführt, um sich selbst zu erhalten, sondern Veränderungsschritte, die bewußt gesetzt werden. Eine Schule, die sich bewußt auf den Weg einer Entwicklung begibt, muß in einer mehr oder weniger klaren Weise den Entschluß gefaßt haben, das zu tun. Es gibt also einen Anfang, einen Impuls, der den „Stein ins Rollen" bringt.

Im allgemeinen werden zwei Typen von Veränderungsstrategien unterschieden, je nachdem auf welcher Hierarchieebene der Impuls gesetzt wird: eine „top-down" oder „bottom-up" Vorgangsweise. Beide Vorgangsweisen lösen unterschiedliche „Bewegungen" aus. Diese Bewegungsrichtungen werden im Schulbereich jedoch häufig nicht wertneutral verwendet. Eine „top-down" Vorgangsweise wird mit Erlässen, Weisungen und staatlicher Lenkung in Verbindung gebracht und daher abgelehnt. „Bottom-up" Bewegungen hingegen werden als demokratisch und daher zukunftsweisend angesehen. Veränderungen im Schulbereich haben heute – so eine verbreitete Meinung – in Bewegungen an der Basis ihren Ursprung zu haben. Anläßlich eines OECD/CERI Seminars der Projektgruppe „Innovationen im Bildungswesen" heißt es etwa im Generalbericht:

Forschung und Praxis haben gezeigt, daß wirkliche Änderungen in der Arbeitsweise von Akademikern, was die meisten Lehrer sind, nicht über top-down organisierte Innovationen stattfinden. Heutzutage ist man davon überzeugt, daß wirklich kreatives problem-solving Verhalten erst aus der von Schulleitern und Lehrern erkannten Notwendigkeit hervorgeht. Das bedeutet, daß Änderungsprozesse vielmehr bottom-up stattfinden müssen. (Liket 1996, 21)

Auch hier zeigt sich der bereits in Kap. 1.2.2. (Teil III) beschriebene und im schulischen Umfeld weit verbreitete „antihierarchische" Affekt. Die Begriffe „bottom-up" oder „top-down" geben zunächst nur an, auf welcher Ebene der Hierarchie ein Veränderungsimpuls gesetzt wird, und sind daher per se weder „gut" noch „schlecht". Ob eine Innovation erfolgreich verläuft, hängt nicht so sehr davon ab, von welcher Hierarchieebene die Initiative ausgeht, sondern vielmehr davon, wie mit der Initiative umgegangen wird. Die Bedeutung dieses „Anfangs" darf jedoch nicht unterschätzt werden, da jede Bewegungsrichtung mit spezifischen Problemen zu kämpfen hat. „Top-down"- Modelle stehen z.b. vor der Schwierigkeit, die Veränderungsinitiative auf breiter Basis zu verankern, „bottom-up" Vorgangsweisen laufen Gefahr, durch zu geringe hierarchische Absicherung nach einer gewisssen Zeit ins Leere zu laufen und sich zu erschöpfen oder in einem Ghetto zu existieren.

Im folgenden Abschnitt soll nach den „Anfängen" der Entwicklungsprojekte an den in den drei Fallbeispielen beschriebenen Schulen gefragt und ein Blick auf jene besonderen Herausforderungen geworfen werden, die sich aus der jeweiligen Anfangsphase ergeben.

1.3.1 Eine Initiative der Schulaufsicht: Fall 1

Das in Fall 1 geschilderte Fallbeispiel beschreibt einen von der Schulaufsicht eingeleiteten Veränderungsprozeß. Die Initiative zur Bildung eines fremdsprachlichen Schwerpunkts an einer Pflichtschule ging dabei vom zuständigen Bezirksschulinspektor aus, der ein Modell entwickelte und einen Schulleiter und eine Gruppe engagierter LehrerInnen zur Mitarbeit gewann. Das Modell wurde der Schule jedoch nicht „übergestülpt", die LehrerInnen hatten genügend Freiheit zur Gestaltung und waren aufgefordert, das Modell zu verbessern und weiterzuentwickeln. In den Interviews wird der Inspektor von allen Befragten – LehrerInnen wie Eltern – als *„... der Vater des Projekts" (vSL)* bezeichnet. Die

LehrerInnen scheinen damit jedoch noch mehr zu meinen, als den Hinweis, von wem die Entwicklungsinitiative ausgegangen ist. In ihren Antworten schwingt mit, daß der Inspektor mit „seiner Idee" in besonderer Weise verbunden ist („*Er ist begeistert von dieser Sprache*" (vL6)," ... *hat sie sich selbst beigebracht*" (vL1) und als Lehrer an der besagten Schule den Freigegenstand eingeführt und mehrere Jahre selbst unterrichtet), was sich in einer stets unterstützenden und fördernden Haltung zeigt.

Der Bezirksschulinspektor selbst möchte seine Rolle hingegen eher herunterspielen. Er betont, daß der eigentliche Anstoß eigentlich von den Eltern gekommen sei, auf keinen Fall möchte er seine Vorgangsweise als eine „top-down" Bewegung beschrieben wissen. Im Abschlußgespräch wehrt er sich gegen die Beschreibung des Schulversuchs als einer „Neuerung von oben". Er wisse zwar, daß man das in der Wissenschaft so nenne, aber in seinem Fall sei das nicht zutreffend. Er sei ja zwanzig Jahre lang selbst Lehrer an der Schule gewesen und habe das Fach im Freigegenstand unterrichtet. Er habe sich – nach seiner Beförderung zum Inspektor – „seine" Schule ausgesucht, da er dort mit einem aufgeschlossenen Klima rechnen konnte. Und überdies habe er seine Vorstellungen als Angebot formuliert und niemandem etwas aufgezwungen (vgl. FT). Eine Initiative von „oben" wird offensichtlich auch vom Schulinspektor negativ besetzt und mit „Verordnung", „Aufzwingen" und „strikter Lenkung" verbunden.

Obwohl die Vorgangsweise des Schulinspektors im Gegensatz dazu einladend und offen war, und den LehrerInnen – was alle bestätigten – genügend Freiheit ließ, zeigt sich jedoch auch an diesem Beispiel die generelle Problematik jeder Veränderung, die an der Hierarchiespitze ihren Ausgang nimmt. Die Schwierigkeit besteht darin, daß nicht nur BündnispartnerInnen gefunden werden müssen, die die Initiative tragen, sondern auch eine genügend breite Basis der Identifikation mit der Veränderung geschaffen werden muß.

Im geschilderten Fallbeispiel wurde der Schulversuch durch einen aufgeschlossenen Schulleiter und ein engagiertes Team von LehrerInnen, die viel Freizeit und Energie (sprich unbezahlte Mehrarbeit) in das Projekt investierten, zum Erfolg. Es zeigte sich allerdings, daß der Schulversuch Sache einer kleinen Gruppe blieb. Die Unterstützung im übrigen Kollegium blieb oberflächlich und formal, die Identifikation mit dem Schwerpunkt auf einer breiteren Basis äußerlich. Die betroffenen (Sprach)LehrerInnen wurden zwar nicht behindert, kaum aber aktiv unterstützt. Die Verantwortung für den Schwerpunkt blieb an diese kleine Gruppe delegiert.

Eine breite Basis der Unterstützung zu finden, ist eine Schwierigkeit aller von „oben" initiierten Entwicklungen. Das heißt allerdings nicht, daß „top-down" Bewegungen nicht zu einer von der Basis getragenen Initiative werden können. Ein Beispiel, wie eine von oben – sogar unter Druck – verfügte Maßnahme Kreise ziehen und schließlich zu einer „lawinenartigen" (vgl. Kap. 4.1. Fall 1) Verbreitung führen kann, findet sich ebenfalls im *Fallbeispiel 1:*

Wieder ging die Initiative vom Inspektor aus. Er informierte den Lehrkörper im Rahmen einer Konferenz über die Möglichkeit des integrativen Förderunterrichts. Die LehrerInnen reagierten ablehnend. Schließlich verfügte der Schulleiter mit „sanftem Druck", daß einige LehrerInnen mit diesem Modell arbeiten mußten. Die LehrerInnen waren anfangs keineswegs erfreut, „... diese Krot schlucken zu müssen" (vL2). Schließlich gelang es einer Lehrerin, die als Stützlehrerin sehr erfolgreich agierte, die Skepsis gegenüber dem Modell abzubauen. Einige LehrerInnen, die sich nie hätten vorstellen können, daß „so etwas" funktioniert, wurden durch die Erfolge in der praktischen Arbeit überzeugt. Nach einem Jahr waren die Erfahrungen so positiv, daß die LehrerInnen „auf breiter Basis" beschlossen, weiterzumachen.

Etwas, was gegen Widerstand mit „Druck" und „Verordnung" begonnen wurde, konnte innerhalb eines Jahres eine breite Zustimmung erlangen. Wenn man so will, wurde in diesem Beispiel sogar aus einer „top-down" Vorgangsweise eine „bottom-up" Initiative: Die LehrerInnen der Nachbarschule waren neugierig geworden und überlegten, ebenfalls mit dieser Form des Förderunterrichts zu beginnen. Um sich zu informieren, luden sie die Stützlehrerin zu einer allgemeinen Konferenz ein. Das Beispiel macht deutlich, daß es weniger darauf ankommt, von wem eine Initiative ausgeht, sondern vielmehr auf den Prozeß, wie die Initiative in der Folge kommuniziert wird.

1.3.2 Initiativen von der Basis: Fall 2

Die in Fall 2 beschriebene Entwicklung kann als Beispiel einer „Initiative" von der Basis gesehen werden. Eine Gruppe von Lehrerinnen war mit dem „Massenbetrieb" an ihrer großen Schule nicht zufrieden und arbeitete auf eine Teilung hin. Die Gruppe verbanden ähnliche Vorstellungen von Unterricht und der Wunsch nach „Freiräumen". Die Lehrer-Innen suchten aktiv Unterstützung in der Stadtgemeinde, im Landesschulrat und bei den Eltern. Mit viel persönlichem Einsatz, der bis zu Putzen und Kistenschleppen reichte, konnte das Projekt der Schulteilung schließlich verwirklicht werden.

Die LehrerInnen versuchten von Anfang an eine „Kultur des Miteinander" aufzubauen. Die „fehlende *Transparenz*" (völ8) und „*Freunderlwirtschaft*" (völ8) in der alten Schule und die „*Unmöglichkeit, selbst Initiativen zu setzen*" (völ5) hatten die LehrerInnen aus der Stammschule vertrieben". In der neuen Schule wollten sie offene, demokratische Strukturen verwirklichen und Bedingungen für eine optimale Entwicklung schaffen. Die LehrerInnen betonten, daß im ersten Jahr alle Entscheidungen „ *... immer demokratisch gefaßt wurden, d.h. unter Einbeziehung aller*" (völ3). In den Konferenzen „ *... haben sich immer fast alle Kollegen geäußert*" (völ6).

Das geschilderte Fallbeispiel zeigt, wieviel eine „Basisinitiative" bewirken kann. Es zeigt in der Folge aber auch, wo die Grenzen einer reinen „bottom-up" Bewegung liegen.

Als die Schule in den folgenden Jahren rasch anwuchs („ *... wir haben jedes Jahr 10 Kollegen dazubekommen*" (völ6)) wurde die Kommunikation immer schwieriger. Der Anspruch der LehrerInnen, bei allen Entscheidungen möglichst alle direkt einzubeziehen und zu befragen, bleib jedoch aufrecht. Es gehörte zur Philosophie der Schule, jedem einzelnen genug Freiraum zu erhalten, um eigene Ideen verwirklichen zu können, aber niemanden zu etwas zu verpflichten. Bindenden Strukturen wurde skeptisch begegnet und allein auf das Prinzip der Freiwilligkeit gesetzt (vgl. Kap. 2.5., 2.6. und 5.3., Fall 2).

Die starke Betonung der „Basisorientierung" führte die Schule in ein unweigerliches Dilemma. Es entstand einerseits ein dynamisches, veränderungsfreudiges Klima an der Schule, in dem viele interessante Initiativen gesetzt wurden, andererseits führte die mangelnde Anbindung an verbindliche Strukturen zu einem „unkoordinierten Nebeneinander". Vieles geschehe parallel, die Gesamtschule verliere an Anliegen und auch einige Initiativen hätten sich wieder „verlaufen", „ *... weil sie nicht durch einen Beschluß des Plenums bekräftigt wurden*" (völ10), bemerkten die LehrerInnen. Ein Lehrer beschrieb im Interview die Situation folgendermaßen: *„Wir sind unterwegs, aber es ist noch nicht organisiert" (völ1).*

Damit ist die grundsätzliche Herausforderung einer „bottom-up" Vorgangsweise beschrieben. „Basisinitiativen" stehen immer vor dem Problem, für die „Bewegung" eine strukturierte Organisationsform zu finden. Daß dies in „amorphen" Kollegien, die weder eine Gruppengliederung aufweisen, noch eingespielte Kommunikationsstrukturen kennen, kein leichtes Unterfangen ist, zeigt das beschriebene Fallbeispiel.

1.3.3 Eine Fortbildungsinitiative: Fall 3

Der Ausgangspunkt für das in Fall 3 geschilderte Schulentwicklungsprojekt wurde durch eine Ausschreibung einer universitären Fortbildungsinstitution gesetzt. Das Institut bot einer Schule eine Beratung und Zusammenarbeit in einem für ein Jahr konzipierten Schulentwicklungsprojekt an und wählte aus 11 Schulen, die sich auf diese Initiative hin meldeten, die beschriebene Schule aus.

Dieser Anfang hatte für das folgende Schulentwicklungsprojekt natürlich Konsequenzen. Derartige Ausschreibungen waren bis dahin im Schulbereich nicht üblich, Schule und LehrerInnen konnten also nicht wissen, was sie erwartete. Auch für die BeraterInnen war es neu, von sich aus die Initiative zu ergreifen. In dieser für alle Beteiligten unüblichen Situation kam es zu einer Reihe von Mißverständnissen, die erst im Laufe der Zeit ausgeräumt werden konnten.

In der Schule ging die Initiative zunächst von einer Lehrerin aus, die bereits (gute) Erfahrungen mit dem Fortbildungsinstitut gemacht hatte und die den Schulleiter dafür gewann, sich für die Schule zu melden. Die Kontaktaufnahme mit dem Institut erfolgte über die Lehrerin, wobei der Eindruck erweckt wurde, daß über die Ausschreibung im Lehrkörper diskutiert worden sei und sich eine Mehrheit der LehrerInnen an einer Teilnahme am Projekt interessiert gezeigt hätte. Das zumindest war die (Wunsch-)Vorstellung der Mitglieder des Instituts, die zunächst sogar davon ausgingen, es hätte einen „Konferenzbeschluß" gegeben.

Diese Einschätzung mußte bald revidiert werden. Im Erstgespräch stellte sich heraus, daß das Kollegium über das Projekt kaum informiert worden war und auch keine Diskussion darüber stattgefunden hatte. Die LehrerInnen fühlten sich – wie sie später in den Interviews betonten – in der Anfangsphase „ ... überhaupt nicht eingebunden" (sL1b). Aus diesem Grunde habe es – so sagen die LehrerInnen später – von Anfang an Widerstände gegeben. Die LehrerInnen erinnern sich:

Das war eigentlich ein ungünstiger Start. ... da sind einige gewesen, die gesagt haben, da machen wir wo mit, wo wir eigentlich die Hauptträger sein sollen, und wir sind aber nicht eingebunden in die Entscheidung von Anfang an. (sL1b)

Auch die von der Schule (wobei natürlich geklärt werden muß, wer mit „Schule" eigentlich gemeint ist) in einem Brief artikulierten Entwicklungsinteressen veränderten sich im Laufe des Erstgesprächs so weit, so daß die BeraterInnen alle Vorannahmen – von einem „Konferenzbeschluß zur Teilnahme am Projekt" bis zu dem „artikulierten Entwicklungsinteresse" aufgeben mußten (vgl. Kap. 2.1., 2.2., 2.3. Fall 3).

Diese Anfangssituation ist nicht untypisch für den Beginn eines Schulentwicklungsprojekts. Wann immer mit einer „Schule" gearbeitet werden soll, stellt sich zunächst die Frage, wer „die Schule" denn eigentlich ist und welche Gruppen oder einzelne sich als „Schule" artikulieren. In diesem Zusammenhang ergibt sich natürlich auch das Problem, wer in einem Beratungsprozeß als „Klient" auftritt, und wer als Auftraggeber und Vertragspartner in Frage kommt.

Schulentwicklungsprojekte beginnen oft mit einem „Konferenzbeschluß". In der Regel sind diese „Beschlüsse" nicht mehr als vage Stimmungserhebungen und werden meist nicht als bindend erlebt. Eine einstimmig verabschiedete Entscheidung für ein Projekt heißt daher noch lange nicht, daß alle diejenigen, die mitentschieden haben, auch wissen, worum es geht bzw. sich einige Wochen später noch an den Beschluß erinnern können. Als „Vertrag" oder „Auftrag" können derartige Vorgänge, wie aus einer Reihe vergleichbarer Fälle deutlich wird, nicht betrachtet werden.

Es gehört zu den Besonderheiten schulischer Organisation, daß vieles im informellen Raum geregelt wird und Ungenauigkeiten im organisatorischen Arrangement gefördert werden. So hatten sich die BeraterInnen des geschilderten Projekts eine Zeit lang in der Vorstellung gewiegt, die Ausschreibung zu ihrem Projekt sei im Lehrkörper ausführlich diskutiert worden, und freuten sich über den in der Konferenz einstimmig gefaßten Beschluß der LehrerInnen, daran teilzunehmen. Später erfuhren sie, wie dieser Beschluß wirklich zustandegekommen war: Der Schulleiter hatte in der Abschlußkonferenz von der Ausschreibung erzählt und erklärt, daß die Schule als einzige in Österreich *„ausgewählt"* worden sei, an dem Projekt teilzunehmen. Die "Abstimmung" sei dann so verlaufen, daß der Schulleiter die Teilnahme vorschlug. Eine Diskussion gab es nicht, nicht weil nicht diskutiert werden durfte, sondern weil "... *in einer Konferenz sich keiner traut, auf längere Diskussionen einzulassen, wegen der Zeit"* (Protokoll). Gegen den Beschluß des

Direktors gab es keinen Einwand, wohl auch, weil man wußte, daß man ihn im Zweifelsfalle nicht so ernst nehmen müsse.

Als Auftraggeber des Projekts trat schließlich der Direktor auf. Von etlichen LehrerInnen wurde dies als eine „*Zwangsbeglückung*" (vgl. sL5b) erlebt. Das Projekt hatte also in der Folge mit denselben Problemen zu kämpfen wie jede „top-down" Vorgangsweise. Die Schwierigkeiten bestanden darin, Widerstände gegen die „Zwangsbeglückung" abzubauen und eine breitere Basis der Zustimmung zu finden.

1.4 Konzepte, Ziele, Zukunftsträume: Visionen als Ausgangspunkt

Von Zukunftsträumen, Visionen und Leitbildern wird in letzter Zeit viel gesprochen, wenn es um die Anfangsphase von Veränderungen in Organisationen geht (vgl. etwa *Sollmann*/Heinze 1993). Vor allem dem Begriff „Vision" scheint im sonst so realitätsnahen Managementalltag eine besondere Bedeutung zugewiesen zu werden. Visionen sollen Energien mobilisieren, Richtungen angeben oder vereinigend wirken. Im folgenden Kapitel sollen die Bedeutungen von Visionen für die Weiterentwicklung und das Lernen von Organisationen diskutiert und im Rahmen der Fallbeispiele untersucht werden.

1.4.1 Visionen: Ideologie und Wertigkeit

Eine gemeinsame Vision ist – glaubt man den Apologeten der „Lernenden Organisation" – eine wesentliche Voraussetzung für Entwicklung und kollektives Lernen in Organisationen. In seinem – von vielen als „wegweisend" (vgl. *Burgheim* 1996, 54) beschriebenen Buch „*The fifth discipline*" nennt Senge[21] neben Teamlernen, Persönlichkeitsbildung, Organisationsbewußtsein und Systemdenken eine „gemeinsame Vision" als wichtiges Element lernender Organisationen. „*You cannot have a learning organization without shared vision* (*Senge* 1990, 209).

Dabei ist das, was vom Autor als „Vision" beschrieben wird, mehr als eine Idee oder ein gemeinsames Ziel für die Zukunft.

---

21 1996 in deutscher Übersetzung unter dem Titel „Die fünfte Disziplin" erschienen.

A shared vision is not an idea. ... It is, rather, a force in people´s hearts, a force of impressive power. It may be inspired by an idea, but once it goes further – if it is compelling enough to acquire the support of more than one person – then it is no longer an abstraction. ... Few, if any, forces in human affairs are as powerful as a shared vision. (Senge 1990, 206)

Manche Beschreibungen zeigen gewisse Anklänge an religiöse Vorstellungen, wenn angesichts der „Vision" behauptet wird: *„In the presence of greatness, pettiness disappears"* (Senge 1990, 209)
Es fällt bei solchen Definitionen schwer, „Visionen" als etwas zu verstehen, das Lernen in Organisationen befördert. Zu sehr scheint diese Kategorie in den Bereich von Glaubensvorstellungen zu fallen, auch wenn immer wieder betont wird, daß „Visionen" in einem fortlaufenden, nie endenden Prozeß (Senge 1990, 214) entwickelt und nicht von oben verordnet werden sollen. Die Frage drängt sich auf, ob bei soviel „Erhabenheit" die angestrebte Einheit („shared vision") nicht Distanzlosigkeit bewirkt und damit eigentlich Lernen verhindert.

Lernen erfordert bei Individuen wie bei Organisationen immer auch ein „sich-in-Distanz-Setzen". Visionen aber vertragen keine distanzierte Haltung, an Visionen muß man glauben (*„What do we believe in?"*; Senge 1990, 224), sie stehen über Verstand und Vernunft. Die Frage nach der Wirkung in Organisationen wird meist mit einer Aufzählung emotional besetzter Abstrakta beantwortet: Visionen schaffen eine gemeinsame *Identität* von Menschen, die einander eigentlich mißtrauen, verleihen *Mut*, wirken *belebend*, fördern die *Risikobereitschaft* und Experimentierfreude, erzeugen *Funken* und *„... the excitement that lifts an organization out of the mundane"* (Senge 1990, 208). Wer dann noch gar völlig unkommentiert von einem „Unternehmenslied" liest (*„when they sing the company song"*, ebd. 224), das die Vision verkündet, Produkte zu den Menschen dieser Welt zu senden (*„... sending our goods to the people of the world ..."*, ebd. 224), der wird sich – zumindest im deutschen Sprachraum – eines gewissen Schauers nicht erwehren können. Es entsteht der Verdacht, daß derart beschworene „Visionen" zu Ideologien erstarren[22] und kontroverse Problemsichten zugunsten eines „Gemeinschaftssinns" zurückgedrängt werden sollen.

---

22 Zum Begriff „vision" tritt meist auch der Zwillingsbegriff „mission"!

Bei aller Skepsis gegen eine Ideologisierung und quasi religiöse Bedeutungserhöhung soll jedoch nicht der Blick darauf verstellt werden, daß mit dem Begriff „Vision" auch eine Dimension bezeichnet werden kann, die zur Sicherung und Entwicklung des Erfolgs und der Lern- und Lebensfähigkeit einer Organisation unter bestimmten Umständen förderlich ist.

1.4.2 Visionen als Antriebe

In allen drei beschriebenen Fallstudien haben Zukunftsträume eine wichtige Rolle gespielt. Sie waren Antriebe für Veränderungen und Bezugssystem für Entscheidungen.

Im Fall 1 war es zunächst der „Traum" eines sprachbegeisterten Lehrers, der – einen Elternwunsch aufgreifend – im Freigegenstand eine zweite Fremdsprache anbot. Als späterer Schulinspektor versuchte er seine „Vision" des fremdsprachlichen interkulturellen Lernens auf seine ehemalige Schule zu übertragen. Er fand Unterstützung beim Schulleiter und einigen – ebenfalls sprachbegeisterten – LehrerInnen. Mit dieser „Lobby" wurde ein Schulversuch „Hauptschule mit fremdsprachlichem Schwerpunkt" begonnen, der als Pilotprojekt erfolgreich verlief.

Im zweiten Fallbeispiel träumte eine Gruppe von LehrerInnen von einer Schule, in der lebendiger Unterricht möglich war und in der eine offene „Kultur des Miteinander" gelebt werden konnte. Die Gruppe hatte weder ein ausformuliertes Programm, noch konkret benennbare Vorstellungen. Was sie einte, war der Wunsch, aus einer als bürokratische Enge erlebten Situation auszubrechen und Freiräume für sich zu schaffen. *„Auf keinen Fall weitermachen, wie bisher"*, lautete die Losung, um die sich recht unterschiedliche Interessensgruppierungen scharen konnten. Die „Negativvision" mobilisierte genügend Energie, um tatsächlich eine Schulteilung durchsetzen zu helfen und war in der neuen Schule noch einige Zeit so etwas wie eine Orientierungshilfe.

In beiden Fällen ist also eine „Vision" zur Kraftquelle für Veränderung geworden, in beiden Fällen allerdings reicht die daraus gewonnene Energie nicht aus, eine Veränderung für die gesamte Organisation zu bewirken. Energie und Schwung stoßen aus unterschiedlichen Gründen sehr bald an Grenzen.

Bei der „top-down-Vorgangsweise" in Fall 1 setzte der Schulinspektor seine besondere Autorität ein, um eine Idee zu verwirklichen. Er fand eine Gruppe von LehrerInnen, die seine „Vision" teilte und bereit war, viel Zeit und Engagement in die Verwirklichung zu investieren. Der übrige Lehrkörper sah durchaus die Vorteile der Neuerung und tat das, was von ihm erwartet wurde – nicht mehr. So wurde aus der „Vision" einer Erziehung zu Toleranz und interkulturellem Verstehen durch das Erlernen einer zusätzlichen Fremdsprache ein Unterrichtsfach, das zu den übrigen addiert wurde. Die Verantwortung für den Schulversuch wurde an die Gruppe von LehrerInnen delegiert, die das Fach unterrichteten. Eine Auseinandersetzung über den Stellenwert der neuen Fremdsprache, über inhaltliche Schwerpunktverschiebungen in anderen Fächern etc. fand nicht statt. Über die Auswirkungen des neuen Faches auf die übrigen Fächer wurde nicht kommuniziert, ja, den meisten Beteiligten schien nicht einmal die Notwendigkeit einer diesbezüglichen Kommunikation bewußt. So entstand der paradoxe Fall, daß aus der Kraft einer Idee zwar tatsächlich Neues geschaffen wurde, dieses Neue aber innerhalb der Schule eigentümlich isoliert blieb.

Bei der „bottom-up" Vorgangsweise in Fall 2 wollte eine Gruppe von LehrerInnen etwas (bzw. wollte etwas nicht), suchte BündnispartnerInnen unter Eltern und der Schulbehörde und schaffte sich tatsächlich Bedingungen, in denen ihre „Vision" verwirklichbar schien. Mit der Neugründung der Schule war ein wesentlicher Schritt getan, viel Energie floß nun in das Management der neuen Umgebung („Kisten schleppen", „improvisieren"). Als sich *alte Verhaltensweisen* wieder einzuschleifen begannen, suchten die LehrerInnen Unterstützung durch eine externe Beratung. Aber auch dann nahmen sie sich nicht die Zeit, sich über ihre unterschiedlichen Bilder und Vorstellungen einer offenen Schule auszutauschen. Schließlich übernahm die Schulleitung ein Mann, der ebenfalls ausgeprägte Visionen einer guten Schule in sich trug. Er schaffte in der Schule ein Klima, in dem Ideen und Initiativen verwirklicht werden und sich die Aktivitäten einzelner entfalten konnten. Die „gemeinsame Vision" allerdings blieb auf der Strecke.

Fall 2 ist ein Beispiel dafür, daß Visionen, die sich vornehmlich aus der Verneinung eines Status quo speisen, nur von begrenztem Wert sind. Mit der Neugründung der Schule ist ein wesentlicher Teil der „Träume" bereits erreicht, ein bloßes *„nicht so machen wie bisher"* ist als Orientierung zu wenig. Da keine Verständigung darüber stattfand, was eigentlich alle Beteiligten unter *„offener lebendiger"* Schule verstehen, löste sich das ursprünglich gemeinsame Wollen in viele einzelne Aktivitäten auf. *„Die Gesamtschule"* – so drückte es einer der Interviewten aus – verlor an Anliegen.

Beide Fallbeispiele zeigen, daß „Visionen" einzelner oder von Gruppen Veränderungen in Organisationen bewirken können, daß sie aber sehr rasch an Gestaltungskraft verlieren, wenn sie nicht ausreichend kommuniziert werden.

1.4.3 Visionen als Medien

Auch im dritten Fallbeispiel wurde mit „Zukunftsbildern" gearbeitet. Im Rahmen eines Schulentwicklungsprozesses zeichneten LehrerInnen und der Schulleiter „ihr" Bild der Schule im Jahr 2001. Die entstandenen „Visionen" waren jedoch keine Zielvorstellungen, aus denen sich Wege, Handlungen oder Aufgabenstellungen für die Zukunft ableiten ließen, sondern „Vorstellungswelten", die erst in einem Dialog bestimmt werden mußten. In diesem Sinne waren die gezeichneten Visionen „Medien", um miteinander ins Gespräch zu kommen. Trotz dieser Vagheit und Unbestimmtheit wurde im Verlauf des Entwicklungsprozesses der Schule immer wieder auf die Visionsbilder Bezug genommen. Schließlich wurden sie zu einer zentralen Orientierung bei geplanten Veränderungsschritten. Die Frage – „Paßt das zu unseren Visionen?" – vermochte z. B. die festgefahrene Diskussion um eine neue Garderobenordnung in eine konstruktive Richtung zu lenken.

Im letzten Beispiel wurden Visionen nicht als *Leit*bilder benutzt, aus denen Handeln jeweils deduzierbar wäre, sondern als *Sinn*bilder, als Zeichen, die in einem Diskussions- und Aushandelungsprozeß sinnstiftende Funktion bekommen. Im dritten Fallbeispiel ermöglichte die Orientierung an der Vision der „offenen Schule" eine Umkehrung der Denkorientierung und eine neue Sinngebung. Nicht Grenzen sollten durch die Hausordnung errichtet („Verboten ist ...") sondern Möglichkeiten der (Mit)Verantwortung eröffnet werden. Diese Neuorientierung wurde möglich, weil die Rückbesinnung auf Visionen die Routine des Alltags zunächst unterbrach und ein Innehalten ermöglichte. Wenn Visionen so verstanden werden, können sie für das Lernen einer Organisation tatsächlich von Bedeutung sein. Dabei geht es allerdings nicht um das Erzeugen von Einheit, indem der Blick in der gemeinsam gedachten (besseren) Zukunft versammelt wird, sondern eher um das Spielen mit Unterschieden. Im Spiel (nicht in der Analyse) mit den Möglichkeiten der vagen Bilder und den in der Differenz zum gegenwärtigen Zustand sichtbaren Widersprüchen und Unterschieden gewinnt eine Organisation ein Bewußtsein über sich selbst (vgl. dazu *Heintel* 1993a). Wenn der Schulleiter im Fall drei plötzlich erkennt, daß die Schule aus der Garderobe ein „Gefängnis" gemacht hat, so ist das nicht das Ergebnis einer Analyse sondern vielmehr das intuitive Erfassen durch das Spiel mit den von den Visionen angeregten Bildmetaphern.

2. „Entwicklungspotentiale ohne Potenz": Widersprüche und Dilemmata

Das Paradoxon, mit dem dieses Kapitel überschrieben ist, stammt aus einer Analyse der Veränderungsfähigkeit „alternativer"[23] Organisationen. Die Autoren Hardwig und Sing beschreiben damit ein grundsätzliches Dilemma dieses Organisationstyps (1995, 92ff). Vieles, was in dieser Analyse über „alternative" (in Abgrenzung zu „traditionellen") Organisationen gesagt wird, trifft auch auf die Organisation einer Einzelschule zu. Auch die Arbeit in Schulen ist etwa durch eine „Stärke des Einzelnen" und die „Schwäche des Kollektivs" gekennzeichnet oder steht vor dem Problem, neue Formen der Gestaltung von Verantwortung und innovativer Vernetzung zu finden.

Dieses Paradoxon weist darauf hin, daß in derartig strukturierten Organisationen einerseits große Innovationspotentiale schlummern, daß aber andererseits die optimale Nutzung dieser Möglichkeiten aufgrund der besonderen Strukturiertheit schwierig ist. Das, was z.B. in diesen Organisationen Veränderungsaktivitäten begünstigt – die Stärke und Souveränität des Einzelnen – macht es gleichzeitig schwer, eine Einbindungsform zu finden, die eine Stabilität des gesamten Kooperationszusammenhangs garantiert.

In weiterer Folge sollen einige Dilemmata formuliert werden, die auftauchen, wenn Schulen darangehen, ihre „Visionen", Vorstellungen und Potentiale in konkrete Veränderungen umzuwandeln.

---

23 Gemeint sind „non-profit" Organisationen bzw. selbstverwaltete Betriebe.

2.1 Engagement versus Professionalität

Der Begriff „Professionalität" erlebt im Zusammenhang des Lehrberufs gegenwärtig nicht zu Unrecht eine Konjunktur. Daß man zum Lehrer oder zur Lehrerin geboren sein müsse, und „Lehrgeschick" etwas „Natürliches" und demzufolge nur schwer erlernbar sei, wird heute nicht mehr allzuoft behauptet. Vorbei sind die Zeiten, als man „Berufung" zum höchsten Berufsethos erklären konnte, und das Wort „professionell" mit dem assoziierten Beigeschmack von „kalt" und „technisch" nicht auf den Bereich Erziehung und Unterricht zu passen schien. Zwar hat der Lehrberuf in den letzten Jahren einen deutlichen „Professionalisierungsschub" erlebt, doch gilt dieser Prozeß noch nicht als abgeschlossen, die Arbeit von LehrerInnen wird nach wie vor bestenfalls als „teilprofessionell" charakterisiert (vgl. dazu etwa *Rolff* 1993, 189; zu einem möglichen Modell professionellen Lehrerhandelns siehe *Thonhauser* 1995).

2.1.1 LehrerInnen als unvollendete Professionelle[24]

Nach der üblichen Begriffsbestimmung (vgl. dazu etwa *Altrichter* 1996, 142) verfügen Professionen über ein spezielles, meist in langen Ausbildungsgängen erworbenes Wissen zur Bearbeitung von Problemen im Berufsfeld. Für ihre speziellen Leistungen werden Professionsmitgliedern hohe Entlohnung und hohes gesellschaftliches Prestige zugestanden. Sie können ihrer Tätigkeit relativ unabhängig und autonom nachgehen und haben ein Ausübungsmonopol in ihrem Tätigkeitsfeld. Dafür verpflichten sich Professionsmitglieder, eine besondere berufliche Ethik zu beachten und werden durch eine „interne Gerichtsbarkeit" autonomer Berufsverbände kontrolliert.

Gemessen an diesen Kriterien ist die Professionalisierung der Arbeit von LehrerInnen tatsächlich rudimentär. Zwar erwerben LehrerInnen ihr Wissen in Ausbildungsgängen, deren Länge mit jener anderer Abschlüsse vergleichbar ist, doch werden sie oft nicht als über ein „spezielles Wissen verfügend" angesehen. Die lehrerausbildenden Studiengänge gelten in der gesellschaftlichen Wertschätzung als die „... am

---

24 Vgl. *Rolff* 1993, 128

wenigsten akademisch anerkannten Ausbildungsrichtungen" (Altrichter 1996, 125), in Hinblick auf ihr „Fach" werden LehrerInnen im Gegensatz zu WissenschaftlerInnen nicht als ExpertenInnen angesehen. Trotzdem definieren sich LehrerInnen mehr über ihr Fachgebiet als über den Inhalt ihrer eigenen Profession, der didaktischen oder pädagogischen Kompetenz (zum Expertenwissen von LehrerInnen vgl. *Bromme* 1992). Das – im Vergleich zu anderen akademischen Berufen – eher geringe gesellschaftliche Ansehen von LehrerInnen trägt mit dazu bei, daß LehrerInnen sich mitunter nicht gerne zu ihrem Beruf bekennen oder betonen, keine „typischen" Lehrer zu sein. Über dem Berufsstand schwebt noch immer – wie *Adorno* in den 60-er Jahren beschreibt – das „*gewissen Aroma des gesellschaftlich nicht ganz Vollgenommenen*" (*Adorno* 1986, 71).

Zu diesen Voraussetzungen kommt, daß die Bedingungen der LehrerInnenarbeit in Österreich gegenwärtig keinesfalls professionalitätsfördernd sind (vgl. dazu *Posch/Altrichter* 1992, 170 ff). Neben der Widersprüchlichkeit der Aufgaben und Ziele, die LehrerInnen erfüllen sollen, erschwert die auf Vereinzellung angelegte, kooperations-feindliche Struktur der Schule die Ausbildung eines professionellen Bewußtseins. Zudem erfolgt die Berufseinstiegsphase meist recht abrupt. Im Gegensatz zu den Anwärterschaften in juridischen Berufen, Famulaturen in der Medizin etc. erfolgt die Einführung in den Lehrberuf oft kurz und unvermittelt. Nach einem einjährigen Unterrichtspraktikum, das eine im Aufgabenumfang verminderte und durch erfahrene KollegInnen betreute Berufstätigkeit vorsieht, folgt – falls JunglehrerInnen sofort eine Anstellung finden – die Aufnahme der Unterrichtstätigkeit in vollem Umfang und ohne begleitende Unterstützung. Die Aufgaben der „Neulinge" unterscheiden sich qualitativ nicht von jenen erfahrener Berufstätiger. Der „Mythos der Gleichheit" (vgl. Kap. 1.2.1., Teil III) verhindert ein allmähliches Einführen in die Fertigkeiten der Berufsgruppe oder ein langsames und schrittweises Anwachsen von Verantwortung.

Besonders ungünstig wirkt, daß es dem Lehrberuf nicht gelungen ist, eine über-individuelle Fassung des beruflichen Wissens zu entwickeln. Es gibt keine „berufliche Ethik" und keine Standesvertretung, die die Einhaltung von professionellen Mindeststandards überwacht. Der Begriff des „Kunstfehlers"[25] ist dem Lehrberuf fremd, es finden kaum Diskussionen darüber statt, was als professionelles Handeln von LehrerInnen in bestimmten Situationen einzustufen ist.

---

25 So fordert etwa *Strittmatter*, eine „Kunstfehlerdiskussion" im Lehrberuf einzuleiten (1994).

Das liegt zum einen Teil daran, daß klare Erfolgs- und Leistungskriterien für die Arbeit von LehrerInnen fehlen und die Produkte unterrichtlicher und erzieherischer Tätigkeit nur schwer bestimmbar sind. Ob eine erzieherische Maßnahme richtig oder falsch war und welche langfristigen Effekte sie erzeugt, ist aufgrund der in der Lehrtätigkeit selbst liegenden Erfolgsunsicherheit nicht leicht zu entscheiden. Probleme, Leistungen meßbar zu machen, zeichnen jedoch nicht nur den Lehrberuf aus. Auch andere Professionen müssen sich diesen Unsicherheiten stellen, und haben Wege gefunden, das Dilemma zu lösen: Sie setzen auf kollegiale Kommunikation. Während sich jedoch etwa TherapeutInnen dem Schiedsspruch einer von Standesmitgliedern autonom besetzten Ethikkommission unterwerfen, oder in der Wissenschaft die „scientific community" diskursiv über Qualitätsanforderungen entscheidet, ist im Schulbereich kollegiale Diskussion beruflicher Standards die Ausnahme und nicht die Regel. Dieser Mangel bringt hohe subjektive Kosten mit sich, weil auch persönliche Zweifel an dem Wert und der Effektivität des eigenen Tuns nicht durch einen Rekurs auf einen akzeptierten Stand des Wissens und der Praxis abgefangen werden können. Im Lehrberuf gibt es kaum ein gemeinsam akzeptiertes und geschätztes *Berufs*wissen, das dem einzelnen – neben dem Fachwissen – Halt bieten könnte. (vgl. auch *Altrichter* 1996,138)

Eine Auffassung von beruflichem Handeln von LehrerInnen, die sich ausschließlich am Fach und individuell entwickelten Handlungsstrategien orientiert, wird heute jedoch zunehmend unzureichend. Die Möglichkeiten der Nutzung von Schulautonomie hat den Gestaltungsspielraum von LehrerInnen beträchtlich erweitert, und erfordert auch Kompetenzen in Bereichen, die nicht ausschließlich und unmittelbar mit Unterricht zusammenhängen. Schulentwicklung kann nur mit LehrerInnen gemacht werden, die über die Bedingungen ihres Handelns und über berufsrelevante Fragen miteinander wirksam kommunizieren können. Mit der Inanspruchnahme der Möglichkeiten, die die Schulautonomie den Schulen rechtlich bietet, steigt auch die Notwendigkeit einer Qualitätsdiskussion. Diejenigen, die die Entwicklung tragen, sind im Sinne einer selbstverantwortlichen Rechenschaftslegung für die Einhaltung der Standards verantwortlich.

Neuere Versuche, die „Professionalität" von LehrerInnen seitens der Wissenschaft definitorisch festzulegen, betonen daher folgerichtig neben fachlichen und organisatorischen Fähigkeiten vor allem (selbst-)reflexive Komponenten und eine grundsätzliche Bereitschaft zu Zusammenarbeit und Austausch (Vgl. etwa *Bauer /Burkard* 1992 oder

Altrichter/Krainer, 1996). Altrichter und Krainer verweisen auf vier Dimensionen der Professionalität (1996, 34) und bezeichnen sie mit den Schlagworten „Aktion" (Einstellung und Kompetenz zu experimentierender, konstruktiver und zielgerichteter Arbeit), „Reflexion" (Einstellung und Kompetenz zu reflektierender, (selbst)kritischer und systematisch angelegter Arbeit), „Autonomie" (Einstellung und Kompetenz zu autonomer, eigeninitiativer und selbstbestimmter Arbeit) und „Vernetzung" (Einstellung und Kompetenz zu kommunikativer, kooperativer und öffentlich wirksam werdender Arbeit). Dabei stehen jeweils die erste und zweite Dimension – also Aktion und Reflexion – sowie die dritte und vierte – Autonomie und Vernetzung – in einer besonderen Beziehung zueinander.

Wenn man die Arbeit in Schulen heute betrachtet, so liegt der Schwerpunkt eindeutig auf Aktion und – zumindest im Rahmen des Unterrichtens in der Klasse – auf selbstbestimmter, eigenverantwortlicher Tätigkeit (Autonomie). Systematische Reflexionsarbeit und kommunikative Vernetzung sind in Schulen hingegen eher Ausnahmeerscheinungen. Dabei kommt es in der Praxis weniger auf die seitens der Wissenschaft eingeforderte *Bereitschaft* zur (Selbst-)Reflexion oder Kooperation an, sondern vielmehr auf die Schaffung von Strukturen und Voraussetzungen an Schulen, die eine solche Haltung erst entstehen lassen, unterstützen und wertschätzen. Es bedarf also einer „schulischen Infrastruktur", um die Forderung nach „Professionalisierung der LehrerInnen" nicht zu einer inhaltsleeren Überschrift werden zu lassen. Die Maßnahmen umfassen institutionell verankerte Reflexionszeiten, Kooperationsmöglichkeiten unter LehrerInnen (Zeit, Raum, organisatorische Flexibilität) bis zu teilweisen Dienstfreistellungen für Forschungs- und Entwicklungsarbeiten im Schulbereich oder für Expertentätigkeiten in der kollegialen Fortbildung. All das ist in den Schulen heute noch nicht gegeben. Die Fallstudien sind Beispiele dafür, daß Schulen, die im Rahmen von Schulversuchen oder Schulentwicklungsprojekten Innovationen durchführen wollen, kaum auf stützende Infrastruktur zurückgreifen können und Entwicklungsarbeit großteils auf freiwilliger Basis außerhalb der festgesetzten Arbeitszeiten geleistet werden muß. Diese (mangelnden) Rahmenbedingungen müssen von LehrerInnen durch persönliches Engagement ausgeglichen werden, was – wie im nächsten Kapitel zu zeigen sein wird – den Erfolg von Neuerungen nicht unwesentlich beeinflußt.

2.1.2 Engagement als Leitbild

Im Schulgeschehen – so scheint es – orientiert man sich weniger an Kategorien des Könnens als vielmehr an denen von Einsatz und Engagement. „Einsatzfreudig" oder „engagiert" sind häufig verwendete Vokabel, um die besonderen Leistungen von LehrerInnen oder eines Koolegiums zu beschreiben. Die ItalienischlehrerInnen des in Fall 1 vorgestellten Schulversuchs werden z.b. als „einsatzfreudig" gelobt (vBSI), zur Charakterisierung der Besonderheit des in Fall 2 beschriebenen Lehrkörpers fällt einem Lehrer zuallererst *„engagiert"* ein (vöL4).

„Engagement" spielt für die informelle Beziehungsstruktur von Lehrerkollegien eine zentrale Rolle. In Fall 3 charakterisieren etwa die LehrerInnen die im Konferenzzimmer bestehenden Gruppen vor allem nach dem Grad ihres Engagements für die Schule. *„Extrem Engagierte"*, *„Engagierte"* und die *„Noch-ein-Projekt-Gruppe"* stehen etwa den *„Passivisten"* und *„Heimgehern"* gegenüber (vgl. Kap. 4.3.2., Fall 3).

Als „engagiert" werden jene LehrerInnen bezeichnet, die bereit sind, bei vielfältigen Aktivitäten mitzumachen, die nicht unbedingt zu ihrer Lehrverpflichtung gehören, und daher auch kaum materiell honoriert werden. Engagement kann nicht verordnet werden, ist eine freiwillige Leistung und macht Entwicklungsprozesse an Schulen erst möglich. Gerade darin liegt allerdings auch – das zeigen die drei Fallstudien – eine Gefahr.

Engagement als besonderes Etikett und alleiniges Leitbild hat – so paradox das klingen mag – für die Entwicklung der Schule als Organisation und der in ihr arbeitenden LehrerInnen eine eher hemmende Wirkung. Engagement hat man, solange der Atem reicht und dann zieht man sich zurück. Der jeweilige Einsatz hängt von persönlichen Gestimmtheiten ab und ist – da ein differenziertes Professionalisierungsverständnis im Lehrberuf fehlt – eher zufällig motiviert. Wenn aber strukturelle Defizite immer wieder durch persönlichen Einsatz ausgeglichen werden müssen, wird dies letztlich zu einem Grundproblem für die Motivation von LehrerInnen. (Zum „Ersatz" von „Professionalität" durch „Engagement" siehe auch *Scala* 1995.)

In allen drei Fallstudien ist diese Tendenz klar zu beobachten:

In Fall 1 investieren die LehrerInnen, die den Schulversuch tragen, viel Zeit und (eigenes) Geld in die Vorbereitung und Entwicklung von Materialien. Ihr Einsatz wird weder materiell noch ideell (etwa durch besondere Unterstützung durch die KollegInnen) belohnt. Bald stellen sie sich selbst die Frage, die sie von manchen KollegInnen hören, nämlich die, warum sie all das eigentlich tun. Schließlich zeigen die LehrerInnen erste Ermüdungserscheinungen und Anzeichen von Resignation.

Das in Fall 2 beschriebene Kollegium zeichnet sich durch besondere Innovationsfreude und Engagement aus. Die LehrerInnen wollen nach der erfolgreichen Schulteilung eine Schule nach ihren Vorstellungen gestalten. Mit großem persönlichen Einsatz werden vielfältige Aktivitäten begonnen. Auch nachdem die Schule zu einer beträchtlichen Größe angewachsen ist, bleibt das Ideal, „jeder müsse sich immer und „direkt" einbringen können, aufrecht". Auf diese Weise können Energien immer weniger gebündelt werden, und die LehrerInnen drohen den Überblick zu verlieren. Die Folgen davon sind Resignation und Rückzug. Nur wenige, darunter vor allem „Junge", die gewissermaßen gar nicht anders können, als Engagement zu zeigen (vö L4), bleiben „bei der Stange". „Irgendwann einmal", so prophezeit eine Lehrerin, „wird es (erg. auch) ihnen zuviel werden" (vö L6).

Auch in der in Fall 3 beschriebenen Schule arbeiten LehrerInnen, die bereit sind, sich neben ihrer Unterrichts- und Lehrverpflichtung auf ein Schulentwicklungsprojekt einzulassen. Die LehrerInnen nehmen nicht nur an den verpflichtenden Terminen teil sondern investieren auch Zeit und persönliche Energie in Gruppentreffen und Forschungstätigkeit. Gerade weil aber diese Arbeit freiwillig und gleichsam in der Freizeit geleistet wird, ist die Ungeduld und der Effektivitätsdruck groß, was schließlich den Prozeß eher behindert als fördert. Immer wieder wird die Frage gestellt, ob man nicht mit weit weniger Zeitaufwand ähnliche Ergebnisse erzielen könnte. Besonders groß lastet der Druck auf jenen KollegInnen, die im Projekt bestimmte Funktionen übernommen haben und sich bald überfordert fühlen.(vgl. Kap. 5.2. Fall 3)

An diesen Beispielen zeigt sich, daß Engagement alleine auf die Dauer wenig verändert (zu ähnlichen Ergebnissen kommt auch *Scala* 1995, 352). Die einzelnen LehrerInnen mühen sich ab, die Organisation kann jedoch bleiben wie sie ist. Die Pflege der Differenz zwischen Engagierten und Nichtengagierten ist somit eigentlich ein Beitrag zur Nichtveränderung der Organisation. Strukturelle Defizite werden solange durch persönlichen Einsatz ausgeglichen, bis der Atem derjenigen, die diesen leisten, erschöpft ist.

Für einen Schulentwicklungsprozeß tut sich damit ein fatales Dilemma auf. Einerseits kann Schulentwicklung nur mit LehrerInnen gemacht werden, die bereit sind, sich außerhalb ihrer eigentlichen „Verpflichtungen" zu engagieren, andererseits reicht Engagement, das auf einem Boden balanciert, der weder durch stützende Strukturen noch durch ein klares Verständnis von Professionalität abgesichert ist, nicht aus, um Veränderungen wirksam durchführen zu können. Schulentwicklung kann nicht ausschließlich über die Mobilisierung und Unterstützung besonders engagierter Gruppen von LehrerInnen betrieben werden. Das (häufig an Selbstausbeutung reichende) Engagement dieser LehrerInnen stößt überall dort an Grenzen, wo es nicht möglich ist, eine breite Mehrheit des Kollegiums in einen Dialog über Inhalte und Methoden von Neuerungen miteinzubeziehen.

2.2 Einzelkünstlertum versus Teamarbeit

Professionalität im Lehrberuf ist ohne systematische Erörterung fachlicher, didaktischer und erzieherischer Probleme mit FachkollegInnen nicht zu erreichen. Wer weitgehend selbstverantwortliche Tätigkeiten ausübt, braucht die Rückversicherung durch KollegInnen. Erfahrungsaustausch und Kooperation sind gewissermaßen eine Bedingung für die Entwicklung überindividuellen Fachwissens und die Herausbildung professioneller Standards. Darüber hinaus ist das Arbeiten in Gruppen und Teams eine wesentliche Voraussetzung für Lernen in Organisationen überhaupt (vgl. *Senge* 1990). Weder ein einzelner Lehrer/eine Lehrerin noch ein vielköpfiges Kollegium ist in der Lage, Innovationen wirksam durchzuführen, das Arbeiten in Teams wird daher als wichtiges Merkmal der Schule der Zukunft angesehen (vgl. dazu etwa *Marx/van Ojen* 1992, 177).

Im Gegensatz zu diesen Forderungen wird in der Praxis der gegenwärtigen Schulen der Gruppen- bzw. Teambildung meist nur ein geringer Stellenwert eingeräumt. Es ist bezeichnend, daß in der Aufgabenbeschreibung der Tätigkeit von LehrerInnen keine Arbeitszeit für Kooperation unter KollegInnen vorgesehen ist. Das wohl hervorstechendste Merkmal von schulischer Arbeit ist immer noch, daß LehrerInnen „Einzelkämpfer bzw. -künstler" sind, und in der Schule kollegiale Zusammenarbeit von LehrerInnen wenig gefördert bzw. abgesichert wird.

2.2.1 Kooperationshemmnisse

Es gibt eine Reihe von Hemmnissen, die einer Teambildung in Lehrerkollegien entgegenstehen. Zum einen sind es die besonderen Organisationsstrukturen der Schule, die Vereinzelung fördern und Kooperation von LehrerInnen in den informellen Raum abdrängen, zum anderen tiefsitzende Einstellungen und Befürchtungen von LehrerInnen selbst, die Teamarbeit erschweren und behindern.

a.) Einstellungen und Befürchtungen

In einem Interview über die Einschätzung des in Fall 3 beschriebenen Schulentwicklungsprojekts kommt eine Lehrerin auf ihre Rolle in der Schule zu sprechen:

Die großen Visionen ... ich weiß nicht. Ich habe immer den Eindruck, ich bleibe ja auf jeden Fall in meinem Fach oder in meinem Unterricht ein Einzelkämpfer, das ist das Negative und das Schöne am Beruf. ... ich stehe vor diesen 30 Leuten ... mit denen muß ich zurechtkommen, und das kann ich nur alleine lösen. ... Das kann mir niemand abnehmen ... Da wünsche ich eigentlich nicht, daß mir Kollegen viel dreinreden oder daß die Kollegen hier gar etwas vorgeben, das muß so und so gemacht werden. (sL5b)

Die Lehrerin zeigte große Skepsis gegenüber dem Schulentwicklungsprojekt, das zu wenig „Konkretes" – vor allem zu wenig für den Unterricht – gebracht hätte. Sie konzentriert sich auf ihr Fach und ihre Klassen, in denen sie kompetent unterrichtet. Es gebe „ ... *mündliche Kontakte*" (ebd. 11) zwischen den KollegInnen, wenn es z.B. um Absprachen über ein neues Lehrbuch gehe, einer darüber hinaus reichenden Zusammenarbeit begegne sie jedoch mit Vorbehalt. Zusammenarbeiten wird mit „Dreinreden" und „Vorschriftenmachen" assoziiert und daher abgelehnt.
Neben der Orientierung am Fach und dem Unterricht in der einzelnen Klasse – mit der man ohnehin *„alleine"* zurechtkommen muß – erschweren auch die bei LehrerInnen bestehenden Unsicherheiten und Ängste eine Zusammenarbeit im Team. In einer Kultur, in der „Fehler machen" sofort eine Beurteilung nach sich zieht und in der jede Arbeitssituation zur „Prüfung" geraten kann, birgt Zusammenarbeit mit BerufskollegInnen ein Risiko, das es eher zu vermeiden gilt.

In der in Fall 1 beschriebenen Schule stieß der Vorschlag, Förderunterricht künftig im LehrerInnenteam zu erteilen, auf heftige Ablehnung. Ein Lehrer erläuterte diese Skepsis mit folgenden Worten: „Gewisse Ängste hat man halt. Werde ich da jetzt kontrolliert von dem, der da auch mit mir zusammenarbeitet, usw ... „blättert" er mich auf, habe ich Fehler gemacht, mache ich Fehler, ich darf mir keinen Fehler erlauben und lauter so Sachen" (vL7).

Die Angst, Fehler zu machen und von KollegInnen beurteilt zu werden, läßt Zusammenarbeit nicht als Entlastung sondern vielmehr als zusätzliche Belastung erleben. Zusammenarbeit ist – so meinen manche LehrerInnen – „mühsam" und erzeugt aus verschiedenen Gründen „Druck":

Ein Lehrer der in Fall 2 dargestellten Schule spricht von „Reserviertheit" gegenüber gemeinsamem Arbeiten und davon, daß Zusammenarbeit in der Schule „oft zu mühsam" ist: „Vielleicht liegt es daran, daß ich durch eine Forderung (nach Zusammenarbeit) selbst unter Druck komme, möglicherweise unter unnötigen Druck. Jeder einzelne müßte sich mit seinen Ideen mit anderen Kollegen finden, als Gruppe auftreten. Das ist allerdings oft zu mühsam (vöL).

Beide von den LehrerInnen genannten Motive, die Angst, sich eine Blöße zu geben, und die Befürchtung, eigene Ideen in einem mühsamen Prozeß mit anderen abstimmen zu müssen, führen dazu, daß LehrerInnen oft lieber allein hinter geschlossenen Türen unterrichten und dem Grundsatz des „sich-gegenseitig-in-Ruhe-Lassens" huldigen (vgl. dazu auch Aurin 1994, 130ff). Diese Haltung wird auch von den organisatorischen Strukturen der Schule gefördert.

b.) Organisatorische Hemmnisse

Die Organisationsstrukturen der Schule sind auf Unterricht abgestellt, den einzelne selbstverantwortlich und autonom in Klassen erteilen. Wenn die Tür des Klassenzimmers sich schließt, arbeitet jeder Lehrer allein, es gibt – zumindest in den höheren Schulen – weder eine Verpflichtung noch die Notwendigkeit zur Abstimmung mit KollegInnen. Die „zellulare" Gliederung nach dem Klassensystem „ ... *retards rather than enhances colleagueship*" (*Lortie* 1975, 56). Die relativ lose Verknüpfung dieser Einheiten hat *Weick* (1976) als „loosely coupled systems" bezeichnet. Das System garantiert zwar den LehrerInnen einen hohen

Grad von Unabhängigkeit, fördert allerdings auch individualistische Einstellungen. LehrerInnen denken vorrangig in individuellen Erklärungsmustern, soziale Kontexte und institutionelle Bedingungen werden oftmals eher geringgeschätzt.

Darüber hinaus herrscht in Schulen die Ansicht, daß bezahlte Arbeit nur das Erteilen von „Unterricht" ist, Kooperation wird in der Regelschule formell nicht honoriert, sie gilt bei LehrerInnen als eine „freiwillige" Leistung, die daher auch jederzeit wieder zurückgenommen werden kann. Auch bewußt eingerichtete Arbeitssitzungen oder Projektgruppen leiden unter dieser mangelnden Verbindlichkeit und verlaufen oftmals im Sande. Die Entwicklungen an der in Fall 2 geschilderten Schule sind dafür ein sprechendes Beispiel. Gruppenbildungen an dieser Schule haben einen hohen Grad an Unverbindlichkeit, was immer wieder dazu führt, daß zu einem Thema eine Arbeitsgruppensitzung einberufen wird und dann keine mehr folgt (vgl. Kap. 2.6., Fall 2).

Die Entwicklung der Kommunikationsstrukturen hält in Schulen nicht mit der wachsenden Größe der Kollegien Schritt. Selbst in sehr großen Schulen gibt es keine strukturbildenden Elemente. Offizielle Funktionen wie Klassenvorstände oder Kustoden sind mit relativ wenig Kompetenzen ausgestattet, und diese wenigen nehmen z.b. Klassenvorstände zumeist nur gegenüber ihren SchülerInnen wahr. Auf der Ebene der KollegInnen treten sie wenig koordinierend oder gestaltend in Erscheinung.

2.2.2 Gruppen- und Teambildung in Kollegien

Gruppenbildungen zur Wahrnehmung von Aufgaben, des Informationsaustausches, der Zusammenarbeit oder der Problemlösungen sind in Schulen nicht institutionell verankert. Wenn Gruppen innerhalb der Kollegien gebildet werden, haben sie meist den Charakter informeller Gruppierungen und treten nicht organisationswirksam auf:

In dem in Fall 2 beschriebenen Lehrkörper haben sich gut funktionierende Fachgruppen gebildet. Für eine bestimmte Zeit wird jeweils ein Fachgruppenleiter gewählt, der regelmäßige Zusammenkünfte der Gruppe organisiert. Diese Zusammenkünfte tragen meist den Charakter einer „schulinternen Fortbildung", zu der auch ReferentInnen zu bestimmten Themen eingeladen werden können. Die Gruppe fördert den Erfahrungsaustausch unter den LehrerInnen und sichert eine gewisse Kooperation innerhalb des jeweiligen Faches. Durch diese Gruppenbildungen ist der

Lehrkörper der Schule in gewisser Weise strukturiert. Diese Struktur wird jedoch organisationsintern nicht genützt. Es wird z.b. bei Diskussionen oder Beratungen in Konferenzen nicht an diese Gruppenstruktur angeknüpft (indem etwa Entscheidungen in Gruppen diskutiert und zur Abstimmung vorbereitet werden) oder ähnliches. Ein Zitat scheint in diesem Zusammenhang aufschlußreich (vgl. 4.2. Fall 2): *Ein Lehrer überlegt, warum die Zusammenarbeit innerhalb der Schule – trotz guter Bedingungen – nicht so recht funktionieren will, und kommt zu dem Schluß, daß der Prozeß des Abstimmens oft einfach „... zu mühsam ist" (vöL1).*

Da Team- oder Gruppenbildungen in der Schule nicht institutionalisiert sind, gibt es keine Erfahrung, daß das Auftreten als Team nicht nur „mühsam" sein muß, sondern vielmehr auch Entlastung schaffen könnte.

Im Rahmen des in Fall 1 beschriebenen Schulversuchs war in der Modellbeschreibung „Teamteaching" ausdrücklich als eine Möglichkeit der Unterrichtsführung im Fach Italienisch vorgesehen. Was offensichtlich als Entlastung und Unterstützung der LehrerInnen in den heterogenen Klassen gedacht war, wurde von den betroffenen Lehrkräften nicht einmal diskutiert. Nach einiger Zeit konnte sich niemand mehr an diese Möglichkeit erinnern.

Institutionell verankerte Gruppen könnten auch eine Erleichterung bei Entscheidungsfindungen im Lehrkörper darstellen, vor allem dann, wenn Entscheidungen für die Schule als Gesamtheit getroffen werden müssen (vgl. zu dieser Problematik Kap. 4.4, Fall 2)

Daß Gruppenbildungen in Lehrkörpern, wenn es sie formell überhaupt gibt, meist an das Fach gebunden und organisatorisch relativ schwach verankert sind, zeigt folgendes Beispiel:

Fall 1 beschreibt Entwicklungen an einer allgemeinen Pflichtschule (Hauptschule). In diesem Schultyp ist aufgrund der Leistungsdifferenzierung in den Hauptfächern die Institutionalisierung der Zusammenarbeit aller LehrerInnen in diesen Fachgruppen notwendig. Der Fachvorstand hat daher in dieser Schule eine besondere Bedeutung. Er sorgt für Kooperation der LehrerInnen und sichert, daß der Unterricht in diesen Fächern auf der jeweiligen Schulstufe „abgestimmt" verläuft, um das Wechseln der SchülerInnen von einer Leistungsgruppe in eine andere („Auf-" oder „Abstufen") problemlos zu ermöglichen. Der Lehrkörper ist also in institutionell verankerte Fachgruppen organisiert. Aber auch hier scheinen die Fachgruppen organisationsintern wenig genutzt zu werden. *Das mag daran liegen, daß Hauptschulen in der Regel aus eher kleinen Lehrkörpern bestehen, in denen direkte Kommunikation leichter möglich ist (an der beschriebenen Hauptschule etwa arbeiteten zur Zeit der Untersuchung 26 LehrerInnen). Bei der Einführung des Schulversuchs kamen den Fachgruppen jedenfalls keine Funktionen zu. Die Fachgruppen z.b. überlegten nicht, was die Schwerpunktbildung für das jeweilige Fach bedeutete, und wie in den jeweiligen Gegenständen der veränderten Situation Rechnung getragen werden könnte. Die Schwerpunktbildung der Schule konnte daher auf diese Weise nicht – zumindest bewußtseinsmäßig – für die LehrerInnen der Nichtschwerpunktfächer präsent gemacht werden.*

In den in Fall 2 und 3 geschilderten Projekten zur Schulentwicklung wurde versucht, eine über die Fachgrenzen hinausgehende Gruppenstruktur einzurichten. Aber auch in diesen von Externen begleiteten Entwicklungsprozessen wurde dem langsamen Aufbau dieser Gruppen im Lehrkörper bzw. der Gruppen- und Teambildung zu wenig Aufmerksamkeit geschenkt. In dem in Fall 2 beschriebenen Schulentwicklungsprojekt wurden zwar Gruppen eingerichtet (Steuergruppe, Produktgruppen), diese aber so offen gehalten, daß es eigentlich zu keiner Gruppenbildung kommen konnte.

Gruppen benötigen, um zu einer eigenen Identität zu kommen, klare Grenzen nach außen d.h. eine klare Definition der Gruppenzugehörigkeit (vgl. dazu *Krainz* 1995a, 209). Wenn – wie in dem beschriebenen Fall – die Gruppengrenzen bewußt offengelassen werden – was zu einer ständigen Fluktuation der Mitglieder führt – ist die „Gruppe" (wenn man die mehr oder minder zufällige Ansammlung von Personen überhaupt als solche bezeichnen möchte) nicht handlungsfähig. Das Schulentwicklungsprojekt in Fall 2 war z. B. durch diese „diffusen" Gruppenbildungen in seiner Effektivität deutlich gehemmt (vgl. Kap. 2.5; 5.3; Fall 2). Ein weiteres Beispiel bildet Fall 3:

Ein wesentlicher Bestandteil der „Projektarchitektur" des in Fall 3 geschilderten Schulentwicklungsprojekts war die Einrichtung von Gruppen, die bestimmte Themenfelder im Rahmen einer Ist-Analyse bearbeiten sollten. Die Gruppen wurden während einer für den gesamten Lehrkörper verpflichtenden Klausur eingerichtet, der Gruppenbildungsprozeß erfolgte über bestimmte Fragestellungen und Aufgaben. Am Ende der Klausur hatten sich fünf Gruppen konstituiert. Sie sollten eine we-

sentliche Funktion im Rahmen des Projekts übernehmen und hätten die eigentlichen Träger der Entwicklung werden sollen. *Die Zeit, die für die Gruppen- und in der weiteren Folge für die Teambildung aufgewendet wurde, entspricht jedoch nicht dieser zugeschriebenen Bedeutung. Obwohl den Gruppen jeweils ein externer Betreuer zugeordnet war, fühlte sich dieser mehr für die Ergebnisse der Arbeitsgruppen und weniger für die Herstellung der Arbeitsfähigkeit der Gruppe verantwortlich. Im Laufe des Projekts „fransten" daher die Gruppen immer mehr aus, schon bei der zweiten Klausur konnte niemand mehr mit Sicherheit sagen, wer nun zu welcher Arbeitsgruppe gehörte.*

Es ist ein im Umgang mit Gruppen häufig zu beobachtendes Phänomen, daß der Phase des „gegenseitigen Abtastens" und „Interessensabklärens" zu wenig Aufmerksamkeit gewidmet wird (vgl. *Krainz* 1995a, 218). Kaum daß die Gruppen gebildet werden, erwartet man (auch und vor allem die Gruppenmitglieder selbst) bereits ein Ergebnis. Die Gruppenbildungen in dem in Fall 3 geschilderte Schulentwicklungsprojekt sind dafür ein typisches Beispiel:

Die in der ersten Klausur des Projekts gebildeten Gruppen begannen unmittelbar nach ihrem ersten Zusammentreten mit der Arbeit. Die Gruppen gönnten sich wenig Zeit, um das Arbeitsvorhaben ausführlicher zu diskutieren, sondern wurden sofort aktiv (teilten Fragebögen aus usw.). Durch diese Eile wurden nicht nur inhaltliche Weichen gestellt, die das Projekt in der Folge bestimmen sollten, sondern auch ein „Zusammenwachsen der Gruppe" und das Ausbilden eines „Gruppengefühls" erschwert. Dementsprechend unscharf blieben die Gruppengrenzen. Etliche LehrerInnen fühlten sich zwar einer Gruppe zugehörig, nahmen aber nicht an den Gruppentreffen teil, sondern warteten vielmehr darauf, daß die KoordinatorInnen ihnen fallweise Arbeitsaufträge erteilten. Diese wiederum fühlten sich in ihren Rollen nicht wohl (vgl. Kap. 5.2., Fall 3), und stützten sich darum eher auf befreundete LehrerInnen (was wiederum den formellen Charakter der Gruppen schwächte). Es ist bezeichnend, daß die GruppenkoordinatorInnen in den Interviews die Größe ihrer Gruppen nur sehr ungefähr angeben konnten.

Das zuletzt geschilderte Beispiel zeigt, daß es – im übrigen nicht nur an Schulen – schwer ist, Bedingungen zu schaffen, die Gruppen arbeitsfähig werden lassen. *Heintel* bezeichnet es als „Organisationsillusion" zu glauben, daß ein gemeinsames Ziel, eine gemeinsame Arbeitsaufgabe genüge, um unterschiedliche Individuen zusammenzuführen und aus ihnen ein Team zu machen (1995, 195). Um gute Ergebnisse bringen zu können, müssen Gruppen nicht nur an dem sachlichen Ziel, sondern auch an sich selbst arbeiten. Dafür brauchen sie Raum, Zeit und vor allem auch das Bewußtsein, daß diese Beschäftigung mit sich selbst zur „normalen" Arbeit dazugehöret. Diese Voraussetzungen sind in Schulen kaum gegeben. In den beiden geschilderten Schulprojekten ist die Zeit, die LehrerInnen in die Arbeit in der Gruppe investieren, „Freizeit", etwas, was sie außerhalb ihrer normalen Arbeit „zusätzlich" tun. Diese Zeit wollen sie daher gut genutzt sehen. Ihrer Einschätzung nach ist dieser Nutzen eher gegeben, wenn sich die Gruppe mit einem Ziel, nicht aber „nur" mit sich selbst beschäftigt. Es ist daher durchaus verständlich, daß sich die LehrerInnen in Fall 3 sofort an die konkrete Arbeit machen wollen oder wie in Fall 2 nur fallweise zu offenen Gruppensitzungen („Pädagogischen Gesprächen") gehen.

2.3 Direkte versus indirekte Kommunikation

Schulen – darauf wurde nun schon mehrfach hingewiesen – zeichnen sich durch einen auffallenden Mangel an strukturbildenden Elementen aus. Einer in einer einzigen Person bestehenden Schulleitung steht ein weitgehend ungegliederter Lehrkörper gegenüber. Kommunikation unter LehrerInnen findet vorwiegend im informellen Raum statt, das leitende Ideal ist die Kommunikation von „Mensch zu Mensch".

In Schulen wird so getan, als könne man unabhängig von der Größe einer Gruppe jederzeit direkt kommunizieren. In Konferenzen sitzen häufig bis zu 100 Leute in einem Raum und sollen in kurzer Zeit wichtige Angelegenheiten besprechen und (z.B. über Disziplinarfälle) entscheiden. Niemand findet etwas dabei, wenn ein Kollegium dieser Größe en bloc aufgefordert wird, eine Sache zu diskutieren. Jeder könne sich ja melden, wenn er wolle, und seine Meinung vertreten und mitentscheiden, ist die Einstellung vieler LehrerInnen und SchulleiterInnen. Daß diese Einschätzung Illusion ist, zeigen oft die Ergebnisse derartiger Konferenzen. Beschlüsse, die in diesen Konferenzen fallen, werden vielfach nicht eingehalten, vergessen oder ignoriert, manchmal führt diese mangelnde Strukturiertheit auch dazu, daß Entscheidungen überhaupt nicht mehr getroffen werden können. Konferenzen sind die einzigen festgesetzten Zeiten, in denen LehrerInnen verbindlich zusammenkommen müssen. Daneben gibt es – zumindest in den allgemeinbildenden höheren Schulen – kaum einen Raum und keine Strukturen, in denen wichtige Dinge gemeinsam besprochen werden können. Auch die im Gesetz vorgesehene Möglichkeit des Klassenvorstandes, Klassenlehrerkonferenzen verbindlich einzuberufen, wird in der Praxis meist nur für Disziplinarfälle genutzt. Das Amt des Klassenvorstandes ist – nicht im Gesetz – aber in der sozialen Realität der Schule zu wenig verankert, um z.B. in dieser Funktion häufigere Planungs- oder Besprechungssitzungen anordnen zu können.

2.3.1 Konferenzgestaltung

Konferenzen mit dem gesamten Kollegium werden von vielen LehrerInnen nicht als Möglichkeit zur Meinungsbildung oder gemeinsamen Austauschs erlebt, sondern häufig als lästige Pflicht betrachtet. In allen Fallstudien wird eine große Skepsis von LehrerInnen, aber auch von einem Schulleiter gegenüber diesen Kollektivveranstaltungen deutlich. Konferenzen sind meist mit Tagesordnungspunkten überladen und – wie es ein Lehrer der in Fall 1 dargestellten Schule ausdrückt *"... hauptsächlich vom Organisatorischen geprägt"* (vL1). Gemeint ist, daß vor allem Mitteilungen und Erlässe verlesen und neue Verordnungen zur Kenntnis gebracht werden. Sie sind etwas, was man – so scheint es – möglichst schnell hinter sich bringen will:

In Fall 3 beklagten sich die LehrerInnen, daß sie nicht in die Diskussion über die Beteiligung an dem Schulentwicklungsprojekt eingebunden waren. Der Schulleiter habe in der Abschlußkonferenz lediglich von der Möglichkeit erzählt und vorgeschlagen, als Schule daran teilzunehmen. Eine Diskussion gab es nicht, nicht, weil der Schulleiter das nicht zugelassen hätte, sondern weil sich – wie es eine Lehrerin formulierte – " ... in Konferenzen keiner traut, auf längere Diskussionen einzulassen wegen der Zeit" (sL1).

In Fall 2 antwortet eine Lehrerin auf die Frage, wie an der Schule Entscheidungen fallen, folgendermaßen: „Also bei Konferenzen nicht, da heißt es nach fünf ein Viertel Stunden: Hat jemand Einwände? Und alle sagen, bitte ich muß nach Hause, meine Kinder warten. Viele Themen kann man nicht in zwei Sätzen behandeln, also läßt man es gleich bleiben!" (vöL6).

Die größten Vorbehalte gegenüber Konferenzen werden vom Schulleiter der in Fall 2 beschriebenen Schule geäußert. Konferenzen seien nicht geeignet, Dinge ausführlich zu diskutieren oder gar Entscheidungen zu treffen (SL, FT).

Verpflichtende Monsterkonferenzen initiieren nicht nur nicht, sie destruieren vielfach sogar das gemeinsame Suchen, Finden und Verwirklichen der Lösungen durch die direkt Betroffenen ... fast jedes einzelne Thema wendet sich an die jeweils Betroffenen, nicht aber an alle". (vöSL)

Vor allem die letzte Äußerung ist bemerkenswert und für das Gesamte einer Schule konsequenzenreich. Wenn die Auffassung besteht, daß es in einer Schule kaum Anliegen gebe, die alle betreffen, werden auch kaum Verfahren überlegt werden, die kollektive Aushandelungsprozesse ermöglichen. Das Fehlen dieser Strukturen führt jedoch nicht nur – wie das Fallbeispiel zeigt – zu einer Vielzahl unkoordinierter Aktivitäten, sondern auch zu dem Gefühl der Intransparenz und schließlich zum Rückzug:

Die Alternative des Schulleiters der in Fall 2 beschriebenen Schule zu allgemeinen Konferenzen sind freiwillig zu besuchende "Pädagogische Gespräche" oder Erhebungen und schriftliche Befragungen. Das führt dazu, daß zwar an der Schule in durchaus effektiver Weise Entscheidungen getroffen werden können (vgl. dazu Kap. 4.4., Fall 2), in manchen Bereichen sich etliche LehrerInnen allerdings zu wenig in den Entscheidungsprozeß eingebunden fühlen. Die "pädagogischen Gespräche" werden als angenehm erlebt, sie leiden allerdings unter ihrer Unverbindlichkeit. Ihr Überhandnehmen führt zu Gefühlen der Überforderung. Schließlich fördert diese Art der Kommunikation Phantasien und Gerüchte darüber, was in diesen Gesprächen alles entschieden wird. Die Folgen sind, daß LehrerInnen sich übergangen fühlen und sich von den Gesamtanliegen der Schule zurückziehen (vgl. Kap. 3.2., Fall 2).

Paradox an diesem Beispiel scheint, daß in einer Schule, in der bereits ein hohes Bewußtsein über die Bedeutung gemeinsamer Anliegen bestand – die LehrerInnen ergriffen z. B. die Initiative zum Beginn eines Schulentwicklungsprojekts – ein Trend einsetzte, der die LehrerInnen gleichsam wieder vereinzelte.

Über die Schaffung von Strukturen zur Entscheidungsfindung in einem immer größer werdenden Lehrkörper wird nicht nachgedacht, auch nicht darüber, wie Konferenzen durch geeignete Moderation effektiver und befriedigender zu gestalten wären. Dies ist umso erstaunlicher, als in dem beschriebenen Schulentwicklungsprojekt gleichsam vorgeführt wurde, daß in einer für alle verpflichtenden Veranstaltung, an der 50-60 Leute teilnahmen, durchaus über bestimmte Dinge sowohl reflektiert als auch in einzelnen Bereichen befriedigende Entscheidungen getroffen werden konnten:

Das in Fall 2 dargestellte Schulentwicklungsprojekt begann mit einer halbtägigen, für das gesamte Kollegium verpflichtenden Klausur unter externer Moderation. In dieser Klausur wurden das Schulentwicklungsmodell vorgestellt, Rollen geklärt und eine Steuergruppe eingesetzt. Diese Veranstaltung verlief – nach der Einschätzung der LehrerInnen – durchaus zufriedenstellend, niemand fühlte sich übergangen und der Schulleiter hatte die Möglichkeit, sich seinem neuen Lehrkörper bekannt zu machen. Das Ereignis ist – so scheint es – vielen in guter Erinnerung geblieben. Auch die auf dieser Konferenz aufgebaute Projektarchitektur hatte Bestand (vgl. Kap. 2.4., Fall 2.).

Ein Beispiel, wie Konferenzen befriedigender gestaltet werden und zu Ergebnissen führen können, die von einem Großteil des Kollegiums als verbindlich erlebt werden, zeigt folgende Vorgangsweise:

Im Anschluß an das in Fall 3 dargestellte Schulentwicklungsprojekt gingen die LehrerInnen der Schule auf Initiative des Schulleiters daran, eine neue Hausordnung zu entwickeln. „Daß wir es geschafft haben uns zusammenzusetzen, war", so erläutert eine Lehrerin, „sicher eine Konsequenz des Projekts" (sL3b). Auch die Vorgangsweise war anders als bei früheren Versuchen. Zunächst bildete sich eine Gruppe Interessierter, die in sechs bis sieben Arbeitstreffen ein Konzept einer neuen Hausordnung entwickelte. Dieses Konzept wurde schließlich in einer Konferenz vorgestellt und – mit kleinen Änderungen – verabschiedet, das Engagement der Gruppe wurde mehrheitlich akzeptiert (vgl. Kap. 7.5., Fall 3).

Diese Vorgangsweise zeigt, wie in Konferenzen kollektive Entscheidungen fallen können, wenn sie entsprechend vorbereitet werden. Die schließlich verabschiedete Hausordnung wurde von allen mitgetragen, da der Prozeß, der zur Verabschiedung geführt hatte, für alle nachvollziehbar war. Zunächst bedurfte es einer kleinen arbeitsfähigen Gruppe, um ein Konzept auszuarbeiten. Die Gruppe setzte sich aus interessierten LehrerInnen zusammen, die an der Sache kontinuierlich arbeiten wollten. Die Einladung zur Mitarbeit erging an alle, keiner mußte sich ausgeschlossen fühlen. Schließlich wurde das Konzept im Rahmen einer verpflichtenden Gesamtkonferenz präsentiert und verabschiedet. Wiederum konnte niemand im Kollegium sich übergangen fühlen, die Anwesenheit bei der Verabschiedung der neuen Hausordnung erhöhte überdies gewissermaßen die Selbstbindung jedes einzelnen. Die offene Vorgangsweise und die gute Vorbereitung erschwerten es, daß sich eingespielte „Konferenzrituale" und Obstruktionen entfalten konnten (vgl. Kap. 7.5., Fall 3). Die verbindliche Verabschiedung der Hausordnung wurde als Erfolg erlebt. Daß auch das vorangegangene Schulentwicklungsprojekt einen kleinen Beitrag zum Erfolg geleistet hatte, gaben selbst KritikerInnen zu. Ähnliches sei vorher eben einfach nicht versucht worden.

2.3.2 Vor- und Nachteile direkter Kommunikation

In allen drei Fallbeispielen klagen LehrerInnen über mangelnde Transparenz des Informationsflusses. Zahlreiche LehrerInnen äußern Kritik, daß sie sich in wichtige Diskussionsprozesse zu wenig eingebunden fühlen und etliche Fragen in „informellen Gesprächen" (vor-)entschieden werden.

In dem in Fall 3 beschriebenen Schulentwicklungsprojekt fühlten sich die LehrerInnen in den Diskussionsprozeß über den Beginn des Projekts nicht eingebunden. Der Lehrkörper – so sagte eine Lehrerin – wußte eigentlich nicht, worum es genau geht (sL1b). Über eine so wichtige Sache, die alle beträfe, wurde nicht diskutiert. Die LehrerInnen hätten das Projekt gewissermaßen vorgesetzt bekommen. Zwischen welchen Gruppen die Entscheidung letztendlich gefallen sei, blieb unklar. Mangelnde Transparenz, geringe Überschaubarkeit und unklare Entscheidungsstrukturen sind die Problembereiche, die im Zusammenhang des in Fall 2 beschriebenen Schulentwicklungsprojekts von den LehrerInnen am häufigsten genannt wurden. „Von vielen Dingen weiß ich nicht mehr, was los ist" (völ8). „Die Entscheidungsebenen sind unklar", „Unverbindliches wird verbindlich" (Protokoll). Da die Schule in ihren vielfältigen Aktivitäten vor allem auf direkte Kommunikation setzt, entsteht ein Druck auf die LehrerInnen, zu allen ausgeschriebenen Sitzungen auch zu kommen, um sich persönlich zu informieren. Wer nicht dabei ist, hat das Gefühl, etwas zu versäumen.

Die in diesen beiden Beispielen zu Wort kommenden LehrerInnen sind Mitglieder eines eher großen Lehrkörpers mit 60 – 70 KollegInnen. Aber auch in kleineren Schulen funktioniert die Kommunikation nicht problemlos:

Das in Fall 1 beschriebene Kollegium einer Hauptschule bestand zum Zeitpunkt der Untersuchung aus 26 LehrerInnen. Aber auch diese betonten, daß zwar das Verhältnis untereinander sehr gut sei, über wichtige Dinge allerdings zu wenig gesprochen werde. „Ich wünsche mir, daß man mehr miteinander spricht", sagte etwa ein Lehrer im Interview, der allerdings auch nicht die Initiative zu Gesprächen ergreifen wollte. Er scheute sich, die Situation anzusprechen, um nicht als aufdringlich zu gelten. Diese mangelnde Kommunikation begünstigte Mißverständnisse und wirkte sich vor allem für die LehrerInnen aus, die das neue Fach unterrichteten. Sie fühlten sich zu wenig unterstützt, fanden aber keinen Weg, dieses Problem zu thematisieren (vgl. 3.3., Fall 1).

Mangelnde Transparenz, Schwierigkeiten der Kommunikation und mangelnde Verbindlichkeit sind nicht nur in den drei Fallbeispielen ein Problem. Die Klagen darüber scheinen ein Topos in allen Kollegien. Daß trotz dieser Klagen kaum über den Aufbau verbindlicher und transparenter Strukturen nachgedacht wird, legt den Schluß nahe, daß das Festhalten an dieser Situation auch Vorteile für die LehrerInnen mit sich bringt.

Heintel weist in „Warum wir uns mit Organisationen schwer tun" darauf hin, daß Menschen als „*Wesen direkter Kommunikation*" konstruiert sind (1993b, 122). Direkte Kommunikation ist aber nur mit einer endlichen Zahl von Menschen möglich, die man gewissermaßen noch „im Blick" haben kann. Sie ist etwas Sinnliches, positive Gefühle wie Vertrauen und Offenheit können sich nur in direkter Kommunikation entwickeln. Organisationen zwingen jedoch mehr Menschen um ein Ziel und eine Aufgabe zusammen, als mit direkter Kommunikation bewältigbar ist. Sie sind daher zwar notwendig als Instrumente, um in einer arbeitsteiligen Gesellschaft einen bestimmten Zweck zu erreichen, jedoch „emotionell" eher negativ besetzt. Etliche Organisationen versuchen daher, so gut es geht zu vermeiden, ihren von Kleingruppen unterschiedlichen Charakter ans Licht zu kehren. So versuchen etwa Schulen ein Stück weit die Familie fortzusetzen. LehrerInnen operieren wie Ersatzeltern, Klassenvorstände „bemuttern" ihre Klassen (oft auch dann noch, wenn diese Verhaltensweisen bei Jugendlichen gar nicht mehr gefragt sind) und arbeiten mit Emotionalität wie Liebesentzug, Lohn und Strafe. Die Schule wird als Gemeinschaft dargestellt, Eltern, LehrerInnen und SchülerInnen bilden eine „Partnerschaft", durch die Schaffung von „Leitbildern" wird in jüngster Zeit auch versucht, die Organisation als Gesamtheit emotional zu besetzen. Es besteht ein latenter Widerwille, sich mit Organisation als solcher zu beschäftigen oder auseinanderzusetzen. Eine in jüngster Zeit von *Aurin* durchgeführte Untersuchung über Lehrereinstellungen zeigte, daß für ein Drittel der befragten LehrerInnen die „Organisation" von Schule kein Thema war (1994, 46). Ein weiteres Drittel meinte, die Organisation solle für eine reibungslose Wahrnehmung pädagogischer Anliegen sorgen. Nur knapp ein Zehntel der LehrerInnen äußerte Interesse an einer Mitwirkung in organisatorischen Belangen.

Dieses mangelnde Interesse an organisatorischen Dingen führt häufig zu einer gewissen Ahnungslosigkeit über Wesen, Gestalt, Aufgaben und Möglichkeiten von Organisation. *Heintel* bezeichnet dieses Phänomen als *„Organisationsblindheit"* (1993b, 122). Was man gerade noch nachvollziehen will, sind Geschäftsordnungen und Dienstwege, was Organisation aber insgesamt ausmacht, darüber besteht kaum Bewußtheit.

Wir wollen in Organisationen leben, diese sollen klaglos funktionieren; wir wollen uns aber nicht näher mit ihnen beschäftigen. Dafür gibt es viele Gründe, die nicht bloß mit dem gegenwärtig häufig verwendeten Argument des Zeitmangels zu erschöpfen sind. (Heintel 1993b, 114)

Warum also führen die häufigen Klagen über mangelnde Transparenz der Kommunikation in Schulen nicht dazu, daß über Gruppen- und Teambildungen verbindliche Repräsentationssysteme entwickelt werden? Warum wird in Lehrkörpern mit 60-70 Mitgliedern wider bessere Einsicht immer noch am Muster der direkten Kommunikation festgehalten? Im folgenden sollen einige Erklärungsversuche angeboten werden.

2.3.3 Von den Schwierigkeiten indirekter Kommunikation

Handeln in der Schule ist nur schwer technologisierbar und beruht auf persönlicher Begegnung. Selbst wenn Lehrkräfte es wollen, können sie sich nicht als Personen völlig aus dem pädagogischen Prozeß heraushalten. Sie sind nicht nur Wissens- und ErkenntnisvermittlerInnen sondern auch als Erzieher, Symbol- und Identifikationsfiguren durch persönliche Zuwendung herausgefordert. Person und Persönlichkeit der einzelnen Lehrkraft haben in der Berufsausübung eine hohe Bedeutung. Auf der Ebene des Unterrichts sind Interaktionen zwischen LehrerInnen und SchülerInnen meist direkt, sinnlich und dicht.

Ganz anders stellen sich die Verhältnisse auf der Ebene der Organisation dar. In der Organisation ist der einzelne nicht als Person sondern in seiner Funktion wesentlich. Organisationsprozesse bedeuten, daß nie alle mit allen kommunizieren können, vieles findet „hinter dem Rükken" von Betroffenen statt, man muß sich auf andere (Repräsentanten, Delegierte usw.) verlassen, die Kommunikation verläuft indirekt und anonym. Emotional leidet man unter „Informationsmangel". *Heintel* weist darauf hin, daß das notwendigerweise immer so sein muß. (1993b, 123). Es ist jedoch eine „narzißtische Kränkung", nicht als Person gefragt zu sein oder Entscheidungen nicht unmittelbar persönlich beeinflussen zu können. Der daraus resultierende „Informationsmangel" erzeugt Mißtrauen und beflügelt die individuelle und kollektive Phantasie.

In der in Fall 2 beschriebenen Schule setzen LehrerInnen wie Schulleiter auf direkte Kommunikation in sogenannten „pädagogischen Gesprächen". Jeder Lehrer und jede Lehrerin kann zu derartigen Gesprächen einladen, über den Verlauf wird meist ein Protokoll verfertigt und öffentlich aufgehängt. Trotzdem fühlen sich LehrerInnen, die bei derartigen Gesprächen nicht anwesend sind, nur unzureichend informiert. Einige kritisieren, daß in diesen Gesprächen Dinge entschieden werden, die dann „irgendwie" für alle verbindlich sind. Manchmal ist das allerdings eher Phantasie als konkrete Beobachtung. Ein Lehrer drückt dies folgendermaßen aus: „Die Einschätzung, man versäumt etwas, und eigentlich müßte man dabei sein, das erzeugt dann das Gefühl: Eigentlich ist es (erg. die Teilnahme) verbindlich" (vöL1).

Wer nicht dabei ist, fühlt sich ausgeschlossen und zu wenig informiert. Die beschriebene Schule hat allerdings mittlerweile eine Größe erreicht, bei der eine persönliche Anwesenheit bei allen Gesprächen oder Aktivitäten nicht mehr möglich ist und selbst das Lesen der Protokolle gelegentlich zu überfordern droht. „*Es sind so viele Zettel da – eine richtige Zettelflut*" (völ8), stöhnte ein Lehrer. Um diese „Flut" etwas übersichtlicher zu gestalten, wurde vom Schulleiter ein System verschiedenfarbiger Zettel eingeführt, was allerdings nur eine vorübergehende Entlastung brachte.

Obwohl der Anspruch, Transparenz und Offenheit durch direkte Kommunikation zu erzeugen, mittlerweile viele LehrerInnen der beschriebenen Schule zu überfordern scheint, wird nicht nach alternativen Wegen gesucht. Der Lehrkörper zeigt großen Widerstand gegen eine Strukturierung in Gruppen oder Teams. Wenn Gruppen in diesem Lehrkörper gebildet werden, dann müssen sie prinzipiell offen gehalten sein, selbst die im Rahmen des Schulentwicklungsprojekts eingerichtete Steuergruppe wird grundsätzlich als nicht geschlossen erlebt. Gruppen haben manchmal nur kurzen Bestand und arbeiten nicht kontinuierlich über einen längeren Zeitraum. Auf diese Weise können sich keine Repräsentationssysteme bilden, das Kollegium bleibt amorph.

Diese Vorgangsweise erzeugt die beschriebenen Nachteile, bringt für die LehrerInnen allerdings auch einen Vorteil. Wenn alles immer prinzipiell offen ist und indirekte Kommunikation über Repräsentanten abgelehnt wird, so behält der einzelne einen direkten persönlichen Einfluß auf das, was geschieht. Der Nachteil der Unverbindlichkeit und Intransparenz des zum Großteil informellen Charakters der Kommunikation wird durch den Vorteil scheinbar größerer Handlungsfreiheit für den einzelnen aufgewogen.

Da LehrerInnen im Unterricht weitgehend autonom agieren und frei in der Interpretation des Lehrplans und der Wahl der Lehrmethoden sind, wollen sie sich auch auf der Ebene der Organisation nicht einschränken lassen. Sie nehmen lieber in Kauf, daß Entscheidungsstrukturen unklar bleiben – oder im Extremfall Entscheidungen kollektiv gar nicht mehr getroffen werden können – als daß sie sich verbindlicheren Strukturen unterwerfen. Das scheint auch dann zuzutreffen, wenn sie diese Strukturen selbst aufbauen können und ein Optimum an Mitgestaltung gesichert ist.

In der Rückmeldephase zu Fallstudie 2 wurde diese Einschätzung auch bestätigt. Eine Lehrerin sagte, sie habe sich bei der Lektüre sehr betroffen gefühlt. Es sei tatsächlich so, daß hinter dem Wunsch, alles möglichst offen zu gestalten, die Angst stehe, andernfalls Autonomie und Selbstbestimmung abgeben zu müssen (FT).

2.3.4 Zusammenarbeit in den Gremien der Schulpartnerschaft

Natürlich gibt es in Schulen auch gesetzlich vorgeschriebene Formen, in denen auf der Ebene von Repräsentanten kommuniziert wird. Es sind dies das Schulforum und der Schulgemeinschaftsausschuß als Gremien der gesetzlich verankerten Schulpartnerschaft. Es ist ein Merkmal der heutigen Schule, daß diese Gremien, deren Mitglieder gewählt werden, formal zwar wichtige Entscheidungen treffen können, ihre Bedeutung in der Realität jedoch eher als marginal erlebt wird. Bezeichnend ist, daß diese Gremien in den Interviews zu den Fallstudien so gut wie nicht vorkommen. Einer im Rahmen von Fallstudie 1 befragten Mutter sagte der Begriff Schulforum zunächst nichts, dann fiel ihr ein, daß „das" wohl immer „ *... im Mitteilungsheft bekanntgegeben werde*" (vL1). Eine andere Mutter derselben Schule kannte zwar die Funktion des Gremiums, betonte aber, sich nicht aktiv beteiligen zu wollen. Das Interesse – meinte der Elternverteter – seitens der Elternschaft, sich im Schulforum zu engagieren, sei generell gering.

„Schulentwicklung wird – zumindest zur Zeit – nicht im Schulgemeinschaftsausschuß gemacht" (vöSL), betonte der Schulleiter der in Fall 2 dargestellten Schule. Der SGA habe nicht die Bedeutung, die er ihm gerne zubilligen wolle.

Eine jüngst durchgeführte Studie über die Auswirkungen der Schulautonomie in Österreich bestätigt, daß die offizielle und tatsächliche Bedeutung der beiden Einrichtungen – Schulgemeinschaftsausschuß und Schulforum – derzeit auseinanderfallen (*Bachmann* u.a. 1996, 76f). Die offiziellen Gremien der Schulpartnerschaft seien *„Abstimmungsorgane, mit der Effizienz von 0,000 periodisch"* meinte ein Schulleiter einer städtischen Hauptschule im Rahmen einer Fallstudie. Ein Lehrer als Mitglied des Schulgemeinschaftsausschusses bekräftigte, das Gremium sei bestenfalls ein *„Nicht-Verhinderungsverein"*. Informelle Vorentscheidungen des Kollegiums würden in der Regel im Schulgemeinschaftsausschuß ohne größere Widerstände bestätigt, und zwar auch dann, wenn die Schulpartnergruppen bzw. -vertreter an deren Zustandekommen kaum beteiligt waren. Meist fehlen die elementarsten Rahmenbedingungen, in denen Entscheidungen vorbereitet und kooperativ getroffen werden können. Schulforum und Schulgemeinschaftsausschuß werden von den Eltern kaum als Gelegenheit für Diskussionen und Meinungsbildung wahrgenommen.

Das gravierendste Hindernis, diese Gremien zu funktionierenden

Instrumenten schulischer Demokratie werden zu lassen, ist die mangelnde oder schlechte Information aller VertreterInnen, besonders aber der SchülerInnen und Eltern. ElternvertreterInnen wissen oft nicht, wen sie eigentlich vertreten, ein Meinungsbildungsprozeß unter der großen Gruppe der Eltern findet nicht statt. Aber auch die anderen Vertreter haben – so *Bachmann* u.a. – kein wirkliches Mandat, für eine Gruppe zu sprechen. Auch die Meinungsbildung in den Lehrkörpern gestalte sich schwierig. Da es in den Kollegien keine eingeführten Formen der Meinungsbildung bzw. kollektiver Verhandlung gäbe, wüßten gewählte LehrervertreterInnen daher oft nicht, was sie in bestimmten Fragen eigentlich vertreten sollten.

So ergibt sich an den meisten Schulen die paradoxe Situation, daß offizielle Gremien existieren, die ihr formelle Potenz nicht ausschöpfen, während wesentliche Fragen in den Kollegien im informellen Raum geklärt werden. Für Schulentwicklungsprozesse heißt dies einerseits, daß man sich auf offizielle Entscheidungen wenig verlassen kann, und zweitens, daß man, um mit Schulen überhaupt arbeiten zu können, zunächst oft an die informellen Strukturen anknüpfen muß.

Daß dies ein zwiespältiges Unterfangen ist, zeigt das Fallbeispiel 2. Der externe Schulberater hatte sich – gezwungenermaßen – auf die vagen Erklärungen der SchulvertreterInnen eingelassen und z.B. auf einen offiziellen Vertrag verzichtet. Im Verlauf des Projekts wurde er daraufhin immer mehr von den informellen Strukturen „geschluckt", bis schließlich das Projekt vorübergehend auf „Abruf" eingestellt wurde (vgl. Fallbeispiel 2).

2.4 Eigensinn versus Steuerung

Wenn man Organisationen als eine Ansammlung von einzelnen und Gruppierungen sieht, die miteinander durch ein kompliziertes Netzwerk an Interaktionsbeziehungen verbunden sind, so ist es die Aufgabe von Führungskräften, die Beziehung zwischen diesen Gruppen zu gestalten. „Steuerung" und „Leitung" in diesem Sinne bedeutet, daß zwischen unterschiedlichen Gruppeninteressen vermittelt und Kooperation im Sinne der Ganzheit der Organisation möglich wird.

2.4.1 Steuerung als Management von Schnittstellen

Es gibt eine Menge Leute im Konferenzzimmer, die etwas machen wollen, die bereit sind, etwas zu verändern, aber wie bringe ich das jetzt im Endeffekt an die übrigen Lehrer, daß sie auch bereit sind, das mitzutragen?, so fragt ein Lehrer am Ende des ersten Jahres des Schulentwicklungsprojekts in Fall 3 etwas ratlos. Wie berechtigt diese Frage ist, zeigt das Beispiel 1 der Fallstudien:

An der Schule wurde mit Unterstützung der Schulbehörde ein Sprachenschwerpunkt geschaffen. Unter Ausnutzung der Schulautonomie wurde die Stundentafel soweit verändert, daß ab der fünften Schulstufe eine zweite Fremdsprache unterrichtet werden kann. Die Schule nennt sich seither „Schule mit fremdsprachlichem Schwerpunkt" und ist mit der Vermarktung dieses Angebots bei den Eltern der Region sehr erfolgreich. Die „Schwerpunktbildung" wird aber gleichsam an die Gruppe der LehrerInnen der zweiten Fremdsprache delegiert, der Rest des Kollegiums fühlt sich davon kaum betroffen („Wir machen unsere Arbeit und ihr macht eure"). Die FremdsprachenlehrerInnen tragen im wesentlichen die Last der Außenpräsentation der Schule, es gelingt diesen LehrerInnen nicht, ihren „inselhaften" Status zu überwinden.

Mit Schwerpunktbildungen oder Projekten zur Schulentwicklung werden in meist unstrukturierten Kollegien Differenzierungen eingeführt, Gruppen entstehen, Funktionen müssen wahrgenommen werden. Plötzlich gibt es Zugehörigkeiten und Grenzen, Individuen gehören offiziell zur einen oder anderen Gruppe, Gruppen müssen ein Verhältnis zur Leitung und zum übrigen Kollegium finden, das Management von Grenzen und Grenzziehungen wird relevant. Bei allen Schulentwicklungsvorhaben entstehen Grenzziehungen und damit Schnittstellen, deren Management betrieben werden muß, wenn die Entwicklung für das Ganze einer Schule produktiv werden soll. Hier liegen jedoch in der Regel keine Erfahrung vor, und Schulen reagieren entweder bereits vorsorglich abwehrend, weil „instinktiv" gespürt wird, was auf einen zukommen könnte, oder sie stolpern unvorbereitet in ungeahnte Komplexitätsdimensionen. Die Schule in Fall 1 hat mit der Schwerpunktbildung eine strukturelle Veränderung vorgenommen. Ihr Selbstbild wird dieser Veränderung jedoch insofern nicht gerecht, als sich die Schule zwar „Schule mit fremdsprachlichem Schwerpunkt" nennt, aber davon ausgeht, daß sich ein neuer Schwerpunkt einfach durch ein zusätzliches Fach bildet, ohne dass die Rolle dieser Neuerung für die anderen Fächer und das Gesamtgefüge mitgedacht werden muß. Eine Teilveränderung bedeutet jedoch immer einen Einschnitt ins Gesamtgefüge. Das „Schicksal" der Neuerung, seine Effektivität und Akzeptanz, hängt damit weniger von ihrer unmittelbaren Qualität „für sich" ab, als vielmehr auch davon, wieweit eine Einbettung in das Ganze einer Schule gelingt. Das Management von Gruppengrenzen, die Kommunikation zwischen einzelnen Gruppen und zwischen den Gruppen und dem Organisationsganzen ist das Um und Auf des Gelingens von Schulentwicklungsprojekten (ja des Projektmanagements überhaupt vgl. *Heintel* u. *Krainz* 1994b).

Je stärker sich also ein Lehrerkollegium durch Schulentwicklung zu strukturieren beginnt, desto mehr verschärfen sich Gegensätze. Dies ist nun kein „Fehler" im System, vielmehr ist die Dynamik gar nicht anders zu denken. Um eine Gruppe zu sein, muß man sich gegen alle anderen „Nichtgruppenzugehörigen" abgrenzen und einen eigenen Willen entwickeln. Mehrere Gruppen haben mehrere „eigene Willen" und überdies ist der „Eigensinn" von Gruppen kaum je deckungsgleich mit dem Ziel der Gesamtorganisation. Wenn dieses Widerspruchsfeld nicht bearbeitet wird, bleiben die Beziehungen unklar und die Erfahrungen von Gruppen können für das Gesamte weder nutzbar gemacht werden, noch können sie „für" das Ganze Entwicklungen vorantreiben. Ein Beispiel:

Der Schulleiter der im zweiten Fallbeispiel geschilderten Schule setzt vielfältige Initiativen in seiner Schule, fördert Innovationen von LehrerInnen großzügig und eröffnet Freiräume, die die LehrerInnen sehr schätzen. Der Schulleiter setzt dabei meist auf direkte Kommunikation in kleinen Gruppen („Pädagogische Gespräche"). Was zunächst modern und dynamisch klingt, hat auch seine Nachteile. Es wird kaum Zeit für die Diskussion von gemeinsamen Zielvorstellungen oder auf die Abstimmung der verschiedenen Aktivitäten verwendet. Vieles läuft „... nebeneinander und unkoordiniert" (vöL10) parallel. Die Tatsache, daß zwischen den Aktivitäten einzelner Gruppen (so man – angesichts der prinzipiellen Offenheit – überhaupt von Gruppen sprechen kann) und der gesamten Schule kaum eine Abstimmung oder Vermittlung passiert, beginnt das anfängliche Engagement der LehrerInnen zu bremsen und Rückzugstendenzen zu fördern.

Es ist die Aufgabe von Steuerung und Führung, diese Vermittlung zu leisten. Wenn man davon ausgeht, daß jede Form von Organisation ihren funktionalen Sinn darin findet, Beziehung zwischen Gruppen in einer arbeitsteiligen und gruppenübergreifenden Kooperation herzustellen, so kann Koordination und Steuerung nur in der Bearbeitung der Schnittstellen zwischen Gruppe und Organisation bestehen (vgl. *Wimmer* 1993, 260). Im Grunde kreisen alle in den Fallbeispielen beschriebenen Entwicklung um diese Grundproblem. Bei aller Angewiesenheit aufeinander verbindet diese beiden Systemtypen (Organisation und Gruppe) eine prinzipielle Gegensätzlichkeit. Wenn man diese thematisiert und bearbeitet, gibt sie allerdings auch den Motor für die spezifische Dynamik in Organisationen ab.

Das Verständnis für diese konflikthafte Eigendynamik und das Umgehen-Können mit dieser Problematik gehört nach *Wimmer* zu den wichtigsten Grundqualifikationen von Führungskräften:

Der Chef muß grundsätzlich widersprüchliche Kräfte gleichzeitig für- und gegeneinander einsetzen: das Prinzip der Gruppe gegen die Organisation und das Prinzip der Organisation gegen die Gruppe. Die Meisterung dieses Widerspruchs anhand der jeweiligen Sachfragen verdient den Namen Management. (Wimmer, 1995, 261; siehe auch *Pesendorfer* 1996).

Eine wesentliche Schwierigkeit in der Organisation Schule scheint heute jedoch zu sein, daß das Verständnis dafür sowohl bei LehrerInnen als auch bei vielen SchulleiterInnen (und bei so manchen mit Lehrerfortbildung und Schulentwicklung Befaßten) nur mangelhaft ausgebildet ist. Auch in neueren Publikationen zur Schulentwicklung wird diesem Bereich nur wenig Beachtung geschenkt. Die besondere Problematik, die das Umgehen mit Schnittstellen aufwirft und deren erfolgreiches Management ein nicht unwesentliches Erfolgskriterium kollektiver Lernprozesse darstellt, wird oft recht kurz abgehandelt. Wenn aber nicht nur einzelne Teams sondern die Organisation selbst lernen soll, so sind diese Fragen zentral.

2.4.2 Schule leiten in Veränderungsprozessen

Es ist in der Organisation Schule nicht leicht, eine klare Rollenvorstellung und Identität als Leitender auszubilden. Es gibt eine Reihe von Merkmalen im Schulbetrieb, die dies erschweren.

Eine Schule leiten ist ein „einsames" Geschäft. Die Führungsspanne ist hoch, in den beschriebenen Allgemeinbildenden Höheren Schulen steht ein Direkter etwa 70 LehrerInnen gegenüber. SchulleiterInnen haben in der Schule keine offizielle Gruppe oder kein Gremium, in der oder mit dem sie sich besprechen könnten, sie stehen meist alleine einem Kollegium gegenüber. Es ist daher verständlich, wenn sie – sozusagen aus psychohygienischen Gründen – sich wenigstens informell einer Gruppe des Lehrkörpers anschließen, aber auch offiziell z.B. in einem Schulentwicklungsprojekt Aufgaben innerhalb einer Arbeitsgruppe übernehmen wollen (vgl. dazu etwa Fall 3).

SchulleiterInnen sind darüberhinaus gleichsam LeiterIn und MitarbeiterIn zugleich. Mit einem Teil ihrer Arbeitskraft und somit auch einem Teil ihrer Identität sind sie tatsächlich noch LehrerInnen, ein gewisser Teil der Dienstverpflichtung von SchulleiterInnen besteht in der Erteilung von Unterricht. In einem „Praxisbuch der Schulleitung" wird sogar betont, „... *die Unterrichtsstunden des Schulleiters im Stundenplan haben absoluten Vorrang vor allem anderen*" (*Knoll* 1995, 12). Damit stehen die SchulleiterInnen zumindest mit einem Bein auf Seiten der MitarbeiterInnen, und sind – wenn man so will – ihre eigenen Vorgesetzten, was die Rolle der jeweils Leitenden nicht einfacher macht. Sie sind – wie *Knoll* ein Kapitel seines Handbuchs für SchulleiterInnen übertitelt – „Vorgesetzter und doch nicht Vorgesetzter" zugleich (ebd. 239).

Das sind nun Rollenbeschreibungen, die es Leitenden in Schulen nicht gerade einfacher machen, ihre Funktion zu bestimmen und wahrzunehmen. Dazu kommen eine Reihe neuer Rollenerwartungen, die im Zuge von Schul- und Organisationsentwicklungsaufgaben an Schulleitungen gestellt werden. SchulleiterInnen sollen Managementfunktionen übernehmen, wobei sie sich allerdings kaum auf bestehende Strukturen oder Koordinationsmechanismen stützen können.

Es ist daher nicht verwunderlich, daß SchulleiterInnen in der Diskrepanz zwischen neuen Ansprüchen und den Verhältnissen, die sie an ihren Schulen vorfinden, mit den geänderten Rollenerwartung eher vorsichtig umgehen. Um diese „Vorsicht" zu illustrieren, seien im folgenden einige Aussagen von den LeiterInnen der untersuchten Schulen angeführt. So meinte etwa der Schulleiter, der in Fall 1 beschriebenen Schule:

Ich sehe meine Aufgabe darin, die LehrerInnen, die die Entwicklung tragen, zu unterstützen. Ich bin einer, mit dem man sicherlich reden kann, zu mir kann jeder kommen – sie sehen ja selbst die stets offene Tür zur Direktion. Ich komme allen LehrerInnen sehr entgegen (vSL).

Der Schulleiter in Fall 2 formuliert sein Rollenverständnis so:

Meine primäre Aufgabe liegt in den praktischen Hilfen zur Ermöglichung des Tuns und des Engagements der KollegInnen, für Erziehung und Bildung im Unterricht, im Ermöglichen also, im Initiieren, vielleicht im Koordinieren und kaum im Regulieren, im Verhindern, möglichst nicht aber im Kontrollieren. Wer eine Idee hat, kann sie realisieren. Mein Wahlspruch ist: Möglichst vielen Vieles zu ermöglichen (vöSL).

„*Unterstützen*", „*ermöglichen*", „*motivieren*" – vielleicht noch „*koordinieren*", kaum „*regulieren*" – die SchulleiterInnen sehr unterschiedlicher Schultypen beschreiben ihre wesentlichen Funktionen in Veränderungsprojekten durchaus ähnlich. Sie fühlen sich hauptsächlich als das, was *Rolff* „Türöffner für Veränderungen" nennt, und versuchen vor allem ein „innovationsfreundliches Klima" zu erzeugen. Sie treten selbst wenig aktiv oder gar fordernd in Erscheinung. Gegenüber einem alten Führungsverständnis, das sich im wesentlichen an der Bürokratie, der Verwaltung und der Kontrolle orientierte, ist dies sicherlich ein Fortschritt, da vieles in Bewegung gebracht wird. Im Sinne eines nachhaltigen Veränderungsprozesses wäre jedoch noch etwas mehr zu tun.

Um Veränderungen nachhaltig werden zu lassen, reicht die Rolle des „Türöffners" ebensowenig wie die des einsamen „Agenten des Wandels". In Veränderungsprozessen müssen SchulleiterInnen vor allem eines – berufsrelevante Kommunikation unter LehrerInnen fördern und Selbstreflexion der Organisation in Auseinandersetzung mit der Umwelt zu ermöglichen (vgl. *Krainz-Dürr* 1997b). Dazu bedarf es allerdings nicht nur eines Bewußtseins sondern auch eines geeigneten Rahmens, der sich nicht einfach von selbst herstellt. Die wesentlichste Aufgabe von Schulleitung wäre also, aktiv diesen Rahmen zu schaffen, in dem möglichst viele Beteiligten an der Gestaltung von Schule mitwirken können.

Wie sehr wir uns hier zur Zeit noch in einem Experimentierstadium befinden, macht die Äußerung eines Lehrers in Fall 2 deutlich, die den gegenwärtigen Gesamtzustand schulischer Veränderungsprozesse so charakterisiert: „*Wir sind unterwegs, aber noch nicht organisiert (vöL1).*" Es ist dabei offen, wohin dieses „Unterwegssein" führen wird, sicher scheint allerdings, daß das bisherige Repertoire, Schulen zu steuern, nicht ausreicht. Schulentwicklungsprozesse werden künftig erfordern, daß Leitende die zur Verfügung stehenden Gestaltungsspielräume aktiv nutzen.

2.5 Individuelle Fortbildung versus Personalentwicklung

Ein wesentlicher Bereich, in dem der Widerspruch zwischen Einzelinteressen und den Anliegen der Gesamtorganisation Steuerung erfordert, ist der Bereich der Fortbildung. Wer den Umgang der Schule mit menschlichen Möglichkeiten und Ressourcen betrachtet, wird hier sehr bald auf einen Widerspruch stoßen: Während die Schule trachtet, die Anlagen von SchülerInnen systematisch zu entfalten und zu fördern, wird die Entwicklung der Potentiale von LehrerInnen weitgehend dem Zufall überlassen. Wer in einschlägigen Publikationen der letzten Jahre über Schulleitung und Schulmanagement blättert, wird daher auch immer häufiger die Forderung nach einer umfassenden „Personalentwicklung" an Schulen finden (vgl. etwa *Lange* 1994 oder *Schratz* 1996a).

Die Potentiale von LehrerInnen zu entwickeln wurde bis vor kurzem unter dem Titel „Fortbildung" als individuelle Aufgabe jeder einzelnen Lehrkraft angesehen, nun wird dies unter der Bezeichnung „Personalentwicklung" wesentliche Aufgabe guter Schulleitungen. Daß mit diesen Bezeichnungen durchaus nicht dasselbe gemeint ist, soll das folgende Kapitel kurz beleuchten.

2.5.1 Fortbildung als individuelle Aufgabe und Anforderung

Lehrerfortbildung richtet sich traditionell als Angebot an die Person des einzelnen Lehrers/der Lehrerin. Verschiedene Institute (Pädagogisches Institut, Universität) entwickeln Programme aus denen die LehrerInnen auswählen können. Sie sind weder zu regelmäßiger Fortbildung verpflichtet, noch müssen sie das, was sie in Fortbildungsprogrammen lernen und erfahren, in irgendeiner Form an die Kollegenschaft weitergeben. LehrerInnen bilden sich individuell fort, sie tun das für „ihren" Unterricht und nur selten auch für die Institution, in der sie arbeiten.

Die Schulleitung hat in diesem System eine „Fortbildung zulassende" Funktion. SchulleiterInnen „erlauben" LehrerInnen die Abwesenheit vom Unterricht während der Fortbildung, nehmen jedoch keinen Einfluß auf die inhaltliche Ausrichtung. Oft wird Fortbildung gleichsam als „Belohnung" gestattet, als handelte es sich um ein paar arbeitsfreie Tage. In der Regel wird nicht dafür Sorge getragen, daß die Investition auch der Schule oder zumindest einer Gruppe von LehrerInnen wieder zugutekommt. Wer auf – vom Arbeitgeber bezahlte – Fortbildung „fährt", braucht anschließend weder darüber berichten noch ausgeteilte Materialien weiterzugeben oder ähnliches.

Ein in dieser Weise organisiertes, an der einzelnen Lehrkraft orientiertes Weiterbildungssystem hat in der Vergangenheit jedoch nicht jene Effekte erzeugt, die man sich seitens der Schulbehörde vielleicht gewünscht hätte. Vieles, was LehrerInnen in der Fortbildung gelernt und erfahren haben, wird in der Schule nur unzureichend umgesetzt. Dafür gibt es verschiedene Gründe. Einer davon ist, daß das, was fern vom Arbeitsplatz mit gutwilligen KollegInnen entwickelt oder probiert wurde, häufig der Alltagsrealität nicht standhält und daher rasch wieder vergessen wird, sofern es über die Fachdidaktik hinausgeht.

Die KollegInnen der in Fall 2 beschriebenen Schule sind äußerst experimentierfreudig und lassen sich gern auf Neuerungen ein. Einem befragten Lehrer fallen zur Charakterisierung seines Lehrkörpers die Adjektive „fortbildungswillig" und „seminarfreudig" ein (vöL4). Trotzdem scheint das, was auf Seminaren gelernt wird, nicht einfach in den Alltag der Schule übertragbar. Ein Lehrer berichtete etwa über ein Seminar über neue Lernformen, das er mit fünf (!) weiteren KollegInnen aus der Schule besucht hatte: „Wir haben auf diesem Seminar gemeinsam zwei Unterrichtseinheiten vorbereitet. Das war ein sehr schönes Erlebnis. Ich habe das noch nie gehabt, daß man gemeinsam mit KollegInnen Ideen sammelt und Unterricht vorbereitet. ... Es hat auch gezeigt, daß es etwas bringt, wenn man sich ein paar Stunden zusammensetzt und gemeinsam etwas entwickelt" (vöL1). Nach diesem positiven Erlebnis wurde die Kooperation in der Schule jedoch nicht fortgesetzt. Die Alltagsroutine hatte die guten Vorsätze geschluckt (vgl. Kap 4.2., Fall 2).

Manchmal geht die angebotsorientierte Fortbildung auch schlicht an den Bedürfnissen der LehrerInnen vorbei:

Innerhalb der Schule – so betonen die ItalienischlehrerInnen in Fall 1 – sei die Zusammenarbeit gut, die offiziellen Fortbildungsangebote seien aber unzureichend. Sie würden – so die LehrerInnen – ganz andere Dinge benötigen, als angeboten werden. (vgl. Kap.2.7.2., Fall 1).

In den letzten Jahren wurde auf diese Problematik der mangelnden Effektivität traditioneller Fortbildung reagiert und mit der Möglichkeit zu

"Schulinterner Lehrerfortbildung" (SCHILF) ein neuer Typ von Fortbildung geschaffen. SCHILF- Veranstaltungen richten sich an Gruppen von LehrerInnen derselben Schule oder ganze Kollegien. Schulen können Fortbildungswünsche äußern und über Pädagogische Institute Angebote organisieren. Die Fortbildung findet nicht in einem Bildungshaus sondern am Arbeitsplatz, also in der Schule statt. Da mehrere LehrerInnen eines Kollegiums an den SCHILF-Programmen teilnehmen, hofft man, daß der Transfer in die Schule leichter gelingt (zu dem Bereich schulinterner Fortbildung vgl. etwa *Greber* u.a. 1993 oder *Miller* 1995). SCHILF-Veranstaltungen haben tatsächlich viel Bewegung in die Schule gebracht und die Lehrerfortbildung verändert. So bedienen sich auch etliche Projekte zur Schulentwicklung dieser Möglichkeit, einen oder mehrere Tage mit gesamten Kollegien zu arbeiten. Aber auch schulinterne Fortbildung bedeutet nicht automatisch, daß nachhaltig wirksame Veränderungen initiiert werden. Oft sind diese Fortbildungen nicht anders organisiert, als bisherige Veranstaltungen. Eine Fachfrau/ ein Fachmann wird eingeladen, der zu einem Thema referiert, einen Halbtag oder Tag lang diskutiert das Kollegium das Problem, um es dann wieder zu vergessen. Diese Veranstaltungen haben oft nur die Funktion eines Ventils, die Suche nach gemeinsamen Lösungen oder eine konkrete Initiierung von Veränderungs- bzw. Entwicklungsschritten unterbleibt oder geht im Getriebe des Alltags ohne entsprechende Begleitung unter. Damit werden die Möglichkeiten der schulinternen Fortbildung nur recht mangelhaft genützt. Häufig sind diese Veranstaltungen einmal im Jahr stattfindende "pädagogische Ausflüge" unter der Leitung wechselnder ReferentInnen und leiten keine kontinuierliche Arbeit an genau (und möglichst gemeinsam) definierten Problemstellungen des jeweiligen Schulstandorts ein. Kontinuierliche Arbeit ist nur möglich, wenn Fortbildung sich nicht an individuellen Personen oder wechselnden Moden orientiert, sondern an den jeweilige Bedürfnissen und Erfordernissen des einzelnen Standorts.

2.5.2 Personalentwicklung als Ziel

In der Diskussion über Lehrerfortbildung in Österreich ist das Konzept von Personalentwicklung bislang kaum entwickelt (zu derartigen Konzepten in den USA siehe *Rebel* 1993).

Personalentwicklung an Schulen heißt mehr als Lehrerfortbildung, obwohl sie sich durchaus auch der Instrumente gängiger Lehrerfortbildung bedienen kann. Personalentwicklung bedeutet eine aktive

Fortbildungspolitik eines Schulstandorts, die die Inhalte und Ziele nicht ausschließlich den Vorlieben einzelner LehrerInnen oder dem Zufall überläßt. Ein Teil der Fortbildung von LehrerInnen sollte Entwicklungsperspektiven entsprechen, die in der einzelnen Schule konzipiert und vom Lehrkörper getragen werden. Dazu gehören regelmäßige Mitarbeitergespräche ebenso wie Standortbestimmungen und Zielvereinbarungen.

Personalpolitik an einer Schule heißt, eine Umgebung schaffen, die den „Wissens-Transfer" unter den MitarbeiterInnen fördert, Spezialisierungsmöglichkeiten eröffnet und Talente erschließt. Die Qualifizierung muß nicht unbedingt in Lehrgängen etc. erfolgen, auch das Alltagshandeln kann – mit entsprechender Unterstützung – als Lernfeld für Entwicklungsvorhaben dienen. Rebel etwa beschreibt, wie Unterricht dadurch verbessert werden kann, daß LehrerInnen über einen längeren Zeitraum mit vertrauten KollegInnen zusammenarbeiten und gegenseitige Unterrichtsbesuche und Unterrichtsbeobachtungen durchführen (1993, 281). Diese als „peer-coaching" bezeichnete Vorgangsweise öffnet den Unterrichtsalltag für Phasen der Rückmeldung und gegenseitigen Beratung. Auf diese Weise werden Selbstevaluierungsprozesse in Gang gesetzt, die eine Grundlage für nachhaltige Entwicklungen sein können. Eine wissenschaftliche Begleitung derartiger Prozesse ergab, daß LehrerInnen eher bereit waren, neue Unterrichtsstrategien zu erproben, neues Wissen besser verarbeiteten und insgesamt ein besseres Verständnis hinsichtlich schulischer Interaktionsprozesse entwickelten, als nach traditionellen Fortbildungen.[26] Solche Formen von kollegialer Kooperation sind jedoch nur dann verwirklichbar, wenn sie an der Schule entsprechend initiiert und durch organisatorische Maßnahmen (Stundenplangestaltung, Vertretungsregelungen etc.) unterstützt werden.

Personalpolitik schafft eine höhere Verbindlichkeit, Gelerntes auch umzusetzen. Wer sich in eine Richtung weiterbildet, weil in der Schule in diese Richtung in Zukunft schwerpunktmäßig gearbeitet werden soll, hat mehr Motivation und „innere Verpflichtung" zur Umsetzung, als jemand, der lediglich „auf Fortbildung fahren darf", und sich zur Umsetzung in seinen Schulalltag selbst verpflichten muß oder es konsequenzenlos nach Belieben auch bleiben lassen kann.

---

26 Auf ähnlicher Grundlage wird in den Fortbildungsprogrammen „Pädagogik und Fachdidaktik von LehrerInnen" (PFL) des IFF (Interuniversitäres Institut für interdisziplinäre Forschung und Fortbildung) gearbeitet, allerdings nicht innerhalb eines Kollegiums. (vgl. *Krainer*, K. /*Posch*, P. 1996)

Obwohl die Forderung nach einem am Schulstandort entwickelten Konzept für Personalentwicklung immer häufiger in neuen Publikationen, die sich mit Schulqualität und Schulmanagement beschäftigen, auftaucht, sind Personalmanagement und Personalentwicklung derzeit noch Fremdworte in Schulen.

Und doch bahnen sich auch hier Veränderungen an. Seit Organisationsentwicklung in Schulen Thema geworden ist, wird auch Personalentwicklung als Notwendigkeit mehr und mehr erkannt. Schulentwicklung und Personalentwicklung sind gewissermaßen ein Zwillingspaar, wobei das eine das andere nach sich zieht. So stoßen etwa Qualifikationen und Entwicklungen auf der individuellen Ebene bei der Umsetzung in der Schule häufig an schulorganisatorische Grenzen und zeigen die Notwendigkeit struktureller Veränderungen, während Veränderungen im Bereich der Organisation wiederum einen Qualifikationsbedarf auf der Seite des Personals nach sich ziehen.

Wie Personalentwicklung und Organisationsentwicklung ineinandergreifen, kann etwa an Fall 3 demonstriert werden:

In der in Fall 3 beschriebenen Schule hatte eine Lehrerin einen zweijährigen Hochschullehrgang absolviert, der LehrerInnen sehr stark in die aktive Gestaltung ihrer eigenen Weiterbildung involviert. Die LehrerInnen haben im Rahmen dieses Programms in „Intervisionsgruppen" zusammengearbeitet, Studien über ihren Unterricht geschrieben und Kompetenzen in Richtung „Neue Lernkultur" erworben. Die Lehrerin hatte versucht, einige Ideen in ihren Unterricht zu integrieren und war bald an organisatorische Grenzen gestoßen. Das war der Grund, warum sich diese Lehrerin besonders dafür einsetzte, daß ihre Schule an einem von der Universität ausgeschriebenen Schulentwicklungsprojekt teilnahm. Die innerhalb eines Lehrerfortbildungsprogramms erworbenen Qualifikationen hatten also dazu geführt, auf der Organisationsebene Veränderungen in Gang bringen zu wollen. Das Schulentwicklungsprojekt hatte nun seinerseits zur Folge, daß einige Entwicklungsfelder für Lehrerfortbildungsmaßnahmen deutlich wurden. In der Ist-Analyse etwa wurde aus Rückmeldungen von SchülerInnen ersichtlich, daß sich diese mehr Projektunterricht wünschten und diesen professioneller gestaltet wissen wollten: „Wir wollen Projekte machen, die wird auch verstehen", war z.B. eine Aussage einer Schülerin (FT). Die Rückmeldungen wurden von den LehrerInnen und der Schulleitung sehr ernst genommen. Die Schule organisierte eine einwöchige Fortbildung im Bereich Projektunterricht, an der eine nicht unbeträchtliche Zahl von LehrerInnen der Schule teilnahm. Da die Befragung von SchülerInnen Defizite im selbsttätigen Lernen aufgezeigt hatte, entstand eine Gruppe von LehrerInnen, die sich mit offenen Lernformen zu beschäftigen begann (vgl. Kap. 4.3.1. und 7.1. Fall 3).

Das Beispiel zeigt, daß Schulentwicklungsprojekte durchaus auch Ausgangspunkte für Personalentwicklung sein können. Überdies wird deutlich, daß Schulentwicklung und Unterrichtsentwicklung nicht als Gegensatz begriffen werden müssen, sondern vielmehr ineinandergreifen können.

2.5.3 Exkurs: zur inneren Logik von Personalentwicklung

Personalentwicklung an Schulen wird – obwohl vielfach als Notwendigkeit angesehen – auch in Zukunft mit vielen Schwierigkeiten belastet sein. Es gibt zahlreiche äußere Rahmenbedingungen, die Personalmanagement an Schulen erschweren. Da ist zunächst der mangelnde Einfluß des einzelnen Schulstandorts auf die Personalauswahl. LehrerInnen werden Schulen zugewiesen, ihre Aufnahme richtet sich nach bestimmten äußeren Kriterien wie dem Datum der Lehramtsprüfung und der Rangreihe auf einer Warteliste. Erfahrungen in anderen Berufsfeldern, Auslandsaufenthalte oder zusätzliche Qualifikationen werden bei der Aufnahme in den Schuldienst nicht berücksichtigt. Dazu kommt, daß LehrerInnen „beamtet" sind, ihre Entlohnung erfolgt nach dem Gehaltsschema, außerordentliche Leistungen können nicht – oder nur minimal – honoriert werden. Darüber hinaus ist der Lehrberuf ausgesprochen „karrierelos". Wer sich qualifiziert, entwickelt sich häufig aus dem Berufsfeld „hinaus" (und meist in das angrenzende Feld der Fortbildung hinein; zu den Folgen der Karrierelosigkeit diese Berufes siehe *Altrichter* 1996). Mobilität unter LehrerInnen wird seitens der Behörde nicht gefördert, Schulwechsel kommen kaum vor, und erfahrene LehrerInnen mit guter Dienstbeurteilung werden nicht etwa mit qualifizierteren Aufgaben sondern dem Privileg „schulfester" Stellen belohnt.

Neben diesen äußeren Parametern scheinen vor allem innere Faktoren einem wirksamen Personalmanagement entgegenzustehen. An Schulen herrscht ein – schon mehrfach zitierter – „Mythos der Gleichheit" (vgl. Kap 1.2.1., Teil III) Unterschiede dürfen nicht gemacht oder zumindest nicht sichtbar gemacht werden. Profil gewinnen und Profilierung ist im Schulbereich vorwiegend ein Schimpfwort. Ohne das Sichtbarwerden von Unterscheidungen und Profilierung ist Personalentwicklung jedoch nicht möglich.

Personalmanagement heißt den Bedürfnissen der Organisation und den Bedürfnissen der Person Rechnung tragen. Ein Schulaufsichtsorgan in Fall 1 beschreibt das mit den Worten: „... *die richtigen Leute an die richtigen Stellen in der Schule setzen*" (vBSI). Das Beispiel zeigt aber auch, daß das zur Zeit gewissermaßen nur „heimlich" geschehen kann (vgl. Kap 3.1., Fall 1).

Auf der Tagung die „Schule neu denken" in Heidelberg 1996 wurde von *Oswald* und Scala[27] folgendes Modell von Personalentwicklung vorgestellt:

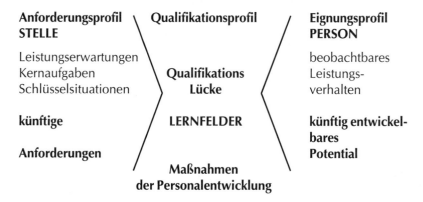

Jede Funktion stellt bestimmte Anforderungen an seinen Funktionsträger, die dieser nach seinen persönlichen Eignungen ausfüllen kann. Zwischen Funktion und Person klafft jedoch immer eine „Qualifikationslücke", die Lernfelder eröffnet. Diese „Lücke" öffne und schließe sich ständig, und sei einem „Ein- und Ausatmen" vergleichbar. Diese „Qualifikationsdefitzite" dürfe man nicht als Mangel betrachten, sie seien notwendige Anstöße für Entwicklung. Wenn die „Lücke" dauerhaft geschlossen bleibe, trete Stillstand und letztlich Erstarrung ein.

Diese Darstellung bricht mit mehreren Tabus des Lehrberufs gleichzeitig. Erstens wird der Mythos der Gleichheit außer Kraft gesetzt, indem sichtbar gemacht wird, daß es unterschiedliche Eignungsprofile

---

[27] vorgestellt von Klaus *Scala* und Margit *Oswald* im Arbeitskreis "Neue Rollenprofile – Personalentwicklung in der Schule" anläßlich der Tagung „Die Schule neu erfinden". Heidelberg, 6.-9. März 1996

und unterschiedliche Anforderungen an Funktionen gibt. Wer ein guter Deutschlehrer ist, muß nicht unbedingt ein guter Klassenvorstand oder Projektmanager sein, und nicht jede gute Lehrerin ist eine geeignete Direktorin. Zweitens bricht die Beschreibung mit der Vorstellung, daß nur diejenigen eine Funktion einnehmen können, die auf alle Anforderungen schon vorbereitet seien und alles beherrschten[28]. Und drittens werden Defizite und „Lücken" nicht etwa negativ bewertet sondern vielmehr positiv besetzt und gleichsam als notwendiger Stimulus betrachtet.

Wenn also Personalentwicklung an Schulen funktionieren soll, bedarf es nicht nur einer Vergrößerung des Handlungs- und Entscheidungsspielraums in Personalangelegenheiten an der einzelnen Schulen, sondern auch einer Veränderung eingespielter „mentaler Muster".

2.6 Bewahren versus Veränderung

Schulen führen – so eigenartig es auch in den Ohren von jemandem klingen muß, der Schulen nur von außen betrachtet – laufend „Veränderungen" durch (vgl. dazu ausführlicher Kap. 1.3. Teil III). Laufende Ausgleichsbewegungen versuchen, die Balance zwischen Wechsel und Beharren zu halten. Dabei spielen sich die meisten dieser Bewegungen auf einer Ebene ab, die von außen kaum wahrgenommen wird. Oft werden sie nicht einmal intern registriert, und erst eine Rückschau aus zeitlicher Distanz vermag das Ausmaß des Wandels sichtbar zu machen. Dabei zeigt sich in aller Regel, daß zwar Veränderungen, nicht aber deren genaue Ergebnisse planbar sind; Veränderungen folgen offenbar ihren eigenen Gesetzen (siehe dazu *Grossmann* u.a. 1995). Es kann manchmal sehr irritierend sein, wenn Schulaufsicht, Schulleitung und LehrerInnen (selbstverständlich auch BeraterInnen) sich ernsthaft damit konfrontieren, welche tatsächlichen Folgen ihre Impulse haben. Um sich diese Irritierung zu ersparen, setzen sich die mit Schule befaß-

---

[28] In Schulen ist noch immer mehrheitlich die Ansicht verbreitet, man müsse zuerst eine Ausbildung machen und können dann erst mit einer Arbeit beginnen. „Training on the job" ist weniger verbreitet. Ein Beispiel: Die anfängliche Skepsis eines Schulinspektors gegen einen Modellversuch „Freiarbeitsphasen an einer ersten Klasse eines Gymnasiums" speiste sich aus den Bedenken, daß die LehrerInnen, die in dem Modell arbeiteten, keine „Ausbildung" in diesem Bereich hätten (vgl. *Fischer* 1996, persönliche Aussage).

ten Personen entsprechenden Rückmeldungen häufig lieber gar nicht aus. So kann es geschehen, daß eine Neuerung von oben eingeführt wird, in der Schule aber eigentümlich isoliert bleibt, und dieses Faktum von der Schulleitung und der Schulaufsicht nicht wahrgenommen wird. Innovationen stoßen an Grenzen, Neues wird rasch an alte Strukturen angepaßt. Mitunter hat man den Eindruck, daß zwar Aktivität da ist, die auch so aussieht, als würde sich etwas bewegen, was sich jedoch dabei tatsächlich ändert, ist keineswegs klar.

Veränderungen können auch recht unspektakulär sein, sie müssen sich nicht einmal unbedingt in konkreten – sichtbaren – Neuerungen niederschlagen. Vieles hängt mit Stimmungs- und Gefühlslagen zusammen und diese wiederum damit, welche Themen in einem Lehrkörper besprochen werden bzw. besprechbar sind. Die Frage nach dem Wechselspiel von Beharren und Verändern schließt daher mit ein, was überhaupt als relevant und wichtig wahrgenommen wird, wofür man sich einsetzt, was zu Auseinandersetzungen herausfordert, und worüber es sich zu streiten lohnt.

2.6.1 Wechsel und Dauer als Wertorientierung von Personen

Schulen sind, wie alle Organisationen, gewachsene Sinnzusammenhänge, in denen Symbole, Regeln und Überzeugungen eine wichtige Rolle spielen. So verstanden besteht der Schulalltag aus einem Netzwerk von Beziehungen, das aus unterschiedlichen Wertvorstellungen und Normen, Ängsten, Wünschen und Vorstellungen der einzelnen Mitglieder der Schule gewoben ist. In Lehrkörpern begegnet man häufig zwei Positionen oder Orientierungen, die einander mehr oder minder freundlich gegenüberstehen. Auf der einen Seite stehen die „Neuerer", die sich für alternative Unterrichtsformen interessieren, Projekte organisieren, innovative Ideen sofort aufgreifen und für alles Neue Aufgeschlossenheit zeigen, auf der anderen Seite „verharren" die eher traditionellen LehrerInnen, die in Ruhe unterrichten wollen, auf Traditionen setzen und (vermeintlichen) „Modeströmungen" eher skeptisch begegnen.

In Fall 1 wird der Großteil des Lehrkörpers als eher konservativ dargestellt. „ ... vor Neuem, vor Unbekanntem scheut man sich" (vL7). Innovative Elemente werden in diese Schule vor allem von einer Lehrerin getragen, die neu an die Schule gekommen ist und bereits Erfahrung in

Teamteaching hat. Von ihr gehen wesentliche Impulse aus, ohne daß man jedoch von einer deutlich wahrnehmbaren Gruppe von „Neuerern" sprechen könnte (vgl. Kap. 4.1., Fall 1).

In Fall 2 wird die Spaltung des Lehrkörpers in zwei Lager klar benannt. In der alten Schule hätte – so eine Lehrerin im Interview – die Gruppe der „Montezumas" (eine Anspielung auf die Beschäftigung der Gruppe mit der Montessori-Pädagogik) und die Gruppe derer, die „nur aufs Altenteil" warteten, einander fast „feindlich" gegenübergestanden. Diese Stimmung beschleunigte die Schulteilung und führte zu einem Auszug der „Montezumas" in die neue Schule (vgl. Kap. 1.2., Fall 2).

In Fall 3 wurde von den LehrerInnen betont, daß an der Schule große Freiheit herrsche, aus diesem Grunde gebe es auch unterschiedliche Gruppierungen im Lehrkörper. Da stünden „Engagierte", „Extrem-Engagierte" und die „Noch-ein-Projekt-Gruppe" den „Passivisten", „Heimgehern" und der „Bitte-nichts-Neues" Gruppierung gegenüber, die „Jungen", „Rebellischen", „Lockeren", den „Konservativen", „Etablierten" und „Traditionsbewußten". Die Kommunikation unter den Gruppen sei – so betonen die LehrerInnen – nicht immer leicht (vgl. Kap.4.3.2., Fall 3).

Innovationsbereitschaft bzw. Orientierung an Ordnung und Stabilität werden also in allen Kollegien der untersuchten Schulen als unterschiedliche Wertorientierungen wahrgenommen.

Ausgehend von *Riemann*'s (1977) vorgestellten vier Strukturtypen zur Persönlichkeitscharakterisierung haben *Thomann* und *Schulz v. Thun* (1988, 149ff) ein Koordinatensystem entwickelt, das ein Spannungsfeld zwischen den Polen „Dauer" und „Wechsel" und „Nähe" und „Distanz" aufspannt. Die Autoren verwenden diese Konstruktion zur Beschreibung der „emotionalen Heimat" von Individuen. Die Idee wurde von *Schley* (1994; 1996) aufgegriffen und auf den Bereich Schule übertragen, um typische Orientierungen von Mitgliedern dieser Organisation darzustellen.

Nach *Schley* sind z.B. Personen im Distanz-Wechsel-Quadranten „Neuerer" und „Veränderer", die ihren Freiraum brauchen und nur schwer in abgestimmte Aktivitäten einzubinden sind. Personen im Distanz-Dauer-Quadranten hingegen liebten Ordnung und klare Zuständigkeiten. Sie seien häufig Systemerhalter und sorgten dafür, daß der Alltag funktioniere, könnten jedoch mit ungewohnten Situationen nur schlecht umgehen. Personen mit einer vorwiegend im Quadranten „Dauer" und „Nähe" angesiedelten Orientierung wiederum legten großen Wert auf zwischenmenschliches Verständnis und gute Kontakte im Lehrkörper, Personen die sich im „Nähe-Wechsel-Quadranten" „beheimatet" fühlten, setzten dabei zusätzlich auf Veränderung, ließen sich gerne auf Projekte ein und könnten andere mitreißen.

Für *Schley* sind funktionierende Organisationen durch eine gewisse Balance zwischen diesen vier Grundorientierungen gekennzeichnet, die auf das Potential der Organisationsmitglieder und den jeweiligen Organisationszweck abgestimmt sind. Wie in anderen Gruppierungen gelte auch in Lehrerkollegien, daß diese vier Bereiche verschiedene Funktionen für das Ganze erfüllten und deshalb in Entwicklungsprozessen immer mitbedacht werden müßten. Bewegung und Veränderungen würden hauptsächlich durch Stimulierung von Gegenqualitäten erreicht. Wie wird nun in Lehrkörpern mit unterschiedlichen Wertorientierungen umgegangen?

In der Regel finden Dialoge oder Auseinandersetzungen über unterschiedliche Orientierungen und Werthaltungen in Schulen kaum statt. Die Zuordnung einzelner LehrerInnen zu bestimmten Gruppierungen erfolgt meist auf der Basis von Zuschreibungen und mündet häufig in Abwertung oder Ausgrenzung. Die in Fall 2 verwendeten abwertenden Bezeichnungen „Montezumas" für die Gruppe der „Neuerer" und „die auf das Altenteil Wartenden" für die Gruppe der „Bewahrer" wurden bereits erwähnt. Die Gruppenbildung führte in diesem Lehrkörper schließlich zu einer Spaltung, die mit dem Auszug der „Neuerer" endete. Ein weiteres Beispiel für Ausgrenzung findet sich in Fall 3:

In einer Abschlußreflexion zum in Fall 3 geschilderten Schulentwicklungsprojekt fand sich auf einem Plakat der Gruppe „Schulklima" der Satz: „Wer nicht mitmacht, soll auch nicht miesmachen" (vgl. Canaval u.a. 1995, 15). Dieser Satz – aus leidvoller Erfahrung geboren – fand großen Anklang und wurde als eine mögliche Richtlinie für zukünftige Aktivitäten ausgegeben. Daß jedoch mit dieser Parole nicht nur unbeteiligte „Querulanten" sondern jede Kritik ausgeschaltet zu werden drohte, die von nicht unmittelbar Betroffenen kommt, wurde übersehen.

Es wurde schon mehrfach betont, daß in Schulen formelle Strukturen für Meinungsbildung und Aushandlungsprozesse fehlen (vgl. Kap 2.4. Teil III) Diese Strukturen fehlen natürlich auch bei der Auseinandersetzung mit Widersprüchen. Unterschiedliche Werthaltungen werden nicht offen diskutiert, kontroversielle Fragestellungen werden eher vermieden. Unter dem Deckmantel „pädagogischer Freiheit" unterbleiben Konfrontationen, und *„jeder kann machen, was er will"* (vgl. dazu z.B. Kap. 4.3.2., Fall 3). Die vorherrschende Haltung, heikle Themen zu meiden, um das gute Klima nicht zu stören, führt allerdings zu einem eigenartigen Paradoxon, das in allen drei Fallstudien auftaucht, daß nämlich einerseits das Gesprächsklima im Kollegium als gut eingestuft und gleichzeitig der Mangel an Kommunikation beklagt wird.

Wenn also – wie *Schley* betont – nachhaltige Entwicklung nur dann passiert, wenn sich die Grenzen zwischen den einzelnen Quadranten verflüssigen und „Veränderungen über die Aktivierung der jeweiligen dialektischen Gegenqualitäten geschieht" (zitiert nach *Altrichter* 1994c, 366), so müssen in Schulen Gelegenheiten geschaffen werden, die Verständnis und Wertschätzung für unterschiedlichen Positionen fördern und Widerspruch als notwendiges, positives Korrektiv erlebbar machen. Welche Chancen und Möglichkeiten sich dann eröffnen, soll folgendes Beispiel illustrieren:

Nach dem Abschluß des in Fall 3 beschriebenen Schulentwicklungsprojekts wurde von den BeraterInnen ein Gespräch mit interessierten LehrerInnen angeboten. In diesem Gespräch, zu dem überraschend viele LehrerInnen gekommen waren, wurden Dinge besprochen, die „unter den Nägeln" brannten. Für etliche GesprächsteilnehmerInnen war es eine große Überraschung, daß einzelne als besonders wichtig ansahen, was sie selbst als eher marginal einstuften. Im Gespräch allerdings konnten alle akzeptieren, daß unterschiedliche Ordnungsvorstellungen aufeinanderprallten, über deren Dimensionen man sich noch nie eingehender verständigt hatte. Warum das bisher so gewesen sei, erläuterte eine Lehrerin: Es sei eben schwer, eine Person anzusprechen, die einem das Leben schwermacht, weil „ ... wir gehen unehrlich miteinander um". Manches sei bloß „Konfliktscheu" (vgl. Kap. 6.2., Fall 3).

Ergebnis dieses Gespräches war die Einsicht, daß eine neue Hausordnung nur zustandekommen könne, wenn über die unterschiedlichen Wertorientierungen im Lehrkörper ehrlich kommuniziert und akzeptiert werde, daß es unterschiedliche Wertigkeiten gebe, die nicht einfach übergangen werden können. Die Hausordnung konnte daraufhin im nächsten Schuljahr tatsächlich neu entworfen und mit großer Mehrheit vom Kollegium verabschiedet werden.

2.6.2 Traditions- bzw. Innovationsorientierung als Merkmal von Schulen

Das von *Thomann* und *Schulz* v. *Thun* entwickelte Koordinatensystem kann nicht nur zur Beschreibung der grundsätzlichen Orientierung von Individuen verwendet, sondern als generelles Kräftefeld aufgefaßt werden, das Organisationen oder Organisationsteile charakterisiert. Manchmal sind Organisationen als ganze durch eine Überbetonung einer Dimension gekennzeichnet, manchmal gibt es eine „Kultur", in der eine Dimension über andere dominiert, die daraufhin zu „Minderheiteninteressen" werden.
Die Vorstellung, daß alle vier Dimensionen im Sinne einer Idealnorm „in Balance" gehalten werden müssen, damit die Organisation funktioniert (vgl. *Schley* 1994 und im folgenden *Altrichter* 1994c, 365) gilt allerdings nur bedingt. Ohne Bestimmung des Organisationszwecks läßt sich diese Vorstellung nicht so ohne weiteres postulieren. Wenn man etwa an Verwaltungsabteilungen Finanzämter, Buchhaltungen usw. denkt, dann entspricht es den dort zu erfüllenden Aufgaben, vor allem Dimensionen wie Genauigkeit, Dauerhaftigkeit und Paragraphentreue zu realisieren, in innovativen Forschungsabteilungen hingegen müßten sich eher Eigenschaften wie abstraktes Denken bei hoher Kreativität häufen etc. Man könnte ebensogut sagen, daß die Funktionsfähigkeit bestimmter Organisationen gerade darin besteht, bestimmte Dimensionen in besonderem Maß zu realisieren.

Welche Dimensionen sind nun im Bereich Schule besonders gefordert, damit die Organisation funktioniert?

Im Bereich Schule scheint die Vorstellung von der Notwendigkeit einer Balance der vier Grunddimensionen tatsächlich zuzutreffen. Die Anforderungen an Schule sind derartig widersprüchlich, daß jeweils sehr unterschiedliche Dimensionen gefragt sind. Schule ist einerseits eine Organisation, die Traditionen weitergeben soll und daher auf Bewahren, Stabilität und Kontinuität angelegt ist. Andererseits soll Schule auf einen sich ständig ändernden Arbeitsmarkt und für ein Leben in einer sich immer rascher wandelnden Welt vorbereiten und muß daher selbst genügend Anpassungsbereitschaft und Veränderungsfähigkeit aufweisen. Schule muß Beziehung und Nähe aufbauen, um wirksam werden zu können, gleichzeitig aber Distanz fördern, um Autonomie zu ermöglichen. In der Organisation Schule sind also ständig alle vier Dimensionen des Wertequadranten gefordert, aus der jeweiligen Gewichtung ergibt sich aber eine bestimmte Schulkultur bzw. ein Profil.

Auch die in den Fallstudien beschriebenen Schulen haben je nach Gewichtung der vier Dimensionen ihre spezifische Kultur und Orientierung entwickelt und könnten in dem Koordinatensystem eingeordnet werden.

Für die in Fall 1 beschriebene Schule wäre dies eine Ausrichtung im Bereich „Traditionsorientierung". Der Lehrkörper – „... schon ein bißchen älter (vL1)" und als „etabliert" beschrieben reagiert auf Veränderungen vorsichtig. Neuerungen werden rasch in die an der Schule vorherrschende Kultur angepaßt. Obwohl die Schule die einzige unter den in den Fallstudien beschriebenen Schulen ist, die konkrete, sichtbare Veränderungen im Bereich von Stundentafel und Unterrichtsorganisation (vgl. „Niveaugruppen") durchgeführt hat, wirkt sie eher im Quadrant „Dauer" und – des guten Schulklimas wegen – „Nähe" angesiedelt.

Ganz anders die in Fall 2 beschriebene Schule. In dieser haben sich „Veränderer" und „Neuerer" zusammengefunden. Die LehrerInnen sind an alternativen Unterrichtsformen interessiert und greifen Innovationsimpulse rasch auf. Das Element der „Veränderung" wird durch den neuen Schulleiter noch verstärkt. Die Schulkultur ist vor allem durch permanenten Wandel und in der Folge durch Zersplitterung gekennzeichnet. Auf dem Koordinatensystem könnte sie im Quadrant „Wechsel-Distanz" angesiedelt werden.

Im Fall 3 ist eine Einordnung nicht so leicht möglich. Die Schule ist durch eine Schulkultur geprägt, die Neuerungen gegenüber durchaus aufgeschlossen ist, es gibt allerdings auch eine starke Gruppierung, die durch Skepsis und Widerspruch allzu große Höhenflüge bremst. Das Schulklima wird als gut beschrieben, die Identifikation mit der Schule ist hoch (Logo, eigene Schulhefte etc.) ohne in ein verschmelzendes „Wirgefühl" zu verfallen. Am ehesten könnte die Schule nahe der Mitte des Koordinatenkreuzes angesiedelt werden, zum Quadranten „Wechsel-Distanz" neigend.

Nachhaltige „Veränderung" kann in diesen Schulen durch die Stimulierung der jeweiligen Gegendimensionen erzeugt werden. Im Fall 1 wäre das eine deutliche Verlagerung in den Bereich „Wechsel", im Fall 2 eine Hinwendung zum „Dauer-Nähe" Quadranten.

In Fall 2 scheint das System zum Zeitpunkt der Untersuchung durch die starke Betonung der Dimension des „Wandels" aus dem Gleichgewicht geraten zu sein. Wenn eine Schule zu sehr auf Veränderung setzt, entstehen „Leerstellen" im Quadrant „Dauer/Nähe", die es gleichsam neu zu besetzen gilt. Um die Balance wiederherzustellen, „wechseln" Individuen gleichsam ihre „emotionale" Heimat. So zeigten sich

LehrerInnen der Schule nicht wenig darüber verwirrt, sich plötzlich als „Bremser" wiederzufinden, obwohl sie nach ihrem Selbstverständnis zu den „innovativen Veränderern" zählten (vgl. Kap. 5., Fall 2). Mitglieder eines Systems sind also durchaus nicht nur aufgrund ihrer „Persönlichkeit" oder „typischen Orientierung" (vgl. *Altrichter* 1994c, 364) in einem Quadranten angesiedelt, die Positionierung ergibt sich vielmehr auch aus dem Kräfteverhältnis des gesamten Systems.

In Fall 2 wird überdies deutlich, daß das Koordinatensystem gewissermaßen noch durch eine weitere Dimension ergänzt werden müßte, und zwar durch die Dimension der Zeit. Schulen können durchaus durch zu langes Verharren im Quadrant „Dauer" Entwicklungen verpassen oder durch zu starke Beschleunigung von Veränderungsprozessen das Ziel verfehlen (vgl. dazu Kap. 3.2.4., Teil III)

2.7 Zweckrationalität versus Rationalität der Spiele

Unter Organisationen stellt man sich häufig etwas Klares und Rationales vor. Es gibt einen Organisationszweck – etwa die Erteilung von Unterricht und das Ermöglichen von Lernen – aus dem zielgerichtet Aufgaben, Rechte und Verfahrensweisen abgeleitet werden. In Organisationen – so meint man – regiere die Vernunft, alle Handlungen ordneten sich klar einem Organisationszweck unter.

Betrachtet man die Schule, so sind es gleich mehrere – einander zudem widersprechende – Ziele, die durch diese Organisationsform erreicht werden sollen. Mehrere Zweckrationalitäten überlagern bzw. bekämpfen einander. Der Unternehmenszweck der Förderung des Einzelnen etwa widerspricht der Forderung nach Vergleichbarkeit, die Aufgabe der Veranstaltung von Lernen der Selektion usw.

Neben der Schwierigkeit unterschiedlichen Zwecken dienen zu müssen, werden darüber hinaus alle Prozesse in Organisationen ständig von Interessen, Bedürfnissen, Befürchtungen, Werthaltungen und Phantasien der Organisationsmitglieder begleitet. Organisationen funktionieren also nicht nur „zweckrational", sie sind auch – wie *Küpper/ Ortmann* (1992, 1) betonen – *„Arenen heftiger Kämpfe, heimlicher Mauscheleien und gefährlicher Spiele mit wechselnden Spielern, Strategien, Regeln und Fronten."* Auch diese „Spiele" haben ihre Rationalität, in ihnen versuchen Organisationsmitglieder in wechselnden Bündnissen ihren Einfluß zu festigen oder zu erweitern, Interessen durchzusetzen oder Freiräume zu sichern.

Die Bezeichnung all dieser Vorgänge als „Spiele" wurde von *Crozier* und *Friedberg* (1979) in die Organisationstheorie eingeführt. Organisation ist für die Autoren das Ergebnis einer Reihe von „Spielen", die durch formale und informelle Spielregeln das Handeln der Mitglieder leiten. Nach dieser Definition sind „Spiele" Instrumente, die Menschen entwickelt haben, um ihre Zusammenarbeit zu regeln. Die Regeln lassen genug Freiheit für den einzelnen, legen aber gleichzeitig einen Rahmen fest. Das heißt nicht, daß sowohl der Rahmen als auch das interaktiv festgelegte „Spiel" ein expliziter Konsens wäre, oder es gar eine Bewußtheit über die Spielregeln gebe. Tatsächlich ist eine Bewußtheit nicht nötig, die Routine der sozialen Praxis „erinnert" daran, was zu tun ist. Oft offenbaren sich Bedeutungen von Spielregeln erst, wenn sie verletzt werden.

Der hier verwendete Spielbegriff hat also nichts „Spielerisches", Leichtes und Heiteres. Nach *Crozier* und *Friedberg* sind es „Mechanismen, ... *mit dessen Hilfe die Menschen ihre Machtbeziehungen strukturieren und regulieren*" (1993, 68). Der Spieler ist nicht zum Spiel gezwungen, er bleibt in seinen Handlungen frei, muß aber, wenn er nicht ins Abseits geraten will, bestimmte Regeln beachten. Er muß strategisch vorgehen und aus einer begrenzten Anzahl gewinnversprechender Vorgangsweisen auswählen. Das Verhalten der Akteure ist weder das Produkt von Zwang oder Gehorsam, noch das einer Festschreibung durch das System. Wer jedoch gewinnen oder zumindest nicht verlieren will, der muß sich den jeweils geltenden Spielregeln anpassen.

Für die Organisation bedeutet das, daß die jeweils typischen „Spiele" gespielt werden, die nolens volens beziehungsstiftend wirken und somit eine sozialintegrative Funktion übernehmen. Durch die Kraft indirekt wirkender Regeln werden die widersprüchlichen und gegensätzlichen Verhaltensweisen relativ autonomer Mitspieler aufeinander bezogen (vgl. *Crozier/Friedberg* 1993, 4). In diesem Sinne halten sie die Organisation zusammen und sichern Stabilität.

Im folgenden sollen einige dieser „Spiele" am Beispiel der Fallstudien näher beleuchtet werden.

2.7.1 „Routinespiele" und „Innovationsspiele"

Ortmann u.a. (1990, 464 ff) unterscheiden in Organisationen „Routinespiele" von „Innovationsspielen". „Routinespiele" sichern die im Alltag gewachsenen Strukturen ab, sie halten eine Organisation im Gleichgewicht und garantieren Stabilität. Das heißt nicht, daß das Kräfteverhältnis oder die Ausgangsbedingung unterschiedlicher Partner ausgewogen sein muß. Manchmal spielen die einen auf Kosten der anderen, ein Gleichgewichtszustand entsteht, indem dominierende Strategien einige zu Minderheiten machen oder ähnliches. In Routinespielen haben sich Abläufe „eingespielt", Positionen (auch die im Abseits) und Territorien scheinen verteilt, Spielregeln klar definiert.

Diese feinen Balancen werden nun durch „Innovationsspiele" gestört. Sie sind „Metaspiele", die auf eine Veränderung der Spielregeln abzielen. „Innovationsspiele" drohen eben noch sichere Gewinnchancen und erfolgversprechende Einsätze zu gefährden. Jedes Projekt zur Schulentwicklung ist eine – bewußte – Arbeit auf dieser Ebene und stellt daher bisher erfolgversprechende „Routinespiele" einer Schule in Frage. Schulentwicklungsprojekte versuchen die Funktionsprinzipien eingespielten Verhaltens bewußt zu machen bzw. zu verändern und lösen deshalb auch häufig dementsprechende Abwehrbewegungen aus.

In allen drei beschriebenen Fallstudien werden die „Routinespiele" in einer Schule durch eine Veränderung – die Einführung eines Schulversuchs, ein Schulentwicklungsprojekt, einen neuen Schulleiter – unterbrochen. Auf diese Irritierungen reagieren die Schulen häufig im Sinne eines Beharrens auf eingespielten Mustern.

In der in Fall 1 beschriebenen Schule wurde durch die Initiative des Schulinspektors ein Schulversuch begonnen, der eine strukturelle Veränderung innerhalb der Schule bedeutete. Die Schule bekam als Gesamtheit einen „fremdsprachlichen Schwerpunkt". Die Rolle dieser Veränderung wurde allerdings im Lehrkörper weitgehend negiert, die Durchführung des Schulversuch an die LehrerInnen des neu hinzukommenden Faches Italienisch delegiert, alle anderen hatten „ ... ihre Gegenstände weitergeführt und eigentlich nichts zusätzlich tun müssen" (vL6) . Der Lehrkörper ließ sich in seinen „Routinen" durch die Veränderung nicht stören, der Schulversuch wurde gleichsam abgespalten (vgl. Kap. 3.3., Fall 1). Die Möglichkeiten, die der Schulversuch in Bezug auf Veränderungen der Unterrichtsorganisation eröffnete, wurden nicht voll ausgeschöpft, das Modell wurde sehr rasch an die herrschende Lern-

kultur der Schule angepaßt. Daß im ursprünglichen Konzept auch Teamteaching vorgesehen war, daran erinnern sich nicht einmal mehr die ItalienischlehrerInnen. (vgl. Kap.3.2., Fall 1).

Empfindlich sind die Reaktionen auch, wenn versucht wird, Eingriffe in bestehende „eingespielte" Beziehungsgefüge vorzunehmen.

In Fall 3 löste der Vorschlag, eine/n Projektkoordinator/in für das Schulentwicklungsprojekt zu bestimmen, heftige Unruhe aus. Die Notwendigkeit einer derartigen Funktion wurde angezweifelt, die Projektarchitektur insgesamt in Frage gestellt (vgl. Kap.2.5. Fall 3).

Die Reaktion ist zweckrational betrachtet zunächst unverständlich. Sinn erhält dies Verhaltensweise erst dann, wenn sie als Abwehr eines Eingriffs in eingespielte Beziehungsmuster gedeutet wird. Die neugeschaffene Position der Projektkoordination ermöglicht Einflußnahme in der Schule. Damit wird das bestehende Machtgefüge gestört und muß neu ausgehandelt werden. Diese Zumutung stört die gängigen Routinen und wird von einer Lehrerin im Erstgespräch zunächst heftig abgewehrt.

Das geschilderte Beispiel ist kein Einzelfall. Auch in Fall 2 löst die Zumutung der Bestimmung einer Person als Projektleitung heftige Reaktionen aus (vgl. Kap. 2.2. und 2.3., Fall 2). Um den Eingriff in das eingespielte System möglichst gering zu halten, wurde schließlich die Funktion in ihren Einflußmöglichkeiten immer weiter eingegrenzt.

2.7.2 Wie Spielregeln „verhandelt" werden: Ein Beispiel

In der in Fallstudie 2 beschriebenen Schule wurden nach der Schulteilung „die Karten völlig neu gemischt". Der neue Lehrkörper setzte sich aus LehrerInnen zusammen, die sich zum Großteil freiwillig in die neue Schule gemeldet hatten. Die LehrerInnen wollten eigene pädagogische Vorstellungen verwirklichen und waren bereit, Zeit und Energie in die Weiterentwicklung der Schule zu investieren. In den ersten beiden Jahren nach der Schulteilung – betonte ein Lehrer – hätte man sich oft zusammengesetzt und an folgenden Fragen gearbeitet: *„Wie stellen wir uns jetzt die neue Schule vor? Wie wollen wir es angehen? Was brauchen wir dazu?"* (vöL8). Auf jeden Fall wollte man „anders" arbeiten, als man es in der Stammschule gewohnt war (*„Darum sind wir ja ausgezogen, weil alles schon so eingefahren war"* (vöL5). Erklärte Ziele waren eine „Kultur des Miteinander", transparente und demokratische Kommunikationsstrukturen und „Freiräume" zur eigenen Entfaltung.

Um nicht wieder in alte Verhaltensweisen zu verfallen, wurde für wichtige Konferenzen nach einem externen Moderator gesucht. Schließlich einigte sich der Lehrkörper, ein Schulentwicklungsprojekt zu beginnen. Noch vor dem Beginn dieses Projekts erlebte die Schule jedoch eine Irritierung. Der Schulleiter ging in Pension, und die Bestellung eines neuen Leiters ließ einige Zeit auf sich warten. Die LehrerInnen entschlossen sich daraufhin, den Start des Projekts zunächst aufzuschieben, bis ein neuer, definitiver Schulleiter bestellt war. Ein Schritt, den einige LehrerInnen in der Rückschau bedauerten:

... wenn wir damals angefangen hätten – wir hatten ja schon einen Schritt in diese Richtung getan – dann hätten wir eine Schulentwicklung, wie wir sie wollten, ... der Leiter hätte sich dann anschließen müssen oder sagen: nein das will ich nicht. (völ6)

Die LehrerInnen hatten durch das Zuwarten die Möglichkeit „verspielt", den „ersten Zug" zu tun und bestimmte Spielregeln vorzugeben. Mit dem neuen Schulleiter trat nun ein neuer Akteur auf den (Spiel)Plan, mit dem die Regeln bei gleichen Startchancen neu verhandelt werden mußten.

Zu „Spielbeginn" standen einander also zwei Partner gegenüber, die einander nicht kannten und daher zunächst vorsichtig agieren (taktieren) mußten. Der Schulleiter mußte das Ziel verfolgen, überhaupt erst „ins Spiel" zu kommen und in einem neuen Lehrkörper Einfluß zu gewinnen. Die LehrerInnen waren bestrebt, ihren Einfluß zu behalten und Freiräume zu verteidigen. Die erfolgversprechendste Strategie auf beiden Seiten schien zunächst zu lauten: Möglichst wenig verbindlich festlegen, möglichst viele „Züge" offenhalten.

Die erste Klausur des Schulentwicklungsprojekts, die bereits sechs Wochen nach der Bestellung des Schulleiters stattfand, war – nach Meinung des externen Betreuers – daher auch durch ein vorsichtiges Kennenlernen und Abstecken von Positionen gekennzeichnet. „Fast penetrant genau" (völ1) wurden Pflichten und Rechte aufgelistet (vgl. Kap. 2.4., Fall 2). Die LehrerInnen waren dabei vor allem darauf bedacht, sich in wichtigen Fragen Einfluß- und Entscheidungsmöglichkeiten zu sichern (vgl. Protokoll 17.2.1995). Darüber hinaus wurde – so scheint es – darauf geachtet, daß niemand zu etwas verpflichtet werden konnte und keine geschlossenen – und damit unkontrollierbaren – Gruppen entstanden. Selbst die in dieser Klausur eingesetzte „Steuergruppe" wurde prinzipiell offen gehalten. Jedes Mitglied einer „Produktgruppe" hatte das Recht, in die Steuergruppe aufgenommen zu werden. Entscheidungsabläufe darüber gab es allerdings nicht (vgl. Kap. 2.3, 2.4., 2.5., Fall 2).

Die Strategie, zunächst möglichst viel offenzuhalten und möglichst wenig Verbindlichkeiten (Regeln) festzulegen, schien auch dem Schulleiter entgegenzukommen. Er hatte sich geweigert, in dem ursprünglichen Schulentwicklungsmodell (Modell 1), das klare terminliche und organisatorische Vorgaben machte, die Trägerschaft zu übernehmen. Das Modell hätte eine Festlegung verlangt zu einem Zeitpunkt, da der neue Leiter noch kaum sechs Wochen im Amt war. Aus der Logik des Spiels um Einflußnahme gedacht, mußte der Schulleiter diese Einschränkung abwehren. Er traf sich dabei mit einer Gruppe von LehrerInnen, die ebenfalls Skepsis gegenüber diesem Modell und dem Berater (*„dem Menschen aus der Wirtschaft"*) hegten (vgl. Kap. 2.3., Fall 2).

Im Laufe der nächsten Zeit begannen sich die neuen Regeln zwischen Lehrkörper und Schulleitung „einzuspielen". Es entstand eine Struktur, die das Zusammenleben in der Schule in der Folge wesentlich bestimmte. In der Sprache der Schule hieß die Spielregel *„dynamische Selbstbestimmung*[29]". „Dynamik" wurde offensichtlich mit „Nichtfestlegung" assoziiert. „Strukturen sollten nur *„... im notwendigen Ausmaß eingerichtet werden"*, jeder sollte sich *„,... immer wieder neu einbringen können, wie er/sie es will"*. Strukturen sollten *„flexibel"* bleiben, Gruppen auch *„fluktuieren"* dürfen.

Die Strategie, die sowohl von den LehrerInnen als auch vom Schulleiter verfolgt wurde, könnte man als ein „sich-nicht-so-genau-festlegen-lassen-wollen" beschreiben. Wenn jede/r sich immer neu einbringen kann, sind bindende Vereinbarungen nur schwer herzustellen. Die einzige Bindung besteht im gemeinsamen Wollen zur „Nichtbindung", zur „Nichteingrenzung" von Spielräumen.

Auch die Rolle des externen Beraters wurde nach dem Muster der „Verfügbarkeit" aber „Nichteingrenzung" gestaltet. LehrerInnen wie Schulleiter schienen darauf bedacht, dem Externen nicht zu viel (Spiel)Möglichkeiten einzuräumen. So kam etwa der Abschluß eines „Beratungsvertrags" nicht zustande, weil das Aushandeln der Bedingungen der Steuergruppe zu aufwendig schien. Das Ausmaß der Betreuung blieb undefiniert. Im Spiel zwischen Lehrkörper und Schulleitung wurde der Berater gewissermaßen als „Jolly Joker" gehandelt. *„ Wenn wir dich brauchen, dann holen wird dich"* (völ1).

---

[29] Kursivgedrucktes sind wörtliche Zitate aus dem Protokoll vom 20.1.1995

Im weiteren Verlauf kam noch eine Spielregel dazu, die vor allem vom Schulleiter eingeführt wurde: „Größtmögliche Förderung von Verantwortung und Autonomie für den einzelnen oder Gruppen in Teilbereichen, keine Konferenzen für den gesamten Lehrkörper". Auf diese Weise gelang es dem Schulleiter, Initiativen im Lehrkörper zu ermöglichen und zu stützen, und gleichzeitig die Kontrolle über das Gesamte zu behalten. Konferenzen für den gesamten Lehrkörper wurden auf das gesetzliche Minimum reduziert und wichtige Angelegenheiten eher im Rahmen von „Pädagogischen Gesprächen" abgehandelt. Aufgrund der großen Zahl dieser laufend stattfindenden Veranstaltungen, verloren die LehrerInnen bald den Überblick über die zahlreichen Aktivitäten an der Schule. Die Kommunikation unter den einzelnen Gruppen von LehrerInnen, die Initiativen setzten, lief über den Schulleiter. Die einzelnen LehrerInnen oder -gruppen erhielten jede Unterstützung, Förderung und Selbstverantwortung, es gab aber kaum noch Möglichkeiten, die einzelnen Aktivitäten im Kollektiv zum Thema zu machen.

Altrichter und Salzgeber (1996, 164) beschreiben die Strategie der großzügigen Gewährung von individualistischer Lehrer-Autonomie als eine Taktik zur Separierung und Aufsplitterung. Die Organisation löse sich in „autonome Einflußbereiche" auf, wobei jedem die Kontrolle über seine Territorien zugestanden werde. Auf diese Weise komme es auch nicht zu konflikthaften Auseinandersetzungen. Es sei eigentlich eine Politik der „Nicht-Politik", der Verleugnung bzw. der Vermeidung von Interessensauseinandersetzungen. Die gewährte Autonomie nähre eine
„ ... behagliche Illusion, die ein Gefühl professioneller Unabhängigkeit bei LehrerInnen ermutigt, sie aber nichtsdestoweniger in das institutionelle Regime der Schule einbaut. ... Indem die Schulleitung LehrerInnen autonome Entscheidungen über eine Reihe spezifischer Klassenzimmer- und Curriculumfragen zugesteht, kann sie in effektiver Weise von der Mitsprache bei einer großen Zahl von Themen ausschließen, die die ganze Organisation betreffen und damit auch die Begrenzungen, innerhalb derer ihre Autonomie angesiedelt ist (Ball 1990, zitiert nach Altrichter/Salzgeber 1996, 164).*

Im vorliegenden Fall wurden die LehrerInnen zwar nicht von einer Mitsprache ausgeschlossen, die Struktur der „Pädagogischen Gespräche" beschränkte diese aber auf gewisse Teilbereiche und der Überblick ging verloren.

Die Nachteile der sich im Laufe der Zeit „einspielenden" Regeln waren den LehrerInnen durchaus bewußt. Sie artikulierten zwar Unbehagen über unklare Entscheidungsstrukturen („*Unverbindliches wird verbindlich*"), Probleme mit den Grenzziehungen (vgl. Kap. 5.3., Fall 2), mangelnden Überblick, Informationsflut und Gefühle der Überforderung (vgl. Kap. 5.1., Fall 2), blieben aber „aktive Mitspieler". Sie versuchten nicht, die Spielregeln zu verändern, die Spielanordnung brachte auch ihnen Vorteile. Fließende Grenzziehungen, mangelnde Verbindlichkeiten und die Regel „jede/r solle sich immer wieder neu einbringen können, wie er/sie es will" garantierten für den einzelnen eine große persönliche Freiheit. Gepaart mit dem Grundsatz „*Soviel Eigenverantwortung wie möglich*" (vöSL) und der von der Schulleitung praktizierten großzügigen Förderung von Aktivitäten und Innovationen („*Wer eine Idee hat, kann sie realisieren*"; (völ1)) entstand eine Klima, in der sich die LehrerInnen durchaus eigenständig entfalten konnten und können.

In der beschriebenen Schule hatte sich zwischen Lehrkörper und Schulleitung ein Zusammenspiel ergeben, von dem beide Teile profitieren konnten. Die LehrerInnen erhielten gute Entwicklungsbedingungen und Freiräume zur Entfaltung, der Schulleiter behielt die Kontrolle und den Überblick.

Wenn in diesem Spiel beide Teile gewannen, wer war dann der Verlierer?

Die LehrerInnen selbst haben in den Interviews die „Gesamtschule" als „Verliererin" bezeichnet (vöL9). Das Kollegium sei – so behaupteten einige – z.B. nicht mehr so schnell breit, sich für ein Projekt „Schulentwicklung" zu engagieren. Eine gewisse „Müdigkeit" schien eingekehrt („*Sinkende Lust an aktiver Beteiligung*"), jeder spiele seine eigenen Spiele. Auch bestehe die Gefahr einer Spaltung des Lehrkörpers in „Engagierte" und „Innere Emigranten" (vgl. Kap. 5.2., Fall 2). Wenn man davon ausgeht, daß die LehrerInnen der neuen Schule eine „Kultur des Miteinander" schaffen wollten, erscheint dies tatsächlich als Verlust.

3. Wie Schulen lernen: Ein Streifzug

„Können Schulen lernen?" ist die zentrale Fragestellung dieser Arbeit. Für manche mag diese Fragestellung paradox klingen, sind doch Schulen per Definition Einrichtungen, in denen Lernen stattfindet. Die Fragestellung ist insofern jedoch berechtigt, da die Organisationsformen schulischen Lernens, eher auf individuelles Lernen abgestimmt sind, als auf ein Lernen größerer Einheiten oder der Organisation in ihrer Gesamtheit.

Diese Ausrichtung hat mehrere Gründe: Der Unterricht in der Klasse richtet sich an einzelne, Angebote zu kooperativen Lernformen (Gruppenarbeit, Projektunterricht) widersprechen dem traditionellen schulischen System. Schule und Unterricht ist – auch wenn viele LehrerInnen diesen Aspekt eher zurücknehmen wollen – auf Selektion und damit auf individuelle Leistungsüberprüfung angelegt. Wie aber soll man Gruppenarbeiten und Arbeitsprozesse, an denen mehrere SchülerInnen über Wochen beteiligt sind, beurteilen? In Seminaren zu Projektunterricht sind dies folgerichtig auch die Fragestellungen, die LehrerInnen im Zusammenhang mit dieser Lernorganisation am meisten beschäftigen. Um diese Schwierigkeiten zu umgehen, werden – allen Erlässen zum Trotz – diese Lernformen immer noch häufig als „Feiertagspädagogik" in den Schulen betrachtet (vgl. dazu *Fenkart* 1994).

Obwohl sich auf der Ebene des Unterrichts in den letzten Jahren unter dem Stichwort „Neue Lernkultur" einiges zu verändern beginnt und auf Kooperation angelegte Formen des Lernens zunehmend als wichtig erachtet werden, ist kollektives Lernen auf der Ebene des Lehrkörpers bis jetzt nahezu ein Fremdwort geblieben. LehrerInnen sind nach wie vor „Einzelkünstler", bilden sich individuell – meist außerhalb der Schule – fort und treten kaum mit anderen LehrerInnen in Kooperation, um bestimmte Probleme oder Fragestellungen zu bewältigen. Es gibt in Lehrkörpern keine Routinen oder Erfahrungen, wie vorhandenes individuelles „know-how" für eine größere Gruppe oder eine Gesamtheit nutzbar gemacht werden könnte. Wissen über Unterricht wird kaum kommuniziert.

Oft fehlt in Kollegien auch die Vorstellung darüber, wie dieses gemeinsame Lernen organisiert werden könnte. Meist erwarten LehrerInnen von Fortbildungsveranstaltungen, daß Experten berichten und bereits fertige Lösungen für Probleme anbieten können. Für das gemeinsame Definieren von Fragestellungen und das forschende Suchen nach Antworten fehlt in Kollegien nicht nur die Zeit, sondern vorerst auch das Vertrauen in die Effektivität dieses Vorgehens. Die Erwartungshaltung, daß Experten angeben sollen, wohin es geht (so wie ja auch LehrerInnen gewohnt sind, im Unterricht die Richtung des Lernprozesses anzuzeigen) wird häufig auch Schulentwicklungsprojekten entgegengebracht (was diese Vorhaben nicht unbedingt erleichtert).

In den folgenden Kapiteln sollen anhand der drei Fallbeispiele die Voraussetzungen, Probleme, aber auch Erfolge kollektiven Lernens dargestellt werden. Besonderes Augenmerk wird dabei auf jene Bedingungen gelegt, die in den beschriebenen Schulen Veränderungen ermöglicht haben.

3.1 Verschiedene Arten von Lernen

Es gibt – betonte eine Lehrerin – zwei verschiedene Arten von Lernen. Lernen, wie es im Rahmen des Schulentwicklungsprojekts ermöglicht wurde, und Lernen, *„ ... wie wir* (erg. die LehrerInnen) *es von Schülern verlangen"* (sL4b). Zwischen beiden Formen bestünden große Unterschiede:

> *Bei unseren Schülern wird Stoff vermittelt, der natürlich Theorie ist, also abgehoben von der unmittelbaren Lebenssituation, dieser Stoff ist natürlich abprüfbar. Das, was wir da (erg. im Projekt) gemacht haben, ist nicht abprüfbar. Trotzdem führt es zu einem Ergebnis, während der Unterricht, den wir in der Klasse machen, nicht zu einem praktischen Ergebnis führt, sondern eher zu einem kognitiven. Was wir da (erg. im Projekt) gemacht haben, war in dem Sinn kein kognitives Lernen – in keinster Weise. (sL4b)*

In der Beschreibung allerdings, welche Art von Lernen das Projekt ermögliche, zeigte sich die Lehrerin unsicher. Im Verlaufe des Gesprächs äußerte sie Bedenken, ob das, was im Rahmen des Projekts an Veränderungen geschehen ist, überhaupt als „Lernen" bezeichnet werden kann:

... ich würde das nicht unbedingt als Lernprozeß bezeichnen, diesen Schulentwicklungsprozeß, das war soziales Lernen, natürlich, aber nicht zu vergleichen mit dem Lernen, das wir von unseren Schülern verlangen. (sL4b)

Was also verstehen LehrerInnen unter Lernen und woran orientieren sie sich? Im folgenden Kapitel sollen die unterschiedlichen Arten von Lernen beleuchtet und gefragt werden, welche Rolle sie im Zusammenhang von Schule spielen.

3.1.1 Lernen als „Technik"

Wenn neue Anforderungen auftauchen, gibt es verschiedene Möglichkeiten sich zu verhalten. Man kann Anforderungen ignorieren, ihre Lösung an ExpertInnen delegieren oder aus bestimmten theoretischen Vorgaben Techniken und Handlungsanleitungen ableiten und hoffen, daß diese sich in der Praxis bewähren. Letzteres Vorgehen wird von *Schön* (1983) als eine Rationalität der Zweck-Mittel-Relation oder „technische Rationalität" bezeichnet.

Technische Rationalität beruht auf der Grundannahme, daß es für praktische Probleme allgemeine Lösungen gebe, die aus theoretischen Vorgaben formuliert werden können. Wenn die Ziele und daraus abgeleitete Handlungsanleitungen in der Theorie klar und deutlich umrissen werden, ist die praktische Umsetzung – so meint man – nur mehr ein instrumentell-technisches Problem. Dementsprechend scheinen Wissenschaft und Praxis fein säuberlich getrennt. Zuerst kommt das spezialisierte, fest umgrenzte wissenschaftliche Wissen, dann erst die Erfahrung, Übung Praxis, zuerst das methodisch-einwandfreie Denken und Theoretisieren, dann darauf aufbauend das Handeln.

Dieses Modell der Problemlösung ist inzwischen so vertraut geworden, daß die darin enthaltenen Implikationen kaum je bewußt werden (vgl. dazu *Baumgartner* 1993, S. 242 ff). Technische Rationalität geht davon aus, daß Handlungsanleitungen unabhängig von der jeweiligen spezifischen Situation entwickelt werden können. In dieser Logik nimmt die Kompetenz zur Problemlösung zu, je weiter man in der Hierarchie hinaufsteigt. Diese „Hierarchie der Glaubwürdigkeiten" (vgl. dazu *Altrichter/Posch* 1996, 173) besagt, daß die jeweils übergeordnete Ebene in der beruflichen Hierarchie als prinzipiell kompetenter gilt als die untergeordnete: LehrerInnen sind glaubwürdiger als SchülerInnen,

DirektorInnen glaubwürdiger als LehrerInnen und BeraterInnen von Schulentwicklungsprojekten müssen dann glaubwürdiger als alle übrigen sein. Dieses Denken in „Glaubwürdigkeitshierarchien" ist unter LehrerInnen weit verbreitet. LehrerInnen orientieren sich an „ExpertInnen", nehmen allerdings die eigenen KollegInnen (und wohl auch sich selbst) meist nicht als solche wahr. Wer sich als Lehrer/in in Fortbildung engagiert, wird z.b. oft nicht als jemand erlebt, der etwas zu sagen hat, sondern kommt leicht in den Geruch, „... sich profilieren zu wollen" (vL4). LehrerInnen orientieren sich eher an der Schulleitung oder der Schulaufsicht. So äußerte etwa eine Lehrerin im Interview:

Ich bleibe auf jeden Fall in meinem Fach oder in meinem Unterricht ein Einzelkämpfer, das ist das Negative und das Schöne an dem Beruf. ... Das kann mir also niemand abnehmen. Ich wünsche auch nicht, daß mir jemand viel hineinredet, allenfalls der Herr Landesschulinspektor, der einen Überblick hat. (sL5b)

Während KollegInnen eher Mißtrauen entgegengebracht wird („*... ich wünsche eigentlich nicht, daß mir Kollegen viel dreinreden sollten*", (sL5b), müssen hierarchisch Höhere alles wissen und erkennen, weil sie den „Überblick" haben. In diesem Denken spiegelt sich die Haltung wider, mit der LehrerInnen im Unterricht SchülerInnen begegnen. Die vorherrschende Haltung ist, daß LehrerInnen im Unterricht auf alle Fragen eine Antworten wissen müssen[30]. Diese Erwartungshaltung wird vielfach auch auf andere Situationen übertragen:

In Fall 3 etwa beklagten sich die LehrerInnen darüber, daß die Betreuung nicht darauf geachtet habe, daß die Ergebnisse der Gruppen in der 2. Klausur besser präsentiert wurden. Die BetreuerInnen (also die nächsthöhere Ebene) hätten erkennen müssen, daß LehrerInnen hier Hilfe brauchen. (vgl. Kap 4.4., Fall 3)

In dieser Logik muß die jeweils höhere Ebene wissen, wie man Fehler auf der unteren Ebene vermeidet oder behebt, geschieht das nicht, gibt es auf jeden Fall einen Schuldigen.

---

30 Aus meiner Tätigkeit in der Arbeit mit StudentInnen weiß ich, daß die größte Angst angehender LehrerInnen die ist, von SchülerInnen Dinge gefragt zu werden, die sie nicht beantworten können.

Die Orientierung an einer „technischen Rationalität" ist meist mit dem verbunden, was *Argyris/Schön* (1978) in Anlehnung an Bateson „Einfachschleifenlernen" nennen. Dieses Lernen funktioniert wie ein Thermostat, der Abweichungen anzeigt und weiß, wie man sie korrigieren kann. Daß Problemlösungen nach dem Prinzip „Fehleraufdeckung und Korrektur" funktionieren mögen, scheint eine tiefe Sehnsucht in etlichen Kollegien (und nicht nur dort) zu sein. Eine Lehrerin erläuterte im Interview ihre Vorstellungen von Entwicklung an einer Schule wie folgt:

Wie kann eine Schule sich entwickeln, ihrer Meinung nach?

Indem man kleinweise alle auftretenden Probleme zum Zeitpunkt, wo sie auftreten, in Angriff nimmt und langsam löst, und zwar möglichst demokratisch, und sagen wir probeweise – wie bei der Pausenordnung – daß das auch möglich ist zu sagen, das ging daneben, wir führen wieder die Pausen ein. ... daß alle Kollegen eingebunden werden, und daß die Mehrheit dann doch entscheidet, und daß allenfalls eine Korrektur der Reform durchgeführt wird, wenn sie nicht paßt. Also, immer gleich alles in Angriff nehmen ... ein Problem tritt auf, das Problem wird diskutiert, von einer kleinen Gruppe, ... man legt das Ergebnis einer Diskussion als Protokoll den Kollegen ins Fach, – es muß ja nicht immer eine Konferenz stattfinden – bitte, wer möchte noch etwas dazu anmerken, wer hat einen Einwand und dann einigen wir uns auf irgendeine Vorgangsweise. (sL5b)

Daß diese Form von Entscheidungsfindung – angesichts unterschiedlichster Vorstellungen, Werthaltungen und Interessen in Lehrkörpern – zu verbindlichen Veränderungen führen kann, wird von einigen LehrerInnen bezweifelt. Man habe – meinen einige LehrerInnen – durch das Projekt zur Schulentwicklung die Einsicht gewonnen, daß das nicht so leicht sei, wie es scheine:

... diese tragfähige Entscheidungsmehrheit zu finden, das ist, also glaube ich, immer noch ein Hauptproblem unserer Schule. Es gibt eine Menge Leute im Konferenzzimmer, die etwas machen wollen ... aber wie bringe ich das jetzt an die anderen heran, daß die auch bereit sind, das mitzutragen, das ist doch das, womit wir am meisten kämpfen. Das habe ich mir am Anfang des Projekts alles leichter vorgestellt. (sL1b)

3.1.2 Lernen als „reflexiver Prozeß"

Für viele Probleme der Praxis gibt es keine vorformulierten Lösungen. Jeder Lehrer und jede Lehrerin weiß, daß Handlungsstrategien, die in einer Klasse erfolgreich sind, in einer anderen unter Umständen kaum greifen. Unterrichtspraxis setzt sich aus so vielen mehrdeutigen und nicht vorhersagbaren Situationen und Ereignissen zusammen, daß kompetentes Handeln nicht durch bloßes Anwenden von theoretischem Wissen oder bewährter Techniken erworben werden kann. Lösungen, die in einer Problemsituation zum Ziel führen, können nicht ohne weiteres auf eine andere Situation übertragen werden, oft müssen die eigentlichen Problemstellungen erst gefunden oder näher definiert werden.

In Abgrenzung zur „technischen Rationalität" der instrumentellen Anwendungsorientierung von Wissen betont *Schön* die Notwendigkeit von Reflexion. Bei Handlungsproblemen genügt ein Anwendungswissen nicht mehr:

> „Reflection-in-action (...) is central to the art through which practitioners sometimes cope with troublesome „divergent" situations of practice" (Schön 1995, 62)

Schön bezeichnet diese „Reflexion-in-der-Handlung" als „Forschung im Kontext der Praxis" (ebd. 56), als eine „reflektierende Konversation mit der Situation". *Altrichter* und *Posch* führen dafür folgendes Beispiel an: Ein Lehrer zeigt sich durch das Verhalten eines Schülers irritiert. Er registriert, daß der als „uninteressiert" geltende Schüler „mitarbeitet" (Hypothese). Diese Hypothese wird durch eine Bankfrage, die der Schüler beantworten kann, bestätigt, worauf der Lehrer sein bisheriges Verhalten dem Schüler gegenüber verändert (1994a, 265 f).

Derartige „Konversationen mit der Situation" kommen in Schulen häufig vor, allerdings erzeugen sie nur in den seltensten Fällen ein vertieftes Verständnis der Situation. Einschätzungen, Hypothesenbildungen und Überprüfung der Problemdefinition erfolgen sehr rasch im Zuge eines normalen Handlungsverlaufs, es bleibt keine Zeit intensiver nachzudenken. Der Schüler im geschilderten Fallbeispiel hat nicht nur Glück gehabt, seinem Lehrer inmitten einer Gruppe von über dreißig anderen als „interessiert" aufzufallen, sondern auch durch eine (zufällig) beantwortete Bankfrage den Eindruck verfestigen können. Er kann nun vermutlich damit rechnen, daß sein zukünftiges Verhalten auf dem Hintergrund einer geänderten Erwartungshaltung des Lehrers wahrgenommen wird, die dieser nicht so schnell wieder revidiert. Bei über dreißig SchülerInnen pro Klasse können einmal gebildete Hypothesen nicht ständig überprüft oder angepaßt werden. Es ist eine alte Schüler(innen)weisheit, daß der erste Eindruck bei LehrerInnen entscheidend ist. In den ersten Stunden konstruieren sich die „Landkarten" einer Lehrkraft. Wer da eine gute Position erobern kann, muß viel an Anstrengung investieren, diese wieder zu verlieren.

Während „Reflexion-in-der-Handlung" gewissermaßen das tägliche Brot jeder Form schulischer Tätigkeit ist, ist „Reflexion-über-die-Handlung" eher selten. Über Handlungen reflektieren verlangt ein zeitweiliges „Heraustreten", ein „Innehalten" oder „Distanzieren", ein genaueres Hinsehen. Über das, was man tut, genauer nachdenken, erfordert vor allem aber Zeit und Raum im metaphorischen wie im realen Sinn. Beides ist in Schulen nicht vorhanden. Schulen sind vorwiegend auf Aktion angelegt. Unterricht muß „*erteilt*" werden, aus dem Unterricht soll möglichst viel „*herausschauen*", Unterrichtszeit für „*hineinschauen*" oder „*zurückschauen*" gibt es nicht. Der Unterricht „*schreitet voran*", wenn Unterricht gelingt, hat man „*etwas weitergebracht*". Eine Unterrichtsstunde muß einen „*Ertrag*" bringen, Zeiten des Stillstands oder Innehaltens werden als unliebsame Verzögerungen erlebt. Eine Stunde, in der die Situation in der Klasse oder der Stand des Lernens zum Thema gemacht werden kann, gibt es nicht, die von vielen LehrerInnen seit Jahren geforderte sogenannte „Klassenvorstandsstunde" ist bis heute nicht in der Stundentafel verankert.[31]

Auch im schulischen Ablauf sind Kommunikations- und Reflexionszeiten nicht eingeplant. Es gibt – außer in besonderen Schulformen – keine „Teamstunden", in denen sich LehrerInnen miteinander austauschen können und keine „Standortklausuren", in denen gemeinsame Themen besprochen werden können. Konferenzen, die einzigen Veranstaltungen, die LehrerInnen einer Schule verpflichtend zusammenführen, sind – wie bereits oft zitiert – „ ... *vom Organisatorischen geprägt*" (vL1). Dementsprechend fehlt in den meisten Schulen ein Bewußtsein über die Notwendigkeit von Reflexion:

---

31 Sie kann allenfalls unter Ausnutzung der Schulautonomie unter dem Titel „Kommunikation, Kooperation, Konfliktlösung (KOKOKO)" eingeführt werden, braucht aber auch der inneren Logik der Schule entsprechend – einen „Lehrplan" und muß benotet werden (zur Problematik der Benotung in diesen Stunden vgl. *Haselsteiner* 1996)

In dem in Fall 1 beschriebenen Schulversuch wurden konkrete Schritte zu struktureller Veränderung gesetzt. Ein neues Fach wurde eingeführt, die Stundentafel verändert. Die Schule (in diesem Falle alle Beteiligten von der Schulaufsicht bis zu den LehrerInnen) gingen dabei davon aus, daß sich ein „Schwerpunkt" für die gesamte Schule durch die Einführung eines neuen Faches gleichsam „von selbst" bilde, und die Bedeutung der Veränderung für das Ganze nicht mitgedacht werden müsse. Bei Konferenzen beschränkte sich die Kommunikation darüber in Berichten der LehrerInnen des schwerpunktbildende Fach über besondere Aktivitäten. Vor dem Abfassen der Fallstudie hatte nie jemand nachgefragt, was denn eine Schwerpunktbildung für die gesamte Schule bedeutet. Auf diese Weise hatte sich jedoch vor allem bei den LehrerInnen, die das schwerpunktbildende Fach unterrichteten, eine Leidensdruck angesammelt. Die LehrerInnen fühlten sich von ihren KollegInnen im Stich gelassen. Daß dieses Problem einmal thematisiert werden konnte, schien eine Lehrerin sehr zu erleichtern. Sie meinte am Ende des Interviews, sich alles ein bißchen „von der Seele" geredet zu haben (FT).

Selbst wenn ein Bewußtsein über die Notwendigkeit regelmäßigen Nachdenkens über gemeinsame Anliegen der Schule besteht, gibt es in Schulen kaum ein Wissen, wie dieses organisiert werden könnte. Im folgenden Beispiel hat sich die Mehrheit der LehrerInnen der Schule zwar für ein Schulentwicklungsprojekt entschieden, um die Kommunikation untereinander zu verbessern, das ursprüngliche Ziel des Projekts geriet allerdings sehr rasch in Vergessenheit (vgl. 2.7., Fall 2). Das Bedürfnis nach Kommunikationsverbesserung wurde gleichsam von den vielfältigen Aktivitäten überrollt.

Zum Zeitpunkt der Untersuchung für die in Fall 2 präsentierte Studie zeigten einige LehrerInnen sich unzufrieden, weil sie in der Fülle von Aktivitäten an der Schule den Überblick verloren hatten. Ein „Innehalten" und „Reflektieren" über den „Status quo" wurde allerdings von niemandem eingefordert. Der Berater des Projekts, der immer wieder auf die ursprünglichen Vereinbarungen hinwies, fand wenig Unterstützung. Auch die „Pädagogischen Gespräche", die jederzeit von LehrerInnen wie Schulleitung zu bestimmten Themen einberufen werden konnten, wurden – zumindest bis zum Ende der Untersuchung – nicht zur Reflexion genutzt. Im Vordergrund der Arbeit an der Schule steht „Aktion", der Schulleiter sieht seine primäre Aufgabe im Bereitstellen von „... Hilfen zur ermöglichen des Tuns" (vöSL). „Reden wir nur möglichst kurz über Strukturen, dann aber rasch und intensiv über Themen", ist sein – in einer Zeitschrift des Pädagogischen Instituts (PI-Schulintern, 1995, 9) – veröffentlichtes Credo.

Viele Ansätze zu reflexiven Prozessen in Schulen scheinen im Sande zu verlaufen, weil niemand sich besonders darum kümmert. Innehalten und über Strukturen (also über die Spielregeln des Zusammenlebens) reflektieren wird vielfach als weniger wichtig angesehen als „Aktion".

In dem in Fall 3 geschilderten Projekt zur Schulentwicklung wurde als Projektziel zunächst eine Analyse der Ist-Situation vereinbart. Etliche LehrerInnen bezweifelten die Sinnhaftigkeit dieses Tuns und wollten lieber sofort konkrete Veränderungsschritte setzen. Über ihre Probleme – behaupteten sie – wüßten sie sehr genau Bescheid, nun gehe es darum, endlich konkrete Maßnahmen zu setzen. Dabei sollte das Betreuungsteam helfen.

Reflexion über den Ist-Zustand wird in Schulen oft als zu aufwendig oder zu mühsam erlebt. Daß als Folge des in Fall 3 beschriebenen Schulentwicklungsprojekts eine neue Hausordnung der Schule entstand, um die all die Jahre vorher gerungen wurde, wird zwar auch von den KritikerInnen als positives Ergebnis des Prozesses gesehen, allerdings – so ein Lehrerin – „ *... hätte man das ohne den großen Aufwand auch machen können, glaube ich"* (sL2b).

Eine Form von Reflexion, in der Normen, Strategien, Ziele und Werte einer Organisation unter den Mitgliedern gleichsam neu verhandelt werden, nennen *Argyris/Schön* (1978) „double-loop-learning". Dieses Doppelschleifenlernen, gestehen die Autoren ein, sei in Organisationen, allerdings nur vereinzelt zu finden. Einzelne Lehrer, betont auch *Rolff* (1993, 140), könnten das Niveau von „Einfachschleifenlernens" gar nicht überschreiten, dazu bedürfe es einer teamartigen Kooperation. Eine Voraussetzung, die an den meisten Schulen jedoch nicht gegeben ist.

3.1.3 Was ist Organisationslernen?

Das Konzept der „learning organization" (*Senge*) beinhaltet ein wenigstens scheinbares Paradoxon. Denn unsere Vorstellungen von „Lernen" sind zunächst vor allem an das Individuum geknüpft, Erfahrungen mehrerer Individuen miteinander können allenfalls metaphorisch als „Lernen" genommen werden. Da in Organisationen Individuen für ihr „Lernen" jedoch bestimmte Rahmenbedingungen vorfinden, wirken sich diese auf das individuelle Lernen hinderlich oder förderlich aus. Die Lernkapazität einer Organisation ist demgegenüber auch mehr als die bloße Summe der Lernpotentiale ihrer Mitglieder. Wenn eine Organisation „lernt", erhöht sie ihre Problemlösungskapazität und verbessert ihre Handlungsstrategien. Dieses Lernen ereignet sich jedoch nicht „naturwüchsig", sondern muß eigens herbeigeführt werden. Dies geschieht dadurch, daß bestimmte Mitglieder der Organisation – und hier kann Leitenden eine besondere Rolle zugemessen werden – Lernprozesse initiieren. Organisationen „lernen" daher nicht einfach irgendwie „emergent", sondern Mitglieder einer Organisation schaffen Bedingungen und Organisationsformen, in denen Organisationslernen möglich ist. Wenn diese Mitglieder z.b. über vergangene Erfolgsstrategien nachdenken, aktuelle Umfeldgegebenheiten analysieren etc., erhöht sich in der Folge die Problemlösekapazität der gesamten Organisation. Das Wissen „hebt" dabei gewissermaßen von den Individuen „ab" und bleibt gleichsam in der Organisation gespeichert, es wird zu einem Bestandteil der Gewohnheit, Sitte bzw. Kultur dieser Organisation, und zwar in relativer Unabhängigkeit von der „leibhaftigen" Präsenz einzelner Individuen. So erklärt sich etwa der Umstand, daß – bis zu einer gewissen Grenze – der „Geist" einer Organisation auch dann erhalten bleibt, wenn einzelne Mitglieder die Organisation verlassen.

Das Organisationslernen ereignet sich dabei auf verschiedenen Ebenen. Eine Schule etwa „lernt", wenn bestimmte neue Technologien im Unterricht verwendet werden. Sie „lernt" auch, wenn aufgrund von Elternprotesten z.B. neue Schülergarderoben eingebaut werden. Auf einer anderer „Lernebene" wäre dagegen anzusiedeln, wenn Schulen beginnen, sich in eigens dafür organisierten Klausuren darüber Rechenschaft abzulegen, wie die interne Kooperation funktioniert, welche Pläne man für einen kommenden Zeitabschnitt entwickeln könnte usw. Die „Wertigkeit" solcher Ebenen wird in der Systemtheorie mit der Unterscheidung von „erster Ordnung" und „zweiter Ordnung" beschrieben. Vergleichbare Unterscheidungen finden sich in der Vorstellung von „single-loop-learning" und „double-loop-learning" bei *Argyris* und *Schön* (1978), die als dritte Variante das sogenannte „Deutero-Lernen" hinzufügen.

Wenn sich eine Organisation mit Deutero-Lernen beschäftigt, erfahren ihre Mitglieder auch etwas über die vorhergehenden Zusammenhänge, in denen Lernen stattfand. Sie überdenken und analysieren frühere Erfolge und Fehlschläge im Organisationslernen. Sie erkennen, welche eigenen Handlungen Lernen erleichtert oder behindert haben. Sie denken sich neue Lernstrategien aus und bewerten und verallgemeinern ihre Gedanken. (Pedler u.a. 1994, 218)

Je nach „Bewußtheit", „Lernniveau" oder „Problemlösungskapazität" könnte man nun Schulen zu klassifizieren versuchen. *Rolff* etwa unterscheidet eine „fragmentierte" Schule von einer „Projektschule" und diese wiederum von einer „Problemlöseschule" (1993, 141). Er geht dabei davon aus, daß es sich hier um „... *drei Stadien der Entwicklung von Schulen*" handelt, deren Differenzkriterium das jeweilige „*Lernniveau*" ist. Eine ähnliche Vorstellung findet sich in der Unterscheidung von „*bildungspolitisch tauben*", „*bildungspolitisch bewußten*" und „*bildungspolitisch aktiven*" Schulen (*Posch* 1996, 174f). Klassifiziert werden dabei Schulen nach ihrer Fähigkeit, bei der Auseinandersetzung mit gesellschaftlichen Anforderungen selbst Leitperspektiven auszuarbeiten, diese in inhaltliche Schwerpunktprogramme umzusetzen und sich selbst dabei kontinuierlich Rechenschaft über den Erfolg abzulegen. „Bildungspolitisch taube" Schulen etwa wären *Posch* zufolge sich des Zusammenhangs zwischen gemeinsamer Reflexion und der Qualität professionellen Handelns nicht bewußt und reagierten unreflektiert auf Außendruck. „Bewußten" Schulen wäre es zwar ein Anliegen, ein gemeinsames Selbstverständnis zu entwickeln und es reflektiert in professionelles Handeln zu übersetzen, sie wüßten aber (z.B. aus zu geringer organisatorischer Erfahrung) nicht, wie dieses herzustellen sei. „Aktive" Schulen schließlich ergriffen selbständig die Initiative bei der Analyse der eigenen Situation und arbeiteten an einer von allen Mitgliedern des Lehrkörpers getragenen „Philosophie". Sie organisierten auf systematische Weise den internen Kommunikationsfluß und den Austausch mit dem gesellschaftlichen Umfeld.

All diesen Modellvorstellungen ist gemeinsam, daß Schulen gleichsam als einheitliche Organismen gedacht werden, die „hören", „denken" und „handeln" können, „Initiativen ergreifen" und eine Entwicklungen durchmachen. Die Einteilung der Schulen erfolgt dabei aus einer Zielperspektive, die einzelnen Stadien geben an, wie weit eine Schule noch vom erwünschten Idealzustand entfernt ist.

Gegen solche normativen Konstruktionen eines fiktiven Idealzustands bieten *Marx* und *van Ojen* eine pragmatischere Sicht an. Zwar unterscheiden auch sie Schulen nach der vorherrschenden Organisationsform in „segmentierte", „kooperativ sich regulierende" und schließlich „lernende" Organisationen (1993, 179), sie sehen diese Organisationsformen allerdings nicht als zu durchlaufende „Stadien" zu immer größerer „Bewußtheit" an. Ihnen zufolge hängt die Organisationsform von Anforderungen, Problemstellungen Aufgaben etc. ab, so daß das „Ideal" in einem „je-nach-dem" besteht. Innerhalb einer Organisation können daher Elemente aller drei Modelle vorkommen. Die Autoren sind überdies nicht der Meinung, daß eine Schule ausschließlich durch Elemente einer lernenden, vor allem innovativen Organisation gekennzeichnet sein sollte:

Für experimentell wissenschaftliche Institute mag das erstrebenswert sein. Für Schulen erscheint uns erstrebenswerter, ein Gleichgewicht zwischen kooperativ sich regulierender und lernender Organisation zu erreichen und möglichst auch einige Elemente der segmentierten Organisation zu haben. (Marx/van Ojen 1992, 180)

Die entscheidende Frage, die *Marx* und *van Ojen* an Schulen stellen, ist die, was die bestimmte Organisationsform der einzelnen Schule ihre Mitarbeiter jeweils „lehrt". Bernfelds 1925 geäußerte Ansicht, daß die Schule „als Institution" erziehe, ist daher nicht nur auf die SchülerInnen zu beziehen, sondern grundsätzlich auf alle Organisationsmitglieder auszuweiten. Damit ist nun die eigentliche Verbindungsstelle zwischen MitarbeiterInnen einer Organisation und der Organisation als Gesamtheit benannt. Die Organisation lernt nicht, sie „lehrt" vielmehr ihre Mitglieder durch eine bestimmte Verfaßtheit, ihr Verhalten und ihre Strategien auf die organisatorische Struktur abzustimmen. Indem das (Antwort)Verhalten der Mitarbeiter nun Strategien weiterentwickelt und Strukturen verändert, „lernt" eine Organisation.

Auf die in den Fallstudien untersuchten Schulen angewendet, könnte die Fragestellung folgendermaßen lauten: Was *lehren* diese Schulen ihre Mitglieder? Die Antworten unter diesem Gesichtspunkt könnten lauten:

Die in Fall 1 beschriebene Schule lehrt LehrerInnen, daß es ihre Hauptaufgabe ist, guten Unterricht zu halten. Kooperation und gemeinsames Problemlösen sind demgegenüber weniger wichtig. Orientierungsmaßstäbe sind externe Vorschriften, bei anstehenden Problemen soll zunächst die Meinung der Schulaufsicht eingeholt werden.

Die in Fall 2 dargestellte Schule lehrt LehrerInnen, daß Innovationsbereitschaft ein wesentliches Element ihres Unterrichts sein soll und Aktivität und Eigeninitiativen belohnt werden. Die Schule macht deutlich, daß die Autonomie des einzelnen das höchste Gut ist und niemand zu etwas gezwungen werden darf, weiters, daß LehrerInnen auch unbürokratische Unterstützung erhalten, wenn sie eine Idee oder ein Vorhaben verwirklichen wollen. Die Schule verlangt Schnelligkeit und rasches Reagieren. Sie lehrt, daß das Hauptaugenmerk auf der Ebene des Unterrichts liegen muß, und das Aushandeln von Gesamtanliegen der Schule weniger wichtig ist. Maßstäbe für Orientierung sind die SchülerInnen.

Die in Fall 3 beschriebene Schule lehrt LehrerInnen, daß neben dem Engagement im Unterricht auch Engagement für die Anliegen der Schule erwartet wird und daß schulische Arbeit nicht nur Unterricht „in" der, sondern auch Arbeit „an" der Schule heißt. Mitarbeit in diesen Bereichen ist nicht freiwillig, sondern bis zu einem gewissen Grad verpflichtend. Reflexion hat einen hohen Stellenwert, es wird dafür Zeit und Raum zur Verfügung gestellt. Die Schule lehrt, daß Repräsentation nach außen ein Teil der Aufgaben von LehrerInnen ist und Entwicklungsprozesse dokumentiert werden müssen.

Alle drei Schulen lehren ihre Mitarbeiter also durchaus Unterschiedliches und zwingen sie, ihr Verhalten darauf abzustimmen. Aber in allen drei Schulen reagierten die LehrerInnen und erzeugten „Antworten" im Sinne gegenläufiger Tendenzen. In Fall 1 gelang es einer Lehrerin, ihre KollegInnen von der Sinnhaftigkeit von Kooperation zu überzeugen. Einige LehrerInnen in Fall 2 versuchten, die Bedeutung gesamtschulischer Anliegen wieder stärker ins Bewußtsein zu heben und in Fall 3 verlagerte sich die Aufmerksamkeit im Anschluß an das Schulentwicklungsprojekt wieder deutlich auf die Ebene des Unterrichts. Die Schulen veränderten sich, sie „lernten".

3.2 Lernen gelingt, wenn ...

Die in den drei Fallstudien beschriebenen Schulen sind – trotz ihrer Unterschiedlichkeit – das, was *Posch* (1996) „bildungspolitisch bewußte" Schulen nennen würde. Sie sind aufgeschlossen für Neues, entfalten eine Vielzahl an Aktivitäten und suchen nach einem gemeinsamen Selbstverständnis. Es sind „gute" Schulen, die in ihren Bereichen jeweils eine gewissen „Vorreiterrolle" einnehmen bzw. eingenommen haben. Im folgenden Kapitel sollen nun die Bedingungen erläutert werden, die es den beschriebenen Schulen ermöglichten, Veränderungen einzuleiten und Entwicklungsschritte zu setzen.

3.2.1 ... Rahmenbedingungen stützen und fördern

Es sind zunächst natürlich die Rahmenbedingungen, die Entfaltung hemmen oder fördern. In allen drei Schulen konnten Rahmenbedingungen festgestellt werden, die etwas Besonderes darstellten und nicht an jeder Schule von vornherein vorhanden sind.

a.) Ein homogener Lehrkörper

Auffallend ist, daß es in zwei der untersuchten Schulen einen Lehrkörper gibt, der nicht willkürlich zusammengesetzt, sondern durch eine bewußte Entscheidung der LehrerInnen für die eine oder andere Schule entstanden war. Die in Fall 1 und 2 beschriebenen Schulen wurden durch Teilung einer größeren Schule gebildet. Ein großes Kollegium teilte sich nach Sympathie oder pädagogischer Ausrichtung. In Fall 1 blieben *„... diejenigen, die gut miteinander konnten"* (vBSI) im Altbau, während die andere Gruppe in den Zubau übersiedelte. Im Fall 2 zogen vor allem LehrerInnen, die gemeinsame pädagogische Werthaltungen verbanden und die *„... anders arbeiten wollten* (völ5), in ein neues Gebäude[32]. In beiden Fällen entstand ein homogener Lehrkörper. In der Selbstbeschreibung der einen Schule heißt das *„konsolidiert"*(vBSI) und

---

32 Interessant ist, daß für die LehrerInnen beider Schule auch das Gebäude selbst eine „Rahmenbedingung" darstellt. Man sei – betonte der Direktor der im Fall 1 beschriebenen Schule – froh im „Altbau" verblieben zu sein, da er einfach „mehr Atmosphäre" habe. In Fall 2 wurde das alte Gebäude überhaupt zum Kristallisationspunkt einer eigenen Identität und zum Schulnamen und Schullogo.

„... es gibt keine Intrigenwirtschaft" (vL2), in der Beschreibung der anderen, man sei nicht immer einer Meinung, aber man habe eine Basis gefunden, „... die Dinge auszureden" (völ6). Diese freundschaftliche, auf einer gemeinsamen Grundhaltung fußende Atmosphäre im Kollegium scheint Veränderungen zu erleichtern.

Als der Bezirksschulinspektor in Fall 1 die Einführung eines Schulversuchs mit fremdsprachlichem Schwerpunkt vorschlug, gab es keinen Widerstand, nicht einmal Skepsis im Lehrkörper. Das, was in anderen Schulen ein großes Problem ist, – die geplanten Kürzungen im Pflichtstundenbereich – wurde vom Kollegium recht gelassen aufgenommen.

In der in Fall 2 geschilderten Schule sammelten sich LehrerInnen, die an neuen Unterrichtsformen interessiert und für Neuerungen offen waren. Es entstand ein Kollegium, das nach der Selbstbeschreibung „engagiert", „fortbildungswillig", „seminarfreudig" und „arbeitswillig" war (völ4). Dazu kam eine besondere Schülerorientierung. In diesem Klima konnten auch Maßnahmen getroffen werden, die an vielen anderen Schulen zu großen Unstimmigkeiten geführt hätten. Bei der Festlegung des Elternsprechtages z.B. wurde eine Lösung getroffen, die den LehrerInnen abverlangte, an einem sogenannten „Zwickeltag" für die Eltern zur Verfügung zu stehen (das bedeutete, daß zwar die SchülerInnen, nicht aber die LehrerInnen längere Ferien hatten). Schulbezogene Veranstaltungen, die an vielen Schulen aufgrund der Einsparungen gestrichen werden, finden in dieser Schule weiterhin statt. Selbst die Personalvertretung stellte in diesem Fall das „pädagogische" vor das „standespolitische" Argument (vgl. Kap. 4.4., Fall 2). Viele Fragen an der Schule werden vor allem nach dem Aspekt beurteilt, ob sie pädagogisch sinnvoll sind und den SchülerInnen zugutekommen. Die große Mehrheit der LehrerInnen scheint durchaus bereit, gegebenenfalls auf eigene Vorteile zu verzichten.

Wenn man die Kollegien beider Schulen vergleicht, so ergibt sich ein sehr unterschiedliches Bild. Während der eine Lehrkörper eher bedächtig („konsolidiert") erscheint, präsentiert sich der andere als aktiv, lebhaft und ständig in Veränderung. Um ein förderliches Lernklima an einer Schule zu schaffen, scheint jedoch eine bestimmte Orientierung weniger entscheidend zu sein, als die Homogenität. Bei einer gewissen Basisübereinstimmung muß – so scheint es – weniger Energie in Konfrontation und Abgrenzung investiert werden, so daß Raum für Experimente frei bleibt.

Wenn man diesen Befund ernst nehmen will, so ergibt sich als langfristige bildungspolitische Perspektive, die Auseinandersetzung über einen „pädagogischen Grundkonsens" an Schulen zu fördern und bei unüberwindlichen Auffassungsunterschieden LehrerInnen die Möglichkeit zum Schulwechsel zu geben. Die Gefahr dieser Vorgangsweise allerdings ist, daß auf diese Weise „zu" homogene Lehrkörper entstehen, in denen der Widerspruch als bewegendes Moment fehlt. Ein Lehrkörper der zu „bedächtig" ist, droht zu erstarren, ein zu „aktiver" zu zersplittern.

b.) Eine fördernde Schulaufsicht

Einen entscheidenden Faktor bei allen Entwicklungen im schulischen Bereich stellt die Schulaufsicht dar. Die Schulaufsicht kann nicht nur entscheidende Impulse für Entwicklungen setzen, sondern mit ihrem Verhalten auch wesentlich dazu beitragen, wie diese in Schulen aufgenommen und weitergetragen werden. In den drei Fallstudien tritt die Schulaufsicht nur in Fall 1 konkret in Erscheinung. In den beiden anderen Fällen wird diese zwar nicht explizit genannt, sie bietet jedoch nichtsdestoweniger einen entscheidenden Rahmen.

In Fall 2 scheint die Schulbehörde dem Schulleiter völlig freie Hand zu lassen. Er agiert in der Gewißheit, notwendige Mittel jederzeit auftreiben und auch ungewöhnliche Maßnahmen wie etwa Nettounterrichtszeiten oder Schülersprechtage ohne Probleme mit der Behörde an der Schule durchführen zu können. In Fall 3 scheint die Situation ähnlich. Die Schulaufsicht wünscht zwar von den Entwicklungen an der Schule informiert zu werden – was dem Schulleiter nicht immer leicht fällt, da es – wie er betonte – schwierig sei, über einen „Prozeß" zu berichten, wenn Behörden vor allem Ergebnisse erwarteten – trotzdem gab es keine Schwierigkeiten, drei Halb- bzw. drei ganze Unterrichtstage für das Projekt zu verwenden. Beide Schulleiter agieren durchaus selbstbewußt und selbstverantwortlich und scheinen von der Schulaufsicht keine Einschränkungen zu erfahren.

Nur in Fall 1 tritt die Schulaufsicht selbst handelnd und impulsgebend auf[33]. Das Verhalten des Schulinspektors ist jedoch durchaus vorsichtig und zurückhaltend. Die Impulse sind als Angebote formuliert, die LehrerInnen haben genügend Freiheit, eigene Vorstellungen zu entwikkeln. Was die LehrerInnen als positiv hervorheben ist, daß der Inspektor

---

33 Das mag auch daran liegen, daß die in Fall 1 untersuchte Schule eine allgemeinbildende Pflichtschule ist, und die *Bezirks*schulräte diesem Schultyp näher stehen als etwa *Landes*schulräte den ihnen unterstellten höheren Schulen.

einerseits großes Interesse an dem Schulversuch und seiner Weiterentwicklung zeigte, und andererseits die LehrerInnen als die eigentlichen ExpertInnen betrachtete. Er hielt die LehrerInnen zu einer Evaluierung an und ergänzte bzw. veränderte das Modell aufgrund ihrer Rückmeldungen. Bei der Einführung des Integrierten Förderunterrichts gab der Schulinspektor ebenfalls den entscheidenden Anstoß, mischte sich aber bei der Durchführung nicht ein. Die LehrerInnen konnten daher den Gedanken des integrierten Förderns auf sehr verschiedene Weise umsetzen. Besonders geschätzt wurde dabei, daß der Inspektor auch die besoldungsrechtlichen Fragen nicht vergaß. Er ging keineswegs davon aus, daß unbezahltes Engagement der LehrerInnen im Schulversuch gleichsam selbstverständlich sein, sondern bemühte sich um eine finanzielle Abgeltung im Sinne einer Angleichung des Faches Italienisch an die Fächer mit Leistungsdifferenzierung. Auch wenn diese Abgeltung nur ein kleiner Beitrag sein konnte, nahmen die LehrerInnen diese Bemühungen als Anerkennung wahr. Darüber hinaus definierte der Inspektor seine Aufgabe vor allem darin, bürokratische Hürden aus dem Weg zu schaffen und die LehrerInnen vor allem zu unterstützen (*Und wenn oft einmal etwas nicht so „rund" war, dann ist es gemeinsam „gerundet" worden* (vL1)). Dieses Verhalten der Schulaufsicht hatte – so scheint es – nicht unwesentlich dazu beigetragen, daß die LehrerInnen im Schulversuch – trotz widriger Umstände und mangelnder Unterstützung durch das übrige Kollegium – mit viel Engagement und Einsatz arbeiteten und arbeiten.

Die Beispiele zeigen, daß eine Schulaufsicht, die ihre Beratungs- und Betreuungsfunktion ernst nimmt und gleichzeitig darauf vertraut, daß LehrerInnen und SchulleiterInnen ihre Aufgaben professionell erfüllen, ohne ständig kontrolliert werden zu müssen, ein wichtiger Faktor in Entwicklungsprozessen an Schulen sein kann.

c.) Externe Beratung

Eine wesentliche Rahmenbedingung von Schulentwicklung ist – das zeigen die Fallbeispiele – die Möglichkeit, externe Beratung in Anspruch nehmen zu können. Alle drei untersuchten Schulen haben das getan, wobei die Beratung im Fall 1 durch den Schulinspektor erfolgte und sich ausschließlich auf die Ebene des Unterrichts beschränkte.

In den beiden anderen Fällen wurden jeweils BeraterInnen von „außen" zugezogen, obwohl in beiden Fällen die Personen nicht ganz „schulfremd" waren. Im beiden Fällen waren es in der Fortbildung tätige LehrerInnen bzw. PädagogInnen und SchulforscherInnen. Die einzig

wirklich „externe" Person (extern auch im Sinne einer Nichtzugehörigkeit zum schulischen System) wurde – wie in Fall 2, Kap. 2.3. beschrieben – von LehrerInnen und Schulleitung schließlich abgelehnt.
Über die Rolle und Bedeutung der Beratung wurde an anderer Stelle (Kap. 1.2.4., Teil III) bereits ausführlich geschrieben. In diesem Abschnitt soll lediglich festgehalten werden, inwieweit externe Beratung in den konkret beschriebenen Fällen das „Lernen" der einzelnen Schulen gefördert hat.

In Fall 2 wurde die Beratung genutzt, um eine rasche Annäherung zwischen neuem Schulleiter und Kollegium zu ermöglichen. In einer von einem Externen moderierten Klausur hatten beide Schulpartner Gelegenheit, gegenseitige Positionen darzustellen, einander kennenzu–„lernen" und eine „ ... gemeinsame Basis" (völ1) zu finden. Trotz Direktorenwechsels konnte auf diese Weise an der Schule schnell ein kooperatives Arbeitsklima entstehen. In der Folge wurde – ebenfalls unterstützt von der Beratung – mit der Steuergruppe eine Struktur aufgebaut, in der Entwicklungsschritte geplant und Aktivitäten an der Schule koordiniert werden sollten. Daß diese Struktur anders genutzt wurde, als ursprünglich geplant, hat unterschiedliche Gründe, die bereits an anderer Stelle dargestellt wurden (vgl. Kap. 2.5. Fall 2).*

In Fall 3 bildete die Beteiligung an einem Schulentwicklungsprojekt unter externer Betreuung die Voraussetzung für weitere Entwicklungen an der Schule. Die mit der Schule ausgehandelten Bedingungen setzten einen Rahmen, in dem eine Standortanalyse durchgeführt werden konnte. Mehr noch: Der Rahmen, auf dessen Einhaltung die Externen drängten, half auch Krisen zu überwinden. Viele LehrerInnen bewerteten nach der zweiten Klausur das Gesamtprojekt eher negativ (vgl. Kap. 6, Fall 3) und hatten kaum noch Interesse an einer abschließenden Klausur. Die BeraterInnen mußten mehrfach auf die Vereinbarungen hinweisen, um diese Klausur mit dem gesamten Lehrkörper durchführen zu können. Diese gemeinsame Abschlußreflexion war jedoch entscheidend und ermöglichte – auch durch das Nachdenken über Fehler und Krisen – wichtige Einsichten. Die Rückschau ermöglichte „Lernen" nicht nur für die LehrerInnen, sondern veränderte auch das Verhalten der Organisation in der Zukunft. Für die Moderation wichtiger Sitzungen werden seither Externe eingeladen, und auch an die im Projekt aufgebaute Struktur wurde in der Folge wieder angeknüpft. Derzeit ist die Schule z.B. dabei, eine Steuergruppe einzurichten.

3.2.2 ... Netzwerke persönlicher Kontakte vorhanden sind

Netzwerke persönlicher Kontakte werden von *Posch* (1996) in Abwandlung von *House* (1974) als eine wesentliche Voraussetzung für das Zustandekommen von Innovationen an Schulen genannt. *„Ideen verbreiten sich entlang persönlicher Beziehungen"* ist eine der Thesen des Autors (ebd. 189). In den Fallstudien findet sich dazu ein nahezu klassischer Beleg:

Der nachmittägliche Förderunterricht in der in Fall 1 beschriebenen Schule hatte sich – nach Aussagen von LehrerInnen und Schulleitung – schon seit einiger Zeit in einer „eher unbefriedigenden" Situation abgespielt. Der Schulinspektor wies schließlich den Schulleiter auf die Möglichkeit hin, den Förderunterricht mittels Stützlehrer/in in den Vormittagsunterricht zu integrieren. Das im Rahmen einer Konferenz vorgestellte Modell stieß jedoch zunächst auf große Ablehnung seitens der LehrerInnen. „Da sei ja einer dem anderen im Wege", meinten sie, und lehnten den Vorschlag rundweg ab. Der Zufall wollte es, daß in diesem Jahr eine Kollegin an die Schule kam, die bereits Erfahrung mit dieser Form des Förderunterrichts gemacht hatte, und bereit war, es einmal zu versuchen. Der Schulleiter wies daraufhin vier LehrerInnen an, mit der Kollegin zu arbeiten. Die anfängliche Drucksituation entspannte sich rasch. In der konkreten Arbeit mit der Kollegin erkannten die LehrerInnen bald die Vorteile des neuen Modells. Sie merkten, daß es nicht nur den SchülerInnen „ ... etwas bringt (vL2)", sondern auch für sie selbst eine deutliche Entlastung bedeutete. Die neue Form des Förderunterrichts breitete sich aus „... wie eine Lawine" (vSL). Auch in der Nachbarschule begann man sich daraufhin für das „integrierte Fördern" zu interessieren. Die Kollegin wurde eingeladen, im Rahmen einer Konferenz über ihre Erfahrungen zu berichten (vgl. Kap 4., Fall 1).

Die Ereignisse um die Einführung des integrativen Förderunterrichts an der genannten Schule ist ein Beleg dafür, wie wichtig es ist, Kommunikationsmöglichkeiten unter LehrerInnen herzustellen. Die neue Form des Förderunterrichts konnte an der Schule nur Fuß fassen, weil eine Lehrerin, die diese Arbeitsform bereits kannte, bereit war, ihr Wissen weiterzugeben, und sie von der Administration der Schule auch die Gelegenheit dazu bekam. Nicht das zweifellos gute Modell, sondern das persönliche Beispiel und die Möglichkeit, Erfahrung zu kommunizieren, hatten letztlich überzeugt.

Aber nicht nur für die Weiterentwicklung der Qualität von Unterricht sind persönliche Kontakte und Netzwerke notwendig. Die dargestellten Fallstudien zeigen, daß dies auch auf die Weiterentwicklung der Schule in ihrer Gesamtheit zutrifft. In allen drei Studien sind es zunächst persönliche Beziehungen, die „den Stein ins Rollen bringen" d.h. die Voraussetzungen schaffen, daß ein Entwicklungsprozeß an der Schule beginnt:

In Fall 1 ging die Initiative für die Einrichtung eines Schulversuchs zunächst vom Bezirksschulinspektor aus. Als Partner für seine Idee suchte er sich die Schule aus, an der er selbst lange Jahre Lehrer war, und in der er daher noch vielfältige – persönliche – Kontakte hatte.

In Fall 2 war es ein Lehrer, der im Rahmen eines Fortbildungsprogramms Beziehungen zu anderen LehrerInnen aufgebaut hatte, unter anderm auch mit KollegInnen, die im Bereich der Schulentwicklung tätig waren. Von diesem Lehrgang brachte er Ideen mit unter anderem auch den Vorschlag, sich für die Konferenzgestaltungen um externe Moderatoren zu bemühen.

Der Beginn des Schulentwicklungsprojekts in Fall 3 ist ähnlich gelagert. Hier hatte eine Lehrerin zunächst im Rahmen eines Fortbildungsprogramms Kontakte zu einem Universitätsinstitut geknüpft und in der Folge ihren Schulleiter auf die Angebote dieses Instituts aufmerksam gemacht. Ihre Initiativen wurden schließlich ausschlaggebend, daß sich die Schule an dem Projekt beteiligte.

3.2.3 ... Lösungen vor Ort entwickelt werden können

Wissen, das für Veränderungen in praktischen Situationen erforderlich ist, kann LehrerInnen nur in geringem Maß in Fortbildungsveranstaltungen als Materialien oder durch Handlungsanweisungen vermittelt werden. Für viele Probleme der Praxis gibt es keine vorformulierten Lösungen, Handlungsstrategien müssen, um wirksam sein zu können, in der konkreten Situation erst entwickelt werden, (vgl. dazu Kap. 3.1.2., Teil III). Dazu ein Beispiel aus den Fallstudien:

Für die Durchführung des integrativen Förderunterrichts mit Hilfe eines Stützlehrers gibt es ein ausgearbeitetes Modell, das den LehrerInnen der in Fall 1 beschriebenen Schule im Rahmen einer Konferenz vom Bezirksschulinspektor erläutert wurde. Die LehrerInnen waren von diesem Modell nicht sehr überzeugt und reagierten skeptisch bis ablehnend. *Daß diese Form des Förderunterrichts an der Schule trotzdem zu einem Erfolg wurde, hängt nun einerseits mit dem persönlichen Einsatz einer Kollegin zusammen, die nach dem Modell bereits in einer anderen Schule gearbeitet hatte (vgl. Kap.3.2.2., Teil III), und andererseits davon, daß das Modell nicht einfach stur übernommen wurde. Die Lehrerin war flexibel genug, um mit ihren TeampartnerInnen eine jeweils auf die unterschiedlichen Persönlichkeiten abgestimmte Form der Zusammenarbeit zu entwickeln. Auf diese Weise wurde nicht ein Modell praktiziert, sondern es gab die Möglichkeit, individuell sehr unterschiedliche Gestaltungsformen für ein und dieselbe Sache – den integrativen Förderunterricht – zu finden. Während z.b. in einer Klasse konsequent im Team unterrichtet wurde, wurden in einer andern Klasse zwei Lerngruppen parallel geführt, wieder in einer anderen Klasse wurden die SchülerInnen zum Förderunterricht aus dem Klassenverband genommen. Die Lehrerin, die darüber berichtete, war nicht sicher, ob diese Abänderungen gegenüber dem ursprünglichen Modell eigentlich „erlaubt" seien und wollte die Vorgangsweisen daher auch nicht allzu öffentlich machen. Notwendig – so meinte sie – seien die Variationen allemal gewesen. Es sei wichtig gewesen, nicht darauf zu pochen, daß genau so oder so unterrichtet werde, denn „ ... die Lehrer haben mich nicht gekannt und das Teamteaching auch nicht" (vL2)", (vgl. Kap. 4., Fall 1).*

Die Möglichkeiten zum individuellen Experimentieren mit dem integrativen Förderunterricht haben nicht unwesentlich zum Erfolg dieser Form des Unterrichtens beigetragen. Die LehrerInnen betonten, aus den Erfahrungen gelernt zu haben und das Modell weiter adaptieren zu wollen. Es sei auch möglich, daß in Zukunft mehr LehrerInnen in Richtung einer konsequenten Teamarbeit gingen. Diejenigen, so meinte die den Förderunterricht betreuende Lehrerin, die sich jetzt noch scheuten, im Team zu unterrichten, würden aufgrund der positiven Erfahrungen wohl bald nichts mehr gegen eine zweite Lehrkraft einzuwenden haben. Was man aber beibehalten wolle sei, von Fall zu Fall entscheiden zu können, welche Methode in der jeweiligen Situation die bessere sei. Der Fall zeigt, daß die LehrerInnen nicht eine Modell übernommen, sondern eine eigenständige Lösung gefunden haben.
Das Beispiel bestätigt auch die These, daß sich Innovationen nicht

„*klonen*" lassen, sondern der jeweiligen Situation angepaßt werden müssen (*Posch* 1996, 189). Damit etwas erfolgreich werden kann, muß es den Werthaltungen, Vorstellungen, dem Temperament usw. der Personen entsprechen, die an der Durchführung beteiligt sind.

3.2.4 ... Eigenzeiten des Lernens beachtet werden

Lernen benötigt Zeit und kann nur bedingt beschleunigt werden. Vor allem Prozeßlernen ist durch eine gewisse „Langsamkeit" gekennzeichnet und benötigt eine Eigenzeit, die nicht ohne weiteres verkürzt werden kann. Im schulischen Bereich stoßen derartige Lernformen daher rasch an organisatorische Grenzen. In der Schule sind Schnelligkeit und Beschleunigung angesagt. Wer nur langsam lernt, bleibt zurück. In den USA werden schlechte Schüler etwa als *„slow learners"* bezeichnet, und ein erfolgreiches Schulprogramm zur Entwicklung von Einzelschulen nennt sich *„accelerated schools program"*, was soviel heißt, wie Schulen beim „Schneller werden" zu helfen. Langsamkeit und Innehalten werden – das belegt eine kürzlich durchgeführte Studie über den Umgang mit Zeit in der Schule – auch in Österreich deutlich negativ assoziiert (vgl. *Posod* 1995, 120). Schulische Arbeit ist auf Aktivität angelegt, Zeiten, in denen keine sichtbare Aktivität stattfindet, werden als „Leerläufe" oder „Zeitverschwendung" angesehen. Wie tief diese Auffassung in den Köpfen derer, die mit Schule befaßt sind, verankert ist, soll folgendes Beispiel aus meinem Forschungstagebuch beleuchten.

Ein Professor der Erziehungswissenschaften, der sich u.a. mit Schulqualität beschäftigt, erzählte mir im Zusammenhang meiner Recherchen über Schulentwicklungsprojekte nebenbei von einer Unterrichtsbeobachtung, die er bei einer Geschichtelehrerin einer AHS durchgeführt hatte. Der Professor zeigte sich ehrlich entsetzt, wie in dieser Stunde mit Zeit umgegangen wurde. Die Lehrerin hatte am Anfang der Stunde einen Test zurückgegeben. Und dann – so mein Informant – sei „... einfach nichts mehr passiert" (FT). Die Lehrerin habe auf Nachfragen geantwortet, man habe etwas geplaudert und geredet und damit sei der Rest der Stunde vergangenen. Das sei doch – wenn man bedenke, wie wenig Geschichtestunden in einem Schuljahr zur Verfügung stünden – eine ungeheure Zeitverschwendung. Es sei unverständlich, warum die Lehrerin – die im übrigen als sehr gute Lehrkraft gelte – den Test nicht z.B. am Ende der Stunde zurückgegeben und den ersten Teil genutzt hätte, um im Stoff weiterzugehen (FT).

Das Beispiel zeigt, wofür im schulischen Unterricht Zeit verwendet werden „darf" und was selbst von Lehrerausbildnern als „nutzlose" Zeit eingestuft wird. Zeit in Schulen gilt – so scheint es – nur dann als sinnvoll verbracht, wenn „gelehrt" („im Stoff weitergegangen") oder geprüft wird. Zeit, um „Erfahrenes", „Erlebtes" oder „Gelehrtes" zu verarbeiten, wird im Unterricht meist nicht bereitgestellt. Die heutige Schule ist in der Regel weniger eine *Lern-* als eine *Lehr-* und *Prüfungsschule*. Lernen wird häufig in den Nachmittag und in die Verantwortung der SchülerInnen (oft auch des Systems der Nachhilfe) verlagert, die psychischen Kosten der *Prüfungsschule* aber werden nur zu oft gänzlich ausgeblendet. Wenn eine – im übrigen als kompetent und gut eingestufte – Lehrerin ihren SchülerInnen während ihrer Unterrichtszeit die Chance gibt, eine soeben erfahrene Beurteilung zu verarbeiten, sich zu freuen oder zu „lernen", mit Mißerfolg umzugehen, dann wird dies von einem schulischen Fachmann nicht als Zeichen der Qualität der Lehrkraft gewertet, sondern gewissermaßen als unverständlicher „Ausrutscher". Der Vorschlag, wie mit der Situation umzugehen sei, scheint ebenfalls charakteristisch. Die Vorgangsweise, den Test am Ende der Stunde auszuteilen, hätte vermutlich mehreres bewirkt: Eine unaufmerksame Klasse, die sich weder auf den „Stoff" in Geschichte, noch auf den der nächsten Stunde hätte konzentrieren können, und eine nachfolgende Lehrkraft, die sich gewundert hätte, wieso die SchülerInnen so unruhig seien (vielleicht wäre sie in der Ansicht bestätigt worden, daß SchülerInnen eben immer schwieriger werden). Die Folgekosten dieses vermeintlichen Zeitsparens wären allerdings unter der Decke der beständigen Aktivität nicht sichtbar geworden.

a.) **Verlangsamung**

Es besteht in der Schule ein deutlicher Widerspruch zwischen der Eigenzeitlichkeit von Prozessen und der Ungeduld der ProzeßteilnehmerInnen (vgl. dazu auch *Posod* 1995, 133 f). Unter dem Diktat der Effizienz soll alles möglichst rasch Ergebnisse bringen. „Warten-Können" erscheint oft unter den organisatorischen Bedingungen nicht möglich, „Warten-Müssen" als Zumutung. Die starke Tendenz zu Beschleunigung stellt sich jedoch häufig als ein Hindernis für Effizienz und Lernen dar. Der in Fall 2 beschriebene Prozeß ist etwa ein Beispiel dafür, wie zu starke

Beschleunigung eher hemmend und bremsend wirken und schließlich zu Rückzug und Resignation führen kann.

Die LehrerInnen in der in Fall 2 beschriebenen Schulen fühlten sich von dem Tempo der Veränderungen an der Schule überfordert. Aber obwohl sie immer wieder auf das zu hohe Tempo verwiesen, gelang keine kollektive Verlangsamung, nicht zuletzt deshalb, weil die LehrerInnen selbst keine Alternative zu immer neuen Aktivitäten entwickeln konnten (vgl. dazu auch Kap. 2.7.2, Teil III).

„Warten-Können", Geduld und das Beachten der Eigenzeitlichkeit von Prozessen scheint daher ein wichtiges Lernfeld für Schulen zu sein. Im folgenden soll an einem Beispiel illustriert werden, wie gerade die Qualitäten der Langsamkeit, des genauen Hinschauens und der Vermeidung von schnellen Lösungen Lernen ermöglicht hat:

Der Entwicklungsprozeß in der in Fall 3 beschriebenen Schule war von allem Anfang an durch eine starke Spannung zwischen Beschleunigung und Zurückhalten gekennzeichnet. Die LehrerInnen waren ungeduldig und skeptisch und wünschten sich rasche Lösungen. In der Phase der Datensammlung entwickelten sie große Aktivität, für die Phase der Planung und Reflexion wurde weit weniger Zeit aufgewendet. Vielen ging der Prozeß einfach zu langsam. Eine Lehrerin bemerkte im Interview: „Diese Ungeduld ist offensichtlich typisch für Lehrer, einfach gleich Ergebnisse sehen zu wollen" (sL1b). Daß das Projekt nach knapp 7 Monaten zwar viele Diskussionen, Beobachtungen und Daten (zwei Broschüren, eine Präsentation auf einer bildungspolitischen Tagung) gebracht hatte, aber keine „sichtbaren" Ergebnisse, enttäuschte viele. „Reine Zeitverschwendung" sei das gewesen, stand etwa zu Beginn der dritten Klausur als Rückmeldung auf einem Plakat. Am Ende des Projekts reifte allerdings in etlichen LehrerInnen die Erkenntnis, daß Veränderungen eben Zeit brauchten. Man habe gelernt, weniger ungeduldig zu sein und eher zu akzeptieren, daß Zusammenkünfte nicht sofort ein Ergebnis bringen müssen („In der ersten Sitzung haben wir nur geredet. Früher wäre ich enttäuscht gewesen" (FT)). Bei Veränderungen seien „kleine Schritte" notwendig. Man müsse sich um eine „tragfähige" Basis" bemühen, und das brauche eben alles Zeit. Das habe man sich vor dem Projekt etwas einfacher vorgestellt (vgl. Kap. 7.3. und 7.4., Fall 3).

Rückblickend betrachtet, gestanden einige LehrerInnen zu, daß der Prozeß, der über Krisen, Unstimmigkeiten und Enttäuschungen hinweg, zu diesen Einsichten geführt hatte, nicht sehr viel schneller hätte vorangetrieben werden können. Dafür scheinen die Wirkungen nachhaltig gewesen zu sein. Als eine Konsequenz des Schulentwicklungsprojekts wurde eine neue Hausordnung erstellt. Ein Lehrer vermutete, daß dies „ ... *ohne die Arbeit im Vorjahr nicht möglich gewesen wäre"* (sL3b).

b.) Beschleunigung

Die vorangegangenen Ausführungen mögen den Schluß nahelegen, daß Schulen unter dem Diktat der Effektivität Zeit zu sehr beschleunigten und daher eine generelle Verlangsamung wesentlich wäre. Paradoxerweise gibt es aber in der Schule durchaus Bereiche, in denen mit Zeit äußerst verschwenderisch und ineffektiv umgegangen wird. Viele LehrerInnen und SchulleiterInnen wissen z.b. nicht, wie Konferenzen oder Sitzungen gut – d.h. effektiv und zielorientiert – moderiert werden können. Konferenzen oder Pädagogische Sitzungen verlaufen häufig wie Rituale mit endlosen Gesprächen ohne eigentliches Ergebnis. Auch in diesem Bereich könnte eine Beratung wirksam werden, die beispielhaft vorführt, wie derartige Veranstaltungen geleitet werden können.

Sowohl in Fall 2 als auch in Fall 3 wurde das Beispiel der Beratung in diesem Punkt besonders hervorgehoben. Die von einem Externen geleitete erste Klausur des Schulentwicklungsprojekts in Fall 2 blieb allen Beteiligten als erfolg- und ergebnisreich in Erinnerung. In Fall 3 formulierte eine Lehrerin rückblickend als ein Ergebnis des Projekts die Erkenntnis, wie wichtig eine gute Moderation bei Sitzungen sei. Es sei *„toll"* gewesen zu sehen, wie die BeraterInnen es schafften, die Arbeit so zu strukturieren, *„ ... daß in kurzer Zeit etwas herauskommt"* (sL6b).

Die Fallbeispiele verdeutlichen, daß der Umgang mit Zeit in Schulen ein sehr problematischer ist. Oft wird einfach falsch „investiert". Viel Zeit wird in Aktivität und Agieren gesteckt, weniger Zeit in Planen und Vorbereitung und kaum Zeit in Nachbereitung und Reflexion. LehrerInnen engagieren sich dort, wo sie Erfahrungen haben und kompetent sind und – so die Vermutung – meiden das, was eher ungewohnt ist und nicht zur Alltagsroutine gehört. LehrerInnen und die mit Schule befaßten Personen scheinen oft einfach nicht wissen, daß in bestimmten Situationen Zeit zu Reflexion eingeräumt werden muß. Häufig haben sie auch keine Vorstellungen, wie Reflexion sinnvoll organisiert werden kann. Es fehlt an Techniken und Handwerkszeug (bis zur simplen Einschätzung dessen, was in einer bestimmten Zeit machbar ist – vgl. etwa eine Tagesordnung mit 30(!) Punkten für eine Sitzungsdauer von zweieinhalb Stunden, Kap. 2.5., Fall 2). Wie Reflexionszeit in der Schule organisiert und für Lernen fruchtbar gemacht werden kann, soll im folgenden Kapitel skizziert werden.

3.2.5 ... Kommunikations- und Reflexionszeiten organisiert werden

Es wurde schon mehrfach darauf hingewiesen, daß Lehrkörper österreichischer Schulen weitgehend unstrukturiert und amorph sind. LehrerInnen fühlten sich zum Großteil als EinzelkämpferInnen, Anreize und Voraussetzungen für Gruppen- oder Teambildungen fehlten. Kooperation unter LehrerInnen und gegenseitiger Austausch sind in Schulen eher die Ausnahme als die Regel. Bezahlt werden LehrerInnen – so die gängige Meinung – für das „Erteilen" von Unterricht, es gibt keine festgesetzten Zeiten für gemeinsame Planungen oder Nachbesprechungen im Team. Der Zufall regiert die kollegiale Kommunikation. Wer mit KollegInnen keine sogenannte „Fensterstunde" teilt, wechselt oft während eines Schuljahres mit ihnen nicht mehr als ein paar Grußworte. Auch die eher „ritualisiert" verlaufenden Konferenzen schaffen da keine Abhilfe. Es ist daher nicht verwunderlich, daß „mangelnde Kommunikation" als häufigstes Problem in Schulen genannt wird. Die drei in den Fallstudien beschriebenen Schulen bilden dabei keine Ausnahme.

An den Beispielen dieser Schulen wird darüberhinaus ein Paradoxon besonders deutlich: In allen drei Schulen wird das Schulklima als angenehm beschrieben. Die KollegInnen seien *„hilfsbereit"* (vL4), es herrsche eine *„freundliche, aufgeschlossene Atmosphäre"* (völ1) und es gebe eine Basis, *„ ... die Dinge auszureden"* (völ6), man habe Freundschaften unter den KollegInnen geschlossen, das Gesprächsklima sei gut, und man fühle sich in der Schule durchaus wohl (vgl. 4.3.4. Fall 3). Trotz dieser positiven Einschätzung des Klimas wurde in allen drei Schulen die berufliche Kommunikation als Problem dargestellt. Unabhängig voneinander wählten LehrerInnen verschiedener Schulen ein ähnliches Bild, um ihren Lehrkörper zu beschreiben.

Ein Bild? Ja: Jeder geht seinen Weg, die Wege kreuzen einander selten. (vL6, Fall 1)

Wir sind so wie in einem Labyrinth, wo einzelne in die eine Richtung gehen und andere wieder in einem anderen Gang in die andere Richtung. Ab und zu sieht man sich, nicht mehr. ... Begegnung findet zu wenig statt. (vöL1, Fall 2)

Man sei – so die Aussage des letztzitierten Lehrers – zwar „unterwegs", aber „ ... noch nicht organisiert". Auch wenn man sich untereinander gut verstehe, funktioniere die Kommunikation nicht „einfach so". Dazu ein Beispiel aus den Fallstudien:

Das Gesprächs- und Arbeitsklima in dem in Fall 1 dargestellten Lehrkörper wird von allen InterviewpartnerInnen übereinstimmend als gut beschrieben. Daß die LehrerInnen, die den Schulversuch tragen und damit wesentlich zum Image der Schule beitragen, sich aber wenig unterstützt fühlen, bleibt als Problem unausgesprochen. Vielen LehrerInnen ist diese Situation gar nicht bewußt. Weil darüber nicht kommuniziert wird, entsteht eine Reihe von Mißverständnissen, die das Problem nur noch verstärken. Was von den ItalienischlehrerInnen als fehlendes Interesse und mangelnde Unterstützungsbereitschaft gedeutet wird, ist von den anderen LehrerInnen als ein „sich-nicht-einmischen" bzw. „sich-nicht-aufdrängen-wollen" gemeint (vgl. Kap. 3.3., Fall 1). Über die unterschiedlichen Interpretationen und Deutungen wird jedoch nie geredet, so daß immer neue Mißverständnisse und Kränkungen entstehen. Während die einen gekränkt sind, keine Unterstützung zu erfahren, ziehen sich die anderen zurück, weil sie nicht „gefragt werden".

Um berufsrelevant zu werden, darf Austausch und Verständigung also nicht dem Zufall oder Temperament des einzelnen überlassen bleiben, sondern muß einen fixen Platz in der Schule bekommen. Aber nicht nur „Zeit" und „Raum" sind wesentlich, sondern auch „Organisation". Austausch und Kommunikation müssen „organisiert" werden. LehrerInnen können viel miteinander reden ohne daß das Eigentliche, das eine Entwicklung hemmt oder blockiert, ausgesprochen wird. Dazu ein Beispiel:

Mangelnde Kommunikation ist – so definierte die sich im Rahmen des Schulentwicklungsprojekts in Fall 3 gebildete Arbeitsgruppe zum Problemkreis „Kommunikation" – immer nur das Unausgesprochene (vgl. Kap. 4.3.2., Fall 3). „Wir wagen nicht, ehrlich miteinander zu sein. Zuviel Ehrlichkeit untereinander läßt das Schulklima leiden", resümier-

te etwa ein Lehrer in Fall 3 (vgl. Protokoll 22.6.1995). Aus Angst, „einen Eklat zu produzieren" oder einfach aus „Konfliktscheu" bleiben wichtige Dinge ungesagt. Lösungen und Entwicklungen aber, die auf so viel „Unausgesprochenem" aufbauen, gehen an den eigentlichen Problemen vorbei. Das Projekt – so die LehrerInnen in Fall 3 – habe dieses Problem deutlich gemacht und eine „Sehnsucht nach mehr Gespräch" erzeugt.

Veränderungen in Schulen sind dann möglich, wenn Differenzen nicht zugedeckt sondern offen angesprochen werden können. Erst in der Auseinandersetzung mit den in den Kollegien vorhandenen Unterschieden können Lösungen gefunden werden, die tragfähig sind:

Nach der Abschlußklausur des in Fall 3 beschriebenen Projekts zur Schulentwicklung fand mit interessierten LehrerInnen ein Gespräch über kritische Punkte in der Schule statt. Die Probleme, die hier benannt wurden, klingen zunächst eher harmlos: Ärgernisse um verschwundene Klassenbücher oder Unstimmigkeiten wegen der zum Teil laxen Kontrolle der Hausschuhe. Es zeigte sich jedoch, daß in diesen „Kleinigkeiten" sehr verschiedenen Ordnungsvorstellungen aufeinanderprallten, die das Zusammenleben in der Schule erschwerten. In dem Gespräch wurde viel Raum gegeben, diese verschiedenen Vorstellungen darzustellen und darauf geachtet, daß keine Zuschreibungen oder gegenseitigen Abwertungen passierten. Auf diese Weise gelang es, ein Verständnis für die Position des jeweils anderen zu erzeugen. Auf dieser Basis konnte auch das sich über Jahre hinziehende „Patschenproblem" unter neuen Vorzeichen gesehen und in der Folge mit der neuen Hausordnung „unüblich" gelöst werden.

Um heikle Punkte in Kollegien ansprechen und Differenzen produktiv nutzbar machen zu können, bedarf es allerdings eines gewissen „Handwerkszeugs" bzw. gewisser Moderations- bzw. Gesprächstechniken. Im geschilderten Fallbeispiel wurde mit der Methode des „Analysegesprächs" (*Altrichter/Posch* 1994a, 69) gearbeitet. Derartige Gespräche sind in Gruppen leicht durchzuführen, wenn man sich auf einige bestimmte Verfahrensregeln einigt: Am Beginn stellt eine Person ihren „Fall" aus eigener Sicht dar, und die übrigen Gruppenmitglieder fragen nach, um die Situation besser zu verstehen. Ratschläge und Kritik sind zurückzuhalten, es dürfen nur offene Fragen gestellt werden. Die Erfahrung in der Arbeit mit LehrerInnen zeigt, daß es diesen oft sehr schwer fällt, "offen" zu fragen und Suggestivfragen oder in Fragen verpackte Ratschläge zu vermeiden. Die Funktion einer unterstützenden Gesprächsleitung besteht darin, versteckte Intentionen hinter den "Fragen" sichtbar zu machen bzw. bei der "Öffnung" von Fragen zu helfen. Durch das geduldige Nachforschen wird ein Problem für die Gruppe möglichst stimmig faßbar bzw. geklärt, vertieft oder erweitert. Häufig passiert in den Gesprächen ein plötzlicher, überraschender Perspektivenwechsel, Elemente werden relevant, die ursprünglich nicht bedacht wurden. "Fälle" sind meist nie so, wie sie auf den ersten Blick scheinen. Im normalen Schulbetrieb ist jedoch nur selten Zeit, Probleme genauer anzusehen. Analysegespräche erfordern Geduld und die Bereitschaft zuzuhören.

Die Bereitschaft zuzuhören und sich nicht mit vorschnellen Erklärungen zufriedenzugeben, ist eine wesentliche Voraussetzung für das Lernen in einer Organisation. Damit diese Bereitschaft entstehen kann, müssen Zeiten in den Arbeitsalltag eingeplant werden, in denen Verständigung passieren kann, und "know-how" erworben werden, um diese Verständigung zu organisieren.

3.2.6 ... Leitungsfunktionen übernommen werden

Die Problematik von "Führung" und "Steuerung" in Schulen ist in Kap. 1.2.2. und 2.4. Teil III bereits ausführlich dargestellt worden, an dieser Stelle soll abschließend die Bedeutung der Schulleitung als wesentliche Rahmenbedingung von Entwicklung dargestellt werden.

Eine Reihe empirischer Untersuchungen belegen, daß SchulleiterInnen zu den wichtigsten und einflußreichsten Parametern für die Verwirklichung schulpädagogischer Zielsetzungen und Konzepte gehören (*Rolff* 1993, 183 ff). Ohne Unterstützung des Schulleiters haben Erneuerungsprozesse in Schulen keine Chance auf Realisierung, wobei jedoch umgekehrt die Person eines "guten Leiters" allein keineswegs eine Garantie für eine "gute" Schule sein muß. SchulleiterInnen können Entwicklungen nicht verordnen, sie sind wesentlich von der Bereitwilligkeit ihrer Mitarbeiter abhängig, sich auf Veränderungen einlassen zu wollen. Es ist ein Leichtes für ein Kollegium, Anliegen einer Schulleitung, die über die bloße Pflichterfüllung hinausgehen, zu boykottieren. "*Eine Handvoll "Killer-Lehrer"*, beschreibt eine AHS-Direktorin das Problem, können einem engagierten AHS-Direktor die Schule "komplett" ruinieren (vgl. *Buchacher* 1995, 68).

Mit bloßer „Weisungsbefugnis" kann eine Organisation wie die Schule nicht geführt werden. Die wesentlichste Aufgabe von Schulleitung ist daher die Schaffung eines Klimas, in dem die Arbeit in und an der Schule als eine Verantwortung aller erfahren wird. Dazu gehört die Schaffung von Strukturen und die Organisation von Prozessen, die Kommunikation ermöglichen, ebenso, wie die Fähigkeit, Interessensgegensätze sichtbar und bearbeitbar zu machen. Gerade in diesem Bereich ist die Schulleitung besonders gefordert. Daneben umfaßt „eine-Schule-leiten" noch eine Reihe anderer wichtiger Funktionen wie Evaluation, Beratung und Unterstützung, Repräsentation oder die Schaffung und Stützung von Strukturen, die Entscheidungen ermöglichen und dafür sorgen, daß die getroffenen von vielen mitgetragen werden (vgl. auch *Dalin* 1986, 154f). Nicht alle dieser Funktionen müssen von ein und derselben Person wahrgenommen werden. Leitungsfunktionen können durchaus auf eine Gruppe oder ein Team aufgeteilt werden. Es ist nicht so sehr wesentlich, *wer* dieses Funktionen erfüllt, sondern vielmehr, *daß* sie erfüllt werden.

LehrerInnen haben – und darin treffen sie sich, wie in Kapitel 1.2.2. ausgeführt wurde, mit vielen Personen, die mit Schule befaßt sind – meist ein äußerst ambivalentes Verhältnis zu Leitung. Dies führt häufig dazu, daß Leitungsfunktionen verschleiert, nur sehr unklar definiert und in der Folge oft gar nicht wahrgenommen werden. Die Fallstudien zeigen auf vielen Ebenen, den problematischen Umgang mit Leitungsfunktionen in der Schule (vgl. Kap. 5.2., Fall 3; oder Kap. 2.5. Fall 2). Sie belegen aber auch, daß immer dann, wenn Entscheidungen klar getroffen oder Führungsverantwortungen übernommen wurden, ein deutlicher Schritt in einer Entwicklung gemacht werden konnte.

Die Einführung des integrativen Förderunterrichts in der in Fall 1 dargestellten Schule ging letztlich auf eine Machtwort des Schulleiters zurück. Der Schulleiter „überzeugte" die betroffenen LehrerInnen in einem längeren Gespräch mit „sanftem Druck" von dieser Maßnahme. „Die Krot müssen wir schlucken", meinte ein Lehrer resignierend.

Die LehrerInnen mußten sich allerdings in der Folgezeit nicht an der „Krot *ver*schlucken, im Gegenteil, sehr bald, waren die SkeptikerInnen von der Sinnhaftigkeit der Maßnahme überzeugt und beschlossen freiwillig, diese Form des Förderunterrichts im nächsten Jahr weiterzuführen.

Ein klarer und eindeutiger Standpunkt der Leitung erleichtert nicht nur die Einführung bestimmter abgegrenzter Neuerungen, sondern schafft auch gute Bedingungen für Entwicklungsprozesse an Schulen:

In Fall 3 stand der Schulleiter nach der ersten Klausur unbedingt hinter dem Entwicklungsprojekt der Schule. Er ließ keinen Zweifel daran, daß er das Projekt fördern und stützen wollte. Er organisierte drei eineinhalbtägige Veranstaltungen für den gesamten Lehrkörper und machte die Teilnahme zur Pflicht. Auf diese Weise sicherte er dem Projekt eine gewisse Kontinuität und ermöglichte über alle Tiefen und Krisen hinweg einen längerfristigen Lernprozeß der Schule.

Es wäre natürlich falsch, aus diesen Beispielen zu folgern, man müsse als Leiter/in nur „anordnen" oder „fest hinter einer Sache stehen", um Entwicklungen an der Schule herbeizuführen. Schulleitungen stehen heute vielmehr vor der Aufgabe, Bedingungen zu schaffen, in denen Impulse aufgenommen und Entscheidungen auf breiter Basis herbeigeführt werden können. Das ist allerdings in gegenwärtigen Schulen nicht einfach, da die Voraussetzungen dafür vielfach noch nicht vorhanden sind. Schulen befinden sich derzeit in einer Umbruchssituation, in der Aushandlungsprozesse gefordert sind, für die es noch keine Verfahrensregelungen gibt. Regeln, um jenseits der Hierarchie zu Verbindlichkeiten zu gelangen, müssen erst gefunden werden. Auf dem Weg dorthin scheinen allerdings klare und eindeutige Signale seitens der Leitung gefordert. Diese klaren Verantwortungsübernahmen sind – das zeigen die Fallstudien – eine wesentliche Voraussetzung und Rahmenbedingung für Entwicklung.

Was macht es Schulen so schwer zu lernen?

10 THESEN

Die zentrale Fragestellung dieser Arbeit ist, *ob* bzw. *auf welche Weise* Schulen als Organisationen lernen können. Diese Fragestellung mag paradox anmuten, da Schulen per Definition als Einrichtungen gedacht sind, in denen Lernen stattfindet, doch ist das Referenzsystem dieses Lernens das Individuum und nicht das Kollektiv. Die Ausgangsthese dieser Arbeit ist, daß Schulen aufgrund ihrer besonderen Eigenart Schwierigkeiten haben, als Kollektiv zu lernen. Untersuchungen an drei ausgewählten Schulen, die sich auf Entwicklungsprozesse eingelassen haben, liefern eine Reihe von Daten, die diese These bekräftigen. Im folgenden sollen die wesentlichsten Ergebnisse kurz zusammengefaßt werden:

THESE 1:
Es besteht für Schulen als Organisationen zur Zeit wenig vitales Interesse zu „lernen".
Zwischen dem, was Schulen an Ressourcen und Ausstattungen bekommen und der Qualität ihrer Arbeit gibt es keinen Zusammenhang, es ist daher für diese Organisation nicht von „vitalem Interesse", „Selbstlernen als Prozeß" über Rückmeldungen aus der Umwelt zu initiieren. Die Widersprüche und Anforderungen, die durch geänderte gesellschaftliche Bedingungen in die Schule hineingetragen werden, treffen vor allem die LehrerInnen (und erzeugen neue Rollenanforderungen), nicht aber die Organisation in ihrer Gesamtheit. Die Schule als Organisation ist (noch) nicht unter Druck geraten, Schulen haben einen relativ sicheren „Markt". Konkurrenz findet vor allem zwischen Schultypen statt. Vor diesem Hintergrund erscheinen Schulentwicklungsprozesse und „kollektives Lernen" in manchen Schulen als „Luxus" (... *wenn also die Arbeitsstellen gefährdet wären, da würden wir natürlich überlegen müssen, was können wir machen, ... wir würden wahrscheinlich eine Schulentwicklung brauchen. So aber ist es so, daß wir fast zuviele Schüler haben* (sL5b).

THESE 2:
Schulen als Organisationen haben Schwierigkeiten zu „lernen", da sie über kein entwickeltes „Organisationsbewußtsein" verfügen.
  Wenn man versucht, ein „Organisationsprofil" der Schule zu erstellen, so zeigt sich, daß fast alle Dimensionen, die zur Diagnose herangezogen werden können, schwach ausgeprägt oder wie der Bereich „Ziele" uneindeutig und widersprüchlich sind. Für die Auffassung von Schule als Organisation bedeutet dies, daß sich die Einzelschule kaum als Organisation versteht. Organisationsentwicklung in diesem Bereich könnte also heißen, in Schulen zunächst ein Organisationsbewußtsein zu schaffen, und Schulentwicklung, Einzelschulen dabei zu unterstützen, überhaupt erst zu Organisationen zu werden.

THESE 3:
Schulen haben aufgrund ihrer besonderen Organisationsform als „professional bureaucracy" oder „collegial organization" (Mintzberg 1983) Schwierigkeiten zu "lernen".
  „Professionelle Bürokratien" sind durch eine „Stärke des einzelnen" und eine „Schwäche des Kollektivs" gekennzeichnet. Diejenigen, die in der Organisation arbeiten, sind weitgehend autonom, die MitarbeiterInnen fühlen sich eher ihrem Fach oder ihrer Profession verpflichtet als der jeweiligen Organisation, in der sie tätig sind. Die einzelnen Einheiten innerhalb der Organisation stehen lose verbunden nebeneinander, Kooperation und Zusammenarbeit der MitarbeiterInnen ist nicht gefordert. Die Organisation kann aufgrund der hohen Autonomie des einzelnen als „bottom heavy" bezeichnet werden. Die Strukturen dieser Form der Organisation wurden zur Perfektionierung bestehender Programme in stabilen Umwelten gestaltet, sie sind keine „Problemlösestrukturen". Größere Innovationen überschreiten im Regelfall die etablierten Spezialfächer und verlangen kollektives Vorgehen. Darauf sind derartige Organisationen nicht vorbereitet, ihr Veränderungs- und Lernpotential als Kollektiv ist gering.

THESE 4:
Schulen haben Schwierigkeiten zu „lernen", da eine über Unterricht hinausgehende Definition von professioneller Arbeit von LehrerInnen fehlt und anstelle dessen „Engagement" zum Leitbild geworden ist.
  Die Arbeit von LehrerInnen wird häufig als „teilprofessionell" angesehen, ein gemeinsam akzeptiertes Berufswissen fehlt und die Bedingungen, unter denen LehrerInnen arbeiten, sind nicht professionalitäts-

fördernd (mangelnde Kooperation, wenig Karrieremöglichkeiten, fehlende berufliche Standards etc.). Professionalität wird in der Schule häufig durch „Engagement" ersetzt. Man orientiert sich weniger an Kategorien des „Könnens" als an denen von „Einsatz" und „Engagement". Engagement einzelner verändert jedoch auf die Dauer nichts Strukturelles. Die einzelnen LehrerInnen mühen sich ab, die Organisation kann bleiben wie sie ist. Die Pflege der Differenz zwischen „Engagierten" und „Nichtengagierten" ist somit eigentlich ein Beitrag zur Nichtveränderung der Organisation. Strukturelle Defizite werden solange durch persönlichen Einsatz ausgeglichen, bis der Atem derjenigen, die diesen leisten, erschöpft ist. Für Lernprozesse an Schulen tut sich damit ein Dilemma auf, da Schulentwicklung nur mit LehrerInnen gemacht werden kann, die bereit sind, sich außerhalb ihrer eigentlichen „Verpflichtungen" zu engagieren, andererseits reicht Engagement, das weder durch stützende Strukturen noch durch ein klares Verständnis von Professionalität abgesichert ist, nicht aus, um Veränderungen wirksam durchführen zu können.

THESE 5:
Schulen haben Schwierigkeiten zu „lernen", da die Einzelschule durch einen Mangel an strukturbildenden Elementen charakterisiert ist.
In Schulen fehlt das Element der formellen Gruppe fast vollständig. Einer in einer einzigen Person bestehenden Schulleitung steht ein weitgehend ungegliederter Lehrkörper gegenüber. Das hervorstechendste Merkmal schulischer Arbeit ist immer noch, daß LehrerInnen „Einzelkämpfer bzw. -künstler" sind und in der Schule kollegiale Zusammenarbeit von LehrerInnen wenig gefördert bzw. abgesichert wird. Die Analyse der Fallstudien zeigt, daß Lehrerkollegien selbst Widerstand gegen eine Strukturierung in Gruppen oder Teams leisten. Die Angst, sich eine Blöße zu geben, und die Befürchtung, eigene Ideen in einem mühsamen Prozeß mit anderen abstimmen zu müssen, führen dazu, daß LehrerInnen oft lieber allein hinter geschlossenen Türen unterrichten und dem Grundsatz des „sich-gegenseitig-in-Ruhe-Lassens" huldigen.

THESE 6:
Schulen haben Schwierigkeiten zu „lernen", da der „Mythos der Gleichheit" eine Strukturbildung in Kollegien erschwert und das Lernen einzelner und der Organisation behindert.
Die Kultur der Schule ist geprägt von einem „Mythos der Gleichheit", der besagt, daß alle Lehrerinnen gleich (gut) sind und keine Spe-

zialisierungen stattfinden dürfen. Alle LehrerInnen müssen ohne Unterschied von Erfahrung, Interessen, Vorlieben und Können gleich behandelt werden. Offene Kritik wird durch dieses „Kollegialitätsprinzip" verhindert, es besteht eine Scheu, Unterschiede sichtbar werden zu lassen. LehrerInnen oder Gruppen, die etwas Bestimmtes wollen und öffentlich machen, haben es schwer, da der Versuch der Profilierung in der Kultur der Schule häufig negativ bewertet wird (Vorwurf: „Profilierungssucht"). Der tabuisierende Umgang mit Unterschieden in der Schulen bewirkt, daß Differenzen eher verschleiert oder beschönigt werden, als als Ausgangspunkte für Auseinandersetzungen – und somit als Lernchancen – genutzt werden. Gelegenheiten, die Verständnis und Wertschätzung für unterschiedliche Positionen fördern und Widerspruch als notwendiges, positives Korrektiv erlebbar machen, fehlen.

THESE 7:
Schulen haben Schwierigkeiten zu „lernen", da Kommunikation über berufsrelevante Fragen vorwiegend im informellen Raum stattfindet.
In der Aufgabenbeschreibung der Tätigkeit von LehrerInnen sind keine Arbeitszeiten für Kommunikation unter KollegInnen vorgesehen, diese findet – wenn überhaupt – im informellen Raum statt. Das leitende Ideal ist die Kommunikation von „Mensch zu Mensch". Es gibt in Schulen keine Zeiten und Räume, in denen über Dinge, die die Gesamtheit betreffen, kommuniziert werden kann. Konferenzen verlaufen meist ritualisiert und sind überdies mit Informationen über organisatorische Dinge überfrachtet. Es ist ein Merkmal der heutigen Schule, daß die offiziellen Gremien der Schulpartnerschaft zwar formal wichtige Entscheidungsträger sind, in der Realität aber wenig Bedeutung haben. So ergibt sich an den meisten Schulen die paradoxe Situation, daß offizielle Gremien existieren, die ihre formelle Potenz nicht ausschöpfen, während wesentliche Fragen in den Kollegien im informellen Raum geklärt werden. Der Nachteil dieser Vorgangsweise ist, daß auf diese Weise kaum verbindliche Entscheidungen auf einer breiten Basis getroffen werden können.

THESE 8:
Schulen haben Schwierigkeiten zu „lernen", weil die Vermittlung von Gruppeninteressen nicht als Steuerungsfunktion wahrgenommen wird und ein sachlich-funktionales Herangehen an das Thema „Leitung" durch einen „antihierarchischen Affekt" erschwert ist.

Wenn man Organisationen – also auch Schulen – als eine Ansammlung von einzelnen und Gruppierungen sieht, die miteinander durch ein kompliziertes Netzwerk an Interaktionsbeziehungen verbunden sind, so ist es die Aufgabe von Führungskräften, in diesem Widerspruchsfeld die Beziehung zwischen diesen Gruppen zu gestalten. „Steuerung" und „Leitung" in diesem Sinne bedeutet, zwischen unterschiedlichen Gruppeninteressen zu vermitteln, damit nicht nur Kooperation im Sinne der Ganzheit der Organisation sondern auch „Lernen" möglich wird. Diese Aufgaben werden zur Zeit von Schulleitungen kaum wahrgenommen. Darüberhinaus scheint in Schulen ein sehr unklares Verständnis von Leitungsfunktionen vorzuherrschen. Der fast habituell zu nennende „antihierarchische Affekt" (*„Jemand, der steuert, leitet oder führt, das ist einfach ein rotes Tuch". (völ1)*) verhindert eine sachlich-funktionale Herangehensweise an das Problem Leitung. Das erschwert SchulleiterInnen, die in allen Veränderungsprozessen eine zentrale Rolle spielen, die Ausübung ihrer Funktion und erzeugt in der Folge Rollenunklarheiten bei Schulentwicklungsvorhaben.

THESE 9:
Schulen haben Schwierigkeiten zu lernen, weil Fortbildung von LehrerInnen nur als individuelle Aufgabe betrachtet wird und kein Konzept von Personalentwicklung an Schulen existiert.

Fortbildung wird als individuelle Aufgabe jeder einzelnen Lehrkraft einer Schule angesehen. In der Regel wird nicht dafür Sorge getragen, daß die Investition in Fortbildung einer einzelnen Lehrkraft auch der Schule oder zumindest einer Gruppe von LehrerInnen wieder zugutekommt. LehrerInnen, die – vom Arbeitgeber bezahlte – Fortbildungen besuchen, brauchen anschließend in der Regel weder darüber zu berichten noch ausgeteilte Materialien weiterzugeben oder ähnliches. Personalentwicklung als eine aktive Fortbildungspolitik eines Schulstandorts ist in Schulen eine seltene Ausnahme. Schulen schaffen nur selten eine Umgebung, die den „Wissens-Transfer" unter den MitarbeiterInnen fördert, Spezialisierungsmöglichkeiten eröffnet und Talente erschließt. Mit der Ressource Wissen wird an Schulen meist sorglos umgegangen, was ein Lernen der Organisation erschwert.

THESE 10:
Schulen haben Schwierigkeiten zu lernen, da in der Organisation Schule keine Zeiten dafür vorgesehen sind.
Lernen benötigt Zeit und kann nur bedingt beschleunigt werden. Prozeßlernen ist durch eine gewisse „Langsamkeit" gekennzeichnet und benötigt eine Eigenzeit, die nicht ohne weiteres verkürzt werden kann. Im schulischen Bereich stoßen derartige Lernformen daher rasch an organisatorische Grenzen, da Langsamkeit und Innehalten in Schulen eher negativ besetzt ist. Schulische Arbeit ist auf Aktivität angelegt, Zeiten, in denen keine sichtbare Aktivität stattfindet, werden als „Leerläufe" oder „Zeitverschwendung" angesehen. Zeiten für Reflexion sind in Schulen nicht institutionalisiert, das bedeutet, daß in Schulen keine Zeiten für „kollektives Lernen" vorhanden sind.

Die Analyse der Fallstudien hat nicht nur die Schwierigkeiten deutlich gemacht, denen Einzelschulen gegenüberstehen, wenn sie sich in „Lernprozesse" einlassen, sie hat auch gezeigt, daß trotz aller Hindernisse ein „Lernen" der Organisation möglich ist. Anknüpfend an diese gelungenen Lernprozesse kann man festhalten, daß zweierlei wichtig ist:

- Rahmenbedingungen an Schulen, die das Lernen der Organisation fördern
- Interventionen, die geeignet sind, Lernen im besonderen „Organisationstyp" Schule voranzutreiben.

Ausblick

Im vorliegenden Buch wurde gezeigt, welche Schwierigkeiten Schulen zu meistern haben, wenn sie sich auf kollektive Lernprozesse einlassen. Es wurde aber auch deutlich, daß unter bestimmten Bedingungen Lernen möglich ist. Allerdings ist dieses Lernen nicht unbegrenzt. Wo aber liegen die Grenzen des Lernens der Organisation Schule? Gerade diese weiterführende Fragestellung erscheint im Zusammenhang der Leitvorstellung der „lernenden Schule" interessant. Denn das Lernen der Einzelschule kann sich immer nur innerhalb bestimmter Grenzen entfalten, die durch die äußere Organisation des Schulsystems gesetzt sind. Es ist nicht unwahrscheinlich, daß Schulen, die sich ernsthaft auf Lernprozesse einlassen, auf Problembereiche stoßen – etwa der Unterrichtsorganisation oder Leistungsbeurteilung – die ohne eine Veränderung der Rahmenbedingungen nicht lösbar sind. Einmal müsse – so behauptete ein Referent anläßlich einer Tagung über Schulentwicklung – nach all der Standortbestimmung und dem Ausloten von Entwicklungsfeldern „die Mütze über den Bach geworfen und gesprungen werden". Das heißt, daß nicht immer nur evolutionär „gelernt" werden könne, sondern einmal auch möglicherweise risikoreiche Entscheidungen getroffen werden müssen. In diesem Zusammenhang stellt sich jedoch die Frage, ob eine Einzelschule überhaupt in der Lage ist, die „Mütze zu werfen". Bei aller Euphorie über die neu gewonnenen Möglichkeiten autonomer Entscheidungen an Schulen und die vorgenommene „Wende zur Einzelschule" soll nicht vergessen werden, daß im Schulbereich immer zwei Ebenen gedacht werden müssen: Die Einzelschule als System und das System der (Bildungs)Politik. Wenn Einzelschulen Entscheidungen treffen, dann haben diese zwar gesellschaftspolitische Bedeutung und Funktion, beziehen sich aber nicht direkt auf diese Ebene des Politischen. Einzelschulen können Lernprozesse nur innerhalb bestimmter Rahmenbedingungen entfalten, an den grundsätzlichen Parametern schulischer Organisation können sie nichts ändern. Es ist daher zu bedenken, dass wer sich mit Schulentwicklung immer nur im zweckrationalen Sinne einer Entwicklung der Organisationsstrukturen der Einzelschule befaßt, einiges an Voraussetzung akzeptiert.

Ungeachtet der Einschränkungen, die Entwicklungen an Einzelschulen hinsichtlich ihrer politisch-historisch-gesellschaftlichen Ebene notwendig haben, werden Schulen aber auch in Zukunft angehalten sein, an ihrer eigenen Entwicklung als Organisation zu arbeiten. Was das WIE solcher Bemühungen anlangt, so wurde in der vorliegenden

Arbeit versucht, konkrete Beispiele zu beschreiben und zu analysieren, und sich – ausgehend von konkreten Phänomenen – der Einzelschule als einer besonderen Organisation und ihrer Entwicklungsmöglichkeiten zu nähern. Die angebotenen Analysen setzen jedoch keinen Schlußpunkt sondern vielmehr ein Fragezeichen. Sie sind gleichsam eine Aufforderung, mit dem angebotenen Material in der Weise weiterzuverfahren, daß aus geänderten Fragestellungen neue Antworten entstehen.

Mein besonderer Dank gilt jenen Schulen, die mir ihre Türen geöffnet und mich in meiner Arbeit so großzügig unterstützt haben.

Literaturverzeichnis

Adorno, Th. W.: Erziehung zur Mündigkeit. Suhrkamp: Frankfurt 1986. 10. Aufl.
Altrichter, H./*Posch*, P.: Lehrer erforschen ihren Unterricht. Eine Einführung in die Methoden der Aktionsforschung. Julius Klinkhardt: Bad Heilbrunn 1994a. 2. Aufl.
Altrichter, H./*Radnitzky*, E./*Specht*, W: Innenansichten guter Schulen. Portraits von Schulen in Entwicklung. BMUK: Wien 1994b
Altrichter, H.: Kritische Punkte in Schulentwicklungsprozessen. Einige Mutmaßungen beim Vergleich von Schulportraits. In: *Altrichter*, H./*Radnitzky*, E./*Specht*, W: Innenansichten guter Schulen. Portraits von Schulen in Entwicklung. BMUK: Wien 1994c, 335-367
Altrichter, H.: Der Lehrberuf: Qualifikationen, strukturelle Bedingungen und Professionalität. In: *Specht*, W./*Thonhauser*, J. (Hrsg.): Schulqualität. Entwicklungen, Befunde, Perspektiven. StudienVerlag: Innsbruck 1996, 96-172
Altrichter, H./*Krainer*, K.: Wandel von Lehrerarbeit und Lehrerfortbildung. In: *Krainer*, K./*Posch*, P. (Hrsg.): Lehrerfortbildung zwischen Prozessen und Produkten. Hochschullehrgänge „Pädagogik und Fachdidaktik für LehrerInnen" (PFL): Konzepte, Erfahrungen und Reflexionen. Klinkhardt: Bad Heilbrunn 1996, 33-52
Altrichter, H./*Posch*, P. (Hrsg.): Mikropolitik der Schulentwicklung. Förderliche und hemmende Bedingungen für Innovationen in der Schule. Studien Verlag: Innsbruck-Wien 1996
Altrichter, H./*Salzgeber*, St.: Zur Mikropolitik schulischer Innovationen. Wie Schulen durch das Handeln verschiedener Akteure mit unterschiedlichen Interessen Struktur gewinnen und sich entwickeln. In: *Altrichter*, H./*Posch*, P. (Hrsg.): Mikropolitik der Schulentwicklung. Förderliche und hemmende Bedingungen für Innovationen in der Schule. StudienVerlag: Innsbruck-Wien 1996, 96-206
Argyris, C./*Schön*, D. A.: Organizational learning: A Theory of Action Perspective. Reading-Mass.: Addison-Wesley 1978
Aurin, K.: Gemeinsam Schule machen. Schüler, Lehrer, Eltern – ist Konsens möglich? Klett-Cotta: Stuttgart 1994
Bachmann, H./*Iby*, M./*Kern*, A./*Osinger*, D./*Radnitzky*, E./*Specht*, W.: Auf dem Weg zu einer besseren Schule. Evaluation der Schulautonomie in Österreich. Auswirkungen der 14.SchOG-Novelle. Studien Verlag: Innsbruck-Wien 1996
Ball, S.J.: The Micropolitics of the school. Towards a theorie of school organization. Routledge: London 1990

Bauer, K.O./Burkard, CH.: Der Lehrer – ein pädagogischer Profi? In: *Rolff, H.G./Bauer, K.O./Klemm,* K./Pfeiffer, H. (Hrsg.): Jahrbuch der Schulentwicklung. Band 7. Daten, Beispiele und Perspektiven. Juventa: Weinheim-München 1992, 193-225

Baumgartner, I./*Häfele, W./Schwarz,* M./*Sohm,* K.: OE-Prozesse. Die Prinzipien systemischer Organisationsentwicklung. Ein Handbuch für Beratende, Gestaltende, Betroffene, Neugierige und OE-Entdeckende. Verlag Paul Haupt: Bern-Stuttgart-Wien 1995, 3.Aufl.

Baumgartner, P.: Der Hintergrund des Wissens. Vorarbeiten zu einer Kritik der programmierbaren Vernunft. Kärntner Druck- und Verlagsgesellschaft: Klagenfurt 1993

Bauer, E.: Bewegung sieben: Pragmatismus als pädagogische Linie. In: *Krainz-Dürr,* M./*Krall,* H./*Schratz,* M./*Steiner-Löffler,* U. (Hrsg.): Was Schulen bewegt. Sieben Blicke ins Innere der Schulentwicklung. Beltz: Weinheim und Basel 1997, 152-170

Beck, H.: Schlanke Produktion, Schlüsselqualifikationen und schulische Bildung. In: Pädagogik, 45. Jg. 6, 1993, 14-16

Bell, M./*Krainz-Dürr,* M.: Individual and Organizational Developement – A Study of a School Developement Process. Manuskript : IFF Klagenfurt 1996

Bernfeld, S.: Sisyphos oder die Grenzen der Erziehung. Suhrkamp: Frankfurt/Main 1974 (erstmals erschienen 1925 im Psychoanalytischen Verlag Leipzig-Wien-Zürich)

Brezovich, M.: Schulrecht kurz gefaßt. Trauner: Linz 1990

Bromme, R: Der Lehrer als Experte. Zur Psychologie des professionellen Wissens. Verlag Hans Huber: Bern-Göttingen-Toronto 1992

Boos, F.: Lernen, Wissen, Anwenden. In: BERATERGRUPPE- NEUWALD-EGG (Hrsg.): Personal-management bye bye? Service Fachverlag: Wien 1996, 147-163

Buchacher, R.: Der Club der Noten-Dichter. In: PROFIL Nr. 36, 4. September 1995, 64-69

Burgheim, W.: Acht Lernpfade für das lernende Unternehmen. In: Harvard Business Manager 3, 18.Jg. 1996, 53-61

Canaval, C. u.a.: Nachlese. Projekt „Schulentwicklung BG/BRG S.". Block III Manuskript. IFF: Klagenfurt 1995

Crozier, M./*Friedberg,* E.: Die Zwänge kollektiven Handelns. Über Macht und Organisation. Verlag Anton Hain: Frankfurt/Main 1993 (unveränderte Neuauflage Athenäum 1979)

Dalin, P.: Organisationsentwicklung als Beitrag zur Schulentwicklung. Innovationsstrategien für die Zukunft. Schöningh: Paderborn-München-Wien-Zürich 1986

Diem-Wille, G.: Zusammenarbeit im Lehrkörper. Modellstudie einer

Organisationsberatung an einer Mittelschule. Hermann Böhlaus Nachf.: Wien-Köln-Graz 1986

Fatzer, G.: Die lernende Organisation und die Rolle des Organisationsberaters. In: Arnold, R./Weber, H. (Hrsg.): Weiterbildung und Organisation. Zwischen Organisationslernen und lernenden Organisationen. Erich Schmidt Verlag: Berlin 1995, 159-173

Fend, H.: Theorie der Schule. Urban und Schwarzenberg: München-Wien-Baltimore 1980

Fend, H.: Bildungskonzepte und Lebensfelder Jugendlicher im sozialhistorischen Wandel. In: Dobart, A. (Hrsg.): Schulentwicklung. Arbeits- und Forschungsberichte aus Bereichen der Schulversuche und Schulentwicklung. Innovationen im Bildungswesen als übernationale Aufgabe. Österreichischer Bundesverlag: Wien 1995

Fenkart, G.: Leistungsbeurteilung im fächerübergreifenden und Projektunterricht. In: Ide. Informationen zur Deutschdidaktik. Zeitschrift für den Deutschunterricht in Wissenschaft und Schule. Leistungs-beurteilung. Heft 2/1994, 88-98

Fischer, P.: Freiarbeitsphasen – Ein Modellversuch in einer ersten Klasse Gymnasium. In: *Krainer*, K./*Posch*, P. (Hrsg.): Lehrerfortbildung zwischen Prozessen und Produkten. Hochschullehrgänge „Pädagogik und Fachdidaktik für LehrerInnen" (PFL): Konzepte, Erfahrungen und Reflexionen. Klinkhardt: Bad Heilbrunn 1996, 105-110

Fischer, W./*Schratz*, M.: Schule leiten und gestalten. Mit einer neuen Führungskultur in die Zukunft. Studien Verlag: Innsbruck 1993

Förster, H.v.: Sicht und Einsicht. Versuche einer operativen Erkenntnistheorie. Vieweg: Braunschweig-Wiesbaden 1985

Freire, P.: Pädagogik der Unterdrückten. Rowohlt: Reinbek 1973

Friedrich, G.: Autonomie der Schule. Ein Organisationsentwicklungskonzept. BMUK: Wien 1993

Froschauer, U./*Lueger*, M.: Das qualitative Interview zur Analyse sozialer Systeme. Universitätsverlag: Wien 1992

Fürstenau, P.: Neuere Entwicklungen der Bürokratieforschung und das Schulwesen. Ein organisationssoziologischer Beitrag. In: Pädagogisches Zentrum (Hrsg.): Zur Theorie der Schule. Diskussionsbeiträge. Bd. 10. Beltz: Weinheim-Basel 1972, 47-66. 2. Aufl.

Götz, W. u.a.: Klimatische Bedingungen innovativer Arbeit. In: *Altrichter*, H./*Posch*, P. (Hrsg.): Mikropolitik der Schulentwicklung. Förderliche und hemmende Bedingungen für Innovationen in der Schule. StudienVerlag: Innsbruck-Wien 1996, 63-67

Greber, U./*Maybaum*, J./*Priebe*, B./*Wenzel*, W. (Hrsg.): Auf dem Weg zur „guten Schule": Schulinterne Lehrerfortbildung. Bestandsaufnahme – Konzepte – Perspektiven. Beltz Verlag: Weinheim-Basel 1993. 2. Aufl.

Grossmann, R. (Hrsg.): Besser Billiger Mehr. Zur Reform der Expertenorganisationen Krankenhaus, Schule, Universität. Springer: Wien-New York 1997. iff texte Bd. 2

Grossmann, R./Krainz, E.E./Oswald, M. (Hrsg.): Veränderungen in Organisationen. Management und Beratung. Gabler: Wiesbaden 1995

Hameyer, U.: Schulqualität sichern. Organisationsentwicklung als systemisches Modell für professionelles Handeln. In: Schulleitung und Schulentwicklung 7, 1996, 2-17

Haselsteiner, F.: K.O. nach der KOKOKO-Stunde? Studienreihe „PFL-Deutsch", Nr. 18. IFF: Klagenfurt 1996

Hardwig, T./Sing, E.: Angst und Unterwerfung, Mut und Rebellion als Teil von Institutsionskulturen in traditionellen und alternativen Organisationen. In: Bauer, A./Gröning, K.(Hrsg.): Institutionsgeschichten, Institutionsanalysen. Sozialwissenschaftliche Einmischungen in Etagen und Schichten ihrer Regelwerke. edition diskord: Tübingen 1995, 80-95

Heintel, P.: „Vision" und Selbstorganisation. In: *Sollmann*, U./Heinze R. (Hrsg.): Visionsmanagement. Erfolg als vorausgedachtes Ergebnis. Orell Füssli: Zürich 1993a, 120-152

Heintel, P.: Warum wir uns mit Organisationen schwertun. In: *Fischer, R./Costazza, M./Pellert, A.* (Hrsg.): Argumentation und Entscheidung. Zur Idee und Organisation von Wissenschaft. Profil: München-Wien 1993b, 113-132

Heintel, P.: Teamentwicklung. In: Voss, B.: Kommunikations- und Verhaltenstrainings. Verlag für Angewandte Psychologie: Göttingen 1995, 193-205

Heintel, P./Krainz, E.: Was bedeutet „Systemabwehr"? In: *Götz, K.* (Hrsg.): Theoretische Zumutungen. Vom Nutzen der systemischen Theorie für die Managementpraxis. Carl Auer: Heidelberg 1994a

Heintel, P./ Krainz, E.: Projektmanagement. Eine Antwort auf die Hierarchiekrise? Gabler: Wiesbaden 1994b, 3. Auflage

Hentig, H.v.: Die Schule neu denken. Eine Übung in praktischer Vernunft. Hanser Verlag: München-Wien 1993

Holly, P./Southworth, G.: The developing school. The Falmer Press: London-New York-Philadelphia 1989

Hopfenberger, W./Levin, W.: The Accelerated schools. Resource Guide: San Francisco 1993

Horster, L./Buchen, H.: Schulen können lernen – Der Beitrag der Organisationsentwicklung zur Schulleitungsfortbildung. In: *Greber, U./ Maybaum, J./Priebe, B./Wenzel, W.* (Hrsg.): Auf dem Weg zur „guten Schule": Schulinterne Lehrerfortbildung. Bestandsaufnahme – Konzepte – Perspektiven. Beltz Verlag: Weinheim-Basel 1993, 377-399. 2. Aufl.

House, E.: The Politics of Educational Innovation. McCutchan: Berkeley 1974

Huschke-Rhein, R.: Lernen, leben, überleben. Die Schule als „Lernsystem" und das „Lernen fürs Leben" aus der Perspektive systemisch -konstruktivistischer Lernkonzepte. In: Voss, R. (Hrsg.): Die Schule neu erfinden. Systemisch-konstruktivistische Annäherungen an Schule und Pädagogik. Luchterhand: Berlin 1996, 33-55
Illich, I.: Entschulung der Gesellschaft. Rowohlt: Reinbek 1973
Jungwirth, H./*Plössnig*, F./*Schratz*, M./*Winkler*, S.: Schulen machen Schule. Regionale Schulentwicklung: Erfahrung – Probleme – Perspektiven. Pädagogisches Institut Tirol (Hrsg.). Studien Verlag: Innsbruck 1991
Knoll, T.: Praxis der Schulleitung. Auer: Donauwörth 1995
Krainer, K./*Krainz-Dürr*, M.: Nachlese. Projekt „Schulentwicklung BG/BRG S.". Block I. Manuskript. IFF: Klagenfurt 1994
Krainer, K./*Krainz-Dürr*, M.: Nachlese. Projekt „Schulentwicklung BG/BRG S.". Block II. Manuskript. IFF: Klagenfurt 1995
Krainer, K./*Krainz-Dürr*, M: Ein Ideenmarkt als Spiegel von Schulentwicklung. In: *Krainer*, K./*Tietze*, W. (Hrsg.): Schulentwicklung an der Basis. LehrerInnen machen Schule. Böhlau: Wien-Köln-Weimar 1992, 20-39
Krainer, K./*Posch*, P. (Hrsg.): Lehrerfortbildung zwischen Prozessen und Produkten. Hochschullehrgänge „Pädagogik und Fachdidaktik für LehrerInnen" (PFL): Konzepte, Erfahrungen und Reflexionen. Klinkhardt: Bad Heilbrunn 1996
Krainer, K./*Tietze*, W. (Hrsg.): Schulentwicklung an der Basis. LehrerInnen machen Schule. Böhlau: Wien-Köln-Weimar 1992
Krainz, E.E.: Alter Wein in neuen Schläuchen? Zum Verhältnis von Gruppendynamik und Systemtheorie. In: Gruppendynamik 21. Jg. H1. 1990, 29-43
Krainz, E.E.: Schulleitung als Managementaufgabe. In: Gangl, H./Kurz, R./Scheipl, J.: Brennpunkt Schule. Ein psychohygienischer Leitfaden. Pädagogischer Verlag Eugen Kettler: Wien 1993, 47-51
Krainz, E.E.: Steuern von Gruppen. In: Voss, B.: Kommunikations- und Verhaltenstrainings. Verlag für Angewandte Psychologie: Göttingen 1995a, 206-220
Krainz, E.E.: Veränderung in Organisationen. Einführung in die Fragestellung. In: *Grossmann*, R./*Krainz*. E. E./ *Oswald*, M.(Hrsg.): Veränderung in Organisationen. Management und Beratung. Gabler: Wiesbaden 1995b, 3-8
Krainz-Dürr, M.: Nicht nur die Pausen nützen – Lehrerfortbildung auf kollegialer Basis. In: Amann, K./*Fenkart*, G./*Krainz-Dürr*, M./Larcher, D./Wintersteiner, W.(Hrsg): Deutschunterricht. Erfahrungen, Modelle Theorien. ide-extra Bd. 2. Studien Verlag: Innsbruck-Wien 1994, 211-223
Krainz-Dürr, M./*Krall*, H./*Schratz*, M./*Steiner-Löffler*, U. (Hrsg.): Was Schulen bewegt. Sieben Blicke ins Innere der Schulentwicklung Beltz: Weinheim und Basel 1997

Krainz-Dürr, M: Schulleitung bedeutet Management von Veränderungen. In: *Grossmann*, R. (Hrsg.) Besser billiger mehr. Zur Reform der Expertenorganisationen Krankenhaus, Schule, Universität. Springer: Wien-New York 1997b, 54 -57

Kraul, M.: Wie die Zensuren in die Schule kamen. In: PÄDAGOGIK. Heft. 3. 1995, 31-35

Küpper, W./*Ortmann*, G. (Hrsg.): Mikropolitik. Rationalität, Macht und Spiele in Organisationen. Westdeutscher Verlag: Opladen 1992

Lange, H.: Das Personal ist unser Kapital. Personalentwicklung in der Schule und Schulverwaltung. In: PÄDAGOGIK. 46. Jg., Heft 5. 1994, 16-22

Liket, Th.: Generalbericht und Abschlußdiskussion. In: Dobart, A. (Hrsg.): Schulentwicklung. Arbeits- und Forschungsberichte aus Bereichen der Schulversuche und Schulentwicklung. Lernen in einer dynamischen und offenen Gesellschaft – die Rolle der Schule. Schulentwicklung Bd 27. ÖBV Pädagogischer Verlag: Wien 1996, 8-24

Litwak, E.: Drei alternative Bürokratiemodelle. In: Mayntz, R. (Hrsg.): Bürokratische Organisation. Kiepenheuer und Witsch: Köln-Berlin 1971, 117-126

Lippitt, R.: Kurt Lewin und die Aktionsforschung. In: Heigl-Evers, A. (Hrsg.): Kindlers „Psychologie des 20. Jahrhunderts", Sozialpsychologie, Bd.1. Beltz: Weinheim-Basel 1984, 106-109.

Lortie, C.: Schoolteacher. A Sociological Study. University of Chicago Press: Chicago 1975

Luhmann, N.: Soziale Systeme. Grundriß einer allgemeinen Theorie. Suhrkamp: Frankfurt/Main 1984

Luhmann, N.: Das Erziehungssystem und die Systeme seiner Umwelt. In: *Luhmann*, N./Schorr, K-E. (Hrsg.): Zwischen System und Umwelt. Fragen an die Pädagogik. Suhrkamp: Frankfurt/Main 1996, 14-52

Marx, E./*van Ojen*, Q.: Dezentralisation, Deregulierung und Autonomisierung im Niederländischen Schulsystem. In: *Posch*, P./*Altrichter*, H. u.a. (Hrsg.): Schulautonomie in Österreich. BMUK: Wien 1992, 161-183. 2. Aufl.

Messner, E./*Rauch*, F.: Rollen und Dilemmata externer BetreuerInnen. In: *Krall*, H./*Messner*, E./*Rauch*, F.: Schulen beraten und begleiten. Reflexionen über externe Unterstützung von Schulentwicklungsinitiativen im Rahmen eines Aktionsforschungsprojekts. StudienVerlag: Innsbruck-Wien 1995, 148-164

Miller, R.: Schulinteren Lehrerfortbildung. Der SCHILF-Wegweiser. Beltz: Weinheim-Basel 1995

Mintzberg, H: Structure in Fives: Designing Effective Organizations. Prentice Hall International Editions: Englewood Cliffs-New Jersey 1983

Mintzberg, H: *Mintzberg* über Management: Führung und Organisation, Mythos und Realität. Gabler: Wiesbaden 1991

Palmowski, W.: Der Anstoß des Steines: systemische Beratungsstrategien im schulischen Kontext. Ein Einführungs- und Lernbuch. borgmann publishing: Dortmund 1995

Pedler, M./*Burgoyne*, J./*Boydell*, T.: Das lernende Unternehmen: Potentiale freilegen – Wettbewerbsvorteile sichern. Campus: Frankfurt-New York 1994

Pelinka, A.: Die (veränderte) Kultur bildungspolitischer Entscheidungen. In: *Specht*, W./*Thonhauser*, J. (Hrsg.): Schulqualität. Entwicklungen, Befunde, Perspektiven. Studien Verlag. Innsbruck 1996, 22-37

Pesendorfer, B.: Organisationsdynamik. In: *Schwarz*, G./*Heintel*, P./*Weyrer*, M./*Stattler*, H. (Hrsg.): Gruppendynamik. Geschichte und Zukunft. WUV: Wien 1996, 205-238. 2.Auflg.

Philipp, E.: Gute Schulen verwirklichen. Ein Arbeitsbuch mit Methoden, Übungen und Beispielen der Organisationsentwicklung. Beltz: Weinheim-Basel 1995. 2.Auflg.

Posch, P./*Altrichter*, H.: Bildung in Österreich. Analysen und Entwicklungsperspektiven. Studien Verlag: Innsbruck 1992

Posch, P.: Rahmenbedingungen für Innovationen an der Schule. In: *Altrichter*, H./*Posch*, P. (Hrsg.): Mikropolitik der Schulentwicklung. Förderliche und hemmende Bedingungen für Innovationen in der Schule. Studien Verlag: Innsbruck-Wien 1996, 170 – 206

Posod, B.: Schulzeit – Zeitschule. Ein Beitrag zu einem anderen Umgang mit Zeit. Phil. Diss. Univ. Klagefurt 1995

Postman, N.: Keine Götter mehr. Das Ende der Erziehung. Berlin Verlag: Berlin 1995

Quinn, J.B.: Das intelligente Unternehmen – eine neues Paradigma. In: BERATERGRUPPE NEUWALDEGG (Hrsg.): Intelligente Unternehmen – Herausforderung Wissensmanagement. Wissen strategisch nutzen. Service Verlag: Wien 1995, 13-46

Rebel, K.: Staff Developement in den USA – Zur amerikanischen schulinternen Lehrerfortbildung: Problemanalysen, Modelle, Trends – Eine Literaturstudie. In: *Greber*, U./*Maybaum*, J./*Priebe*, B./ *Wenzel*, W. (Hrsg.): Auf dem Weg zur „guten Schule": Schulinterne Lehrerfortbildung. Bestandsaufnahme – Konzepte – Perspektiven. Beltz Verlag: Weinheim-Basel 1993, 267-309. 2. Auflg.

Riemann, F.: Grundformen der Angst. Eine tiefenpsychologische Studie. Reinhardt Verlag: Basel 1977. 12. Aufl.

Rolff, H-G.: Selbsterneuerung durch Organisationsentwicklung. In: Schulmanagement. Die Zeitschrift für Schulleitung und Schulpraxis. Heft 3. 1986, 12-15

Rolff, H-G.: Schule als soziale Organisation. Neuere Entwicklungen in der Organisationsanalyse. In: Schulmanagement. Die Zeitschrift für Schulleitung und Schulpraxis. Heft 2.1991, 26-30

Rolff, H-G.: Wandel durch Selbstorganisation. Theoretische Grundlagen und praktische Hinweise für eine bessere Schule. Juventa: Weinheim-München 1993

Rolff, H-G.: Schule als lernende Organisation. In: Dobart, A. (Hrsg.): Schulentwicklung. Arbeits- und Forschungsberichte aus Bereichen der Schulversuche und Schulentwicklung. Was können Schulen für die Schulentwicklung leisten? ÖBV Pädagogischer Verlag: Wien 1994, 95-116

Rutter, M. u.a.: Fifteen Thousand Hours. Secondary Schools and Their Effects on Children. London 1979

Scala, K.: Was heißt Lean Service im Erziehungssystem? Umgang mit Ressourcen als Organisationsentwicklungsperspektive der Schule. In: Gruppendynamik. Zeitschrift für angewandte Sozialpsychologie. Heft 3. 26. Jahrg. Sept. 1995, 347-362

Saldern, M. v.: Erziehungswissenschaft und Neue Systemtheorie. Erfahrung und Denken. Schriften zur Förderung der Beziehung zwischen Philosophie und Einzelwissenschaften Bd. 73. Duncker u. Humblot: Berlin 1991

Schley, W.: Funktion und Qualifikation von Beratern für Organisationsentwicklung in Schulen. In: *Greber*, U./*Maybaum*, J./*Priebe*, B./*Wenzel*, H.: Auf dem Weg zur „Guten Schule": Schulinterne Fortbildung. Bestandsaufnahme – Konzepte – Perspektiven. Beltz Verlag: Weinheim-Basel 1993a, 400-419. 2. Aufl.

Schley, W.: Organisationsentwicklung an Schulen: Das Hamburger Modell – Oder: Organisationsentwicklung als Pragmatik menschlicher Kooperation. In: *Greber*, U./*Maybaum*, J./*Priebe*, B./*Wenzel*, H.: Auf dem Weg zur „Guten Schule": Schulinterne Fortbildung. Bestandsaufnahme – Konzepte – Perspektiven. Beltz Verlag: Weinheim-Basel 1993b, 111-155. 2. Aufl.

Schley, W.: Organisationsentwicklung in Schulen. Manuskript 1994; zitiert nach *Altrichter*, H.: Kritische Punkte in Schulentwicklungsprozessen. Einige Mutmaßungen beim Vergleich von Schulportraits. In: *Altrichter*, H./*Radnitzky*, E./*Specht*, W: Innenansichten guter Schulen. Portraits von Schulen in Entwicklung. BMUK: Wien 1994c, 335-367

Schley, W.: Braucht die Organisationsentwicklung an Schulen selbst einen Organisationsentwicklungsprozeß? Oder: Wie kann Teamarbeit in der Individualkultur leben? In: *Ender*, B./*Schratz*, M./*Steiner-Löffler* u.a.(Hrsg.): Beratung macht Schule. Schulentwicklung auf neuen Wegen. Studien Verlag: Innsbruck-Wien 1996, 46-62

Schmidinger, E.: BeraterInnen im Wettstreit. Beratung im schulischen Feld. In: *Ender*, B./*Schratz*, M./*Steiner-Löffler*, U. u.a. (Hrsg.): Beratung macht Schule. Schulentwicklung auf neuen Wegen. Studien Verlag: Wien-Innsbruck 1996, 63-72

Schön, D.A.: The Reflective Practitioner. How professionals think in action. Temple Smith: London 1995 (reprint of 1983)

Schratz, M.: Die neue Qualität von Schulleitung. Schule als lernende Organisation. In: *Specht*, W./*Thonhauser*, J. (Hrsg.): Schulqualität. Entwicklungen, Befunde, Perspektiven. Studien Verlag: Innsbruck 1996a, 173-222
Schratz, M.: Die Rolle der Schulaufsicht in der autonomen Schulentwicklung. Studien Verlag: Innsbruck-Wien 1996b
Senge, P.: The fifth discipline. The Art and Practice of The Learning Organization. Currency-Doubleday: New York-London-Toronto-Sydney-Auckland 1990
Sollmann, U./Heinze, R.(Hrsg.): Visionsmanagement. Erfolg als vorausgedachtes Ergebnis. Orell Füssli: Zürich 1993
Specht, W./*Thonhauser*, J. (Hrsg.): Schulqualität. Entwicklungen, Befunde, Perspektiven. Studien Verlag: Innsbruck 1996
Staehle, W.: Management. Eine verhaltenswissenschaftliche Einführung. Vahlen: München 1985
Steiner-Löffler, U.: Jeder Schule ihren Pädagogischen Tag?! Gedanken über Pädagogische und Unpädagogische Tage aus dem Blickwinkel einer Beraterin für Schulentwicklung. In: *Ender*, B./*Schratz*, M./*Steiner-Löffler*, U. (Hrsg.): Beratung macht Schule. Schulentwicklung auf neuen Wegen. StudienVerlag: Innsbruck-Wien 1996, 89-103
Strittmatter, A: Generalbericht. In: Dobart, A. (Hrsg.): Schulentwicklung. Arbeits- und Forschungsberichte aus Bereichen der Schulversuche und Schulentwicklung. Was können Schulen für die Schulentwicklung leisten? ÖBV Pädagogischer Verlag: Wien 1994, 9-28
Stroath, R.: Schulen brauchen Identität, Identität braucht Klarheit. Gedanken zur Organisationsentwicklung in der Schule. In: Berufsverband Österreichischer Psychologinnen und Psychologen (Hrsg.): Psychologie in Österreich. Themenschwerpunkt: Pädagogische Psychologie. WUV Universitätsverlag: Wien Jg. 16 1996, 58-61
Thomann, C./*Schulz v. Thun*, F.: Klärungshilfe. rororo: Reinbek 1988
Thonhauser, J.: Die universitäre Lehrerbildung unter dem Anspruch der Professionalität. In: *Buchberger*, F. (Hrsg.): Lehrerbildung auf dem Prüfstand. Beschreibung und Evaluation von Programmen der Lehrerbildung in Finnland und Österreich. Studien Verlag: Innsbruck-Wien 1995, 115-135
Türk, K.: Neuere Entwicklungen in der Organisationsforschung. Enke: Stuttgart 1989
Ullmann, R.: Organisationsentwicklung für den besonderen Organisationstyp „Schule" – Erfahrungen und Überlegungen eines Organisationsberaters. In: *Dobart*, A. (Hrsg.): Schulentwicklung. Arbeits- und Forschungsberichte aus Bereichen der Schulversuche und Schulentwicklung. Was können Schulen für die Schulentwicklung leisten? ÖBV Pädagogischer Verlag: Wien 1994, 117-138

Weick, E.: Educational organizations as loosley coupled systems. In: Administrative Science Quaterly 21, 1976, 1-19

Weisbord, M.R.: Organisationsdiagnose. Ein Handbuch mit Theorie und Praxis. Bratt: Institut für neues Lernen 1984

Wilke, H.: Systemtheorie entwickelter Gesellschaften. Dynamik und Riskanz moderner gesellschaftlicher Selbstorganisation. Juventa: Weinheim-München 1989

Wilke, H.: Systemtheorie II: Interventionstheorie. Grundzüge einer Theorie der Intervention in komplexe Systeme. Fischer: Stuttgart-Jena 1994

Wilke, H.: Das intelligente Unternehmen – Wissensmanagement der Organisation. In: BERATERGRUPPE NEUWALDEGG (Hrsg.): Intelligente Unternehmen – Herausforderung Wissensmanagement. Wissen strategisch nutzen. Service Verlag: Wien 1995, 47-70

Wimmer, R.: Was kann Beratung leisten? Zum Interventionsrepertoire und Interventionsverständnis der systemischen Organisationsberatung. In: Wimmer, R. (Hrsg.): Organisationsberatung. Neue Wege und Konzepte. Gabler: Wiesbaden 1995, 59-112. 2. Auflg.

Marlies *Krainz-Dürr*, Mag. Dr., geb. 1955, Lehramtsstudium Germanistik und Geschichte in Wien, Lehrerin an verschiedenen Gymnasien; Dissertation am Institut für Erziehungswissenschaften der Universität Klagenfurt; Ausbildung zur Organisationsberaterin im Bildungsbereich; seit 1989 Mitarbeiterin am Interuniversitären Institut für Forschung und Fortbildung (IFF), Abteilung „Schule und gesellschaftliches Lernen" in Klagenfurt, tätig in der Lehreraus- und -fortbildung; derzeitige Arbeitsschwerpunkte: wissenschaftliche Beratung und Betreuung von Schulentwicklungsprojekten, Aktionsforschung, Forschungen zum Thema „Qualitätssicherung".